"十二五"普通高等教育本科国家级规划教材
高等学校交通运输与工程类专业教材建设委员会规划教材

Fundamentals of Traffic Engineering

交通工程总论

（第5版）

徐吉谦　陈学武　**主编**
任福田　严宝杰　**主审**

人民交通出版社股份有限公司
北　京

内 容 提 要

本教材为"十二五"普通高等教育本科国家级规划教材、高等学校交通运输与工程类专业教材建设委员会规划教材。全书共十二章，主要内容有：绪论、交通特性分析、交通调查与分析、交通流理论、道路通行能力分析、交通规划、停车设施规划与设计、交通管理与控制、道路交通安全、道路交通环境保护、道路景观设计、新技术在交通工程中的应用。

本教材主要作为交通工程、交通运输及道路桥梁与渡河工程等专业本科生教材，也可供职业教育、成人教育、交通管理从业人员及相关技术人员使用。

（为方便读者随时查阅，本教材自第5次印刷起配套电子书，可扫描封面二维码获取）

图书在版编目（CIP）数据

交通工程总论/徐吉谦，陈学武主编. —5版. —北京：人民交通出版社股份有限公司，2020.10（2024.11重印）
ISBN 978-7-114-16699-0

Ⅰ. ①交… Ⅱ. ①徐… ②陈… Ⅲ. ①交通工程—高等学校—教材 Ⅳ. ①U491

中国版本图书馆CIP数据核字（2020）第119035号

Jiaotong Gongcheng Zonglun

书　　名	交通工程总论（第5版）
著 作 者	徐吉谦　陈学武
责任编辑	李　晴
责任校对	席少楠
责任印制	刘高彤
出版发行	人民交通出版社股份有限公司
地　　址	（100011）北京市朝阳区安定门外外馆斜街3号
网　　址	http://www.ccpcl.com.cn
销售电话	(010)85285911
总 经 销	人民交通出版社股份有限公司发行部
经　　销	各地新华书店
印　　刷	北京武英文博科技有限公司
开　　本	787×1092　1/16
印　　张	21.75
字　　数	560千
版　　次	1990年6月　第1版　2002年12月　第2版 2008年6月　第3版　2015年8月　第4版 2020年10月　第5版
印　　次	2024年11月　第5版　第6次印刷　总第52次印刷
书　　号	ISBN 978-7-114-16699-0
定　　价	55.00元

（有印刷、装订质量问题的图书由本公司负责调换）

前言

本教材是以原高等学校路桥及交通工程专业教材编审委员会通过的教学大纲(交通工程专业和公路与城市道路工程专业用)为基本依据,结合目前教学改革的具体情况,以及高等学校交通运输与工程类专业(道路、桥梁、隧道与交通工程)教材建设委员会提出的具体建议,在第4版的基础上修订补充而编写的。其目的在于使学生系统、全面地掌握交通工程的基本知识、概念、理论和方法,为学生以后深入学习、研究交通工程学及从事交通工程实际工作奠定基础。

交通工程学是一门新兴的应用型学科,其社会性、系统性、实践性与综合性均很强。本书既可作为交通工程、交通运输专业学生的入门教材,又可作为道路桥梁与渡河工程等专业学生的选修课教材。编者在充分吸取国内外近年来交通工程学的研究成果和相关高校教学实践经验的基础上,根据"理论结合实际、系统性与先进性并重、循序渐进力求符合教学规律"的原则编写本教材。在内容选取上,本教材从我国的交通工程实际出发,兼顾相关专业的培养要求,系统地阐述了人、车、路的交通特征,交通调查与分析,道路通行能力,交通规划,交通管理与控制。此外,本教材对交通流理论、道路交通安全、停车设施规划与设计、道路交通环境保护、道路景观设计及新技术在交通工程中的应用等也做了概括性论述。全书着重论述交通工程的基本概念、理论、原则和方法及其应用。

本教材自1990年首次出版至2001年底先后印刷13次,合计发行6.7万册。2002年第2版出版至2007年7月先后印刷10次,合计发行5.3万册,2006年经教育部高教司审定,本教材被评为普通高等教育"十一五"国家级规划教材。2008年第3版出版至2015年7月先后印刷15次,合计发行7.4万册,本教材被评为

"十二五"普通高等教育本科国家级规划教材。2015年第4版出版至2020年7月先后印刷8次,合计发行3.9万册。

本教材特别注意教学与研究、理论与实践、传承与创新的结合及学科层面的交叉融合,注意拓宽学生的视野、思路,激励学生的创新与个性发展。本次修订主要根据我国交通工程发展的实际情况,重点对相关标准规范和法规,社会经济、交通设施、道路交通安全等方面的相关数据,以及新技术的发展与应用等内容进行了更新、补充和完善。

本教材共十二章,由东南大学徐吉谦、陈学武主编,北京工业大学任福田、长安大学严宝杰两位教授主审,具体编写分工如下:徐吉谦、陈学武编写第一、五、八、九章,杨涛(南京市城市与交通规划设计研究院股份有限公司)编写第二、六章,陈洪仁(哈尔滨工业大学)编写第三章,郭冠英(同济大学)编写第四章,晏克非(同济大学)编写第七章,张建旭、李正宜(重庆交通大学)编写第十章,陈飞、徐吉谦(东南大学)编写第十一章,蔡先华、项乔君(东南大学)编写第十二章。为便于学生自主学习、复习、思考及应用,各章均附有复习思考题与习题。

本教材参考了大量国内外资料,未能一一列出,在此向这些著作和文献资料的作者表示衷心感谢!由于水平有限,书中定有不当与错误之处,恳请使用本教材的老师、同学与其他读者给予批评指正。

编 者
2020年7月

目录

第一章 绪论 ··· 1
　第一节 交通工程学的定义、作用与发展 ·· 1
　　一、交通工程学的定义 ·· 1
　　二、交通工程学的作用 ·· 2
　　三、交通工程发展的回顾 ··· 3
　　四、交通工程学的建立与发展 ··· 5
　第二节 交通工程学科的内涵、外延、性质与特点 ································ 7
　　一、交通工程学科的内涵(范围) ·· 7
　　二、交通工程学科的外延(相关学科) ·· 7
　　三、交通工程学科的性质 ·· 8
　　四、交通工程学科的特点 ·· 8
　第三节 我国交通工程学科的发展 ·· 9
　　一、古代道路交通工程简况 ·· 9
　　二、近、现代交通工程的发展 ··· 9
　　三、我国交通工程学科的进展 ·· 15
　　四、我国交通工程学科近期的研究任务 ·· 17
　复习思考题与习题 ··· 18

第二章 交通特性分析 ·· 20
　第一节 道路交通三要素特性 ··· 20
　　一、驾驶人交通特性 ··· 20
　　二、乘客交通特性 ·· 23

  三、行人交通特性 ··· 25
  四、车辆交通特性 ··· 27
  五、道路交通特性 ··· 29
 第二节 交通量的基本特性 ··· 35
  一、交通量的定义 ··· 35
  二、交通量的时间分布 ··· 36
  三、交通量的空间分布 ··· 39
  四、交通量的构成特性 ··· 40
  五、设计小时交通量 ··· 41
 第三节 行车速度特性 ··· 43
  一、基本定义 ··· 43
  二、行车速度的统计分布特性 ··· 43
  三、时间平均车速与区间平均车速 ·· 44
 第四节 交通流的基本特性及其相互关系 ···································· 46
  一、交通流三参数的基本关系 ··· 46
  二、速度与密度的关系 ··· 47
  三、流量与密度的关系 ··· 48
  四、流量与速度的关系 ··· 49
 复习思考题与习题 ··· 49

第三章 交通调查与分析 ·· 50
 第一节 交通调查的意义、内容及要求 ······································ 50
  一、交通调查的目的与意义 ·· 50
  二、交通调查的主要内容 ··· 51
  三、交通调查的基本要求 ··· 51
 第二节 交通量调查 ·· 52
  一、交通量调查的目的 ··· 52
  二、交通量调查的种类 ··· 52
  三、交通量调查的方法 ··· 53
  四、交通量数据的分析应用及不同车辆的换算 ························ 56
 第三节 行车速度与密度的调查 ··· 58
  一、速度调查的目的 ··· 58
  二、速度调查的主要方法 ··· 58
  三、调查数据的分析与应用 ·· 64

    四、密度调查的目的与方法 ·· 67
  第四节 行车时间与延误调查 ··· 70
    一、行车时间与延误的含义及延误产生的原因 ····················· 70
    二、区间行车时间和延误的调查方法 ····································· 70
    三、交叉口延误的调查方法 ·· 70
    四、调查资料的应用 ·· 71
  第五节 其他交通调查简介 ·· 71
    一、自行车交通调查 ·· 72
    二、行人过街调查 ··· 72
  复习思考题与习题 ··· 73

第四章 交通流理论 ·· 74
  第一节 概述 ·· 74
  第二节 交通流的统计分布特性 ·· 75
    一、交通流统计分布的含义与作用 ······································· 75
    二、离散型分布 ·· 75
    三、连续型分布 ·· 79
  第三节 排队论的应用 ·· 81
    一、引言 ·· 81
    二、排队论的基本原理 ··· 81
    三、$M/M/1$ 系统及其应用举例 ··· 82
    四、简化的排队延误分析方法 ·· 84
  第四节 跟驰理论简介 ·· 85
    一、引言 ·· 85
    二、车辆跟驰特性分析 ··· 86
    三、线性跟驰模型 ··· 86
  第五节 流体动力学模拟理论 ··· 87
    一、引言 ·· 87
    二、车流波动理论 ··· 88
    三、车流波动理论的应用 ·· 90
  复习思考题与习题 ··· 93

第五章 道路通行能力分析 ··· 94
  第一节 道路通行能力和服务水平 ··· 94
    一、道路通行能力概述 ··· 94

二、道路服务水平概述 ……………………………………………………… 96
第二节　道路路段通行能力 ………………………………………………… 100
一、基本通行能力 …………………………………………………………… 101
二、实际通行能力 …………………………………………………………… 103
三、设计(或规划)通行能力 ………………………………………………… 108
第三节　交织区与匝道通行能力 …………………………………………… 109
一、交织区通行能力 ………………………………………………………… 109
二、匝道通行能力 …………………………………………………………… 112
第四节　高速公路与匝道连接处通行能力 ………………………………… 117
一、引言 ……………………………………………………………………… 117
二、分、合流点车流运行特征 ……………………………………………… 117
三、通行能力计算图式 ……………………………………………………… 118
四、车道分布、车辆换算与服务水平分析 ………………………………… 119
第五节　平面交叉口通行能力 ……………………………………………… 121
一、引言 ……………………………………………………………………… 121
二、无信号管制交叉口的通行能力 ………………………………………… 122
三、环形交叉口的通行能力 ………………………………………………… 124
四、信号交叉口机动车的通行能力 ………………………………………… 128
第六节　非机动车道通行能力 ……………………………………………… 133
一、理论通行能力 …………………………………………………………… 134
二、设计通行能力 …………………………………………………………… 135
复习思考题与习题 …………………………………………………………… 137

第六章　交通规划 …………………………………………………………… 138

第一节　交通规划的定义、类型与程序 …………………………………… 138
一、交通规划的定义 ………………………………………………………… 138
二、交通规划的层次和类型 ………………………………………………… 139
三、交通规划的基本程序 …………………………………………………… 139
第二节　交通规划的调查工作 ……………………………………………… 141
一、社会经济调查 …………………………………………………………… 141
二、交通设施及其服务能力调查 …………………………………………… 142
三、交通实况调查 …………………………………………………………… 144
第三节　交通规划的预测工作 ……………………………………………… 149
一、交通发生预测 …………………………………………………………… 149

  二、交通分布预测 ··· 151
  三、交通方式划分预测 ··· 153
  四、交通分配预测 ··· 153

 第四节 交通设施体系规划 ··· 155
  一、综合交通体系的基本要素与要求 ··· 155
  二、制订交通设施体系规划方案的目的与原则 ····································· 155
  三、制订交通规划方案的程序 ··· 156
  四、交通设施体系规划的基本内容 ··· 157

 第五节 交通规划的评估与效益分析 ··· 158
  一、交通规划方案的一般要求 ··· 158
  二、交通规划的总体评价 ··· 159
  三、交通规划方案的技术经济指标 ··· 159
  四、交通规划方案的服务性及社会环境影响 ······································· 160

 复习思考题与习题 ··· 160

第七章 停车设施规划与设计 ·· 161

 第一节 车辆停放设施分类 ··· 161
  一、按停车场地所处位置划分 ··· 161
  二、按停车车型划分 ··· 162
  三、按停车设施的服务功能(对象)划分 ··· 162

 第二节 车辆停放特征与停车调查 ··· 162
  一、车辆停放特征与相关术语 ··· 162
  二、停车调查方法 ··· 163

 第三节 停车设施规划 ··· 168
  一、停车设施布置原则 ··· 168
  二、停车设施容量的估算 ··· 169
  三、停车需求预测 ··· 170
  四、近期停车设施规划重点 ··· 173

 第四节 停车场设计 ··· 174
  一、拟定设计车型 ··· 174
  二、停放方式与停发方式 ··· 174
  三、单位停车面积 ··· 175
  四、通道、出入口设计 ··· 177
  五、自行车停车场设计 ··· 178

复习思考题与习题·······179

第八章 交通管理与控制·······180
第一节 交通管理与控制概述·······180
一、引言·······180
二、交通管理与控制的含义、性质、目的与作用·······181
三、交通管理与控制的内容与类别·······181
第二节 交通需求管理(TDM)·······183
一、引言·······183
二、交通需求管理的策略·······184
三、交通需求管理的基本原则·······185
四、交通需求管理的层次(或阶段)·······186
五、交通需求管理的措施·······187
第三节 道路交通法规与标志、标线·······190
一、引言·······190
二、道路交通法规·······190
三、道路交通标志·······192
四、道路交通标线·······197
第四节 交叉口的信号控制·······200
一、交通信号的发展、作用与控制方式·······200
二、信号相位、阶段与基本参数·······202
三、交通信号灯设置的依据·······207
四、交叉口单点信号控制·······210
五、"线控"与"面控"系统简介·······212
第五节 道路交通组织管理·······213
一、未设信号灯控制交叉口的管理·······213
二、单向交通管理·······215
三、公交车辆管理·······216
四、非机动车交通管理·······217
五、行人交通管理·······219
第六节 高速道路交通控制·······222
一、高速道路交通控制的特点·······222
二、高速道路交通控制的重点与方法·······222
三、高速道路交通监控系统·······222

复习思考题与习题·· 224

第九章　道路交通安全·· 226

第一节　概述·· 226
　　一、交通事故现状与安全工作的重要性·· 226
　　二、交通事故的定义与分类·· 231
　　三、道路交通事故的发展趋势··· 235

第二节　交通事故调查··· 235
　　一、交通事故调查的目的、意义、要求与内容··· 235
　　二、交通事故现场勘查工作·· 236
　　三、交通事故报告··· 237

第三节　交通事故分析··· 238
　　一、交通事故统计的基本方法·· 238
　　二、交通事故的分布·· 239
　　三、交通事故的统计分析·· 249
　　四、交通事故的成因分析·· 251

第四节　交通事故预测与安全评价··· 256
　　一、交通事故预测概述··· 256
　　二、交通事故预测程序··· 257
　　三、交通事故预测方法··· 257
　　四、交通安全评价··· 259

第五节　交通安全对策与措施··· 262
　　一、交通事故预防对策··· 262
　　二、交通事故预防措施··· 263
　　三、提高驾驶人素质、水平与职业道德·· 264
　　四、交通安全措施效果评价··· 264
　　复习思考题与习题·· 264

第十章　道路交通环境保护·· 266

第一节　概述·· 266
第二节　道路交通噪声污染与控制·· 267
　　一、噪声的含义、计量与指标··· 267
　　二、道路交通噪声的评价指标·· 269
　　三、道路交通噪声的来源、特性及其危害·· 271
　　四、道路交通噪声的控制措施·· 273

第三节　道路交通排放的污染物及其防治 ·················· 277
　　　一、汽车排放的主要污染物成分、形成及其危害 ············ 277
　　　二、污染物的排放量、运动与扩散 ······················ 281
　　　三、汽车排放污染物的控制措施 ························ 283
　　第四节　道路交通振动的防治 ···························· 286
　　　一、道路交通振动的产生及其危害 ······················ 286
　　　二、道路交通振动的量测标准与防治措施 ················ 286
　　第五节　道路交通环境影响评价 ·························· 287
　　　一、道路交通环境影响评价的目的、意义、范围与对象 ······ 287
　　　二、道路交通环境影响评价标准与评价因素 ·············· 288
　　　三、道路交通环境影响评价方法 ························ 288
　　复习思考题与习题 ···································· 289

第十一章　道路景观设计 ·································· 290
　　第一节　概述 ······································· 290
　　　一、景观与道路景观的含义 ···························· 290
　　　二、道路景观的要素与类型 ···························· 291
　　　三、道路景观的分类 ·································· 293
　　　四、道路景观的功能 ·································· 295
　　第二节　道路景观设计基础 ······························ 295
　　　一、道路景观设计的要求 ······························ 295
　　　二、道路景观设计的基本特点 ·························· 298
　　　三、道路景观设计的基本原则 ·························· 299
　　　四、道路景观的设计理念 ······························ 300
　　　五、道路景观的设计方法 ······························ 301
　　第三节　道路景观设计的任务、程序与步骤 ················ 302
　　　一、道路景观设计的任务 ······························ 302
　　　二、道路景观设计的程序 ······························ 304
　　　三、道路景观设计的步骤 ······························ 305
　　第四节　道路结构物景观与绿化设计 ······················ 306
　　　一、道路结构物景观设计 ······························ 306
　　　二、道路绿化设计 ···································· 309
　　复习思考题与习题 ···································· 311

第十二章　新技术在交通工程中的应用 ······················ 312
　　第一节　地理信息系统及其在交通工程中的应用 ············ 312

一、GIS 的基本概念 ……………………………………………………………… 312
　　二、GIS 的发展概况 ……………………………………………………………… 313
　　三、GIS 的构成与主要功能 ……………………………………………………… 315
　　四、GIS 技术在交通工程中的应用 ……………………………………………… 317
　第二节　卫星导航系统及其在交通工程中的应用 ……………………………………… 319
　　一、卫星导航系统的发展概况 …………………………………………………… 319
　　二、GPS 的构成与主要特点 ……………………………………………………… 321
　　三、GNSS 技术在交通工程中的应用 …………………………………………… 323
　第三节　智能交通系统的发展及应用 …………………………………………………… 324
　　一、ITS 的起源与发展概况 ……………………………………………………… 324
　　二、ITS 的体系框架与应用系统设计 …………………………………………… 327
　　三、ITS 的应用与发展前景 ……………………………………………………… 330
　复习思考题与习题 ………………………………………………………………………… 332
参考文献 ………………………………………………………………………………… 333

第一章

绪论

第一节 交通工程学的定义、作用与发展

一、交通工程学的定义

交通工程学是一门研究道路交通中各种交通现象的基本规律及其应用的一门正在发展中的新兴学科。各国学者从不同的角度、用不同的观点和方法进行探索、研究、认识并提出自己的定义,因此对这一学科的理解和定义有多种提法。

1. 20 世纪 30 年代美国交通工程师学会的定义

交通工程学是工程学的一个分支,它研究道路规划、几何设计、交通管理和道路网、起终点站、毗连区域用地与各种交通方式的关系,以便使客货运输安全、有效、经济和方便。

2. 澳大利亚著名交通工程学教授布伦敦的定义

交通工程学是关于交通和出行的计测科学,是研究交通流和交通发生的基本规律的科学,为了使人、物安全而有效地移动,将此学科的知识用于交通系统的规划、设计和运营。

3. 1983 年世界交通工程师协会会员指南提出的定义

交通工程学是运输工程学的一个分支,它涉及规划、几何设计、交通管理和道路网、起终点

站、毗连区域用地与其他运输方式的关系。

4. 苏联学者的定义

交通工程学是研究交通运行的规律及其对道路结构、人工构造物的影响的科学。

5. 英国学者的定义

道路工程中研究交通用途与控制、交通规划、线形设计的那一部分称为交通工程学。

6. 日本学者的定义

交通工程学是指以汽车、自行车、行人为中心，以道路上的交通现象为对象，通过交通管理、交通安全措施、道路设计等，实现交通流安全、顺畅、舒适的工程学。其研究的范围已扩展到探求人、车、路、环境、景观之间的最佳关系。

7. 我国学者的定义

我国《交通工程手册》给出的定义为："交通工程学是研究道路交通中人、车、路、环境之间的关系，探讨道路交通的规律，建立交通规划、设计、控制和管理的理论方法，以及有关设施、装备、法律和法规等，使道路交通更加安全、高效、快捷、舒适的一门技术科学。"该定义颇具启发性，也颇有新意。在此基础上，笔者将其定义为：**交通工程学是研究交通发生、发展、分布、运行与停驻规律，探讨交通调查、规划、设计、监控、运营、管理、安全的理论、方法及有关设施、装备、法律和法规，协调道路交通中人、车、路与环境之间的相互关系，使道路交通更加安全、高效、快捷、舒适、美观、方便、经济的一门工程技术科学。**"随着科技进步及学科内容的更新，交通工程学的含义与定义也自然会随之发展，希望读者能深入思考如何表述才更接近于当前我国交通工程的实际。

二、交通工程学的作用

广义的交通包括：人、物的运输与语言、文字符号、图像等视听信息的传递。现在通常意义的交通多指人和物在物理空间上的移动，而将语言信息的传播划归邮电通信，因此现在的交通系狭义的交通，也就是我国历史上常用的运输的含义。有人甚至把交通仅仅看成是"行"，认为衣食住行是人类日常生活的基本条件。但随着人类社会的进步和科学技术的发展，交通的功能与作用越来越大，诸如劳动生产、工作学习、贸易往来、科技文化活动、社会交往和信息传递都离不开交通。一个地区、一个省甚或一个国家的生产发展、经济繁荣及社会活动的各个方面均有赖于发达的交通。交通运输是生产过程在流通领域的继续和进行社会再生产的必要条件，是沟通工农之间、城乡之间、地区之间、企业之间经济活动的纽带，也是联系国内与国外、商品生产与商品消费不可缺少的桥梁。良好的交通条件与高效的运输系统能促进社会的发展、经济的繁荣和保证人们日常生活的正常进行。边远山区和贫穷落后地区的开发、社会交往与旅游活动的开展，都要依靠交通运输的发展。城市各项功能的发挥，特别是大城市政治、经济、社会、科技、文化教育等各项活动的正常开展与带动市郊各县与地区的经济发展，也均有赖于交通的现代化。因此，交通是国民经济与各项生活、生产活动的主要环节之一，在国民经济发展中起着重要的先行官的作用。

孙中山先生曾说："交通是文明之母、财富之脉。"交通在经济方面的作用很大，主要有：扩大商品市场与原材料的来源，降低生产成本与运输费用，促进工业企业的发展与区域土地的开发，提升土地价格与城市的活力。交通的发展还可实现运输的专业化、便捷化、批量化与运费低廉化,从而有可能在更大的范围内合理配置生产要素,同时也可促进全国或地区范围内人口的合理流动。

总之,由各种交通方式构成的交通运输网络可以使国家内部各地区联结成一个统一的整体,对于促进国家经济的协调发展和土地的开发与合理利用等均具有十分重要的意义。

三、交通工程发展的回顾

1. 步行时代

在车辆发明以前漫长的远古时期,人类为了追捕、逃避兽类,就要迅速奔跑;为了觅取食物,就要从事采集和狩猎活动。但真正的运输活动要从创造和使用运输工具的时期算起。最早的运输工具是木棒,人们在木棒的一端缚上重物,由人背负,或在木棒的中部置一重物,由两人抬行。

在人类从渔猎时代进入畜牧时代的过程中,某些野兽,如牛、羊、驴、马、骆驼、象等,经过驯化成为家畜,供人役使,成为人类的运输工具。此后人类又发明了一种运输工具,这就是橇。橇可用于雪地、草地或土地,用以拖曳物品。其后人们又在橇板的底下安放圆木,以滚动代替滑动,从而大大减少了摩擦阻力。

2. 马车时代

在世界上一些文明古国所在地,人们先后从文物考古挖掘中发现过车的遗迹。中国是较早发明、使用车的国家之一。中国国家博物馆的商代车辆模型是一辆精制的两轮车,显示了当时造车技术水平之高。从舟车到马车,人类交通进入车辆时代,车轮的发明对于人类文明的发展起到了相当大的促进作用。在古代,用马、牛、骆驼或人来牵引车轮进行运输,但最常用、最有效的还是马车,历史上称为车轮文化,又称马车时代。车轮文化在中国和欧洲均较发达,从某种意义上讲,也可以说交通工程学是随着车轮文化的出现而产生的。

《诗经》的300多篇诗歌中,有130多首与交通有关,对车的描述生动、逼真。如《采芑》中"伐鼓渊渊,振旅阗阗",《大车》中"大车槛槛""大车哼哼",至今读来犹如身临其境,耳闻其声,目睹其事。

车辆的制作技术到了秦代又有了进一步的提高。1980年12月,在陕西临潼秦始皇陵封土西侧20m处发掘出的两乘铜车马,其大小相当于真车真马的1/2,其中二号车系驷马安车,是仿照秦始皇生前历次巡游的乘舆复制而成。铜车马全长3.28m,高1.04m,单辕双轮,舆盖为椭圆,顶部隆起似龟背,分前后两室,前室为驭官乘坐,后座为王、后妃乘坐,车身内外绘有变体龙凤纹、卷云和多种几何图形,表明当时的车辆不仅相当宽敞,而且还是具有较高艺术水平的工艺精品。

到汉代出现了铁制轴承,三国时已能制作出适应山区运输货物的独轮车和适应平原地区的四轮车。科学家张衡发明了计程鼓车(行走一里,击鼓一次),三国时马钧发明了指南车,明代制成了帆车,清代发明了铁甲车。

古代中国在道路修筑方面亦相当先进。春秋战国时期于秦巴山区修筑了"金牛道",秦始皇统一六国后修建了全国性的"驰道",汉代又开辟了经西域通往西方的运输丝绸的道路,被历史学家称为丝绸之路。由此可见,我国古代对交通工程极为重视,交通也相当发达。但也不能不指出在车辆的动力方面,长期以来均依靠人、畜与风力,没有较大的进展,拉车速度最高的动力就是来自马,故一般称这一时期为马车时代。

3. 汽车时代

蒸汽机和电动机的出现为运输工具的改革和发展提供了良好的条件。以动力机械驱动的各种机动车辆纷纷制成,成为道路交通发展的一个里程碑。最先出现的是蒸汽机车,它们组成列车在轨道上行驶,运量大、速度快、受气候影响小,在19世纪末期即已成为资本主义国家旅客运输和大宗货物运输的主要工具。

1885年,德国人卡尔·本茨(Karl Benz)第一次制成了用内燃机作为动力的汽车,从此汽车很快就成为主要的运输工具。它具有行驶迅速、机动灵活、乘坐舒适、使用方便等优点,不要求有固定的轨道,且适用于公路和城市道路的客、货运输,也可用于军事、体育及其他方面。

随着汽车工业的发展,截至2010年底,全球处于使用状态的各种汽车,包括轿车、卡车及公共汽车等的总保有量就已突破10亿辆。

4. 高速公路时代

20世纪30年代之后,汽车工业迅速发展,公路运量激增,出现了车多路少、事故率不断上升的情况,交通需求难以满足,加之汽车速度提高很快,这一状况推动了公路的发展和技术标准的提高。一说世界上最早的一条汽车专用道路是1921年德国在柏林西部建造的一条10km的往返分离的汽车专用高速道路,然后1933年在柏林至汉堡修建了一条更长的高速公路;另一说是意大利于1924年首先建成了一段高速公路。1937年,美国在加利福尼亚州修建了一条高速公路。20世纪40年代后,许多国家仿照德、美开始修建高速公路,有些国家甚至已建成了本国的高速公路网并与邻国相接。据2001年的不完全统计,80个国家和地区拥有高速公路,通车里程30多万公里。我国已通车的高速公路到2019年底已达14.96万km。

高速公路具有运量大、速度快、效率高、事故少、灵活、方便等优点,其缺点是建设造价高、能耗大、占地多。

5. 智能交通时代

智能交通时代是交通发展的一个新阶段,是社会经济发展与科技进步的必然产物。一方面是有此需要,进入20世纪90年代以来,汽车保有量增加很快,而道路里程难以迅速增加,世界各国交通拥堵,事故频发,环境污染严重,道路设施不足,同时土地、能源等日益紧缺,而要大量修筑新路就要占用大量土地,造价高昂,矛盾尖锐,难以付诸实施;而另一方面是得益于科学技术的进步,特别是计算机与信息技术、电子技术的飞速发展。在20世纪80年代后期,日本、欧洲就开始了智能交通系统(ITS)的研究,美国也投入了大量人力资源,研究车辆与交通的控制、传感器接收、输送等元件和各种自动控制系统,并由它们组成智能交通系统,也称自动化公路交通系统(AHS)。美国1997年8月在加利福尼亚州圣迭戈(San Diego)15号州际公路上的约12.22km(7.6英里)长的自动化公路试验段对各项自动化指标进行了试验。

总体来看,智能交通系统还处于研究试验开发阶段。各经济发达国家都争相投入大量研究经费,试图获取重大进展,发展中国家也纷纷加入,希望能以此解决交通拥堵等问题。我国对智能交通也非常重视,正在大力研究并逐步推广应用。

四、交通工程学的建立与发展

1. 交通工程学创立的初期

交通工程学创立的初期,主要是交通管理,诸如给驾驶人发执照,设立交通标志,安装手动信号机,进行路面画线等,以减少交叉路口的阻塞。

20世纪40年代,交通工程人员开始意识到,只靠简单的交通管理,无法根治交通问题。修建道路若不以交通量大小为依据,则带有很大的盲目性,于是增加了交通调查、道路规划的内容。在修路之前,首先调查现状交通量,预测远景交通量,根据预测车流的流量、流向,对道路布局、标准、线形几何设计提出要求,同时考虑交通管理方案,配备必要的交通设施并就提高投资效益进行技术经济论证。

进入20世纪50年代以后,各工业发达国家为了尽快恢复第二次世界大战期间遭到破坏的经济,开始大规模修建公路,推动相关行业的发展。1956年,美国颁布《联邦资助公路法案》,提供250亿美元全力支持州际、国防公路建设。其经费由联邦政府负担90%,州政府负担10%。计划修建高速公路的总里程为6.8万km,联结42个州的首府,全国5万人口以上的城市几乎都在该系统内。日本于1957年4月颁布了《高速公路干道法》,次年修建了第一条高速公路——名神高速公路。英国自1957年开始修建高速公路,平均每年建成110km。德国是最早修建高速公路的国家之一,从1933年就开始修建,后因战争,曾一度中断,到1955年,联邦德国又在全国范围内建设高速公路系统,平均每年修建150km。

高速公路的修建带动了汽车工业的发展,也刺激了钢铁、橡胶、有色金属、塑料、石油、电器、动力、玻璃等行业的迅速发展。在美国,陆路交通打破了以铁路为中心的局面,形成了"汽车化"运输的新格局。因此,在这个时期,交通规划的理论与方法、道路通行能力、线形设计、立体交叉设计、工程建设项目可行性研究、停车问题就成了交通工程学的研究课题。对诸如道路运输与铁路、水运、航空和管道运输的衔接,小汽车、公共汽车、轨道交通等各种交通方式的特点及如何充分发挥各种交通方式的功能以满足交通需求等的研究,也开始进行。

2. 交通工程学发展中期

进入20世纪60年代,由于汽车数量激增,美、英、联邦德国、法、日等国的每公里公路平均汽车密度逐渐趋于饱和。1969/1996年,这些国家的汽车拥有量按每公里公路的车辆拥有量计算分别为:英国39/71辆,联邦德国33/72辆,美国18/31辆,日本15/62辆,法国9/37辆。1996年,意大利、加拿大与澳大利亚每公里公路的车辆拥有量分别为109辆、22辆与12辆;若以高速公路每公里拥有量计,加拿大为1 080辆,美国为2 234辆,法国为3 314辆,意大利为3 748辆,德国为4 649辆,英国为8 029辆,澳大利亚为9 182辆,日本为12 153辆。各国车辆数增加很快,因此,交通拥挤、阻塞现象严重。在纽约、巴黎、伦敦、东京等城市的中心街道上,平均车速每小时只有十几公里。同时,交通事故与日俱增,越来越严重地威胁着人们的生命安全。为了疏导交通,减少交通事故,提高道路通行能力,各国开始倡导"交通渠化",用计算机控制交通,改进道路线形设计,保持各线形要素之间协调。在此期间,人们开始在一个地区或一个城市做交通规划,并按照规定的格式做出行调查,用出行产生、交通分布、交通方式划分、交通分配的程式进行交通预测;从供需平衡的角度布设路网、枢纽、场站等交通设施。

20世纪70年代,由于能源危机,石油价格急剧上涨。同时,大量的汽车尾气、噪声、振动也在危及人们的健康,这就迫使工业发达国家对交通进行综合治理。1975年9月,美国提出交通系统管理,即 TSM(Transportation System Management),旨在节约能源、改善交通环境、充分利用现有道路的空间、控制车辆总量和车辆出行量、协调各种交通方式,力求达到整体效率最高。交通工程学开始致力于研究大众捷运系统,倡导步行,对公共交通实行优惠政策,推行合乘方式,减少不必要的客流、车流,保护环境,挖掘现有交通设施的潜力等。

20世纪80至90年代,工业发达国家的多数城市的发展已经定型,大规模进行交通规划的时代已经过去,交通工程的研究问题多集中于交通管理方面。

在交通工程学的发展过程中,对如何解决交通拥挤、阻塞问题,各工业发达国家根据自己的国情,采取了各自不同的措施。美国、加拿大等国因其疆域辽阔,采取增加道路车道数的办法,最多的增加到20多条车道。日本则由于其国土狭窄,在路上增加车道有困难,因而采取设置交通自动控制系统的办法。北海道的中央高速公路在1984年刚刚建成时,即建有全部控制系统。他们认为高速公路一旦建成后,交通量就将迅猛增长,届时再行改造极不经济。欧洲各国所采用的措施则介于二者之间,尽管他们采取了增加车道和加强控制的措施,但仍难以满足交通量日益增长的需要。此外,交通安全也是一个重要问题。世界各国在兴建高速公路后,交通事故率有所降低,但由于在高速公路上车辆高速行驶,交通量增长,恶性事故率又有所上升。因此,研究采用高新技术,以提高公路交通的安全度和通行能力,改善日益恶化的公路交通,就成为大家公认的唯一可行的途径。

3. 近期交通工程学的发展

近期交通工程学的发展,使世界各工业发达国家均集中大量人力、物力、财力,采用各种高新技术,研究"智能车路系统"(Intelligent Vehicle Highway System,IVHS),或称智能运输系统(ITS)。日本和欧洲起步较早,从20世纪80年代后期即开始进行。美国起步较晚,在1991年美国《地面运输方式之间的效率法案》(Intermodal Surface Transportation Efficiency Act of 1991,ISTEA)通过后,才得到联邦政府的重视和支持。因为该法案的缩写 ISTEA 与英文中的冰茶一词谐音,所以人们通常称之为"冰茶法案"。该法案的第六章明确规定了 IVHS 的研究工作。

目前世界各工业发达国家已形成北美(美国、加拿大两国)、欧洲(有10多个国家参加)和日本三大研究集团,开发的项目很多,但概括起来不外以下几个方面:

(1)先进的汽车控制系统(Advanced Vehicle Control System,AVCS),或称智能汽车公路系统(Intelligent Vehicle Highway System,IVHS)。

(2)先进的交通管理系统(Advanced Traffic Management System,ATMS),或称自动高速公路系统。

(3)先进的驾驶人信息系统(Advanced Driver Information System,ADIS)。

以上三项为主要组成部分,另外,还有先进的公共运输系统、先进的交通信息系统及商用车辆营运系统等,以及针对各个运输部门和企业的子系统。

在美国,已将交通工程学发展为"运输工程学(Transportation Engineering)",包括了道路、铁路、航空、水路和管道五种运输方式。实际上,它形成了一门研究综合运输体系的学科,并将交通工程学作为它的分支学科。

第二节　交通工程学科的内涵、外延、性质与特点

一、交通工程学科的内涵(范围)

交通工程学科是运输工程学的一个重要分支。随着社会、经济、科学技术与市场全球化的发展和交通需求的增长,交通工程得到了迅速的发展,从而使交通工程学科的内容日益丰富。其研究的内容主要有:

(1)交通特性(人、车辆、道路的时空分布规律与交通流的特性)。

(2)交通调查(交通流量,交通速度,交通密度,客、货流起讫点,交通延误,交通量的时间与空间的分布,居民出行,通行能力,客、货运流量,停车,交通环境,交通安全和事故等的调查)。

(3)城市公共交通系统(公共交通方式、公交车辆、公交线路规划理论和方法及配车优化等)。

(4)交通流理论(不同运行状态的运行规律、流量、流速与密度等基本交通特性与主要参数之间的关系。目前使用的主要方法有:概率论与数理统计方法、流体力学方法、排队论、车辆跟驰方法、交通动力学方法,以及宏观与微观的理论的表达模型与方法等)。

(5)交通规划的理论与方法(交通预测、分配、规划理论与模型,城市道路与公路网络规划及线形设计理论与方法等)。

(6)交通组织管理与监控、诱导的理论、技术与方法。

(7)交通事故的预测、预防,交通安全的评价、对策与交通违法处理。

(8)停车需求与停车设施的规划、设计、管理。

(9)交通环境保护、道路景观规划设计。

(10)非机动车交通的特性、通行能力、使用条件及线路的规划设计。

(11)道路交通立法、条例等。

(12)新交通体系及各种交通设施等。

此外,与交通工程学的应用与发展密切相关的基础理论有:应用数学、交通物理学、交通统计学、交通经济学、交通心理学、交通医学、人体工程学、汽车动力学、运筹学、系统工程学等。

二、交通工程学科的外延(相关学科)

与交通工程学科相关的学科主要有:

(1)社会科学方面:社会学、法学、心理学、经济学、管理学、工效学、行为科学。

(2)自然科学方面:高等数学、统计学、运筹学、物理学、动力学、预测学、汽车学、电子学、运输学、控制理论、系统工程。

(3)工程设计方面:道路工程、桥梁工程、建筑工程、城市规划、轨道工程、环境工程、运输工程、隧道工程、岩土工程、通信工程、电子计算机技术等。从内容性质方面来分,既有基本理论与方法,又有技术基础与计测技术,还有专业理论与仿真等。

三、交通工程学科的性质

交通工程学科是一门发展中的综合性学科,它从交通运输的角度,把人、车、路、环境与能源作为统一的有机整体进行研究和应用。就学科性质而言,它既从自然科学方面研究交通的发生、发展、时空分布、分配、车辆运行、停驻的客观规律,并做定量的分析计算、预测、规划、设计等,又从社会科学方面研究交通的有关法规、教育、心理、政策、体制与管理等。因此,交通工程学是一门兼有自然科学与社会科学双重属性的综合性学科。

四、交通工程学科的特点

1. 系统性

交通与整个社会经济系统密切相关,自身又是一个由诸多相互联系、相互作用、相互制约的要素(人、车、路、环境、能源等)所组成的有机整体,是一个多目标、多约束、开放性的大系统。因此,交通工程学最重要的方法论基础就是系统分析和系统工程。以系统分析原理来认识交通问题,以系统工程原理来解决交通问题,是交通工程学科发展的必由之路,也是现代交通工程学的一个显著特点。

2. 综合性

交通工程学研究的内容涉及工程(Engineering)、执法(Enforcement)、教育(Education)、环境(Environment)、能源(Energy)等许多领域,人称"5E"科学;又与地理、历史、经济、政策、体制等诸多因素有关,是一门集自然科学与社会科学、"硬"科学与"软"科学于一身的综合性很强的科学。

3. 交叉性或复合性

交通工程学研究的对象具有多方面的边际性或交叉之处,如汽车行驶理论与降低汽车的废气排放、噪声、振动,道路几何线形,道路通行能力,交通规划、设计、管理与控制等均同其他科学相互交叉或相互连接,又如智能交通系统(ITS),它是交通工程学科与电子工程学科、信息工程学科、自动控制学科、计算机技术学科、汽车工程学科等在交通运营管理中的相互交叉、相互融合。

4. 社会性

交通系统是社会经济系统中的一个子系统,涉及社会的各个方面,特别是交通规划、交通管理、交通法规等,差不多同社会各个方面均有关,如政策、法规、技术、经济、工业、商业、生产、生活等社会各个阶层、各个单位,从人员讲涉及全体市民,并直接影响到他们的工作、生活和学习娱乐。

5. 前瞻性

道路交通工程是为国民经济发展,人民的生产、生活,以及科技、教育、文化等活动服务的,是区域和城市发展的载体,是社会经济活动的支撑体系。社会经济发展,生活水平提高,交通必须先行。加之交通工程本身的建设与使用期限长,要使交通工程建设能适应今后一段时期的运输要求,就要预测或设想今后一个较长时期(20~30年甚至更长时间)的交通需求情况和工程实施后的深远影响,因此,必须超前考虑,提前规划。

6. 动态性

交通流本身就是一个动态系统，又是一个随机系统，具有典型的随机特性，其在道路网络上的分布随时间与空间不断变化，常常表现为空间（网络的某一路段）与时间（早、晚高峰）的过分集中且分布不均，甚至可能由于某一偶然因素而改变其正常分布，动态性十分显著。

第三节　我国交通工程学科的发展

我国疆域辽阔，历史悠久，道路交通的发展源远流长。在西方交通工程学作为一门学科传入中国之前，我国人民很早就进行过许多属于交通工程学科范畴的工作，完成了大量工程实践并取得了辉煌的成就。

一、古代道路交通工程简况

交通工程的发展同道路和车辆的发明、发展紧密相关。我国是较早使用车辆的国家之一，相传早在4 600多年前的黄帝时代，劳动人民就已发明了舟车；公元前21世纪，奚仲就任夏朝的"车正"；商代我国已能制造相当精美的两轮车。欧洲在此之后1 000年才发明马车。从舟车到马车，人类的交通进入车辆时代，历史上称为"车轮文化"。

闻名于世界的"丝绸之路"由我国开通，从此，道路交通在军事和商业中的作用越来越明显。

我国也是最早重视道路规划与设计的国家，如《诗经》中记载："周道如砥，其直如矢。"讲的是道路几何设计很好，道路平整、笔直。《考工记》中记载："匠人营国，方九里，旁三门。国中九经九纬……经涂九轨，环涂七轨，野涂五轨。"这里讲的是西周时期的城市道路规划，说明道路规划为棋盘形的格局，将城市道路分为经纬、环、野三个等级；一轨约合1.65m，经纬干路约合15m宽，环纬干路约合11.5m宽，市郊道路约合8.5m宽。这种城市路网的规划方案几乎一直沿用到近代，成为国内外道路网规划的典型图式之一。古代也有交通管理规则，《礼记》中说："道路，男子由右，妇人由左，车从中央。"秦始皇在战国时原有长城的基础上修筑了举世闻名的万里长城，还将春秋战国时期各诸侯所修筑的道路连接成网，修筑了全国规模的交通网——驰道。西汉设"亭舍、驿道"，延续总长达十万里。唐代是我国古代道路发展的极盛时期，初步建成了以长安为中心的四通八达的驿道网。此外，唐代还采取上下分行、靠左行走的交通规则。民国时期亦曾采用靠左行车，中华人民共和国成立之后，才改为靠右行车。可以说，我国古代曾将交通运输规划和道路建设管理视为头等大事之一，所以我国的道路建设和交通工程在世界也很著名，国外的一些出版物将我国的长城和驰道视为两项伟大的交通工程实例。

二、近、现代交通工程的发展

自清光绪二十七年（1901年）上海输入欧洲生产的汽车开始，到中华人民共和国成立前，我国根本没有自己的汽车工业。至1949年，全国汽车拥有量仅5万多辆，都是进口自各国使用多年的老车。1956年，长春第一汽车制造厂开始生产载货汽车，但由于经济基础薄弱等原因,汽车产量一直不高。直至改革开放前,国产汽车车型单一、性能落后,进口汽车仍占相当比重。改革开放后,汽车工业有了较大发展,特别是小轿车工业得到了迅速发展。截至2022年底,全国机动车保有量已达到4.17亿辆,其中汽车3.19亿辆(含新能源汽车1310万辆)。全国机动车驾驶人达到5.02亿人,其中汽车驾驶人超4.64亿人。从地域分布来看,2022年全国汽车保有量较大的省份主要集中在中东部地区,广东、山东、江苏、浙江、河南机动车保有量位居全国前五位,分别为3 061万辆、2 525万辆、2 193万辆、1 789万辆和1 765万辆。从车辆类型看,汽车和摩托车是机动车的主要构成部分。

我国的公路建设早于汽车引进。我国最早的公路为清同治十三年(1874年)台湾修筑的以台南为中心的中南北三大干线道路。大陆于1901年引进汽车后,有些省开始兴建公路。1908年,苏元春修建了广西龙州—那堪长30km的公路,之后张家口、湖南等地区也纷纷修建,上海、北京、天津等大城市也先后出现了公共汽车和电车,兴建了一些城市道路。但在此期间修建的道路各自为政,没有统一的规划和标准。孙中山先生于1919年发表了《建国方略》,在实业计划(物质建设)中,提出建设100万英里(约合160万km)公路(碎石路)。同年,北洋政府内务部提出了公路的分级、标准与51条路线的《国道网方案》,总长近7万km。1921年,中华全国道路建设协会又提出了以兰州为中心的"四经五纬国道网",以辐射线及4道环线联结各省会及若干著名大城市,总长6万余公里,可惜未能很好落实。1932年,由经委会公路处督导7省公路专门委员会,又拟定了7省联络公路11条,共2.2万km。这一规划在经委会公路处督导下得以实施,至抗日战争爆发前,全国公路总里程已达11万多公里。抗日战争最困难时期,为了冲破日寇封锁,打通对外国际通道,建成了全长1 150km的滇缅公路和1 569km的中印公路(史迪威公路)。在抗日战争前后,国民党发动内战期间,由于战争的需要,在西北、西南等地区虽新建了一些公路,但也破坏了一些公路。因此,在1949年前,近半个世纪仅建成13万多公里公路。中华人民共和国成立时,能通车的公路仅7万多公里,且基本是双车道以下的低等级路。在城市道路中,除少数大城市的主要干道铺有沥青路面外,大多为碎石路和土路。在交通管理设施方面,则无甚建树。

1949年后,经过三年恢复时期和十三个五年计划的建设,截至2022年底,全国公路总里程达535.48万km。全国公路总里程中,国道37.95万km、省道39.36万km、县道69.96万km、乡道124.32万km、村道258.86万km、专用公路5.03万km,分别占公路总里程的7.1%、7.4%、13.1%、23.2%、48.3%和0.9%。从公路技术等级分组来看:高速公路里程达17.73万km;全国等级公路里程达516.25万km,占公路总里程的96.4%;二级及二级以上公路里程达74.36万km,占公路总里程的13.9%。全国公路密度达到55.78km/百km^2。表1-1所示为2022年底我国31个省、自治区、直辖市建成公路通车里程统计表。

2022年底我国31个省、自治区、直辖市建成公路通车里程统计表 表1-1

名次	总里程		高速公路里程		公路密度	
	省、自治区、直辖市	里程(万km)	省、自治区、直辖市	里程(万km)	省、自治区、直辖市	密度(km/百km^2)
1	四川	40.54	广东	1.12	重庆	226.12
2	云南	31.61	云南	1.02	上海	206.35

续上表

名次	总里程		高速公路里程		公路密度	
	省、自治区、直辖市	里程（万km）	省、自治区、直辖市	里程（万km）	省、自治区、直辖市	密度(km/百km²)
3	湖北	30.22	四川	0.92	山东	189.73
4	山东	29.18	贵州	0.83	安徽	170.37
5	河南	27.75	河北	0.83	河南	166.17
6	湖南	24.24	广西	0.83	湖北	162.56
7	安徽	23.80	山东	0.80	江苏	154.00
8	新疆	22.31	河南	0.80	天津	134.51
9	广东	22.31	内蒙古	0.77	北京	133.33
10	内蒙古	21.62	新疆	0.76	江西	126.17
11	江西	21.07	湖北	0.76	广东	123.94
12	贵州	20.96	湖南	0.73	海南	122.65
13	河北	20.92	江西	0.67	浙江	120.49
14	重庆	18.61	陕西	0.67	贵州	119.09
15	陕西	18.56	福建	0.60	湖南	114.45
16	广西	17.24	山西	0.59	河北	111.45
17	黑龙江	16.90	甘肃	0.58	山西	93.09
18	江苏	15.80	安徽	0.55	福建	93.08
19	甘肃	15.72	浙江	0.53	陕西	90.27
20	山西	14.55	江苏	0.51	辽宁	89.86
21	辽宁	13.11	黑龙江	0.47	四川	84.21
22	浙江	12.29	吉林	0.44	云南	82.47
23	西藏	12.09	辽宁	0.43	广西	73.05
24	福建	11.29	重庆	0.40	吉林	58.59
25	吉林	10.98	青海	0.38	宁夏	57.68
26	青海	8.77	宁夏	0.21	黑龙江	35.73
27	海南	4.17	海南	0.14	甘肃	34.60
28	宁夏	3.83	天津	0.14	内蒙古	18.28
29	北京	2.24	北京	0.12	新疆	13.44
30	天津	1.52	上海	0.09	青海	12.14
31	上海	1.30	西藏	0.04	西藏	9.85

回顾中华人民共和国成立后道路建设的历程，公路建设在1956年和1958年曾有过两次大发展。20世纪60年代，又大力推广了渣油路面，使我国公路里程和黑色路面里程迅速增长。但由于各种交通工具在一幅路上混合行驶，交通事故较多，影响汽车速度的发挥，造成浪费。尤其是以拖拉机作为运输工具，是一种极不合理的现象，其油耗相当于同吨位汽车的2倍以上，且极不安全。另外，公路上只有简单的标志牌，城市道路上只有少数人工控制的红绿灯，且不齐全。

1970年,交通部编制了"四五"科技发展规划,提出在我国兴建高速公路,并将京津塘高速公路作为样板路列入规划。1972年,交通部公路科学研究所又根据公路和城市道路发展的需要,建立交通号志研究室,开展有关研究工作。先后与北京、天津两市公安局合作研究建立城市交通的点、线、面控制系统,与交通部公路规划设计院研究交通量调查的方法及设备,与北京、广东、天津、辽宁的有关单位研究反光标志、标线、发光标志、光纤标志、可变信息标志及标志牌的形式、尺寸、位置,研究建立广佛二级公路、天津疏港一级公路及高速公路的交通控制系统、收费系统、通信及传输系统等。与此同时,还邀请了一些国外的专家来我国讲学,引进国外的先进技术和设备。1979年,有关高校开始设立交通工程专业,进行人才培养。1981年,中国公路学会下成立了交通工程二级学会,对我国交通工程学的发展起到了很大的促进作用。几十年来,我国在交通工程的理论研究与应用实践方面取得了很大进展和成就。

1. 交通调查

20世纪70年代中期,交通部公路科学研究所与公路规划设计院共同对国道交通调查进行了研究,研制了手动控制和自动控制(便携式和固定式)的交通量调查仪,提出了调查分析的方法等。1979年,交通部通知各省、自治区、直辖市交通厅(局),要求在全国范围内对国家干线公路(国道)进行技术调查。先后建立了11 262个间隙式交通调查点和183个连续式交通调查站,对交通量、车速、交通组成进行了观测,这是一项开创性的、具有深远意义的实践。

北京、上海、哈尔滨、福州等城市的街道上也于1979年设立了交通量观测站,进行交通量与速度的观测调查。

20世纪80年代初,中国城市规划设计研究院与天津市合作,率先对天津市6个行政区、156 km^2、302.7万人进行了居民出行调查。将调查范围划分成87个交通小区,按调查范围居民户数(73.3万户)的3%抽样,抽样户数23 663户,抽样人数76 268人。经过调查,得出了天津市居民平均日出行次数为2.44人次,自行车、公共交通、步行、其他(包括地铁、出租汽车、单位客车、轮渡等)四类交通方式的比例为44.54%、10.33%、42.62%、2.51%。随后,上海、广州、沈阳、北京、南京、徐州等80多个城市也陆续开展了这项调查工作。调查获得了许多城市的人均出行量、平均乘距、客运交通方式组成等数据。但随着城市的发展与机动化水平的提高,这些数据也在不断变化。

2. 交通规划的理论与方法

在道路交通规划的实践中,人们发现采用美国芝加哥市的交通规划理论与方法工作量大,且费时、费钱,在交通分配模型方面,各种汽车都有需要改进之处。于是,东南大学等高校探讨了城市交通规划的规范化、交通调查内容及调查技术,对最短路分配、容量限制-增量加载分配、多路径概率分配的适用性进行了研究,提出了动态多路径交通分配模型。

与此同时,北京工业大学对交通枢纽规划、大城市交通影响分析、交通安全等进行了研究,提出了一套可供实际应用的规划方法。

1) 公路网规划

1980年,交通部公路规划设计院提出了对1964年编制的《国家干线公路网规划草案》进行修订后的试行方案,并于1981年由国家计委、经委和交通部以计交〔1981〕789号文颁布试行。方案将国家公路网的布局分为三类:一类12条由北京向全国放射,编号为101~112,计长2.35万km;二类28条由南北走向的纵线组成,计长3.78万km,编号为201~228(后调整为

27 条,3.71 万 km);三类 30 条由东西走向的横线组成,计长 4.79 万 km,编号为301～330(后调整为 29 条,4.62 万 km)。共计规划干线 70 条,总长 10.92 万 km(后调整为 68 条,10.60 万 km),称为国家干线公路网。"七五"期末又对规划方案进行了完善,1992 年颁布了《国家主干线系统布局规划》,提出以现有国道网中的一部分重要线路为基础,通过以高速公路为主的国道主干线建设,贯通首都、直辖市和各省省会或人口大于 100 万的特大城市及部分人口大于 50 万的大城市,其总体布局为"五纵七横",共计 12 条线路,总长约 3.5 万 km。

20 世纪 90 年代,我国编制了全长 15 000km(四纵四横)的《西部大通道(8 条)建设规划》,2001 年 12 月发布了全长 8.1 万 km(纵向 13 条,横向 15 条)的《国家重点公路建设规划》。

随着国民经济的快速发展、人民生活方式的转变和生活质量的提高,人们对交通服务的要求越来越高。为做好公共服务、优化跨区域资源的配置和管理,国家进一步修改完善了国家高速公路网规划。2004 年 12 月 17 日,国家颁布了经国务院审议通过的《国家高速公路网规划》,标志着我国高速公路建设发展进入了一个新的历史时期。《国家高速公路网规划》采用放射线与纵横网格相结合的布局方案,形成了由中心城市向外放射及横连东西、纵贯南北的大通道。由7 条首都放射线、9 条南北纵向线和 18 条东西横向线组成,简称"7918 网",总规模约 8.5 万 km,其中主线 6.8 万 km,地区环线、联络线等其他线路约 1.7 万 km。为进一步完善高速公路网规划布局,2013 年 6 月 20 日,交通运输部公布了《国家公路网规划(2013—2030年)》。该规划在"7918 网"的基础上增加了两条南北纵向线。到 2030 年,我国将形成 "71118"高速公路网,规划总里程达到 11.8 万 km。国家高速公路网规划的编制,体现了以人为本、全面、协调、可持续的科学发展观,贯彻了"五个统筹"的要求和"把握全局、突出重点、立足现实、着眼未来、布局合理、注重效率"的原则。规划方案总体上贯彻了"东部加密、中部成网、西部连通"的布局思路,建成后可以在全国范围内形成"首都连接省会、省会彼此相通、连接主要地市、覆盖重要县市"的高速公路网络。

2)城市交通综合规划

在改革开放不断深入、国民经济持续快速发展、城市建设日新月异的时代背景下,城市交通规划在促进社会经济健康发展、保障城市各项功能正常运转等方面发挥了重要作用。

道路网是城市形态的组成要素和骨架。我国传统的道路网规划是以城市布局形态为基础,确定道路网结构形式、道路功能和道路等级等,这种定性规划方式一直延续到 20 世纪 50 年代。虽然我国在之后的道路网规划中引入了交通量的概念,但并没有改变以定性分析为主的规划模式。直至改革开放政策实施,国外的城市交通规划理念和技术开始引入我国,推动了道路网从定性规划为主到定量规划为主的发展。

城市交通规划脱胎于道路网规划,但规划思路和技术方法发生了根本性改变。规划对象从道路网扩展到综合交通网,规划视角从道路布局扩展到科学地认知交通规律、合理地安排和组织综合交通系统,规划内涵从交通设施空间安排扩展到交通需求调控、交通供给结构优化、交通与土地使用关系统筹等。

可以说,我国现代意义的城市交通规划形成于 20 世纪 70 年代末期,在 40 多年的研究和实践中不断创新发展,吸取了社会、经济、管理等学科的理论和方法,逐渐形成了具有多学科融合特色的城市交通规划技术方法和面向实际需求的多层次专项规划编制体系。2018 年 9 月 11 日,我国国家标准《城市综合交通体系规划标准》(GB/T 51328—2018)正式发布。

3. 道路线形设计理论

道路交通安全研究发现，交通事故与道路设计不尽合理有关。早先的道路线形设计理论以汽车行驶对道路的要求为依据，静止地套用道路技术标准上的规定，孤立地分析线形要素的尺寸。针对这种情况，北京工业大学提出了道路线形设计新理论，其要点是以用路者的行车需求为依据，从交通的角度，即用动态的观点分析问题，用协调的方法进行设计。所谓协调是指道路与环境协调，道路三个投影面之间协调，线形各要素之间协调，用速度连续和视觉连续作为判断协调的标准。按照新理论设计的道路充分考虑了用路者的生理、心理特征，更加符合行车规律，为保证道路交通安全创造了条件。

4. 高速公路及其监控系统等

我国修建的第一条高速公路为台湾纵贯南北的高速公路，自高雄起，经台南、台中、台北到基隆止，全长373.4km，总投资470亿台币，平均1.2亿台币/km(约300万美元/km)，1970年动工，1978年10月通车。

进入20世纪80年代，大陆高速公路的建设才开始，先后修建了沪嘉、沈大、京津塘、广佛、西临、广深、莘松、沪宁及广州市环城等第一批高速公路。同时，还修建了一批一级汽车专用公路(按《公路工程技术标准》所规定的标准)，如京石、合宁公路等，有些后来也改建为高速公路。

高速公路的修建，带来交通监控系统、收费系统、通信系统、安全设施设计等诸多新课题。交通部公路科学研究所及各有关单位对这些问题进行了研究，取得了丰硕成果；在部分高速公路上建设了交通自动监控系统和控制中心，其中包括交通量、交通事故、路况及气候等信息系统，闭路电视系统和应急电话系统等；通过试验路段研究，其后大部分采用了光纤系统，设计建设了开放式和封闭式收费系统，还创造了混合式收费系统、车型自动识别系统；在交通安全设施方面，1972年开始就在京昌、京密、京周等公路上研究设立了反光标志、标线及发光标志，并对标志牌的尺寸、形式等进行了研究改进；"七五"计划期间，对汉字视认性进行了试验研究，提出了适合我国国情的交通标志的面板尺寸、汉字字符结构和大小；"八五"计划期间，又研制出光纤标志。

1992年，中国公路工程咨询监理总公司对高速公路安全护栏进行了实体碰撞试验，根据试验数据进行了理论分析。在此基础上，编写了适合我国高速公路使用的安全护栏技术标准。

这些成果均已在我国高速公路建设中应用。另外，在北京首都机场高速公路上，建设了具有我国民族特色的收费站。南京机场高速公路沿线的绿化与美化建设更是丰富多彩。

5. 城市交通自动控制系统

1972年，交通部公路科学研究所研制了单点定周期的红绿灯信号控制机；1973年又在北京北太平庄路口试验了单点感应式的红绿灯信号控制机，研制了感应式信号机及环形线圈式、磁感应和超声波等车辆检测器，可自动辨认自行车和逆行汽车，具有较好的效果。

同年，交通部公路科学研究所又与北京市公安局合作，在北京前三门东西大街上进行了城市交通线控系统的试验(当时称之为"7386"工程)；1974年，又与天津市公安局合作，在天津进行了城市交通区域控制系统的试验，系统地研制了交通自动控制设备并开发了计算机控制软件，对城市交通实施自动控制。

"七五"计划期间，作为国家重点课题，公安部交通管理研究所、同济大学等又以南京市为试验基地,对城市交通计算机区域控制进行了研究,研制了控制设备,编写了控制程序,建立了区域控制系统并付诸试运行。

"八五"计划期间,北京引进了国外设备和软件,在中区52个路口、东区39个路口实施了计算机区域联网控制。上海、深圳等城市也使用了计算机区域控制设施。

21世纪以来,随着互联网及大数据技术的发展,部分城市基于海量交通监控数据已实现利用人工智能技术自动生成最优交通控制方案,如杭州城市智慧管理平台"城市大脑"下的交通模块。

6. 交通管理

交通系统是一个复杂的开放性的社会系统,交通管理涉及政治、社会、经济、技术等诸多问题。自1973年开发自动化交通控制信号机以来,交通管理科学进步很快,"七五""八五""九五"计划期间,我国在研发交通控制、监视、检测系统,交通安全教育,制定交通法规,推广各种管理措施方面做了大量工作。

(1)在城市中,少数城市采取了限制性购车,或实行错峰上班、轮休、弹性工作时间,禁止或限制某种车在规定时间进入某一范围等措施。

(2)为了提高疏导交通的能力,北京、上海、深圳、沈阳、南京、广州、天津、大连等城市相继建设了交通信号控制系统,还自行开发设计了符合国情的各类控制、监视、检测系统,采取了路面画线、路口渠化、封闭路口、实行单向交通、采用变向车道、禁止路边停车等各种措施。

(3)1999年4月5日,《道路交通标志和标线》(GB 5768—1999)经批准发布。2004年5月1日,《中华人民共和国道路交通安全法》及《中华人民共和国道路交通安全法实施条例》施行,公安部及各地公安部门还研究制定了各种道路交通安全管理条例和违章处罚的规定等。

(4)国务院办公厅以国办发〔2000〕18号文转发《公安部建设部关于实施全国城市道路交通管理"畅通工程"意见》,在全国城市与公路主干线上开展"畅通工程"和"平安大道"的活动,并成立专家组每年检查各省、区、市畅通工程的进展,进行打分评比,大大推动了各市的交通管理工作,不少城市纷纷编制了交通管理规划和交通安全规划。

自2006年以来,全国城乡开展"平安畅通工程",使道路交通管理更加深入、普及。

7. 交通评价理论与评价方法

在交通评价领域,我国学者研究了综合效益函数法、模糊数学法、层次分析法及灰色理论的应用问题,提出了建模原则,建立了适合不同用途的评价体系,编制了交通规划评价专家系统。这些成果已广泛应用于城市交通综合评价、道路系统功能评价、交通规划方案评价、交叉路口评价、路面管理评价、交通安全评价、交通影响评价和交通环境影响分析等各个方面。

8. 实施 GBM 工程

公路养护部门在公路养护中推行公路标准化、美化作业,简称 GBM(汉语拼音缩写)工程。该项工程旨在挖潜改造、完善设施、强化标准、重视景观、实行科学养护与管理。据不完全统计,全国已有1万多公里的国道实施了 GBM 工程,效果很好。

三、我国交通工程学科的进展

1. 国内外的学术交流兴起

从1979年以来,美、日、英、加拿大等国的交通工程专家先后在上海、北京、西安、南京、哈尔滨、长沙、成都等城市进行讲学,介绍国外交通规划、交通管理、交通控制、高速公路与交通安全及国外交通工程的发展和管理经验,仅美籍华人交通工程专家张秋先生一人就先后回国讲学达15次之多。这对国内有关交通工程技术人员与学者们学习、研究和运用现代交通工程学的理论和方法起了鼓舞和推动作用。与此同时,国内有关学校与业务单位也经常举行学术讨论会、报告会。现在,我国每年都会举办国际交通工程学术会议。这些活动促进了国内交通工程学的发展。

2. 建立了学术组织,培养了交通工程人才

1980年上海市成立交通工程学会,1981年中国交通工程学会成立,现20多个省、区、市成立了交通工程学会或交通工程学术委员会。目前,有100多所高校设立了交通工程专业,近60所高校设立了交通运输工程一级学科学术型学位授权点,招收硕士生、博士生,每年为国家培养大批交通专业人才。相关机构开展了交通调查、交通规划、交通流理论、交通管理技术等方面的学术研究,创办了《中国交通工程》《中国公路学报》《公路交通科技》《城市交通》《中国交通报》《交通安全报》《交通运输工程学报》《交通工程》《道路交通管理》《红绿灯下》等交通工程方面的期刊、报纸,举办了多层次的短期培训班和专题讲座,通过这些活动培养了一大批交通工程人才。

3. 开展了交通基础数据的调查

自20世纪70年代后期开始,交通部统一布置,在全国范围内建立了交通观测站。至1989年底,各地公路部门对主要国道设立了长期(连续式)观测站183个,间隙式观测站达11 262个,从事观测调查的人员达3.6万人,总观测里程达57万km(其中国道观测里程9.9万km),使交通量观测的覆盖面达56%(国道达93%)。这样大规模的交通调查和经济调查取得了大量的流量与流速统计资料,使有关部门基本上掌握了国家干线路网的交通负荷与运行状况,并整理编印成《全国干线交通量手册》,包括路网负荷,交通组成,运行速度及空间、时间分布规律等。

大中城市也于1982年开始进行居民出行调查、公交月票调查,掌握了大量的城市客、货运出行资料,这些资料为道路交通的规划、设计、建设、运营管理等提供了可靠的数据。

4. 编制城市交通规划与公路网规划方兴未艾

天津、徐州、上海、广州、北京、兰州、常州、南京、合肥、马鞍山、郑州、镇江、鞍山等几十座城市先后开展了城市规划与综合治理,以及公交线网、站点与调度优化的研究,京津塘、沈大、京珠、沪宁、广深珠、广佛、济青等数十条高速公路已建成,并取得了重大进展,收集了大量资料,为国民经济发展、工程建设方案的比选与决策作出了重大的贡献。

5. 组织制定了交通法规

近年来,我国交通部门配合协调,运用交通工程与法学原理,制定了一系列交通法规。1999年颁布了国家标准《道路交通标志和标线》(GB 5768—1999),随后在不到20年的时间内先后完成了两次修订(参见GB 5768—2009、GB 5768—2017),2004年国务院颁发了《中华人民共和国道路交通安全法》及《中华人民共和国道路交通安全法实施条例》,另外还制定了一系列安全监理制度、事故分析方法与违章处理办法等。

6. 引进和研制了控制与感应式自动控制信号机

北京、上海、天津、深圳等地引进或安装了试验性的联动线控制系统与区域自动控制系统;

1990 年,南京安装了我国自行研制、开发与设计的区域面控系统并建立了中央监测控制室;试制了多种自行车、汽车流量自动检测记录装置及汽车流速油耗检测仪表、反光标志、测速仪表、检测器、传感器等,这些设备对于提高道路交通管理水平与通行能力及保障交通安全发挥了重要的作用,同时,对交通特性的研究、事故原因的分析也非常必要。

四、我国交通工程学科近期的研究任务

现代交通工程学在我国还是一门新兴的科学,有许多问题有待于进一步研究,必须在学习国外的先进经验与基本理论的同时,从我国的交通工程实际和特点出发,建立符合我国国情的交通工程理论与方法。为建立有中国特色的交通工程学,加快建设交通强国,建议重点研究以下一些问题。

1. 交通流基础理论研究

(1)交通流三参数关系模型与车辆运行特性的研究。
(2)各类交叉口规划、设计与评价理论及方法的研究。
(3)复杂交通条件下交通流模拟仿真系统的研究。
(4)不同交通组成、不同道路车头时距的分布特性与可接受间隙的研究。
(5)道路网络总体交通容量的理论与计算方法的研究。
(6)混合交通条件下的交通流理论及其运行与管理的研究。
(7)可持续发展的城市交通系统规划理论与方法的研究。
(8)不同规模城市交通法规基本政策的研究。

2. 城市交通规划理论与方法研究

(1)城市交通规划中交通调查的内容、方法及数据规范化的研究。
(2)城市交通需求预测理论与方法规范化的研究。
(3)城市交通网络计算机模拟技术的研究。
(4)城市交通网络规划理论与方法的研究。
(5)城市交通规划方案评价技术的研究。
(6)城市公共交通系统优化理论与技术的研究。
(7)城市交通规划快速反应系统理论与方法的研究。
(8)现代先进科学方法在城市交通规划中应用的研究。
(9)基于地理信息系统、卫星导航系统规划理论与方法的研究。

3. 区域综合交通运输规划理论与方法研究

(1)区域交通运输系统数据收集、处理和建模技术的研究。
(2)区域交通运输系统客、货需求预测理论与方法的研究。
(3)区域交通运输网络规划及优化理论与方法的研究。
(4)区域交通运输系统评价理论与方法的研究。
(5)区域交通运输系统决策理论与方法的研究。
(6)区域交通运输枢纽和通道布局理论与方法的研究。
(7)公路主枢纽规划布局与评价模式的研究。
(8)城市综合运输枢纽规划设计理论、方法与评价系统的研究。

(9)物流系统规划理论与方法的研究。

(10)MaaS 理念下旅客联程运输服务体系的研究。

(11)交通系统韧性评估方法与提升策略的研究。

4. 适应我国交通特点的交通控制理论与方法研究

(1)区域交通控制软件系统开发与实施的研究。

(2)区域交通控制系统设备与配套技术的研究。

(3)高等级公路情报采集与信息传输、监控技术的研究。

(4)高等级公路与城市道路的交通管理体制、理论方法与设施的研究。

(5)高等级道路立交规划设计、评价理论与方法的研究。

(6)基于智能运输系统的城市交通监控与管理系统的研究。

5. 交通综合治理理论、方法与措施研究

(1)适应现代交通要求的城市形态、结构规模与布局的研究。

(2)减少客、货出行与运输距离,土地利用合理布局的研究。

(3)城市交通网络形态与性能优化与评价的研究。

(4)城市客运交通方式合理结构的研究。

(5)城市交通治理理论模式、规范化方法与程序的研究。

(6)城市交通管理体制理论模式与方法的研究。

(7)非机动车交通特征、适用条件及其路网规划设计原则与评价方法的研究。

(8)停车场需求(机动车与非机动车)预测、规划设计理论与方法的研究。

(9)优先发展城市公共交通保障体系的研究。

(10)缓解城市中心区交通拥堵技术的研究。

(11)城市绿色交通评价方法与发展对策的研究。

(12)综合交通运输大数据中心建设与应用的研究。

6. 城市轨道交通系统研究

(1)轨道交通系统性能、适用条件、经济性与可行性的研究。

(2)轻轨、地铁、快速交通系统规划布局理论与适用条件的研究。

(3)客运转换、货运转载系统规划设计理论与方法的研究。

(4)新交通系统技术标准体系的研究。

(5)停车换乘系统规划、设计与管理等的研究。

(6)降低轨道交通建设成本的研究。

(7)轨道交通系统运营与管理的研究。

(8)铁路客运站枢纽客流集散的研究。

(9)城市轨道交通-地面交通换乘、枢纽的研究。

(10)铁路客运站-城市道路交通协调的研究。

(11)铁路货运站-城市物流协调的研究。

【复习思考题与习题】

1. 交通工程学定义的多样性与功能作用如何？你是怎么认识的？
2. 交通工程的发展与学科的建立及其发展的关系如何？试简析之。
3. 交通工程学科的内涵与外延是什么？今后将如何发展？
4. 交通工程学科的性质与特点如何？你是怎样认识的，有何建议？
5. 我国交通工程学科，特别是现代交通工程学科的发展特点，其外因、内因是什么？
6. 如何认识及实现我国交通工程学科近期的主要研究任务？你有哪些想法与建议？

第二章 交通特性分析

交通特性分析是交通工程学的一个基本部分,是进行合理的、科学的交通规划、设计、运营、管理的前提和基础。交通特性分析既要研究交通系统各要素自身的特性,如驾驶人交通特性、行人交通特性、乘客交通特性、车辆交通特性、道路交通特性等,又要研究交通流的特性,以及交通要素与环境因素之间的相关特性。本书着重介绍前两部分内容,第三部分在其他专门课程中介绍。

第一节　道路交通三要素特性

交通工程学是一门研究人、车、路及与周围环境相互影响的科学。道路交通的基本要素就是人(包括驾驶人、乘客、行人及居民)、车(包括客车、货车、非机动车)、路(包括公路、城市道路、出入口道路及其相关设施)。本节介绍这三个基本要素的交通特性及相互关系。

一、驾驶人交通特性

1.驾驶人的职责和要求

在道路交通要素中,驾驶人具有特别重要的作用,因为除了行人和非机动车交通以外,其他客、货运输都要由驾驶人来完成。驾驶人既要保证将旅客和货物迅速、顺利、准时送到目的地,又要保证旅客安全、舒适及货物的完好。同时,行人和非机动车交通受到机动车交通的影响,因此,绝大多数交通事故都直接或间接地与驾驶人有关。因此,要求驾驶人具有高度的社会责任感,良好的职业道德、身体素质、心理素养,熟练的驾驶技术。充分认识和掌握驾驶人的交通特性对于保证交通运输的正常运行、人民生命财产的安全是十分重要的。

2. 驾驶人的反应操作过程

驾驶人在驾驶车辆过程中,首先通过自己的感官(主要是眼、耳)从外界环境接收信息,产生感觉(视觉和听觉),然后通过大脑一系列的综合反应产生知觉。知觉是对事物的综合认识。在知觉的基础上,形成所谓"深度知觉",如目测距离、估计车速和时间等。最后,驾驶人凭借这种"深度知觉"形成判断,从而指挥操作。这个过程可以抽象成如图 2-1 所示的"环境-驾驶人-汽车"这样一个驾驶控制系统。

3. 驾驶人的生理、心理特性

在如图 2-1 所示的汽车驾驶控制系统中,起控制作用的是驾驶人的生理、心理素质和反应特性。

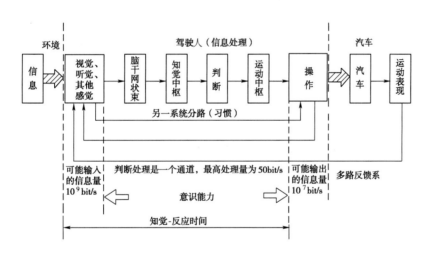

图 2-1　驾驶控制系统示意图

(1) 视觉特性

眼睛是驾驶人在行车过程中最重要的生理器官。因此,驾驶人的视觉机能直接影响到信息获取和行车安全。对于驾驶人的视觉机能,主要从以下几方面来考察。

① 视力。眼睛辨别物体大小的能力称为视力。视力可分为静视力、动视力。顾名思义,静视力即人体静止时的视力。机动车驾驶证申领和使用规定(公安部令第 139 号)对驾驶人视力做出了规定。

动视力是汽车运动过程中驾驶人的视力。动视力随速度的增大而迅速降低,同时,动视力还与驾驶人的年龄有关,年龄越大,动视力越差,如图 2-2 所示。

视力还与亮度、色彩等因素有关,视力从暗到亮或从亮到暗都要有一个适应过程。由暗处到亮处,瞳孔收缩时间约为 3s;而由亮处到暗处,瞳孔放大约需 6s 或更长。

②视野。两眼注视某一目标,注视点两侧可以看到的范围称为视野。视野受到视力、速度、颜色、体质等多种因素影响。静视野范围最大。随着车速增大,驾驶人的视野明显变窄,注视点随之远移,两侧景物变模糊,见表2-1。

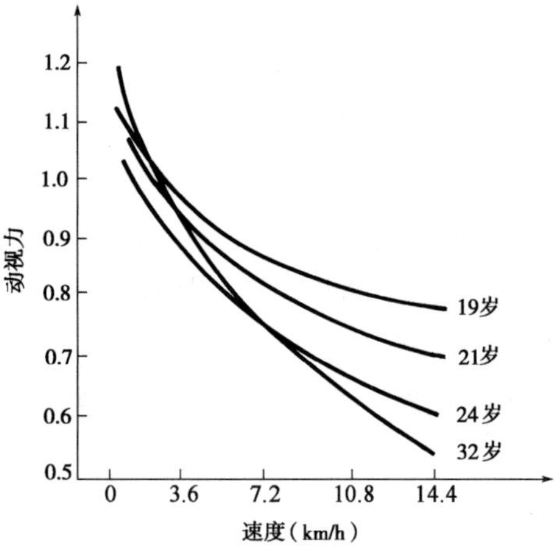

驾驶人视野与行车速度的对应关系　　表2-1

行车速度 (km/h)	注视点在汽车前方 (m)	视野 (°)
40	183	90~100
72	366	60~80
105	610	40

图2-2　动视力与年龄、速度的关系图

③色感。驾驶人对不同颜色的辨认和感觉是不一样的。红色光刺激性强,易见性高,使人产生兴奋、警觉;黄色光亮度最高,反射光强度最大,易唤起人们的注意;绿色光比较柔和,给人以平静、安全感。交通工程学中将红色光作为禁行信号,黄色光作为警告信号,绿色光作为通行信号。交通标志的色彩配置也是根据不同颜色使驾驶人产生不同的生理、心理反应而确定的。

(2) 反应特性

反应是由外界因素的刺激而产生的知觉-行为过程。它包括驾驶人从视觉产生认识后,将信息传到大脑知觉中枢,经判断,再由运动中枢给四肢发出命令,开始动作。知觉-反应时间是控制汽车行驶最重要的因素,如图2-3所示。

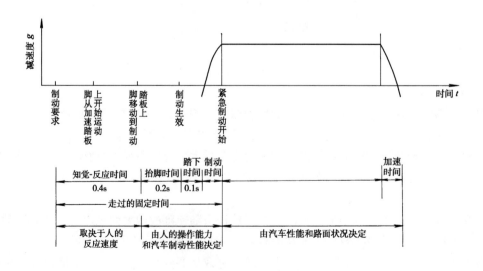

图2-3　反应时间和制动操作示意图

驾驶人开始制动前最少需要 0.4s 知觉-反应时间,产生制动效果需 0.3s,共计0.7s。根据美国各州公路工作者协会规定,判断时间为 1.5s,作用时间为 1.0s,故从感知、判断、开始制动,到制动发生效力全部时间通常按 2.5~3.0s 计算。道路设计中以此作为确定制动距离的基本参数。

反应时间的长短取决于驾驶人的素质、个性、年龄、对反应的准备程度及工作经验。

(3)驾驶人的心理特点和个性特点

身心健康是安全行车必不可少的条件。影响驾驶人行车稳定性和安全性的心理因素和个性特点主要包括以下几个方面:

①动机。驾驶人若出于某种原因(如赶飞机航班等)或需要(如出租车驾驶人为了多拉载旅客等)而争抢速度、节省时间,往往存在诱发事故的隐患。

②素养。素养是一个人的内在素质和涵养,包括遵纪守法、珍惜生命、关怀他人等。大多数驾驶人是愿意接受合理的交通规则和管制的,但也有些习惯违章者不遵守交通法规,不太顾及他人的利益和安全,而引发本不该发生的事故或纠纷。

③注意力。沿路的非交通活动、同伙伴讲话、自身烦恼等都可能分散驾驶人和行人的注意力。

④智力。由于先天和自身体质的原因,驾驶人对行车速度、视距及行驶中产生的其他信息的反应准确性和判断能力是不一样的。

⑤情绪。急躁和愤怒,往往导致以超过允许的安全速度行车,形成不必要的或危险的交织和超车、闯红灯或闯停驶标志、跟驶距离不足、不遵守交通规则乱穿道路等。

⑥成熟性。不成熟的驾驶人,主要是青年人,喜欢炫耀、冒险、求刺激,存在侥幸心理,易造成事故。

⑦知识性。是指根据过去的经验、培养的技术、习惯等对交通环境正确地做出反应的能力。

⑧条件反射。习惯产生条件反射,如保持速度、遵循车道线等。条件反射有时对安全行车有利,有时则不利。如在某个交叉口,过去得到过某种通行权,现在这种通行权已被取消,而驾驶人却不注意交通标志显示,仍然认为有相同的通行权。这时就会造成违章,也很可能造成事故。

二、乘客交通特性

1. 乘客的交通心理需求

人们总是抱着某种目的(如上班、上学、购物、公务、社交、娱乐等)才去乘车的,为乘车而乘车的旅客几乎是没有的。乘车过程本身意味着时间、体力、金钱的消耗。因此,人们在乘车过程中总是希望省时、省钱、省力,同时希望安全、方便、舒适。道路设计、车辆制造、汽车驾驶、交通管理等都应考虑到乘客的这些交通心理需求。

2. 乘车反应

不同的道路等级、线形、路面质量、汽车行驶平稳性、车厢内气氛、载客量、车外景观、地形等对旅客乘车的生理、心理反应都有一定的影响。

研究表明,汽车在弯道上行驶,当横向力系数大于0.2时,乘客有不稳定之感;当横向力系数大于0.4时,乘客感到站立不住,有倾倒的危险。汽车如果由直线直接转入圆曲线,并且车速较快,乘客就会感到不舒服。因此,在公路线形设计中,对于平曲线的最小半径和缓和曲线的长度均有明确规定的标准。

道路路面开裂、不平整,引起行车振动强烈,乘客受颠簸之苦,厉害时会感到头晕、恶心、欲呕吐。

在山区道路,或陡边坡,或高填土道路上行车,乘客看不到坡脚,易产生恐惧心理。如果在这种路段的路肩上设置护栏或放缓边坡,就可以消除乘客的不安全心理。

乘车时间过长,容易产生烦躁情绪。为此,路线的布设应考虑到美学要求,尽量将附近的自然景物、名胜古迹引入驾驶人和乘客的视野,使乘客在旅途中能观赏风光、放松精神、减轻疲劳感。

每个旅客都有一定的心理空间要求。心理空间是指人们在自己周围划出的、确定为自己领域的不可入侵区域。当个人的心理空间遭到外界不该闯入的人或物的侵袭时,人的心理会感到压力、厌恶、排斥。乘车拥挤不但消耗人的体力,而且给乘客心理上造成额外的压力。

由于体力、心理、生活、就业等方面的原因,城市居民对市内日常出行时间的容忍性是有一定限度的,见表2-2。如果他们的居住地离目的地的距离超出了可容忍的最大出行时间,则他们对自己居住地的位置及交通系统服务是不会满意的。

市内不同出行目的出行容忍时间(单位:min)　　　　表2-2

出 行 目 的	理想的出行时间	不计较的出行时间	能忍受的出行时间
就业	10	25	45
购物	10	30	35
游憩	10	30	85

苏联在城市交通规划时规定了乘客的乘车时耗,见表2-3。

不同人口规模城市乘车时耗指标　　　　表2-3

人口规模(万人)	>100	50~100	25~50	<25
时耗指标(min)	45	35	30	25

3. 社会影响

乘车安全性、舒适性、满意性不仅对乘客个人的生理、心理有影响,同时也可能对社会产生预想不到的影响。上下班时间过长、多次换乘、过分的拥挤给乘客造成旅途疲劳、心理压力、情绪烦躁,从而产生下列情况:

(1)容易引起乘客纠纷,发生过激行为。

(2)使乘客过分疲劳,劳动效率降低。

(3)影响家庭和睦。

(4) 引起居民对公交服务系统的不满。

(5) 影响居民对社会生活和公共事业的态度,或对政府产生不满。

在世界范围内,现代大城市的交通拥挤日益成为一个令人关注的社会问题。

三、行人交通特性

步行交通是与人类生活密不可分的一项活动。步行能够使个人与环境及他人直接接触,达到生活、工作、学习、交往、娱乐等各种目的。为了满足步行者的生理、心理和社会需要,并保证他们不消耗过多的体力、不受其他行人的干扰、不发生交通事故,就必须提供必要的设施。这些设施的规划、设计、实施要求对行人交通特性有很好的认识和理解。

1. 行人交通流特性

相对于汽车交通来说,对行人交通特性的研究是很少的。不过前人已经做了不少工作。美国学者弗洛因(Fruin J.J.)在其博士论文《行人规划与设计》中详细研究了行人速度、流量、密度、行人占有空间等特征要素及其相互关系,提出了人行道服务水平划分建议值,见表 2-4。1979 年,以色列学者普鲁士(Polus A.)等对行人交通做了实地观测和理论分析,发现步行道行人的步行速度平均值在 $1.03 \sim 1.28 \mathrm{m/s}$ 之间,男性的步行速度比女性要快,步行速度随行人流密度增大而下降。他们在平均步行速度 S、平均行人密度 D、人行道服务水平 $L_{0.S}$(等级 A ~ D)之间建立了一元回归模型,如图 2-4 所示。

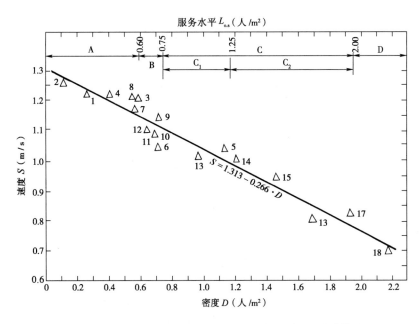

图 2-4 平均步行速度、平均行人密度、人行道服务水平回归建模图

注:每点旁边的数字表示观察号。

2. 行人交通特性及相关因素

行人交通特性表现在行人速度、对个人空间的要求、步行时的注意力等方面。这些与行人的年龄、性别、教养、心境、体质及出行目的等因素有关,也与行人所处的区域、周围的环境、街

景、交通状况等有关,总结起来如表 2-5 所示。行人交通事故将在本书第九章介绍。

人行道服务水平划分建议 表 2-4

服务水平	行人流量 [人/(m·min)]	行人占有空间 (m²/人)	行人交通情况
A	≤30	>2.3	自由流
B	30~55	2.3~0.9	行人步行速度和超越行动受到限制;在有行人反向和横穿时严重地感到不方便
C	55~70	0.9~0.5	步行速度受到限制,经常需要调整步伐,有时只好跟着走;很难绕过前面慢行的人;想要反方向走或横穿特别困难
D	≥70	<0.5	不稳定流动,偶尔向前移动;无法避免与行人相挤;反向和横穿行动不可能

行人交通特性及相关因素分析 表 2-5

相关因素	行人交通特性		
	行人速度	个人空间	行人注意力
年龄	成年人正常的步行速度为1.0~1.3m/s,儿童的步行速度随机性较大,老年人较慢	成年人步行时个人空间要求为0.9~2.5m²/人,儿童个人空间要求比较小,老年人则要求比较大	成年人比较重视交通安全,注意根据环境调整步伐和视线,儿童喜欢任意穿梭
性别	男性比女性快	生理上男性要求大(体形大);心理上女性要求小	相当
目的	工作、事务性出行速度较快,生活性出行速度较慢	复杂	工作、事务性出行注意力比较集中,生活性出行注意力比较分散
文化及素养	复杂	受文化教育高的人一般要求高,为自己,也为别人;反之则要求低,也不太顾及他人	受文化教育高的人一般比较注意文明走路和交通安全
区域	城里人的生活节奏快,步行速度快,乡村人的生活节奏慢,步行速度慢	复杂	城里人步行时注意力比较集中,乡村人比较分散
心境	心情闲暇时速度正常,心情紧张、烦恼时速度较快	心情闲暇时个人空间要求正常,心情紧张时要求较小,烦恼时要求较大	心情闲暇时注意力容易分散,紧张时比较集中
街景	街景丰富时速度放慢,单调时速度加快	街景丰富时个人空间小,单调时个人空间大	街景丰富时注意力分散,单调时注意力集中
交通状况	拥挤时,速度放慢	拥挤时,个人空间变小	拥挤时,注意力集中

四、车辆交通特性

公路和城市道路所服务的各种车辆有小汽车、公共汽车、货车、摩托车、自行车等。道路设计标准必须满足这些车辆的行驶要求。小汽车的交通特征,如驾驶人的视线高度、小汽车在高速行驶时的特征等决定了道路设计的一些指标,如竖曲线会车视距的保证、平曲线最小转弯半径、超高值的确定等。公共汽车、货车的尺寸、质量及其他一些特性决定了车道宽度、竖向净空、路面桥梁荷载等。这些内容在道路设计中会有详细论述。各种车辆的技术指标在有关手册中可以找到,这里只简单介绍几个要点。

1. 设计车辆尺寸

车辆尺寸与道路设计、交通工程有密切关系。我国《公路工程技术标准》(JTG B01—2014)和《城市道路工程设计规范》(CJJ 37—2012)中都规定了机动车辆外廓尺寸界限,如表2-6、表2-7所示。编者认为今后两者统一为好。

《公路工程技术标准》(JTG B01—2014)规定的设计车辆外廓尺寸(单位:m)   表2-6

车辆类型	总长	总宽	总高	前悬	轴距	后悬
小客车	6	1.8	2	0.8	3.8	1.4
大型客车	13.7	2.55	4	2.6	6.5+1.5	3.1
铰接客车	18	2.5	4	1.7	5.8+6.7	3.8
载货汽车	12	2.5	4	1.5	6.5	4.0
铰接列车*	18.1	2.55	4	1.5	3.3+11	2.3

注:*铰接列车的轴距为(3.3+11)m;3.3m为第一轴至铰接点的距离,11m为铰接点至最后轴的距离。

《城市道路工程设计规范》(CJJ 37—2012)规定的设计车辆外廓尺寸(单位:m)   表2-7

车辆类型	总长	总宽	总高	前悬	轴距	后悬
小客车	6	1.8	2.6	0.8	3.8	1.4
普通汽车	12	2.5	4.0	1.5	6.5	4.0
铰接车	18	2.5	4.0	1.7	5.8+6.7	3.8

2. 动力性能

汽车动力性能包括:最高车速、加速度或加速时间、最大爬坡能力。

最高车速 v_{max} 是指在良好的水平路段上,汽车所能达到的最高行驶速度(km/h)。

加速时间 t 分为原地起步加速时间和超车加速时间。原地起步加速时间是指汽车由 Ⅰ 挡起步,以最大的加速度逐步换至高挡后达到某一预定的距离或车速所需要的时间。超车加速时间大多是用高挡或次高挡由 30km/h 或 40km/h 全力加速至某一高速度所需的时间来表示。

爬坡能力用汽车满载时以 Ⅰ 挡在良好路面上的最大爬坡度 i_{max}(%)表示。

3. 制动性能

汽车制动性能主要体现在制动距离或制动减速度上。制动距离 L 的计算公式为:

$$L = \frac{v^2}{254(\varphi \pm i)} \quad (\text{m}) \tag{2-1}$$

式中：v——汽车制动开始时的速度(km/h)；

i——道路纵坡度(%)，上坡为正，下坡为负；

φ——轮胎与路面之间的附着系数。

汽车的制动性能还体现在制动效能的稳定性和制动时汽车的方向稳定性上。制动过程实际上是汽车行驶的动能通过制动器转化为热能，所以，温度升高后能否保持在冷状态时的制动效能，对于高速时制动或长下坡连续制动都是至关重要的。

方向稳定性是指制动时不产生跑偏、侧滑及失去转向能力的性能。制动跑偏与侧滑，特别是后轴侧滑是造成事故的重要原因。

4. 快速公交车辆特性

随着城市公共交通优先发展战略推行，城市多层次公共交通体系正在逐步建立。城市快速公交(Bus Rapid Transit，BRT)作为一种大容量、低成本、被赋予专用路权或优先路权的新兴城市公交模式日益受到重视和青睐，近年来一些大中城市正在积极推广应用。为此，建设部科技委城市车辆专家委员会同有关单位，共同完成了行业标准《快速公交(BRT)车辆型谱及通用技术要求》的征求意见稿，其主要车辆性能标准见表2-8。

快速公交(BRT)车辆整车性能、底盘配置及车内布置　　　　　表2-8

项　目		10m < 车辆长 ≤12m(单车)	12m < 车辆长 ≤13.7m(单车) 14m ≤ 车辆长 ≤18m(铰接车) 10m < 车辆长 ≤13.7m(双层客车)
动力性	比功率(kW/t)，≥	10.0	9.0(7.5)[1]
	最高车速(km/h)，≥	80	80
	加速性能(0~50km/h)(s)，≤	25	32(35)
	最大爬坡能力(%)，≥	20	15
	制动性	符合 GB 7258—2012 的规定	
底盘配置	变速箱[液力自动变速箱(AT)或电控机械自动变速箱(AMT)]	装	
	动力转向	装	
	制动器	对低地板:前盘/后盘;对低入口、普通地板:前盘/后鼓	
	防抱死制动系统(ABS)(一类)	装	
	缓速器	装	
	制动间隙自动调整装置	装	
	底盘自动润滑装置	装	
	无内胎子午线轮胎	装	
环保	排放	国Ⅲ及国Ⅲ以上，符合国家标准和地方政府的规定	
	车外加速噪声[dB(A)]，≤	84	
	车内噪声(v=50km/h，匀速)[dB(A)]，≤	76(78)	

续上表

项　　目		10m＜车辆长≤12m(单车)	12m＜车辆长≤13.7m(单车) 14m≤车辆长≤18m(铰接车) 10m＜车辆长≤13.7m(双层客车)
通过性	最小转弯半径(m),≤	25	
	转弯通道圆	符合 GB 1589—2004 的规定	
	接近角(°),≥	7	
	离去角(°),≥	7	
舒适性	行驶平顺性 L_{eq}(dB),≤	113(115)	
	车身密封性(分),≥	95	
	空调装置 制冷量^2[kJ/(h·m³)],≥	1 880	
	空调装置 采暖量[kJ/(h·m³)],≥	1 200	
	空调装置 新风换气量[m³/(h·人)],≥	25	
车厢布置	地板高度(mm),≤ 低地板、低入口	380	380
	地板高度(mm),≤ 普通地板	650	650
	一级踏步离地高(mm),≤	360/370/380	360/380/390
	通道宽(mm),≥	前桥轮罩间:800;驱动桥轮罩间:520;支撑桥:600	
	乘客门净宽度(mm),≥	前门:1 000;中门:1 200;后门:1 100	
	座椅宽(mm),≥	单人座:420;双人座:840	
	座间距(mm),≥	同方向:680;面对面:1 300	
	能放童车、残障人车,设置专座	符合 CJ/T 207—2005 的规定	
	乘客门可伸缩导板	符合 CJ/T 207—2005 的规定	

注:1. 比功率、加速性能、车内噪声、行驶平顺性栏内带括号的为铰接车的限值。
　　2. 制冷量和采暖量的 m³ 以车厢容积计,车厢容积 = 车厢外宽×内高×乘客区长。

五、道路交通特性

道路是汽车交通的基础、支撑物。道路必须适应其服务对象——人、货、车的交通特性,满足服务对象的交通需求。道路服务性能的好坏体现在量、质、形三个方面,即道路建设数量是否充分,道路结构能否保证安全,路网布局、道路线形是否合理。另外,还有附属设施、管理水平是否配套等。

1. 道路网体系

道路网体系一般分为公路网和城市道路网两大体系,并且这两大体系具有一定的关联性。公路网主要服务于区域城际及乡村的交通联系,城市道路网主要服务于城市内部及其与外部的交通联系。

公路与城市道路是支撑区域与城市经济社会发展的重要交通基础设施,既影响到区域与城市的空间布局、形态与结构的形成和演化,又影响到区域与城市经济社会活动的效率、安全、生态、环境等诸多方面。可以说,道路网体系对于区域与城市的整体生长来说,既是骨架,也是血脉。无论是骨架还是血脉,公路与城市道路必须是一个完整的体系,否则,必然影响其整体功能的发挥。

所谓道路网体系，其内涵主要包括道路等级、功能、布局、密度等宏观体系要素，以及道路线形、断面、结构及配套设施和管理等微观技术标准与要求。此处先阐述道路网（公路网与城市道路网）的等级与功能，其余分小点分别论述。

公路网的等级划分有按技术等级和行政等级分类两种方法。按技术等级分为高速公路、一级公路、二级公路、三级公路和四级公路共5级，另有等外公路。按行政等级分为国道、省道、县道、乡道共4级，另外还有专用道路。

公路技术等级反映了不同等级公路的功能和适应交通量，具体内容参见《公路工程技术标准》（JTG B01—2014）。

公路行政等级是根据公路在政治、经济、国防上的意义和使用性质划分的，主要可分为以下几个等级。

国家公路（国道）指具有全国性政治、经济意义的主要干线公路，包括重要的国际公路、国防公路，连接首都与各省、自治区、直辖市（首府）的公路，连接各大经济中心、港站枢纽、商品生产基地和战略要地的干线公路。

省公路（省道）指具有全省（自治区、直辖市）政治、经济意义，连接各地市和重要地区，以及不属于国道的干线公路。

县公路（县道）指具有全县（县级市）政治、经济意义，连接县城和县内主要乡（镇）、主要商品生产和集散地的公路，以及不属于国道、省道的县际公路。

乡公路（乡道）指主要为乡（镇）村经济、文化、行政服务的公路，以及不属于县道及以上公路的乡与乡之间及乡与外部联络的公路。

专用公路指专供或主要供厂矿、林区、农场、油田、旅游区、军事要地等与外部联系的公路。

城市道路按照道路在道路网中的地位、交通功能及对沿线建筑物的服务功能等，可分为4大类：

快速路在城市道路网中起快速交通骨架作用，联系城市主要片区，连接各条主干路、对外交通出入口，满足交通流大量聚集、快速流动的要求。

主干路在城市交通中起"通"的作用，以交通功能为主、服务功能为辅，要求通过的车辆快而多。

次干路结合主干路形成网络，起集散交通作用，兼有服务功能。

支路主要起"达"的作用，方便居民集散。

城市快速路原则上只有人口100万以上的大城市才考虑规划建设，其功能是快速疏解跨区间长距离大运量机动车流，既提高路网的总体容量和快速疏解能力，又减轻主次干路网的交通压力和缩小交通污染的影响面。快速路应尽量保证其交通流的连续性。主干路的交通功能是主要的，其承担跨区间长距离或较长距离机动车交通流的输送。快速路和主干路共同构成城市的主骨架和主动脉，也是城市机动车交通的主通道。城市主干路可以是景观性的，但不应当是生活性的，尤其不应当是商业性的。城市次干路的交通功能是为主干路和快速路承担交通的分流和集散。因此，次干路兼具交通性和生活性两种主要功能。支路如同人体的毛细血管,主要是为地区或地块的出入交通或通达交通服务的。城市道路功能等级划分参见《城市综合交通体系规划标准》(GB/T 51328—2018)。

从道路交通功能正常发挥的要求来讲,道路网络系统必须是一个有机协调的系统。首先,必须具有合理的等级结构、功能结构和布局结构。合理的城市道路网络应由各类道路各司其职,有机结合,实现道路功能结构与等级结构的协调统一。大城市的路网等级结构为:快速路、主干路、次干路、支路长度比例约为1∶2∶3∶6,次干路、支路网里程应占城市规划道路总长的70%以上。中小城市的路网等级结构为:主干路、次干路、支路长度比例约为1∶2∶6,支路网里程应占城市规划道路总长的60%以上。其次,每一条城市道路都有多重特定的功能。城市道路规划建设应以实现其合理的交通功能为主要目的,同时兼顾市政管线、绿化、景观、日照、防灾等其他附属功能。城市道路应根据其道路功能来确定合理的道路红线、横断面形式和分配等,绝不是越宽越好。第三,城市道路交叉口是影响甚至决定道路网交通容量的关键。交叉口的通行能力必须与路段的通行能力相匹配,否则,要么会造成路段通行能力的富余和浪费,要么会造成交叉口的严重阻塞。第四,城市道路要慎重处理好与城市空间、土地开发、历史风貌、遗产保护等之间的关系。

2. 道路网布局

道路的规划、设计不能仅仅局限于一个点、一条线,而应从整个路网系统着眼。路网布局的好坏对整个运输系统的效率有很大影响,良好的路网布局可以大大提高运输系统的效率,增加路网的可达性,节约大量的投资,节省运输时间和运输费用,达到良好的经济效益、社会效益与环境效益。

对于不同的区域、不同的城市,不存在统一的路网布局模式。路网布局的选取必须考虑所在区域的自然、社会、经济情况。

典型的公路网布局有放射形、三角形、并列形、树权形等。这些布局形式的特点与性能如表2-9所示。

典型公路网布局形式的特点与性能 表2-9

图 式	特点与性能
放射形	放射形路网一般用于中心城市与外围郊区、周围城镇间的交通联系,对于发挥大城市的经济、政治、科技、文化中心作用,促进中心城市政治、经济、科技、文化对周围地区的辐射和影响有重要作用
三角形	三角形路网一般用于规模相当的重要城镇间的直达交通联系。这种布局形式通达性好、运输效率高,但建设量大

续上表

图式	特点与性能
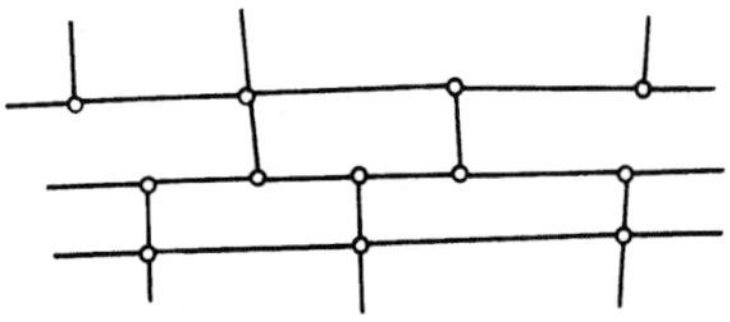 并列形	平行的几条干线分别联系着一系列城镇,而处于两条线上的城镇之间缺少便捷道路连接,是一种不完善的路网布局
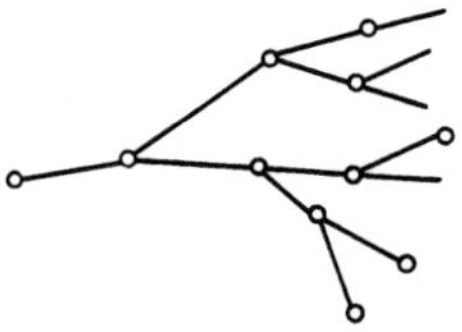 树权形	树权形的路网一般是公路网中的最后一级,是从干线公路上分岔出去的支线公路,将乡镇、自然村寨与市、县政府联结起来

典型的城市道路网布局有棋盘形(方格形)、带形、放射形、放射环形等。我国古代城市道路以方格形最常见,近、现代城市发展了许多其他形式的道路网布局。这些路网布局形式的特点与性能如表 2-10 所示。

典型城市道路网布局形式的特点与性能 表 2-10

图式	特点与性能
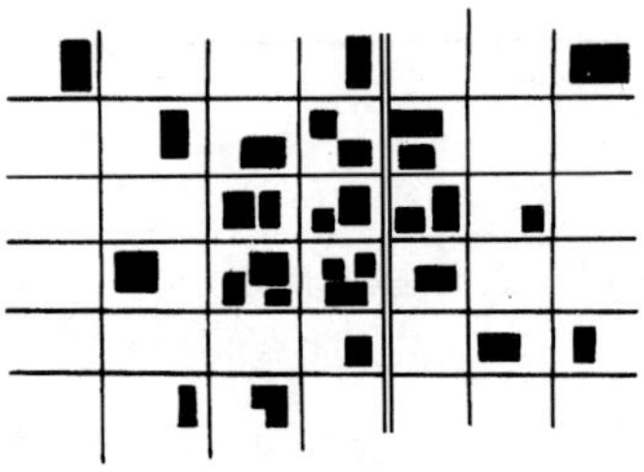 棋盘形	布局严整、简洁,有利于建筑布置,方向性好,网上交通分布均匀,交叉口交通组织容易,但非直线系数大、通达性差、过境交通不易分流、对大城市进一步扩展不利,改进的方式是增加对角线道路,有时亦可加环形线路
 带形	建筑物沿交通轴线两侧铺开,公共交通布置在主要交通干路范围内,横向靠步行或非机动车,有利于公共交通布线和组织,但容易造成纵向主干路交通压力过大,不易形成市中心,有时可布置几条平行线,在功能上适当分工

续上表

图 式	特点与性能
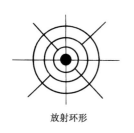 放射形	交通干线以市中心为形心向外辐射,城市沿对外交通干线两侧发展,形成"指状"城市,这种布局具有带形布局的优点,同时缩短了到市中心的距离。缺点是中心区交通压力过大、边缘区相互间交通联系不便、过境交通无法分流,改进的布局是增加环形线并使各放射干道不过分集中于市中心
放射环形	这种布局具有通达性好、非直线系数小、有利于城市扩展和过境交通分流等优点,一般用于大城市,但不宜将过多的放射线引向市中心,造成市中心交通过分集中、交通压力大且对布置建筑物不利

3. 路网密度

要完成一定的客、货运输任务,必须有足够的路网设施。路网密度是衡量道路设施数量的一个基本指标。一个区域的路网密度等于该区域内道路总长比该区域的总面积。一般地讲,路网密度越高,路网总的容量、服务能力越大,但这不是绝对的。道路网密度的大小应与经济发展的水平相当,与所在区域内的交通需求相适应,应使道路建设的经济性和服务水平,道路系统的社会效益、经济效益、环境效益得到兼顾和平衡。

公路网的合理密度可用下式计算:

$$\gamma_0 = \sqrt{\frac{\sum_{i=1}^{n} Q_i d_i \alpha}{AF}} \tag{2-2}$$

式中:γ_0——公路网的合理密度(km/km^2);

Q_i——第 i 年区域内的总运输量(t);

d_i——第 i 年的运输单价[元/(t·km)];

α——平均运距 L_p 与路网密度 γ 之间的回归系数,$L_p = \alpha/\gamma$;

A——单位里程的道路建设费(元/km);

F——规划区面积(km^2);

n——规划年限。

城市道路网密度、间距的选取应遵循以下两条原则:

(1)道路网密度、间距与不同等级道路的功能、要求相匹配。

(2)道路网密度、间距与城市不同区域的性质、人口密度、就业密度相匹配。

我国《城市综合交通体系规划标准》(GB/T 51328—2018)规定中心城区内道路系统的密度不宜小于 8km/km²,并根据道路功能对不同等级的道路网络密度进行了要求。不同规模城市的干线道路网络密度规定见表2-11。

苏联城市道路设计规范中对道路网密度的规定如表2-12所示。

不同规模城市的干线道路网络密度　　　　表2-11

规划人口规模(万人)	干线道路网络密度(km/km²)
≥200	1.5~1.9
100~200	1.4~1.9
50~100	1.3~1.8
20~50	1.3~1.7
≤20	1.5~2.2

干线道路网密度分布(总密度为 2.5km/km²)　　　　表2-12

城市地带	各类道路长度比值			干线道路网密度(km/km²)		
	高速干线	市干线	区干线	高速干线	市干线	区干线
中心区	1	2	3	0.42	0.83	1.25
近郊区	1	3	5	0.28	0.83	0.39
远郊区	1	4	11	0.16	0.83	1.51

道路网间距可用下式计算:

$$L = \frac{\left[\Delta t + \frac{v}{7.2}\left(\frac{1}{a} + \frac{1}{b}\right)\right]v_s/3.6}{1 - v_s/v} \tag{2-3}$$

式中：L——干道间距(m)；

　　v_s——区间车速(区间长度比汽车通过区间的总时间)(km/h)；

　　v——行驶车速(km/h)；

　　Δt——交叉口停车延误时间(s)；

　　a、b——交叉口车辆加速度、减速度(m/s²)。

4. 道路线形

道路线形是指一条道路在平、纵、横三维空间中的几何形状,传统上分为平面线形、纵断面线形、横断面线形。线形设计的要求是通畅、安全、美观。随着交通需求的增大和公路等级的提高,人们对公路线形的协调性、顺适性要求也越来越高,更加强调平、纵、横线形一体化,即立体线形的设计,详细内容在"公路勘测设计"课程中介绍。城市道路线形要求在"城市道路设计"课程中介绍。

5. 道路结构

道路结构基本部分是路基、路面、桥涵、立体交叉、隧道,另外还有边沟、挡土墙、盲沟等附属部分。这些结构物的设计标准和使用要求在"路基路面工程""桥梁工程""地下工程"或"隧道工程"等有关课程中介绍。

第二节 交通量的基本特性

一、交通量的定义

交通量是指在选定时间段内,通过道路某一地点、某一断面或某一条车道的交通实体数。按交通类型分,有机动车交通量、非机动车交通量和行人交通量,一般不加说明则指机动车交通量,且指来往两个方向的车辆数。

交通量是一个随机数,不同时间、不同地点的交通量都是不同的。交通量随时间和空间而变化的现象,称为交通量的时空分布特性。研究或观察交通量的变化规律,对于交通规划、交通管理、交通设施规划、设计方案比较和经济分析及交通控制与安全均具有重要意义。

交通量时刻在变化,在表达方式上通常取某一时间段内的平均值作为该时间段的代表交通量。如果以辆/d为单位,平均交通量的表达式为:

$$\text{平均交通量} = \frac{1}{n}\sum_{i=1}^{n}Q_i \tag{2-4}$$

式中:Q_i——各规定时间段内的日交通量(辆/d);
n——各规定时间段的时间(d)。

按所取的时间段长度不同,常用的平均交通量有:
(1)年平均日交通量 AADT(以平年 365d 为例)

$$\text{AADT} = \frac{1}{365}\sum_{i=1}^{365}Q_i \tag{2-5}$$

(2)月平均日交通量 MADT

$$\text{MADT} = \frac{\text{一个月的日交通量总和}}{\text{本月的天数}} \tag{2-6}$$

(3)周平均日交通量 WADT

$$\text{WADT} = \frac{1}{7}\sum_{i=1}^{7}Q_i \tag{2-7}$$

其中,年平均日交通量在城市道路与交通工程中是一项极其重要的控制性指标,用作道路交通设施的规划、设计、管理等的依据。其他平均交通量系供交通量统计分析、求各时段交通量变化系数之用。

影响交通量特性的因素有很多,主要包括:
(1)公路、城市道路的类型或等级。不同等级道路上的交通量大小、构成有很大差异。
(2)道路功能。城市间道路、乡村道路、旅游公路、城市内道路、通过性道路、生活性道路、商业性道路、公交或自行车专用道路等交通量特性差异很大。
(3)地区特征。沿海与内地、城市与乡村、工业区与生活区、市中心区与郊区等不同地域的交通量特性也都不同。
(4)时间特征。节假日与平日、白天与夜晚、高峰与平峰的交通量差异也是很大的。

交通量特性的分析一般要从三个方面来进行:交通量的时间分布特性;交通量的空间分布特性;交通量的构成特性。

二、交通量的时间分布

1. 月变化

一年内各月交通量的变化称为月变化,以一年为周期,统计 12 个月的交通量,每个月的交通量均不尽相同,以月份为横坐标,月平均日交通量相对于年平均日交通量的百分数为纵坐标,绘成曲线图,简称为交通量月变图,如图 2-5 所示。而年平均日交通量与月平均日交通量之比,称为交通量的月变化系数(或称月不均衡系数、月换算系数),以 $K_月$ 表示,即:

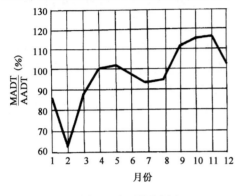

图 2-5 交通量月变图

$$K_月 = \frac{\text{AADT}}{\text{MADT}} = \frac{\text{年平均日交通量}}{\text{月平均日交通量}}$$

$$= \frac{\frac{1}{365}\sum_{i=1}^{365} Q_i}{\frac{1}{k}\sum_{i=1}^{k} Q_i} \tag{2-8}$$

式中,k 为当月的天数,有 31d、30d、29d 和 28d,年则有平年(365d)和闰年(366d),为简便起见,年平均日交通量可用下式计算:

$$\text{AADT} = \frac{12 \text{ 个月的月平均日交通量的总和}}{12} \tag{2-9}$$

通常,月交通量变化系数 $K_月$ 可用以表示交通量的月变化规律。

例 2-1 某测站测得 2015 年各月的交通量及全年的累计交通量见表 2-13,试计算各月的月平均日交通量与月变系数 $K_月$。

月平均日交通量与月变系数计算表　　　　　　　　表 2-13

月份	1	2	3	4	5	6	7	8	9	10	11	12	全年合计
全月交通量(辆)	65 785	42 750	67 141	73 317	77 099	72 782	70 641	70 951	83 043	91 661	88 166	78 180	881 516
MADT(辆/d)	2 122	1 527	2 166	2 444	2 487	2 426	2 279	2 289	2 768	2 957	2 939	2 522	AADT = 2 415
$K_月$	1.14	1.58	1.11	0.99	0.97	0.99	1.06	1.05	0.87	0.82	0.82	0.96	

解: 首先计算年平均日交通量:

$$\text{AADT} = \frac{881\ 516}{365} = 2\ 415(\text{辆/d})$$

再计算月平均日交通量及月变系数:

$$1\text{ 月份的 MADT} = \frac{65\ 785}{31} = 2\ 122(\text{辆/d})$$

$$K_月 = \frac{\text{AADT}}{\text{MADT}} = \frac{2\ 415}{2\ 122} = 1.14$$

其余类推,结果见表 2-13 第三行、第四行。从表 2-13 可知,2 月份的月变系数最大,为 1.58,说明气候寒冷与春节对出行影响较大,故 2 月为一年交通量最少的一个月。

2. 周变化

交通量的周变化是指一周内各天的交通量变化，因此也称日变化。对于某一城市或某个路段，交通量的日变化存在一定规律。我国城市道路在各工作日的交通量变化一般不大，而在节、假（或休息）日则变化显著，交通量一般都要小一些。公路上一周内交通量变化要较城市道路为小。

显示一周内7d中交通量日变化的曲线图叫作交通量日变图，如图2-6所示。通常用此图或日变系数来描述一周内日交通量的变化。日变系数定义为：年平均日交通量除以某周日的平均日交通量。某周日的平均日交通量等于全年所有该周日的交通量除以全年该周日的总天数。

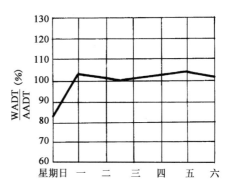

图2-6 交通量日变图

在缺乏全年的交通量观测数据，仅有抽样观测的数据时，日变化系数 $K_{周日}$ 也可以用下列公式计算：

$$K_{周日} = \frac{\text{WADT}}{\text{观测日交通量}} = \frac{\text{周平均日交通量}}{\text{观测日交通量}} = \frac{\frac{1}{7}\sum_{i=1}^{7}Q_i}{Q_i} \quad (2\text{-}10)$$

例2-2 某测站测得各周日的全年累计交通量列于表2-14第二行，试求各周日的平均日交通量与日变系数。

解：先求各周日的平均日交通量，以星期日为例（该年有53个星期日）：

$$\text{星期日的平均日交通量} = \frac{111\ 496}{53} = 2\ 103(辆/d)$$

星期日的日变系数为：

$$K_{周日} = \frac{2\ 415}{2\ 103} = 1.15$$

仿此计算其他各周日的平均日交通量、日变系数，列于表2-14第三行、第四行。

周平均日交通量与日变系数计算表　　表2-14

周日	星期日	一	二	三	四	五	六	全年合计
累计交通量(辆)	111 469	128 809	129 486	128 498	127 030	129 386	126 838	881 516
平均日交通量(辆/d)	2 103	2 477	2 490	2 471	2 443	2 488	2 439	AADT = 2 415
$K_{周日}$	1.15	0.97	0.97	0.98	0.99	0.97	0.99	

3. 时变化

一天24h中，每个小时的交通量也在不断变化。表示各小时交通量变化的曲线图称为交通量时变图，见图2-7。也有采用直方图表示的，见图2-8。

以某一小时或某一时段交通量与全日交通量之比表示交通量的时变规律。常用的有16h（6:00—22:00）或12h（6:00—18:00），亦有用18h（4:00—22:00）交通量与全日交通量之比及高峰小时交通量与全日交通量之比作为特征变化系数的，见表2-15。

（1）高峰小时交通量。在城市道路上，交通量时变图一般呈马鞍形，上下午各有一个高峰。交通量呈现高峰的那个小时称为高峰小时，高峰小时内的交通量称为高峰小时交通量。

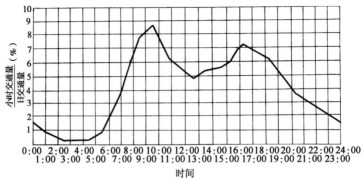

图 2-7 交通量时变图

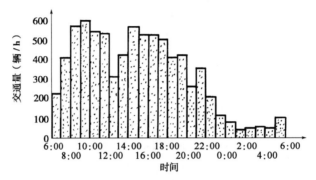

图 2-8 交通量时变化直方图

高峰小时交通量与全日交通量之比称为高峰小时流量比(以%表示),它反映高峰小时交通量的集中程度,并可供高峰小时交通量与日交通量之间做相互换算之用。根据我国公路部门近年来对各观测站交通量数据的初步统计,高峰小时流量比为9%~10%,平均为9.6%。南京宁六公路的高峰小时流量比为10.47%,详见表2-15。

南京宁六公路交通量时变化统计表　　　　表2-15

统计项目	1月20日	2月17日	3月11日	4月16日	5月20日	6月29日	7月16日	8月12日	9月23日	10月21日	11月19日	12月8日
高峰小时	8:00—9:00										9:00—10:00	
全日汽车交通量(辆)	5 585	4 354	4 497	4 851	5 020	4 915	4 592	4 727	5 778	5 743	5 832	5 421
高峰小时汽车交通量(辆)	538	462	501	502	498	490	500	529	616	585	594	594
高峰小时交通量/全日交通量(%)	9.6	10.6	11.1	10.3	9.9	10.0	10.9	11.2	10.7	10.2	10.1	11.1
16h汽车交通量(辆)	5 223	4 141	4 267	4 631	4 611	4 496	4 197	4 407	5 417	5 397	5 501	4 921
16h交通量/全日交通量(%)	93.5	95.1	94.9	95.5	91.9	91.5	91.4	93.2	93.8	94.0	93.8	90.8
全日交通量/16h交通量	1.069	1.051	1.053	1.047	1.088	1.093	1.094	1.073	1.066	1.064	1.066	1.101

(2)高峰小时系数PHF。高峰小时系数是指高峰小时交通量与高峰小时内某一时段的交通量扩大为高峰小时的交通量之比。一般将高峰小时交通量划分为5min、6min、10min或15min的连续时段内的统计交通量,此连续5min、6min、10min或15min所计交通量最大的那个时段,就是高峰小时内的高峰时段。把高峰时段的交通量扩大为1h的交通量,即为扩大的高峰小时交通量。因此,高峰小时系数就是指高峰小时交通量与扩大的高峰小时交通量之比。

高峰小时系数的一般表达式为：

$$\mathrm{PHF}_t = \frac{高峰小时交通量}{高峰 t 时段内所计交通量 \times \frac{60}{t}} \tag{2-11}$$

例如,对于 $t=15\mathrm{min}$：

$$\mathrm{PHF}_{15} = \frac{高峰小时交通量}{高峰小时中高峰 15\mathrm{min} 的交通量 \times 4} \tag{2-12}$$

类似地,还有用 PHF_5、PHF_6、PHF_{10} 等表示的高峰小时系数。城市道路中短时间交通量骤增往往会造成交通阻塞,如最大 15min 交通量可达小时交通量的 40%,最大 5min 交通量可达小时交通量的 20%。对于行人过街与车辆交叉,短时间交通量是十分重要的。

例 2-3 某测站测得的连续各 5min 时段的交通量统计见表 2-16,高峰小时交通量为 1 314 辆/h,求 5min 和 15min 的高峰小时系数。

某路段高峰小时以 5min 为时段的交通量统计表　　　表 2-16

统计时间	8:00—8:05	8:05—8:10	8:10—8:15	8:15—8:20	8:20—8:25	8:25—8:30	8:30—8:35	8:35—8:40	8:40—8:45	8:45—8:50	8:50—8:55	8:55—9:00
5min 交通量（辆）	118	114	112	111	114	120	115	106	104	118	110	107

解：由表 2-16 知,8:25—8:30 为最高 5min,故有：

$$\mathrm{PHF}_5 = \frac{1\,314}{120 \times 12} = 0.91$$

8:20—8:35 为最高 15min,故有：

$$\mathrm{PHF}_{15} = \frac{1\,314}{(114+120+115) \times 4} = 0.94$$

三、交通量的空间分布

交通量的大小与社会、经济发展速度、人民文化生活水平、气候、物产等多方面因素有关,它除了随时间而变化外,还随空间的不同而变化。这种随空间位置而变化的特性称为空间分布特性,一般是指同一时间或相似条件下,随地域、城乡、路段、方向、车道等的差别而变化的情况。

1. 城乡分布

由于城乡之间经济发展、生产活动、生活水平不均衡,城乡间的交通量差别显著。一般来说,城市道路的交通量大于农村公路的交通量。我国广大农村公路上交通量很小,甚至国道的某些线路上交通量也不大,而大城市出入口干道一般大于 5 000 辆/d,城市道路交通量更大,如武汉的航大路日最大交通量达 21 300 辆;北京崇文门的日交通量达 27 871 辆,自行车为 108 306 辆;南京中央路的小汽车日交通量达 33 620 辆。

2. 在路段上的分布

由于路网上各路段的等级、功能、所处的区位不同,在同一时间内,路网上各路段的交通量有很大不同。一般我们用路网交通量分布图来表示交通量在各路段上的分布,如图 2-9 所示。从路网交通量分布图上可以很明显地分辨出路上交通的主要流向、走廊,判断交通量分布的均匀性。

3. 方向分布

一条道路往返两个方向的交通量,在很长时间内,可能是平衡的,但在某一段时间内,如一天中的某几个小时,两个方向的交通量会有较大的不同。

这种方向不平衡性,常采用方向分布系数 K_D 表示:

$$K_D = \frac{主要行车方向交通量}{双向交通量} \times 100\% \quad (2\text{-}13)$$

据国内外的数据,上下班路线 $K_D = 70\%$,主要干道 $K_D = 60\%$,市中心干道 $K_D = 50\%$。城市出入口道路高峰小时内进、出城交通量有明显的不同,早高峰时出城方向交通量占 60% ~ 70%,晚高峰时则相反。

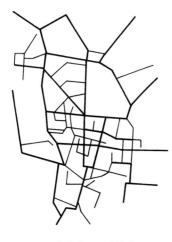

—流量大　—流量小
图 2-9　路网交通量分布图

4. 在车道上的分布

多车道道路上,因非机动车与车辆横向出入口等的影响,各条车道上交通量的分布也是不等的。在交通量不大的情况下,一般右侧车道的交通量比较大,随着交通量增大,左侧车道交通量的比重也增大。

四、交通量的构成特性

交通量的构成指交通量中各种交通工具(机动车、非机动车、客车、货车;大、中、小客货车;公交车、出租车、摩托车等)所占数量和比重。交通量构成特性是确定道路功能、性质和制定交通管制策略措施的重要依据。

1. 公路交通量构成的基本特性

在公路交通量分析和公路规划设计中,一般将车辆分为小客车、大客车、铰接车、小货车、中型货车、大型货车、拖挂车、小型拖拉机、大型拖拉机等。公路交通量中不同车种的比例与不同地域、不同道路等级、不同经济发展水平和地区特征有密切关系。

在高速公路、一级公路上,不允许拖拉机、摩托车、机动三轮车及低性能汽车等车辆上路,行驶的车辆主要有小汽车、长途汽车、大中小货车、集装箱车等。在接近旅游区、中心城市的高速公路和机场高速公路上,客车的比例明显高于货车,而在通往矿区、制造和加工工业区、农场作物区、林区的高速公路上,货车的比例一般要高一些。

我国普通公路的交通是典型的混合交通,交通量构成十分复杂,除了各种各样品牌、大小、性能不同的汽车之外,还有大小拖拉机、机动或非机动三轮车、摩托车、轻骑、助力车、自行车、板车、畜力车等,在进行公路交通量构成分析时,可以根据需要进行适当的归并。

公路交通量中客车、公交车、自行车的数量和比重一般比城市道路上要小,而货车和拖拉机交通量所占的比重比城市道路上要大。

2. 城市出入口道路交通量构成的基本特性

城市出入口道路处于城郊接合部,是公路与城市道路衔接过渡的路段,其交通量构成特性兼有城市道路和公路的特性,但又与两者都不相同,公交车、小客车、自行车比例一般低于城市道路,高于公路。在上班早高峰时段,客流以进城为多,出城为少,在下班晚高峰时段则正好相反。出入口道路越接近城市,其交通量的构成特性就越近似于城市道路;越接近于乡村,其交通量构成特性则越近似于公路。

3. 城市道路交通量构成的基本特性

城市道路交通量的构成特性也是比较复杂的。交通流中通常包括大中小客车、大中小货车、摩托车、轻骑、助力车、自行车、正三轮、残疾人专用车、人力三轮车、板车、拖拉机等。在交通管理相对正规严格的大城市,道路交通量的构成相对要简单些,主要有公交车、大客车、小客车、出租车、自行车等,其他车辆相对较少或者被禁止进入。在不同等级和功能的道路上,交通量的构成差别是比较大的。例如,城市快速路和交通性主干路的交通流中主要是小客车和出租车;在生活性的次干路上,公交车的比例相对要高得多;而在支路上,自行车和行人交通量可能占主导地位。在城市中心区,特别是商业中心区的道路上,出租车交通量占有比较大的比例,例如南京新街口中心区道路交通量中,出租车交通量平均占40%以上,最高的路段达到88%。

五、设计小时交通量

交通量具有随时间变化和出现高峰小时的特点,在进行道路设施规划设计时,必须考虑这个特点。工程上为了保证道路在规划期内满足绝大多数小时车流能顺利通过,不造成严重阻塞,同时避免建成后车流量很低,投资效益不高,规定要选择适当的小时交通量作为设计小时交通量。美国的研究认为,选用第30位小时交通量是最合适的。所谓第30位小时交通量30HV,就是将一年中测得的8 760个小时交通量,从大到小按序排列,排在第30位的那个小时交通量。

研究表明,第30位小时交通量与年平均日交通量之比的 K 值十分稳定。据国外观测,按道路类别及所在地区不同,K 值分布在12% ~ 18% 范围内。

我国于20世纪80年代进行了大量的观测统计,根据交通部公路规划设计院的报告,我国部分地区的设计小时交通量系数 K 值如表2-17所示,图2-10是我国部分地区设计小时交通量系数图。

我国部分地区的设计小时交通量系数 K(单位:%) 表2-17

站　名	1980年	1981年	1982年	1983年	1984年	1985年
江西莲塘			13.98	12.86	13.41	
福建时洋	11.47	12.39	12.83	12.41		
辽宁毛营子				13.74	14.59	12.72
天津杨村			12.57	13.50	12.32	

注:表中 K 值均为第30位小时交通量系数。

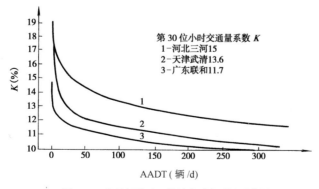

图2-10　我国部分地区设计小时交通量系数图

交通运输部于 2017 年 9 月 28 日发布了《公路路线设计规范》(JTG D20—2017),规范提出新建公路的设计小时交通量系数 K 可参照公路功能、交通量、地区气候、地形等条件相似的公路观测数据确定,缺乏观测数据的地区可参照表 2-18 取值。改扩建公路的设计小时交通量系数 K 宜结合表 2-18 和既有公路的观测数据综合确定。

各地区的设计小时交通量系数 K(单位:%) 表 2-18

地区		华北	东北	华东	中南	西南	西北
		京、津、冀、晋、蒙	辽、吉、黑	沪、苏、浙、皖、闽、赣、鲁	豫、湘、鄂、粤、桂、琼	川、滇、黔、藏、渝	陕、甘、青、宁、新
近郊	高速公路	8.0	9.5	8.5	8.5	9.0	9.5
	一级公路	9.5	11.0	10.0	10.0	10.5	11.0
	二级、三级公路	11.5	13.5	12.0	12.5	13.0	13.5
城间	高速公路	12.0	13.5	12.5	12.5	13.0	13.5
	一级公路	13.5	15.0	14.0	14.0	14.5	15.0
	二级、三级公路	15.5	17.5	16.0	16.5	17.0	17.5

对于多车道公路,运用设计小时交通量可确定车道数和路幅宽度,通过准确计算可取得良好的经济效益。而对于双车道公路,由于车道数已定,设计小时交通量主要用于计算各不同时期的高峰小时和交通量,并据以评价道路的服务水平、使用品质等。

有了较准确的预测交通量、设计通行能力及设计小时交通量,则可以用下列公式计算车道数及路幅宽度。

$$\text{DHV} = \text{AADT} \cdot \frac{K}{100} \tag{2-14}$$

$$n = \frac{\text{DHV}}{C_{\text{单}}} \tag{2-15}$$

$$W = W_1 \cdot n \tag{2-16}$$

式中:DHV——设计小时交通量(辆/h);
  AADT——规划年度的年平均日交通量(辆/d);
  K——设计小时交通量系数(%);
  n——车道数;
  $C_{\text{单}}$——车道设计通行能力(辆/h);
  W——路幅宽度(m);
  W_1——车道宽度(m)。

在考虑方向不均系数的情况下,单向设计小时交通量为:

$$\text{DDHV} = \text{AADT} \cdot \frac{K}{100} \cdot \frac{K_D}{100} \tag{2-17}$$

式中:DDHV——单向设计小时交通量(辆/h);
  K_D——方向不均匀系数(%)。

则：

$$n = 2 \times \frac{DDHV}{C_{单}} = 2 \times \frac{AADT}{C_{单}} \cdot \frac{K}{100} \cdot \frac{K_D}{100} \tag{2-18}$$

第三节　行车速度特性

行车速度既是道路规划设计中的一项重要控制指标，又是车辆运营效率的一项评价指标，对于运输经济、安全、迅捷、舒适具有重要意义。了解和掌握各道路上的行车速度及其变化规律是正确进行道路网规划、设计、运营、管理的基础。

一、基本定义

设行驶距离为 l，所需时间为 t，则车速可用 l/t 形式表示。按 l 和 t 的取值不同，可定义各种不同的车速：

1. 地点车速

这是车辆通过某一地点时的瞬时车速，因此观测时 l 取尽可能短，通常以 20~25m 为宜，用作道路设计、交通管制规划资料。

2. 行驶车速

这是由行驶通过某一区间所需时间（不包括停车时间）及区间距离求得的车速，用于路段的线形顺适性评价和通行能力分析，也可用于道路使用者的成本效益分析。

3. 运行车速

运行车速是指中等技术水平的驾驶人在良好的气候条件、实际道路状况和交通条件下所能保持的安全车速，用于评价道路通行能力和车辆运行状况。

4. 行程车速

行程车速又称区间车速，是车辆的行驶路程与通过该路程所需的总时间（包括停车时间）之比。行程车速是一项综合性指标，用以评价道路的通畅程度，估计行车延误情况。要提高运输效率，归根结底是要提高车辆的行程车速。

5. 临界车速

临界车速是指道路达到理论通行能力时的车速，对于选择道路等级具有重要作用。

6. 设计车速

设计车速是指在道路交通与气候条件良好的情况下，仅受道路物理条件限制时所能保持的最大安全车速，用于道路线形几何设计。

二、行车速度的统计分布特性

行车速度与交通量一样，也是一个随机变量。研究表明，在乡村公路和高速公路路段上，运行车速一般呈正态分布，在城市道路或高速公路匝道口处，车速分布比较集中，一般呈偏态分布，如皮尔逊Ⅲ型分布。

对行车速度进行统计分析,一般要借助车速分布直方图和车速频率分布图、累计频率图,如图2-11所示。

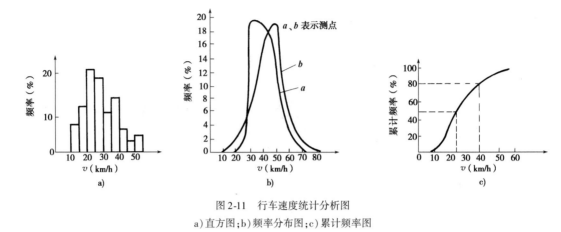

图2-11 行车速度统计分析图
a)直方图;b)频率分布图;c)累计频率图

表征车速统计分布特性的特征车速常用:

1. 中位车速

中位车速也称50%位车速,路段上在该速度以下行驶的车辆数与在该速度以上行驶的车辆数相等。在正态分布的情况下,50%位车速等于平均车速,但一般情况下,两者不等。

2. 85%位车速

在该路段行驶的所有车辆中,有85%的车辆行驶速度在此速度以下,只有15%的车辆行驶速度高于此速度,此速度即为85%位车速。交通管理部门常以85%位车速作为某些路段的限制车速。

3. 15%位车速

意义类前。在高速公路和快速道路上,为了行车安全,减少阻塞排队现象,要规定低速限值,因此测定15%位车速是非常重要的。

4. 车速波动幅度

85%位车速与15%车速之差反映了该路段上的车速波动幅度,同时车速分布的标准偏差S与车速波动幅度存在着下列近似关系:

$$S \approx \frac{85\%位车速 - 15\%位车速}{2.07} \tag{2-19}$$

三、时间平均车速与区间平均车速

1. 时间平均车速

在单位时间内测得通过道路某断面各车辆的地点车速,这些地点车速的算术平均值即为该断面的时间平均车速,即:

$$\bar{v}_t = \frac{1}{n}\sum_{i=1}^{n} v_i \tag{2-20}$$

式中:$\bar{v}_t$——时间平均车速(km/h);

v_i——第 i 辆车的地点车速(km/h);

n——单位时间内观测到的车辆总数。

2. 区间平均车速

在某一特定瞬间,行驶于道路某一特定区间内的全部车辆的车速分布的平均值即为区间平均车速。当观测长度为一定时,其数值为地点车速观测值的调和平均值,其计算公式为:

$$\bar{v}_s = \frac{1}{\frac{1}{n}\sum_{i=1}^{n}\frac{1}{v_i}} = \frac{ns}{\sum_{i=1}^{n}t_i} \quad (2-21)$$

式中:$\bar{v}_s$——区间平均车速(km/h);

n——车辆行驶于路段的次数;

v_i——第 i 辆车的行驶车速(km/h);

s——路段长度(km);

t_i——第 i 辆车的行驶时间(h)。

3. 时间平均车速与区间平均车速之间的互算关系

由时间平均车速可以推算区间平均车速:

$$\bar{v}_s = \bar{v}_t - \frac{\sigma_t^2}{\bar{v}_t} \quad (2-22)$$

式中:σ_t^2——时间平均车速观测值的方差。

由区间平均车速也可以推算时间平均车速:

$$\bar{v}_t = \bar{v}_s + \frac{\sigma_s^2}{\bar{v}_s} \quad (2-23)$$

式中:σ_s^2——区间平均车速观测值的方差。

例 2-4 设有 3 辆汽车,分别以 20km/h、40km/h、60km/h 的速度通过长度为 10km 的路段,试求时间平均车速和区间平均车速。

解:先求时间平均车速,按式(2-20):

$$\bar{v}_t = \frac{1}{n}\sum_{i=1}^{n}v_i = \frac{1}{3} \times (20+40+60) = 40(\text{km/h})$$

再求区间平均车速,按式(2-21):

$$\bar{v}_s = \frac{1}{\frac{1}{n}\sum_{i=1}^{n}\frac{1}{v_i}} = \frac{1}{\frac{1}{3}\times\left(\frac{1}{20}+\frac{1}{40}+\frac{1}{60}\right)} = 32.7(\text{km/h})$$

时间平均车速与区间平均车速之间的关系也可通过回归分析得到,即:

$$\bar{v}_s = -1.889\,60 + 1.026\,19\bar{v}_t \quad (2-24)$$

从式(2-22)或式(2-23)可以看出,车速观测值的均方差越小,时间平均车速与区间平均车速就越接近,当车速观测值均方差为 0,即所有车辆等速行驶时,时间平均车速与区间平均车速相等。

第四节　交通流的基本特性及其相互关系

一、交通流三参数的基本关系

交通量 Q、行车速度 v、车流密度 K 是表征交通流特性的三个基本参数。车流密度是指某一瞬间单位道路长度上的车辆数目。

$$K = \frac{N}{L} \tag{2-25}$$

式中：N——路段内的车辆数(辆)；

　　　L——路段长度(km)。

车流密度大小反映一条道路上的交通密集程度。对于同一条道路，可以不考虑车道数；对于具有不同车道数的道路，为使车流密度具有可比性，车流密度应按单车道来定义，单位为辆/(km·车道)。

交通流三参数之间的基本关系式为：

$$Q = vK \tag{2-26}$$

式中：Q——平均流量(辆/h)；

　　　v——区间平均车速(km/h)；

　　　K——平均密度(辆/km)。

再对车头时距与车头间距的基本概念进行简要介绍。

在同向行驶的一列车队中，相邻两辆车的车头之间的距离称为车头间距(或间隔)。路段中所有车头间距的平均值称为平均车头间距 $\bar{h}_s$。如果用时间表示车头之间的间隔，则称为车头时距或时间车头间隔，用 $\bar{h}_t$ 表示。道路上车流的车头间距也反映交通密度，根据定义，车头间距与密度之间的关系为：

$$\bar{h}_s = \frac{1\,000}{K} \tag{2-27}$$

式中：$\bar{h}_s$——车头间距(m/辆)；

　　　K——车流密度(辆/km)。

车头时距与交通量之间的关系为：

$$\bar{h}_t = \frac{3\,600}{Q} \tag{2-28}$$

式中：$\bar{h}_t$——平均车头时距(s/辆)；

　　　Q——交通流量(辆/h)。

车头间距 $\bar{h}_s$、车头时距 $\bar{h}_t$ 及速度 v 三者之间的关系为：

$$\bar{h}_s = \frac{v}{3.6}\bar{h}_t \tag{2-29}$$

式中：v——汽车行驶速度(km/h)。

由式(2-28)可知，车头时距与交通流量有关，使车辆安全行驶的最小车头时距称为极限车头时距或临界车头时距,一般采用2s。

流量、密度、速度三者之间的关系式可以用三维空间中的图像来表示,如图2-12所示。尽管如此,为了便于理解,通常将这个三维空间曲线投影到二维空间中,如图2-13所示。

由图2-13可以找出反映交通流特性的一些特征变量:

(1)极大流量Q_m,即v-Q曲线上的峰值。
(2)临界速度v_m,即流量达到极大时的速度。
(3)最佳密度K_m,即流量达到极大时的密度。
(4)阻塞密度K_j,车流密集到所有车辆无法移动($v=0$)时的密度。
(5)畅行速度v_f,车流密度趋于0,车辆可以畅行无阻时的平均速度。

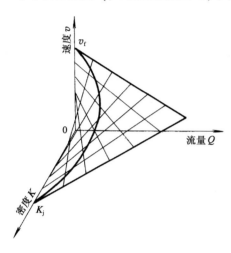

图2-12 $Q=vK$ 曲线图

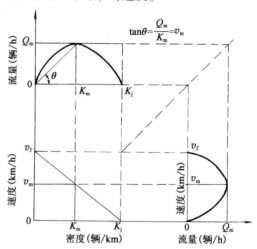

图2-13 Q-K、v-Q、v-K 关系图(假设v-K为线性关系)

二、速度与密度的关系

1934年,格林希尔兹(Greenshields)提出了速度-密度线性关系模型:

$$v = v_f\left(1 - \frac{K}{K_j}\right) \qquad (2\text{-}30)$$

式中符号意义同前。

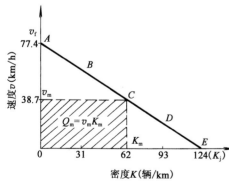

图2-14 速度-密度关系图

这一模型简单、直观(图2-14),研究表明,式(2-30)表示的模型与实测数据拟合良好。

由图2-14可见,当$K=0$时,$v=v_f$,即在交通量很小的情况下,车辆可以畅行速度行驶。当$K=K_j$时,$v=0$,即在交通密度很大时,车辆速度就趋于0。流量变化也可以在速度-密度图上说明,例如:已知C点的速度为v_m,密度为K_m,则流量就等于阴影部分矩形面积($Q_m=v_m K_m$)。

当交通密度很大时,可以采用格林伯格(Greenberg)1959年提出的对数模型:

$$v = v_m \ln\left(\frac{K_j}{K}\right) \qquad (2\text{-}31)$$

式中符号意义同前。

当密度很小时,可采用安德伍德(Underwood)1961年提出的指数模型:

$$v = v_f e^{-\frac{K}{K_m}} \tag{2-32}$$

关于速度与密度的关系,还有其他许多经验、半经验公式,有兴趣的读者可参考文献[14]。

三、流量与密度的关系

流量与密度的关系是交通流的基本关系,根据格林希尔兹式(2-30)及基本关系式(2-26),得:

$$Q = K v_f \left(1 - \frac{K}{K_j}\right) \tag{2-33}$$

式(2-33)表示一种二次函数关系,用图表示就是一条抛物线,如图2-15所示。图上点 C 代表通行能力或最大流量 Q_m,从这点起,流量随密度增加而减小,直至达到阻塞密度 K_j,此时流量 $Q = 0$。以原点 A、曲线上的 B、C 和 D 点的箭头为矢径,这些矢径的斜率表示速度。通过点 A 的矢径与曲线相切,其斜率为畅行速度 v_f。在流量-密度曲线上,密度比 K_m 小的点表示不拥挤的情况,而密度比 K_m 大的点表示拥挤的情况。

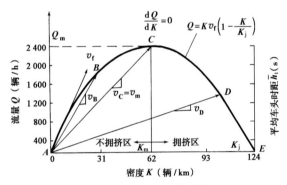

图 2-15 流量-密度关系图

从基本定义出发,可证明平均车头时距 $\bar{h}_t$ 及平均车头间距 $\bar{h}_s$ 分别为流量及密度的倒数。假定车辆平均长度为 6.1m,在阻塞密度时,单车道的车辆间的平均距离为 1.95m,因此,$\bar{h}_s = 8.05$m。因为:

$$\bar{h}_s = \frac{1\,000}{K}$$

故曲线上点 E 的阻塞密度值:

$$K_j = \frac{1\,000}{\bar{h}_s} = \frac{1\,000}{8.05} = 124(辆/km)$$

然后假定 $\bar{h}_t = 1.5$s,因为:

$$\bar{h}_t = \frac{3\,600}{Q}$$

故曲线上 C 点表示的最大流量值或通行能力 $Q_m = \frac{3\,600}{\bar{h}_t} = \frac{3\,600}{1.5} = 2\,400(辆/h)$。点 C 的密度 K_m 可直接从图中看出,等于 62 辆/km。

确定最大流量时的速度 v_m,只要计算出从原点 A 到点 C 的矢径斜率,即 $v_m = v_C = 2\,400/62 =$

38.7(km/h)。

流量-密度曲线上的其他点的数值可以用同样的方式求出。点 B 是表示不拥挤情况的一个典型点。从图中来看,点 B 的流量为 1 800 辆/h,密度为 30 辆/km,速度(AB 矢径的斜率)为 60km/h。

点 D 是表示拥挤情况的一个典型点。从图中来看,点 D 的流量为 1 224 辆/h,密度为 105.6辆/km,速度(AD 矢径的斜率)为 11.6km/h。根据定义,点 A 的流量、密度都等于 0。

四、流量与速度的关系

由式(2-30)得:

$$K = K_j \left(1 - \frac{v}{v_f}\right)$$

代入式(2-36),得:

$$Q = K_j \left(v - \frac{v^2}{v_f}\right) \quad (2\text{-}34)$$

式(2-34)同样表示一条抛物线(图 2-16),形状与流量-密度曲线相似。从原点 E 到曲线上点的矢径斜率表示那一点的密度的倒数 $1/K$。点 C 上面的曲线部分表示不拥挤情况,而点 C 下面的曲线部分则表示拥挤情况。

综上所述,由格林希尔兹的速度-密度模型、流量-密度模型、速度-流量模型(图 2-14 ~ 图 2-16)可以看出,Q_m、v_m 和 K_m 是划分交通是否拥挤的重要特征值。当 $Q \leq Q_m$,$K > K_m$,$v < v_m$ 时,交通属于拥挤;当 $Q \leq Q_m$,$K \leq K_m$,$v \geq v_m$ 时,交通属于不拥挤。

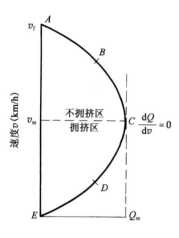

图 2-16 流量-速度关系图

【复习思考题与习题】

1. 如何理解路网两大体系的各自功能与相互联系?试细分析。
2. 道路交通的要素是什么?试述它们之间的相互关系。
3. 道路网规划设计时应考虑哪些道路网特征因素?
4. 道路设计小时交通量的意义是什么?如何确定?与一般的统计交通量有何区别和联系?
5. 交通密度是如何定义的?有何作用?
6. 某公路需要进行拓宽改建。经调查预测得该公路在规划年的年平均日交通量为 50 000 辆/d,设计小时交通量系数 $K = 0.15$,取一条车道的设计通行能力为 1 500 辆/h,求该公路该修几车道。
7. 已知某公路上畅行速度 $v_f = 80$km/h,阻塞密度 $K_j = 105$ 辆/km,速度-密度用线性关系模型,求:(1)在该路段上期望得到的最大流量;(2)此时所对应的车速。

第三章
交通调查与分析

第一节 交通调查的意义、内容及要求

一、交通调查的目的与意义

交通调查是指通过统计、实测与分析判断,掌握交通状态发展趋势及有关交通现象的工作过程。

如前所述,交通流特性是通过实际交通流中某些特定的交通流参数,诸如交通量、行车速度、交通密度等的大小与变化规律来表示的。另外,与交通有关的其他现象(如事故的发生、交通对环境的危害程度及车辆的停放等,也都由相应的量值及发生的形式来反映)对交通流也有一定的影响。因此,在交通流理论研究、交通规划、道路规划设计及交通管理与控制中都需了解和掌握上述各参变量,为此必须适时进行交通调查。

随着我国社会与经济的发展,人们对道路交通的需求越来越强,同时对交通服务水平的要求也越来越高,这就要求交通工作者能够在准确掌握交通现状及其变化规律的条件下为未来的交通需求提供相应的道路工程设施及交通管理控制手段。这些都必须通过广泛、深入、持久的交通调查分析才能做到。

二、交通调查的主要内容

交通调查涉及人、车、路与环境等综合交通系统中的各个方面,范围相当广泛,主要有:

1. 交通流要素调查

交通流要素调查包括对描述交通流特性的主要参数,如交通量、车速、密度及与其有关的车头间距、占有率等的调查。

2. 交通出行调查

交通出行调查包括对土地利用、交通生成、分布与分配特性的调查,其中常见的有出行起讫点调查(OD 调查)、居民出行调查等(详见第六章)。

3. 交通事故调查

交通事故调查包括对事故发生次数、伤亡、性质、地点、原因的调查,具体的调查内容、方法见第九章。

4. 交通环境调查

交通环境调查包括对交通所造成环境污染的诸方面调查,如噪声、废气、振动、电磁场干扰等的调查,有时还需调查交通对名胜古迹、景观、生态与居民心理等方面所产生的影响。这方面的内容将在第十章中叙述。

由于交通需求调查已成为交通规划部门的专项调查,交通事故调查、交通环境调查均已成为交通管理部门及城市建设部门的专项调查,另有其他教材专述,故本章只介绍与交通流主要参数有关的调查。

三、交通调查的基本要求

交通流特性参数的大小与变化规律受道路与交通环境的制约,而且这些条件经常变化,因此交通调查总是对应于某些条件的,这些条件在调查中必须予以注明。某些特定目的调查必须真实地反映特定的实际道路与交通条件,以防止失真。

交通调查与调查数据的分析处理方法也应视实际目的要求予以选择。但不论出于何种调查目的或使用何种调查、分析方法,都应本着实事求是的原则,对交通流进行实地观测统计或调查,切忌主观臆断,甚至弄虚作假,否则会导致结论错误,这将给规划、设计、科学研究和社会带来极大危害。

交通调查在多数情况下是在交通现场进行观测统计,工作量大、工作条件差、延续时间长,且要求一定的实测精度。为此要求调查人员要有较好的素质,其中包括技术水平、分析能力和工作态度。此外,交通调查工作经常涉及社会各个方面,需要有广泛的协作和良好的组织,只有这样才能做好这项工作。

任何交通调查总是为某项工程规划、设计或工程建设服务的,因此,都有具体的目的,即对交通调查的内容、指标、精度等有明确的要求。为达此目的,从调查一开始就要进行总体设计,使调查的成果既能满足要求,但又无不必要的多余数据,故做好调查资料非常重要。

第二节　交通量调查

一、交通量调查的目的

交通量是指单位时间内通过道路或车道某一断面的交通实体的数量,也称交通流量。通过交通实体为汽车时称汽车交通量,如为自行车和行人则称自行车交通量和行人交通量,本节仅论及汽车交通量的调查。

调查汽车交通量的目的是：

(1)在某一地点做周期调查,了解交通的组成、分布,掌握交通量随时间推移的变化规律,据此可预测交通量及其发展趋势。

(2)为道路规划、建设及交通运营、管理与控制提供交通流量、流向、车速、延误、停车等数据。

①通过区域性交通量调查决定新建与改建道路的先后顺序,即为确定投资顺序、安排资金与效益评估提供定量依据。

②通过道路现有交通量调查,确定设置交通信号、标志及采取某项交通管理措施的必要性。

③为道路几何设计及交通控制设计提供交通量依据。

(3)通过事前、事后的交通量调查,评价道路服务水平与交通管理措施的效果。

(4)在交通研究中通过交通量调查掌握交通实态与变化的规律。

(5)用于推算道路通行能力,预测与计算事故率及道路运输成本和效益等。

(6)为制定交通政策法规与科学理论研究提供基础数据。

二、交通量调查的种类

汽车交通量的调查只需在某种确定的条件下统计通过道路或车道某一断面的汽车数量。尽管如此,由于调查的着眼点及调查地点不同,仍有很多种类的交通量调查,现仅就交通动态观点分类如下。

1. 区域交通量调查

区域交通量调查是指以掌握某一区域的交通量的大小及变化为目的的,在区域内各不同路段及不同交叉口处进行的交通量调查。尽管是在同一区域内,但由于道路所处位置及周围土地开发利用条件等不同,交通量随时间变化的规律也不尽一致。为此,一般要求进行年平均日交通量的调查。我国此项调查目前由各地区交通部门、交通管理部门、交通规划部门等所设立的常年交通观测站负责进行,如全国干线公路调查、城市居民出行调查等。

2. 小区边界线交通量调查

小区边界线交通量调查是指对客货业务繁忙地区,如特定经济区、城市及城市圈等汽车交通量的调查。调查时将地区包围线(小区边界线)与进入该地区道路的相交处作为调查点,分别调查进入和驶出小区范围的交通量。这一调查通常与第六章中介绍的 OD 调查和其他交通调查同时进行。

3. 核查线调查

这种调查是以河流、丘陵、铁道等地形及地物边界线或其他人为设立的检查线为分界线,调查分界线两侧区域相互来往穿过检查线的交通量。这种调查一般是为检验 OD 调查所得资料的可靠性而进行的。

4. 特定地点或专项交通量调查

这种调查是为满足交通管理与信号控制的需要而在特定地点进行的交通量调查,如城市出入口交通量调查、公共交通调查、综合交通调查、事故调查等。一般调查各周日的平均日交通量,如星期三平均日交通量、星期五平均日交通量及某周日的高峰小时交通量等。

三、交通量调查的方法

1. 确定调查地点

调查地点应根据调查目的来确定,一般选在下列各处:

(1) 不受平面交叉口交通影响的路段。

(2) 交叉口各入口停车线处。

(3) 交通设施的出入口处(道路收费口及停车场出入口处等)。

(4) 特定地点,如分界线与道路交叉口等处。

2. 选择调查时间

调查时间也应根据调查目的与方法确定,一般有以下几种情况:

(1) 常年观测,每年观测 365d,每天观测 24h。

(2) 抽样观测,用抽样方式在全年内选择实测日期,然后对抽样日做全天观测。

(3) 当以每天部分时间的实测交通量换算全天交通量时,应选择交通量集中时段:做 16h 观测时可选上午 6 时至晚上 10 时;做 12h 观测时可选上午 7 时至下午 7 时。选定上述时段进行观测,既可准确掌握道路日交通量,又可节省观测时间。

(4) 进行高峰小时交通量调查时,应选择包括高峰小时在内的连续 3h。

为使交通量调查资料有广泛的使用价值,还应对调查计数时段的长度做出规定。例如,为了使常年观测资料在数据处理时能同时得到每日高峰小时交通量及小时内短时段交通量变化形式,一次测量记录时间应短于 1h。测试时段越短,描述的交通量波动形式越真实,但这会大大增加计测及数据分析工作量。考虑对实测数据的精度要求,一般选定 15min 为一个时段,即每小时测量 4 个数据,每日测 96 个数据,当有特殊需要时可缩短至 5min 或 3min。

3. 调查方法

交通量的调查是在固定地点、固定时段内的车辆数量调查。它可有许多方法,如人工观测法、试验车移动调查法、仪器自动计测法、摄影法及遥感技术法等。

1) 人工观测法

人工观测法是在选定的地点及时间,按规定的测试时段由测量人员计测和记录通过实测断面的车辆数。测定可分行车方向、车道、车种进行,也可对整个道路的全部车辆进行观测。人工观测只需用秒表计时,用计数器测定来车数即可。

人工观测法简单、易行,且不需要复杂的设备。但需要较多的人力,且在长时间观测时,由于工作单调、易于疲劳,故很难保证实测质量。

用人工观测法实测交通量时,可使用如表 3-1 所示记录表格形式,以便于资料整理与汇总。

人工观测交通量记录表　　　　　　　　　　表 3-1

日期:2001 年 6 月 17 日　　　　星期三　天气:阴　　　　地点:××街
时间:6:00—10:00　　　　　　　方向:东行　　　　　　　测量人员:×××

时段	车种				
	普通小汽车	载货汽车 ≤5t	载货汽车 >5t	大型公交车	小计
6:00—6:15	14	2	0	1	17
—6:30	19	2	0	1	22
—6:45	25	3	0	1	29
—7:00	36	7	0	2	45
—7:15	34	9	0	0	43
—7:30	67	20	1	2	90
—7:45	74	17	0	1	92
—8:00	90	38	0	0	128
—8:15	91	23	0	2	116
—8:30	47	24	2	1	74
—8:45	36	34	4	0	74
—9:00	37	26	0	1	64
—9:15	30	19	1	3	53
—9:30	46	30	10	1	87
—9:45	39	15	5	1	60
—10:00	23	18	1	1	43
合计	708	287	24	18	1 037

2)试验车移动调查法

该法是通过在测定区间内驾车反复行驶测量,求得区间内断面平均交通量的方法。

具体做法如图 3-1 所示。

驾驶试验车在区间 AB 内以与区间内大部分车辆均衡的速度反复行驶测定,试验车内坐调查人员 3~4 人,在试验车行驶过程中分别计测如下数据:

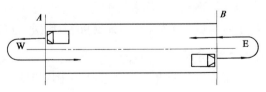

M——与试验车行驶方向相反的来车数;

O——超越试验车行驶的车辆数;

图 3-1　试验车移动调查法示意图

P——被试验车超越的车辆数;

T——试验车通过区间 AB 所需时间(min)。

取得上述数据后,可由下式计算单向交通量 Q:

$$Q_{\text{W(E)}} = \frac{M_{\text{E(W)}} + O_{\text{E(W)}} - P_{\text{E(W)}}}{T_{\text{E}} + T_{\text{W}}} \times 60 \tag{3-1}$$

式中：$Q_{\text{W(E)}}$——试验车向西行（东行）时的交通量（辆/h）。

式中符号的下标 E 表示东行实测计算值，W 表示西行实测计算值。

使用该法测定时，要求反复进行 8～12 次，然后求取平均值作为测量值。

试验车移动调查法可用较少人力测定较长区间内的平均通过交通量，并可在测定交通量的同时求取区间车速与密度，这对研究各参数间关系非常方便。但此法仅适用于短时间的测量。

3）仪器自动计测法

仪器自动计测法是利用自动车流量记录仪做数据记录，以仪器替代人工观测工作，其优点是节省人力、时间，减少人为因素对观测数据精度的影响，便于做长期、连续的交通量观测、统计。由于仪器为机械装置，对自然条件、道路交通状况与能源有一定的要求，故使用范围受到一定的限制。仪器购置与安装调试要支出一定的费用，也是其缺点。此类仪器一般由检测器、数字处理机与记录显示装置构成，主要有以下几种。

（1）气压式，将密闭的充气橡胶管作为传感器横放在路面上，当车辆驶过时，由车轮产生的重力作用使管内压力发生变化，推动气动开关，发出信号，其特点为结构简单、价廉易得，但精度不高。

（2）地磁式，采用插有磁棒的感应线圈作为探头，埋设在路面下 10～20cm 处。当汽车从探头上方通过时，会改变线圈磁力线的分布。将这种感应信号输出、放大、整形，即可驱动计数器运作，将数据记录下来。其特点为结构简单、性能可靠，适宜于车速大于 5km/h 时使用。

（3）电磁式，将高磁导率的磁性材料做成芯棒，外绕线圈，组成探头，埋于观测路面的下方，当车辆通过时，由外磁场激励电流出现正负半周期的振幅差，将此电流送入电路处理后，得到车辆通过的信号。其特点为探头体积小、灵敏度高、不受车速限制，但电路较为复杂。

（4）超声波式，由安装在道路上方的超声波发射器向观测的路面发射超声波，经路面反射后由拾波器收回，当汽车通过时，车辆阻断了超声波的反射，而继电器使电流接通，从而产生信号并记录下来。其特点为不需损坏路面，且稳定性好、灵敏度高，不足之处是成本较高且易受行人与非机动车的干扰。

（5）红外线式，红外线式检测器有主动式与被动式两种。主动式检测器发出红外线，经车体反射而传感信号；被动式则由检测器接收车体因热辐射而产生的红外线而传感信号。其结构不复杂，但对路面条件要求较高，外界对所发射的红外线有干扰时，数据可能失真。

此外还有自动摄像式、电压式、线圈式和雷达式等，这里不一一介绍。

4）摄影法

摄影法是在拟测定断面处的路面上做标记后，对其定时摄影，然后对照片进行处理即可得到交通量值。该法成本高、资料处理工作量大，但实测精度好，且可节省现场实测人数。

5）遥感技术法

随着计算机技术的日新月异，遥感技术在道路交通量调查中逐渐得到运用，大大提高了调查工作效率。

遥感技术观测交通量的方法主要是利用交通流基本要素的相互关系模型。描述交通流的三个要素分别为交通量、行车速度和车流密度，其关系可用三维空间图表示。以航片中的路段为范围，可分别统计不同方向、不同车道的车流密度，其结果可用于现状交通分析比较研究。利用相邻航片中共有的静止参照点，对同一车辆位移进行测量，可推导出该车辆的速度。

四、交通量数据的分析应用及不同车辆的换算

由上述方法测得交通量后,还应根据调查目的进行处理分析,一般做如下处理。

1. 绘制交通流量图

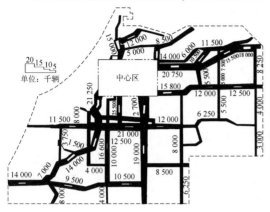

图 3-2 交通流量图

将在同一时期内测得的同一区域各条道路的交通量标注在该区道路示意图上即可(图 3-2)。此图可明确表示区域内道路交通量分布情况。有条件时可用车辆感应器测量,用计算机处理并制图。交通量数量也可用不同宽度的线条表示。

2. 绘制交通量变化图

以纵坐标表示交通量,横坐标表示时间,绘制交通量随时间推移的变化图(图 3-3)。根据时段长短又可分为交通量季节变化、周变化、日变化、小时变化图等。

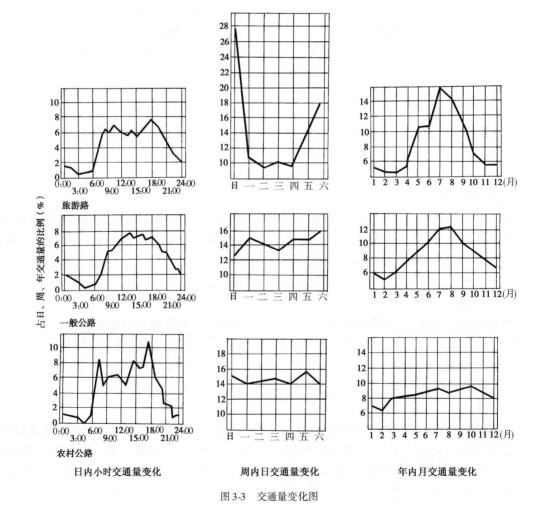

图 3-3 交通量变化图

56

3. 绘制交叉口交通流量图

对通过交叉口的交通量进行实测后,可分别按不同交通流向绘制交叉口交通量图(图3-4)。

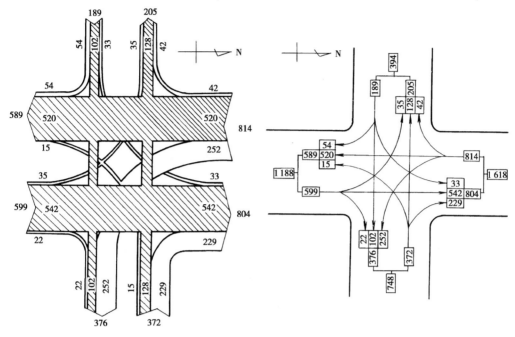

图3-4 交叉口交通量图

4. 计算交通量特定参数

一般情况下,对实测交通量值要进行以下特定参数的计算:平均日交通量 AADT、高峰小时交通量 PHV、交通量月变化系数 $K_{月}$、交通量日变化系数 $K_{周日}$,各参数定义及计算方法详见第二章。

5. 交通量中不同类型车辆的换算

在实测交通量时,一般分车型计测车辆数,这是由于在交通流中不同车型的车辆对空间资源的占有和消耗不同,而在交通运营中常常需要将其换算成某种单一车型的数量,通常称之为交通量换算。

而在停车研究中,各类车辆换算只需考虑各种车辆在场地上的空间占用,而不用关心车辆在运行中占用道路的情况。

我国《公路工程技术标准》(JTG B01—2014)和《城市道路工程设计规范》(CJJ 37—2012)给出的车种分类与车种换算系数分别见表3-2和表3-3。

《公路工程技术标准》(JTG B01—2014)规定的各汽车代表车型与车辆折算系数[1-3]　　表3-2

汽车代表车型	车辆折算系数	说　　明
小客车	1.0	座位≤19座的客车和载质量≤2t的货车
中型车	1.5	座位>19座的客车和载质量>2t且≤7t的货车
大型车	2.0	载质量>7t且≤20t的货车
拖挂车	3.0	载质量>20t的货车

注:1. 交通量换算采用小客车为标准车型。
　　2. 畜力车、人力车、自行车等非机动车,在设计交通换算中按路侧干扰因素计。
　　3. 公路上行驶的拖拉机每辆折算为4辆小客车。

《城市道路工程设计规范》(CJJ 37—2012)规定的车种换算系数 表3-3

车辆类型	小客车	大型客车	大型货车	铰接车
换算系数	1.0	2.0	2.5	3.0

也可用不同车型平均车头时距之比作为换算系数,例如混合车流中有大、中、小三种车型,若以小汽车为标准车,则需将大车及中车乘以各自的换算系数,折合成当量小汽车。其计算方法为:$K_大 = \bar{h}_大/\bar{h}_小$,$K_中 = \bar{h}_中/\bar{h}_小$。其中 $K_大$、$K_中$ 为大车及中车换算为小汽车的换算系数,$\bar{h}_大$、$\bar{h}_中$、$\bar{h}_小$ 为大车、中车、小车的平均车头时距。

第三节 行车速度与密度的调查

一、速度调查的目的

车流或车辆速度作为交通工程重要的基本参数,其数值大小与道路通行能力、服务水平、交通管理,以及交通控制、规划设计、设施功能和使用质量均有密切关系。

从交通运营的观点出发,车速又可分为地点车速和区间车速。车速调查的目的一般为:

(1)对某处做周期性速度调查,掌握速度分布状态及速度变化特性,为评价规划设计指标与服务水平提供依据。

(2)为交通管理与控制提供速度资料,主要用于以下方面:

①决定最低、最高限速值;

②判断在曲线范围限制速度的必要性;

③为合理设置交通标志提供速度数据;

④决定禁止超车的区段范围;

⑤用于判断对学校、公园附近道路上行人实行保护措施的必要性及设施设置的合理性。

(3)通过事前、事后调查判断交通管理和工程措施的效果。

(4)为事故分析提供速度资料。

(5)用于决定道路几何设计要素,如曲线半径、纵坡及变速车道长度等。

(6)用于其他交通研究,如:

①平均速度与通行能力的关系研究;

②速度与交通量的关系研究;

③速度差及方差与交通事故关系的分析研究。

当对区间车速做实态调查时,除上述目的外,还常用于交通路网分配和经济效益分析等方面。

二、速度调查的主要方法

1. 地点车速

1)调查地点与时间的选择

调查地点与调查时间均应根据调查目的进行选择。

调查地点的选择一般应考虑以下几方面:

（1）一般速度调查时应选择视野条件好的道路直线段，并应选在无特殊交通标志、无交通信号、无公交站台和不受道路交叉影响的道路区间部分。

（2）当为确定信号控制而调查速度时，调查地点应选在控制对象范围内，并应选择不受其他信号影响的地点。

（3）当为判断交通措施效果而进行事前、事后调查时，事前、事后调查应选择同一位置。

（4）对事故多发地区进行调查时，应调查进入该区时的速度，调查地点应不受其他因素影响。

另外，为使调查结果不受调查本身的影响，在选择调查地点时，还应注意测量仪器及观测人员应不吸引驾驶人员注意，并且不引起群众的围观。

调查时间的选择与调查目的有关，一般应选择非高峰小时的时段，事前、事后调查应选择相同的时段，速度调查还应避开交通异常时间，如节假日及天气恶劣的时间。

2）调查抽样与样本量的确定

道路上车辆数量大，不可能全部观测时，应从中抽取部分车辆（样本）进行观测，据以推算车流总体的车速。此时为保证推算精度，应确定所需最小的样本量。

地点车速调查所需最小样本量按统计原理可由下式确定：

$$n = \left(\frac{\sigma K}{E}\right)^2 \tag{3-2}$$

式中：n——最小样本量；

K——置信水平系数，见表3-4；

σ——估计样本的标准偏差（km/h），可按表3-5取用，或采用8km/h作为标准偏差近似估计值；

E——观测车速的允许误差值（km/h），取决于平均车速所要求的精度，一般可取用$E=2$km/h。

置信水平系数 K 值表 表3-4

置信水平(%)	68.3	86.6	90.0	95.0	95.5	98.8	99.7
K	1	1.5	1.64	1.96	2	2.5	3

样本标准差 σ 值表（单位：km/h） 表3-5

行驶区域	平均标准差		行驶区域	平均标准差	
	双车道	四车道		双车道	四车道
乡村	8.5	6.8	城市	7.7	7.9
郊区	8.5	8.5	平均值	8.0	8.0

对不同速度、不同类型车辆都要抽样观测，以防止抽样不均，当车辆呈连续流以相近速度行驶时，应选头车观测，取其有代表性。

因此在车速调查时，应根据精度要求或允许误差推算应采取的抽样率，但通常为节省人力、物力，抽样数量应在满足实测精度的条件下尽量少。根据速度调查的精度要求，认为调查总样本数量不应少于150辆，其中单一车种不应少于50辆。且测速时段不宜过短，一般应在1h以上。此外，在抽样时不仅应保证足够抽样率，还应尽量避免人为的主观选择，保证抽样的随机性。为此，调查抽样可以按以下形式进行：

（1）避开调查开始时的几辆车。

（2）各种车型的抽样率应基本控制为与其在车流中的混入率一致。

（3）抽样时，可事先选定车牌尾数，如只测尾数为偶数或只测尾数为0或5的车，以此使抽样无偏。

3）调查方法

地点车速的调查方法很多，现只介绍几种常用的方法：

(1)人工测定法。人工测定方法实际上是实测车辆通过某一微小路段的平均车速，如果车辆匀速通过该路段，则这一平均车速即为通过该路段内任一断面处的地点车速。

因此，此法只需在拟测地点附近选择一个小路段并量测其长度 $l(m)$，然后实测车辆通过该路段所需时间 $t(s)$，即可由下式计算速度值：

$$v = \frac{l}{t} \times 3.6 \quad (km/h) \tag{3-3}$$

测试路段越短越能保证车辆通过的匀速条件，但由于车辆通过时间过短，测试误差会加大，因此建议测试路段长度应以使通过时间为 2~3s 为宜，最短也应在 1.5s 以上。为使测量记录方便、迅速，可事先准备记录表格（表3-6），利用该表格测定时，只需按车型在其通过时间的一栏中填入通过车辆数，即可计算出通过车辆的速度值及各速度值的发生数量。

地点速度测量记录表　　　　　　　　　　　　　　　表3-6

日期：20××年×月××日　　时间：7:30—8:30　　地点：××　　方向：××
天气：××　　　　　　　　　测试区间长：50m　　观测者：×××

时间(s)	普通车				大型车				合计
	小汽车(客车≤19座,货车<9t)		货车(2~5t)		公交车		货车(5t以上)		
	辆数	计	辆数	计	辆数	计	辆数	计	
1.0									
.1									
.2									
.3									
.4									
.5									
.6									
.7									
.8									
.9									
2.0									
.1									
.2	一	1							1
.3	一	1							1
.4	一	1							1
.5									
.6	丁	2							2
.7			一	1					1
.8	正	4							4
.9	正	5	一	1			一	1	7
3.0	正丁	7	丁	2	一	1	丁	2	12
.1									

续上表

时间(s)	普 通 车				大 型 车				合 计
	小汽车 (客车≤19座,货车<9t)		货车(2~5t)		公 交 车		货车(5t以上)		
	辆数	计	辆数	计	辆数	计	辆数	计	
.2	正正正正丅	22	正下	8			下	3	33
.3									
.4	正正正正	19	下	3			一	1	23
.5									
.6	正正正正一	21	正下	8	一	1	下	3	33
.7									
.8	正正正正正一	26	丁	2			正	5	33
.9									
4.0	正正正正正一	31	正正正正	20			正正	10	61
.2	正正正丅	19	正丅	9			下	3	31
.4	正正一	11	下	3			下	3	17
.6	正	4	正一	6			下	3	13
.8	下	3	正	4	下	3	一	1	11
5.0	正	4	正	5	一	1	正	5	15
.2	丁	2	丁	2	丁	2	下	3	9
.4							一	1	1
.6	一	1			丁	2			3
.8			一	1	一	1			2
6.0							丁	2	2
.2					丁	2			2
.4									
.6									
.8									
7.0							一	1	1
.5									
8.0							一	1	1
.5									
9.0									
10.0									
11.0									
12.0									
13.0									
14.0									
15.0									
合计		184		75		13		48	320

人工测速方法简单易行,但进行长时间观测较困难。

(2)测速仪器测速。常用测速仪为雷达测速仪,这种仪器根据移动物体反射的电波随物体移动速度不同其振动频率也不同的原理制成。使用这种测速仪,可以在测速地点直接测出车辆通过的瞬时速度,并可直接记录、打印速度数据,是测定地点车速的理想工具。目前我国有多处厂家生产此种仪器,交通管理部门已广泛使用其测定地点车速。由于此种仪器测定低速车辆的速度时较为困难,且在同时感知两辆车时,只显示高速车辆的速度,所以在交通工程学研究中使用并不广泛。

(3)车辆感应器测速。使用车辆感应器测量交通量时,可通过电磁感应或超声波反射原理同时感知车辆通过的距离和时间,从而计算车辆通过速度。此种测速方式与交通量调查同时进行,便于研究交通量与通行速度的关系,且几乎不受通过区间时的速度变化影响,能较准确地测出地点车速,并且能做长时间连续调查。但当有故障车或事故车停留在感应器上时,车速记录会出现异常。感应器设备复杂,费用也高,只能在城市或其他有条件的地方使用。故我国地点车速的测量主要使用人工测量的方法,此外还有录像法、摄影法、航测法等,因价格高使用尚不普遍。

2. 区间车速

1) 调查区间与时间的选择

调查区间与时间均应根据调查目的进行选定。

(1)调查区间的选择。对于一般目的的调查,应选在主要交叉口之间无大量出入车辆的路段,且区间的起终点应选在无交通阻塞处;当为交通管理目的时,应在拟定管辖地区选择调查区间;当为评价交通措施效果时,应于采取措施前后均进行调查,且事前、事后调查应选择相同的路段。

(2)时间的选择。可分上、下午高峰与白天和夜晚非高峰四个时段,每次应连续1h以上,且应避开节假日及天气不良时间。而在进行事前、事后调查时应选择相同季节、相同周日及相同天气条件。

2) 调查方法

区间车速的调查要实测车辆通过某一已知长度路段的时间,有多种方法。此处仅介绍几种常用方法。

(1)试验车观测法。此法与调查交通量时的移动观测法完全相同,即在已知区间内做往复行驶调查,并记录通过区间的时间、对向车道来车数及本车道超车与被超车数量,此时可用式(3-5)计算区间车速:

通过区间的平均行程时间 $\quad \overline{T}_{W(E)} = T_{W(E)} - \dfrac{60[O_{W(E)} - P_{W(E)}]}{Q_{W(E)}}$ (3-4)

区间车速 $\quad v_{W(E)} = \dfrac{60 \times L}{\overline{T}_{W(E)}}$ (km/h) (3-5)

式中:$T_{W(E)}$——试验车向西行(东行)时的运行时间(min);

$Q_{W(E)}$——试验车向西行(东行)时的交通量(辆/h);

L——区间长度(km);

式中其他符号意义同前。

此法要求驾驶人员有熟练的驾驶技术。

(2)车辆牌号对照法。此法为在拟调查区间的两端设调查人员,记录通过车辆的车牌号码和其通过断面的时刻,然后通过起、终点记录,对照后即可得出某一车辆通过该区间的时间,并由此算出该车通过区间的平均速度。

表3-7为此法实测记录与计算实例。

车辆牌号对照法实测行车时间及区间车速算例　　　　　表3-7

通过车辆牌号	车辆通过观测断面时刻		行车时间
	入　　口	出　　口	
19335	8:00:12	8:04:05	3min 53s
12143	:58	05:29	4min 31s
17963	01:21	:19	3min 58s
15142	:44	:49	4min 05s
14872	:59	—	未对上
17615	02:19	8:05:39	3min 20s
15166	:35	06:11	3min 26s
18327	:41	—	未对上
11144	:52	07:12	4min 20s
11579	03:09	:28	4min 19s
17156	:36	:07	3min 31s
13218	:55	:39	3min 44s
17244	04:47	08:56	4min 09s
16288	05:07	09:25	4min 08s
平均通过时刻	8:02:43	8:06:41	3min 58s

平均通过时间　$8:06:41-8:02:43=3min\ 58s=3.97(min)$

区间长　　　$L=2.35km$

平均区间车速　$v=\dfrac{60\times 2.35}{3.97}=35.37(km/h)$

由于常常来不及对所有车辆进行测量,因此起、终点部分实测车辆牌号会不对应,从而造成浪费。为提高实测效率,应对试验车辆做事先规定,如只测偶数号车或以0、5号结尾的车辆。

(3)驶入驶出测量法。使用车辆牌号对照法可得到某车的区间车速,故可同时求出区间车速的分布。当无须求取分布形式而只关心区间平均车速时,可使用驶入驶出测量法。

此法也是在调查区间的两端设调查人员,并另用一试验车通过区间两次,调查人员在试验车第一次通过调查断面时(起点或终点)开始每分钟记录一次通过断面的车辆数,并在试验车第二次通过时结束调查。

试验车试验人员记录通过两断面的时间及超车和被超车次数。然后计算全部被测车辆分别通过两断面的平均时刻,并求算区间平均车速,该法可对通过的全部车辆进行调查,其精度极高,但只可求得平均速度,无法求得区间车速的分布形式。表3-8为实测算例。

驶入驶出测量法实测区间车速算例　　　　　　　　　　　　表3-8

地点:×× 　　　　　方向:×× 　　　　　测试区间长:0.8km

时间:××年××月××日 　　天气:×× 　　试验车出发时刻:8:30:00,到达时刻8:30:55

起　点			终　点		
通过起点后时间(min) 8:30:00 以后	通过起点交通量 (辆/min)	计算 [(1)−0.5]×(2)	通过终点后时间(min) 8:30:55 以后	通过终点交通量 (辆/min)	计算 [(4)−0.5]×(5)
(1)	(2)	(3)	(4)	(5)	
1	28	0.5×28=14.0	1	25	0.5×25=12.5
2	35	1.5×35=52.5	2	30	1.5×30=45.0
3	31	2.5×31=77.5	3	32	2.5×32=80.0
4	39	3.5×39=136.5	4	36	3.5×36=126.0
5	26	4.5×26=117.0	5	40	4.5×40=180.0
6	33	5.5×33=181.5	6	31	5.5×31=170.0
7	29	6.5×29=188.5	7	26	6.5×26=169.0
8	37	7.5×37=277.5	8	24	7.5×24=180.0
9	24	8.5×24=204.0	9	29	8.0×29=246.5
10	28	9.5×28=266.0	10	27	9.5×27=256.5
11	38	10.5×38=399.0	11	33	10.5×33=346.5
12	35	11.5×35=402.5	12	36	11.5×36=414.0
13	30	12.5×30=375.0	13	40	12.5×40=500.0
14	27	13.5×27=364.5	14	28	13.5×28=378.0
15	34	14.5×34=493.0	15	37	14.5×37=536.5
合计	474	3 549.0	合计	474	3 640.5
平均通过时刻	$\frac{3549.0}{474}=7.49(\min)=7\min 29s$ 8:30:00 + 7min 29s = 8:37:29			$\frac{3640.5}{474}=7.68(\min)=7\min 41s$ 8:30:55 + 7min 41s = 8:38:36	
平均通过时间	8:38:36 − 8:37:29 = 1min 7s = 1.12(min)				
平均区间车速	$v=\frac{60\times 0.8}{1.12}=42.86(\mathrm{km/h})$				

三、调查数据的分析与应用

1. 地点车速实测数据的分析处理

由上述测定方法测得的地点车速数据,对一般使用目的,常做以下分析处理:

1)绘制速度分布表与分布图

将实测数据按一定间隔分组,凡位于同一组的速度值都认为其速度值为该分组的中位速度,然后求各组车速数量及频率,将其列表即为分布表(表3-9)。

地点车速分布表　　　　　　　　　　　　　　　表3-9

速度范围 (km/h)	中位速度 v_t (km/h)	观测车辆数及频率		累计观测车辆数及累计频率	
		次数	频率(%)	次数	频率(%)
53.5~56.5	55	2	1.0	2	1.0
56.5~59.5	58	8	4.0	10	5.0
59.5~62.5	61	18	9.0	28	14.0
62.5~65.5	64	42	21.0	70	35.0
65.5~68.5	67	48	24.0	118	59.0
68.5~71.5	70	40	20.0	158	79.0
71.5~74.5	73	24	12.0	182	91.0
74.5~77.5	76	11	5.5	193	96.5
77.5~80.5	79	5	2.5	198	99.0
80.5~83.5	82	2	1.0	200	100.0
总计		200			

为不使一个数据同时跨越两个分组,各组分界值应是实测单位下移一位的中值。如实测值单位为 km/h 时,分界值应为 0.5km/h,这样每一实测值只可位于一个固定组。将上述表列之频率值绘成如图 3-5 所示,即为速度频率分布图。如将该图的纵坐标改为累计频率,则可绘制成速度累计频率图(图 3-6)。该图中任一速度值对应的累计频率表示在该速度以下行驶的车辆数占总车辆数的百分比。

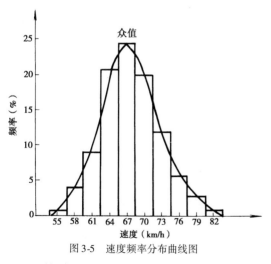

图 3-5　速度频率分布曲线图

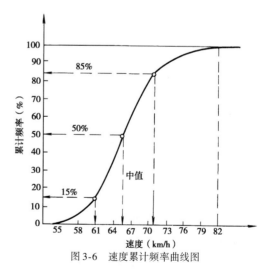

图 3-6　速度累计频率曲线图

2)统计处理

(1)车速平均值及其均方差

均值及均方差是统计分布的两个主要特征值。对正态分布的车速数据,其均值即为算术平均值,也就是平均车速,它表示道路上通过车辆的统计平均趋势。平均车速越高,表示大部分车辆都以较高的速度行驶;反之大部分车辆的通过速度都较低。均方差表示统计分布的离散程度,均方差越大,表示存在于通过车辆中的速度差越大。这时若交通量小,表示车辆选择速度的自由度大;而若交通量较大,表示交通混乱程度严重。

平均车速及均方差可用式(3-6)和式(3-7)计算:

$$\bar{v} = \frac{\sum_{i=1}^{K} f_i v_i}{n} \tag{3-6}$$

式中:$\bar{v}$——平均车速(km/h);
  f_i——对应 v_i 的分组车辆数;
  v_i——各分组的车速中值(km/h);
  K——分组数量;
  n——全体被测车辆数,$n = \sum_{i=1}^{K} f_i$。

$$\sigma = \sqrt{\frac{1}{n-1} \left[\sum_{i=1}^{K} v_i^2 f_i - \frac{1}{n} \left(\sum_{i=1}^{K} v_i f_i \right)^2 \right]} \tag{3-7}$$

式中符号意义同前。

(2)统计分布中的特定车速

①中值、中位速度。中值速度也称中位速度,指速度累计频率为50%对应的速度值(图3-6)。

②众值、最常见速度。众值是指统计分布中发生频率最多的对应值,在速度统计中,众值速度表示最常见速度(图3-5)。

③百分位速度。在速度累计频率曲线图上某一百分率对应的速度称为该百分率的百分位速度,如85%位速度、15%位速度分别表示85%的车辆或15%的车辆以等于或小于该速度的车速行驶,50%位速度即为中值速度。百分位速度常被用来作为限制车速的参考值(参考第二章)。

3)计算其他统计量

(1)速度偏斜指数 S_I

速度偏斜指数表示速度分布的偏斜程度,其计算式为:

$$S_I = \frac{2(v_{93} - v_{50})}{v_{93} - v_7} \tag{3-8}$$

式中:v_{93}、v_{50}、v_7——93%、50%、7%位速度。

当 $S_I = 1$ 时,表示速度分布对称;
当 $S_I < 1$ 时,表示速度偏于低速;
当 $S_I > 1$ 时,表示速度偏于高速。

(2)平均超速度

平均超速度表示被调查车辆中超速车辆的平均超速程度,用下式计算:

$$\bar{v}_{ex} = \frac{\sum (v_i - v_{sl}) f_i}{m} \tag{3-9}$$

式中：$\bar{v}_{ex}$——平均超速度(km/h)；
　　　v_i——超过限速值的各分组中值速度(km/h)；
　　　v_{sl}——限速值(km/h)；
　　　f_i——对应 v_i 的分组车辆数；
　　　m——超速车辆总数。

（3）车速遵守率

对应速度累计频率曲线上限制车速的累计频率值，这一参数表示遵守限速规定的车辆比率。

2. 区间车速实测数据的分析处理

对于区间车速实测数据，一般除计算平均车速和均方差外，有时要绘制运行时间表和时间-距离曲线，以供交通运营及交通管理控制部门使用，具体做法不赘述。

四、密度调查的目的与方法

1. 密度调查的目的

交通密度与交通量不同，它不表示车辆通过道路断面的频繁程度，而表示道路区间上车辆的密集程度。由第二章可知，在正常交通流的状况下，交通量 Q、交通密度 K 与区间平均车速 $\bar{v}_s$ 有以下关系：

$$Q = K\bar{v}_s \tag{3-10}$$

且知区间平均车速 $\bar{v}_s$ 与交通密度有以下关系：

$$\bar{v}_s = v_f - \frac{v_f}{K_j}K = v_f\left(1 - \frac{K}{K_j}\right) \tag{3-11}$$

式中：v_f——道路上车辆的畅行速度；
　　　K_j——阻塞密度。

由上可知，在正常交通流状态中，已知平均车速、交通密度、交通量中的任两个即可求取另一个。另外，由于交通密度与平均车速有关，平均车速又随交通密度增加而降低，这在交通流中将表现为交通拥挤。因此可以用密度表示交通混杂状态，故在交通管理与控制中经常需要使用交通密度这一物理量。

2. 密度调查的方法

1）密度调查的时段与区间长度

在道路某一区段范围内，交通密度每时每刻都在变化，因此，所谓密度，总是指某一瞬间的密度值或某一时段内的平均密度值。在交通研究中，人们关心的常是后者。这样就需要在某一时段内连续调查瞬时密度，然后求算平均值。根据实测经验，调查时段越长，密度变化越平缓。另外，在正常交通量条件下，车辆在道路上分布也不均匀，即路段不同部位的交通密度一般不相同，只有实测路段达到一定长度后，交通密度的变化才趋于平稳。

通过分析大量实测资料，得出以下结论：

（1）实测密度均方差为实测时段和区间长度的减函数。

(2)测试时段达 3~5min 以上时,均方差受测试路段长度的影响变弱。

(3)测试区间大于 800m 时,均方差受测试时段长度的影响变弱。

根据以上结果,建议在交通密度调查时,测试时段应延续 5min 以上,测试区间应尽量大于 800m。

2)调查方法

常用的交通密度调查方法,有出入量法和摄影法或录像法。

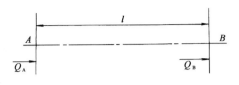

图 3-7 路段出入交通量示意图

(1)出入量法。在如图 3-7 所示的无出入交通的路段 AB 上, t_0 时刻存在的车辆数为 E_{t0},若从 t_0 到 t 一段时间内进入该路段的车辆数为 Q_A;驶出该路段的车辆数为 Q_B,则 t 时刻 AB 段上的车辆数应为:

$$E_t = E_{t0} + Q_A - Q_B \tag{3-12}$$

使用上述方法可连续求得各时刻的存在车辆数,然后用其除以路段长度 l,即得各对应时刻的交通密度。

Q_A 和 Q_B 可在 A、B 两断面处测得,问题是如何测得 E_{t0}(实测段的初期密度值)。

下面介绍用试验车求取 E_{t0} 的方法:

使试验车在测试路段 AB 内以均衡速度行驶,试验车在 AB 段行驶时间内,累计测得的 Q_A、Q_B 应分别是 t 和 t_0 时刻存在于 AB 路段的车辆数,当实测路段上所有车辆均以试验车速度匀速行驶时,显而易见实测值完全准确。而当车速有变化时,则实测值出现误差。此时可通过加、减超车与被超车数量进行调整,即:

$$E_{t0} = \Sigma Q_{B(t_{AB})} + a - b \tag{3-13}$$

式中:$\Sigma Q_{B(t_{AB})}$——试验车驶经 AB 段时间内,B 断面测得的累计车辆数;

a——试验车超车数;

b——超越试验车数。

采用此测量方法,在试验车驶过一次后,只需在 A、B 断面实测每分钟交通量,即可连续测得每一分钟一个变值。一般取 5 个实测值的平均值作为该 5min 的平均密度。

但由于实测段内有时会有车辆驶入、驶出被测车流,故需在一段时间后重复使试验车驶经测定路段以纠正原始车辆数 E_{t0} 的错误,避免累积误差。

用此法可在某一实测路段进行交通密度的长时间连续测定。方法较简便,无须很多设备,且测量精度较高。表 3-10 为实测的算例。

(2)摄影法或录像法。摄影法是利用空中定时摄影方法求得实测路段的车辆数,然后除以路段长度即可得到摄影时刻的路段交通密度。若进行连续摄影,即可连续测得各时刻交通密度。具体做法为:在拟测路段上选长度 50~100m 区段并在路面上做出标记,然后调整摄影机使其对准拍摄范围做定时拍摄即可。实测区段过长会使摄影精度下降,此时可使用多架摄影机分段联动摄取。在拍摄照片后,通过照片处理即可求得摄影时刻的交通密度值。此法简单并且实测精度高,但设备及器材较昂贵,照片处理工作也较复杂。使用录像机方法与此类似,但不用做照片处理。

出入量法密度测定记录计算表

表 3-10

日期：××年××月　　时间：14:05—14:30　　地点及方向：××××
天气：××　　　　　区间长：810m　　　　调查人员：×××

时间	驶入A断面交通量 ①	驶离B断面交通量 ②	变化量 ①-② ③	计测时刻 ④	原始车辆数 ⑤	调整值 ⑥	修整值 ⑦	计测时刻密度 ⑧	5min平均密度 ⑨	试验车驶入驶出时刻、超车数 a 及被超车数 b
14:05—06	72	59	13	06						驶入 14:06:50
—07	52/9*	48/7	4/2	07	94/96	0	96	119		
—08	67	58	9	08	105	0	105	130		驶出 14:08:20
—09	19/24	21/26	−2/−2	09	103/101	0	101	125		a = 10
—10	69	65	4	10	105	0	105	130		b = 2
小 计	312	284	28							a − b = 8
—11	46	66	−20	11	85	0	85	105		
—12	69	56	13	12	98	0	98	121		
—13	57	65	−8	13	90	1	91	112	}115	
—14	57	59	−2	14	80	1	81	110		
—15	58	46	12	15	100	1	101	125		
—16	52	48	4	16	104	1	105	130		
—17	40	58	−18	17	86	1	87	107		
—18	59	59	0	18	86	1	87	107	}128	
—19	47/20	29/15	18/5	19	105/110	0	110	136		驶入 14:18:43
—20	49	31	18	20	128	0	128	158		
小 计	554	532	22							
—21	37	48	−11	21	117	0	117	144		
—22	39	40	−1	22	116	0	116	143		驶出 14:21:00
—23	48	59	−11	23	105	0	105	130	}125	
—24	41	65	−24	24	81	−1	80	99		a = 14
—25	72	65	7	25	88	−1	87	107		b = 3
—26	65	76	−11	26	77	−1	76	94		a − b = 11
—27	53	63	−10	27	67	−2	65	80		
—28	56	63	−7	28	60	−2	58	72		
—29	46	50	−4	29	56	−2	54	67		
—30	42	43	−1	30						
小 计	499	572	−23							

注：* 表中带斜线标记的数据表示调查时段内（如 14:06—14:07）试验车驶入驶出前后的断面交通量，即斜线用于区分驶入驶出前后的断面交通量。

第四节　行车时间与延误调查

一、行车时间与延误的含义及延误产生的原因

1. 行车时间

行车时间指车辆沿一定路线在实际交通条件下,从一处到达另一处行车所需的总时间(包括停车和延误)。

2. 延误

延误指车辆在行驶中,由于受到驾驶人无法控制的或意外的其他车辆的干扰或交通控制设施等的阻碍所损失的时间。由于形成的原因和着眼点不同,可有以下几种延误。

(1) 基本延误(固定延误):由交通控制装置所引起的延误,与道路交通量多少及其他车辆干扰无关。

(2) 运行延误:由于各种交通组成间相互干扰而产生的延误。一般含纵向、横向与外部和内部的干扰,如停车等待横穿、交通拥挤、连续停车及由于行人和转弯车辆影响而损失的时间。

(3) 行车时间延误:指车辆在实际交通流条件下由于该车本身的加速、减速或停车而引起的时间延误,即与外部干扰无关的延误。

(4) 停车延误:由于某些原因使车辆实际停止不动而引起的时间延误。

3. 延误产生的原因

(1) 基本延误主要产生在车辆通过交叉口时,这种延误与交通流特性无关,是由信号、停车标志、让路标志及平交道口等原因造成的。

(2) 运行延误的产生有多种原因,包括:

①车辆或行人干扰,如车辆停止、起动、转弯、故障及行人过街等的干扰;

②交通内部干扰,如交通量增大产生拥挤、道路通行能力不足、合流及交织交通等的影响。

由于延误产生的原因不同,行车延误有时发生在道路区间,有时发生在交叉口,现分别叙述其调查方法。

二、区间行车时间和延误的调查方法

区间行车时间调查与区间车速调查时的行车时间调查完全一样。而延误调查实际上就是在不同条件下的行车时间调查。因此,该项调查可采用区间车速调查时所采用的方法,如试验车法、车辆牌号对照法、驶入驶出量法等。

事实上,区间车速的调查往往伴随延误的调查,故一般同时进行。实测方法不赘述。

三、交叉口延误的调查方法

交叉口延误是指车辆通过交叉口范围的时间延误,其调查方法随所需资料不同而不同。

1. 行车时间调查

与前面提到的区间行车时间调查方法相同。通过行车时间的调查即可求得延误。由于交叉口处的调查涉及范围一般较小,所以调查车辆通过交叉口的行车时间时,也可在通视条件良

好处,由 1 人用秒表直接测定车辆通过的行驶时间。使用此法应注意抽样的随机性并应保证抽样数量。

2. 停车延误调查

(1)由调查人员用秒表和计数器测定车辆通过交叉口时的停车数量及累计停车时间。

(2)定时段测定。选择测试时段(如 15s),由调查人员记录每时段内通过和停车的车辆数,然后计算求得延误。只要时段选择合适,此法的实测精度相当高。

表 3-11 为 5min 定时段测定实测算例。

定时段测定法测量交叉口延误实例 表 3-11

测定时间 (从开记时刻起)	交叉口入口处停车辆数				驶入交叉口车辆数	
	0s	15s	30s	45s	停止车辆数	未停止车辆数
5:00	0	2	7	9	11	6
5:01	4	0	0	3	6	14
5:02	9	16	14	6	18	0
5:03	1	4	9	13	17	0
5:04	5	0	0	2	4	17
小计	19	22	30	33	56	37
合计	104				93	

总延误 = 观测停车总辆数 × 观测周期 = 104 × 15 = 1 560(辆·s)

停止车辆每辆平均延误 = $\frac{总延误}{停止车辆数} = \frac{1\,560}{56} = 27.9(s)$

驶入交叉口车辆每辆平均延误 = $\frac{总延误}{驶入车辆数} = \frac{1\,560}{93} = 16.8(s)$

停止车辆比例 = $\frac{停止车辆数}{驶入车辆数} = \frac{56}{93} = 60.2\%$

四、调查资料的应用

(1)通过行车时间及延误的调查,可评价道路拥挤度,并可通过实测延误的大小、位置及原因确定缓解拥挤的对策。

(2)由行车时间调查资料可确定车辆通过区间的通畅程度。

(3)通过事前、事后调查,可评价交通措施的效果。

(4)为路网交通分配提供行车时间依据。

(5)用于计算运营成本及经济效益。

(6)通过周期性调查,掌握道路上车辆行车时间及延误的变化趋势。

(7)交叉口延误调查可为交通控制提供设计依据。

第五节 其他交通调查简介

我国道路交通大部分为混合交通。不仅不同类型的机动车辆在同一路段上混行,而且很多情况下是机动车、非机动车(主要为自行车)、行人共同利用同一道路空间。多数道路的交通拥挤、事故多发等都是由于混合交通所致。因此，如何处理好混合交通已成为我国道路交通的特有问题。解决混合交通的问题有改善道路交通设施和加强交通管理两种方法，但每种方法的实施都需要同时掌握机动车、自行车及行人等的交通状态及交通特性。为此，除应对汽车交通进行调查外，还需进行自行车及行人的交通调查。现将其调查方法简单介绍如下。

一、自行车交通调查

自行车交通调查主要是为了掌握自行车交通量的现状、变化及发展趋势，从而分析其对汽车交通的干扰及与交通事故的相关关系。同时还可据此分析其对道路与其他交通设施的需求情况。还可通过调查资料判断是否应修建自行车专用道路及自行车道路应保证的几何尺寸。由于一般出行的自行车车速变化范围很小，因此除特殊需要外，很少进行自行车车速调查。对自行车交通密度的调查也很少进行。

在我国，自行车是在道路上指定区域或汽车通道两侧行驶的，但自行车行驶时，在空间上很难将其约束成一列，多数是相互穿插、超越、躲让的。因此对自行车交通量的调查不再分车道进行，只分行驶方向进行调查。

对自行车交通量一般只进行某天或高峰时段的调查，且一般用人工测定法。

具体调查方法为：

根据调查目的选定调查地点和调查时段，然后计测通过车辆数。由于自行车车体小，且在道路上常以车群通过，为计测方便，可以每通过 5 辆作一个计数单位。

当计测时段短于 1h 时，如 5min、15min 等，可由实测数据计算出高峰小时交通量。

二、行人过街调查

行人过街量调查的根本目的是体现以人为本，保障行人安全，特别是保障老人与残疾人的出行安全，同时也要排除道路上行人对机动车行驶的干扰，以提高道路的通行能力。另外从交通事故实态调查得知，行人过街量达到一定数量时，交通事故随行人过街交通量的增加而增加。故必须努力处理好行人过街交通。

道路交通中，行人对汽车交通的纵向干扰一般采用立体分离或构筑人行道的方法解决。因而行人对交通的干扰主要是行人过街。

为排除行人过街对汽车交通的干扰及保证行人过街安全，常采用束流和分离两种手段。所谓束流是组织过街行人从指定的人行横道通过道路，从而保证行人安全、减小行人对道路交通的干扰范围。这种方法除需要在道路上标画人行横道线外，还应配合设置路侧栏栅以限制行人。分离是将过街行人交通与汽车交通立体分离，即修筑行人过街天桥或行人过街地下通道。

一般情况下，在道路交通受到行人过街干扰时，首先采用束流措施，若无效则采用立体分离。其实施的基本依据应是行人过街交通量。因此，在交通规划、设计及管理中，都需要进行行人过街交通量的调查。

现简单介绍行人交通量的调查。

(1) 调查内容。调查行人过街交通量时，同时还应调查道路交通安全设施、交通管理措施、汽车交通量等情况。

(2) 过街行人分类。由于不同类型行人的交通能力不同，调查时应对行人进行分类，一般可分为幼儿、老人、残疾人、学童、成人或青年人、妇女等。

(3)调查时间与地点。应根据调查目的选择,一般选高峰时段及行人交通量大的道路断面。

(4)调查方法。一般用人工计测通过实测点不同方向各类行人的数量即可。调查结束后,对调查资料进行整理,一般只计算高峰小时交通量(人/h)及绘制行人过街交通量随时间变化图。

【复习思考题与习题】

1. 交通调查的目的、内容是什么?
2. 为什么要进行车种换算? 换算的方法有几种? 你对哪种较为满意?
3. 人工测定地点车速时应注意什么?
4. 用出入量法调查交通密度时,如何测定初期密度值?
5. 行车速度调查地点与调查方法如何选择?
6. 简述交叉路口延误调查的内容与方法。

第四章 交通流理论

第一节 概　　述

　　作为交通工程学理论基础的交通流理论是运用物理学和数学的方法来描述交通特性的一门边缘科学，它用分析的方法阐述交通现象及其机理，使我们能更好地理解交通现象及其本质，并使城市道路与公路的规划设计和运营管理发挥最大的功效。

　　交通流理论在 20 世纪 30 年代才开始发展，最早采用的是概率论方法。1933 年，金泽（Kinzer J. P.）论述了泊松分布应用于交通分析的可能性；1936 年，亚当斯（Adams W. F.）发表了数值例题。在 20 世纪 40 年代，由于第二次世界大战的影响，有关交通流理论的发展不多。到 20 世纪 50 年代，随着汽车工业和交通运输业的迅速发展，交通量、交通事故和交通阻塞骤增，交通流中车辆的独立性越来越小，已经采用的概率论方法越来越难以适用，迫使理论研究者寻求新的模型，于是相继出现了跟驰理论、交通波理论（流体动力学模拟）和车辆排队理论。1959 年 12 月，交通工程学应用数学方面的 100 多位学者在美国底特律举行首届交通流理论学术讨论会。从此，交通流理论的研究进入了一个迅速发展的时期，到 1981 年业已举行 8 次交通流理论的专题讨论会。1975 年，丹尼尔（Daniel I. G.）和马休（Marthow J. H.）汇集了各方面的研究成果，出版了《交通流理论》一书，较为全面、系统地阐述了交通流理论的内容及其发展。

为使交通流理论的应用紧密跟上理论的发展,一方面要求理论工作者深入工程实际,另一方面交通工程技术人员应努力学习,钻研理论并积极应用理论分析、解决实际问题。

交通流理论是发展中的科学,虽然现在还没有形成完整的体系,但已有很多理论和方法在探讨和研究各种交通现象,它们是:

(1)交通流量、速度和密度的相互关系及量测方法。
(2)交通流的统计分布特性。
(3)排队论。
(4)跟驰理论。
(5)驾驶人处理信息的特性。
(6)交通流的流体力学模拟理论。
(7)交通流模拟。

本章将分别介绍其中的(2)、(3)、(4)、(6)四部分。

第二节 交通流的统计分布特性

一、交通流统计分布的含义与作用

在建设或改善交通设施、确定新的交通管理方案时,均需要预测交通流的某些具体特性,并且常希望能用现有的或假设的有限数据做出预报。例如,在信号灯配时设计时,需要预报一个信号周期到达的车辆数;在设计行人交通管制系统时,要求预测大于行人穿越时间的车头时距频率。交通流特性的统计分布知识为解决这些问题提供了有力支持。

交通的到达在某种程度上具有随机性,描述这种随机性的统计规律有两种方法。一种是以概率论中的离散型分布为工具,考察在一段固定长度的时间内到达某场所的交通数量的波动性;另一种是以概率论中的连续型分布为工具,研究上述事件发生的间隔时间的统计特性,如车头时距的概率分布。

描述车速和可穿越空当这类交通特性参数时,也需用到连续分布理论。在交通工程学中,离散型分布有时亦称计数分布;连续型分布根据使用场合的不同而有不同的名称,如间隔分布、车头时距分布、速度分布和可穿越空当分布等。

二、离散型分布

在一定的时间间隔内到达的车辆数或在一定的路段上分布的车辆数,是所谓的随机变数,描述这类随机变数的统计规律用的是离散型分布。

1. 泊松分布

1)适用条件

用于车流密度不大,其他外界干扰因素基本上不存在时,即车流是随机的。

2)基本公式

$$P_k = \frac{(\lambda t)^k}{k!} e^{-\lambda t} \tag{4-1}$$

式中：P_k——在计数间隔 t 内到达 k 辆车的概率；

λ——平均到车率(辆/s)；

t——每个计数间隔持续的时间(s)；

e——自然对数的底，可取 2.718 280。

若令 $m = \lambda t$，则 m 表示在计数间隔 t 内平均到达的车辆数，m 又称为泊松分布的参数。

3) 递推公式

$$P_0 = e^{-m}, \quad P_{k+1} = \frac{m}{k+1} P_k \tag{4-2}$$

4) 分布的均值 M 和方差 D

$$M = D = \lambda t$$

例 4-1 设 60 辆车随机分布在 4km 长的道路上，求任意 400m 路段上有 4 辆及 4 辆以上车的概率。

解：把式(4-1)中的 t 理解为计算车辆数的空间间隔，则在本例中，空间上的分布服从泊松分布：

$$t = 400\text{m}, \lambda = 60/4\,000(\text{辆}/\text{m}), m = \lambda t = 6(\text{辆})$$

$$P_0 = \frac{6}{0!}e^{-6} = 0.002\,5, P_1 = \frac{6}{1}P_0 = 0.014\,9$$

$$P_2 = \frac{6}{2}P_1 = 0.044\,6, P_3 = \frac{6}{3}P_2 = 0.089\,2$$

不足 4 辆车的概率为：

$$P(<4) = \sum_{i=0}^{3} P_i = 0.151\,2$$

4 辆及 4 辆以上车的概率为：

$$P(\geq 4) = 1 - P(<4) = 0.848\,8$$

本例中的各项概率可不必计算，而直接查泊松分布的有关数表得出。

例 4-2 某信号灯交叉口的周期 $C = 97\text{s}$，有效绿灯时间 $g = 44\text{s}$，在有效绿灯时间内排队的车流以 $s = 900$ 辆/h 的流量通过交叉口，在有效绿灯时间外到达的车辆要停车排队。设信号灯交叉口上游车辆的到达率 $q = 369$ 辆/h，服从泊松分布，求使到达车辆不致两次排队的周期所占的最大百分率。

解：由于车流只能在有效绿灯时间内通过，所以一个周期能通过的最大车辆数 $A = gs = 44 \times 900/3\,600 = 11$(辆)，如果某周期到达的车辆数 N 大于 11 辆，则最后到达的 $N - 11$ 辆车就不能在本周期内通过而发生两次排队。在泊松分布公式中：

$$\lambda t = \frac{369 \times 97}{3\,600} = 9.9(\text{辆})$$

查累积的泊松分布表可得到达车辆数大于 11 辆的周期出现的概率为：

$$P(>11) = 0.29$$

不发生两次排队的周期最多占 71%。

本例的车流如果按每周期 10 辆均匀到达，则任何车辆最多在本周期排一次队就能通过交叉口，而实际车流的到达是时疏时密的，使绿灯时间不能充分利用。这样，从平均角度来看，每周期都能顺畅通过的车流实际上却会遇到一些不顺畅的周期，由此可看出概率分布的理论和方法是怎样揭示出车流运行的内在规律的。

2. 二项分布

1) 适用条件

用于车辆比较拥挤、自由行驶机会不多的车流。

2) 基本公式

$$P_k = C_n^k \left(\frac{\lambda t}{n}\right)^k \left(1 - \frac{\lambda t}{n}\right)^{n-k} \quad (k = 0, 1, 2, \cdots, n) \tag{4-3}$$

式中：P_k——在计数间隔 t 内到达 k 辆车的概率；

λ——平均到车率(辆/s)；

t——每个计数间隔持续的时间(s)；

n——正整数。

通常记 $P = \dfrac{\lambda t}{n}$，则二项分布可写成：

$$P_k = C_n^k P^k (1-P)^{n-k} \quad (k = 0, 1, 2, \cdots, n) \tag{4-4}$$

式中，$0 < P < 1$；n、P 称为分布的参数。

3) 递推公式

$$P_{k+1} = \frac{n-k}{k+1} \cdot \frac{P}{1-P} \cdot P_k \tag{4-5}$$

4) 分布的均值 M 和方差 D

$$M = nP, \quad D = nP(1-P)$$

显然有 $D < M$，这是二项分布与泊松分布的显著区别，它表征二项分布到达的均匀程度高于泊松分布。

如果通过观测数据计算出样本均值 m 和方差 s^2，则可分别代替 M 和 D，用下面两式求出 P 和 n 的估计值：

$$P = \frac{m - s^2}{m}, \quad n = \frac{m^2}{m - s^2} \tag{4-6}$$

其中 m 和 s^2 可按下面两式计算：

$$m = \frac{1}{N}\sum_{i=1}^{N}\chi_i, \quad s^2 = \frac{1}{N-1}\sum_{i=1}^{N}(\chi_i - m)^2 \tag{4-7}$$

式中：N——观测的计数间隔数；

χ_i——第 i 个计数间隔内的到达车辆数。

例 4-3 在某条公路上，上午高峰期间，以 15s 间隔观测到达车辆数，得到的结果列入表 4-1，试用二项分布拟合之。

用二项分布拟合到达车辆数的数据表　　　　　表 4-1

到达车辆数 n	<3	3	4	5	6	7	8	9	10	11	12	>12
间隔出现的次数	0	3	0	8	10	11	10	11	9	1	1	0

解：
$$m = \frac{1}{N}\sum_{i=1}^{N}\chi_i = \frac{3 \times 3 + 4 \times 0 + \cdots + 12 \times 1}{3 + 0 + \cdots + 1} = \frac{478}{64} = 7.469$$

$$s^2 = \frac{1}{N-1}\sum_{i=1}^{N}(\chi_i - m)^2 = \frac{1}{N-1}\left(\sum_{i=1}^{N}\chi_i^2 - Nm^2\right)$$

$$= \frac{1}{64-1}(3^2 \times 3 + 4^2 \times 0 + \cdots + 12^2 \times 1 - 64 \times 7.469^2)$$

$$= 3.999$$

因 $s^2 < m$,用二项分布拟合是合适的。用式(4-6)可计算出分布的两个参数:

$$P = \frac{7.469 - 3.999}{7.469} = 0.465$$

$$n = \frac{m}{P} = \frac{7.469}{0.465} = 16.08, 取为 16$$

因此,拟合表 4-1 数据的二项分布的分布函数为:

$$P_k = C_{16}^k \times 0.465^k \times 0.535^{n-k}$$

经 χ^2 检验符合二项分布。χ^2 检验的详细方法见下文。

3. 拟合优度检验——χ^2 检验

当把理论分布与一组试验数据之间的各种拟合进行比较时,要求有一些拟合的质量评价法,即拟合优度检验。在交通工程中,目前常用的是 χ^2 检验。

χ^2 检验主要解决下面两类问题。

(1)某随机变量 χ 是否服从某完全给定的概率分布

这里所谓"完全给定的概率分布",是指不仅给出概率分布的函数式,而且还给出该分布所有各参数的值。

(2)某随机变量是否服从某形式的概率分布

这里只指定了呈什么形式分布(如泊松分布),但并不给出该分布的参数(如泊松分布的 m 值),此时,只好从样本资料去估计该分布的参数。

χ^2 检验的原理如下。

根据数理统计理论,任何假设检验都应有下列步骤:

(1)建立原假设 H_0

现在问题中的原假设 H_0 是:随机变量 χ 是服从该完全给定的概率分布。

(2)选择适宜的统计量

由于样本频率分布在一定条件下又可作为假设概率分布的估计,如果 H_0 成立,那么假设的概率分布应与频率分布相差不太远。反之,如果样本频率分布与假设的概率分布相去甚远,就有理由否定 H_0。

设样本频率分布第 i 组的频数为 f_i,假设的概率分布在该组区间上相应的概率为 P_i,若 N 是样本容量,则 $N \cdot P_i$ 就是假设的概率分布在第 i 组的频数,记为 F_i,称它为理论频数。如果 H_0 确实成立,那么 f_i 与 $F_i (i=1,2,\cdots,g)$ 应相差不大。这样,可以建立统计量 χ^2:

$$\chi^2 = \sum_{i=1}^{g} \frac{(f_i - F_i)^2}{F_i} = \sum_{i=1}^{g} \frac{f_i^2}{F_i} - N \tag{4-8}$$

(3)确定统计量的临界值

可以证明,在 $N \to \infty, g \to \infty$ 时,上述统计量趋向于自由度为 $g-1$ 的 χ^2 分布。在实际应用中,当 N 相当大时,就可应用 χ^2 分布确定上述统计量的临界值 χ^2_α,作为取舍 H_0 的根据。

当选定了显著水平 α 后,根据自由度 DF 的值,可以由表 4-2 查出临界值 χ^2_α。

χ^2_α 分 布 表　　　　　　表 4-2

DF	α			DF	α		
	0.10	0.05	0.01		0.10	0.05	0.01
1	2.706	3.841	6.635	8	13.362	15.507	20.090
2	4.605	5.991	9.210	9	14.684	16.919	21.666
3	6.251	7.815	11.345	10	15.987	18.307	23.209
4	7.779	9.488	12.277	11	17.275	19.675	24.725
5	9.236	11.070	15.068	12	18.549	21.026	26.217
6	10.645	12.592	16.812	13	19.812	22.362	27.688
7	12.017	14.067	18.475	14	21.064	23.685	29.141

(4)得出统计检验结论

比较 χ^2 的计算值与临界值 χ^2_α,若 $\chi^2 \leq \chi^2_\alpha$,则接受 H_0,即认为随机变量 χ 服从假设的概率分布;若 $\chi^2 > \chi^2_\alpha$,则不接受原假设 H_0。

为了正确使用 χ^2 检验法,必须保证样本容量 N 相当大。通常用下列两条来控制 N:

①分组应连续,各 P_i 值应较小,这意味着分组数 g 应较大,通常要求 g 不小于 5;

②各组相应的 F_i 值不得小于 5。如果某组的理论频数 $F_i < 5$,则应将相邻若干组合并,直至合并后 $F_i \geq 5$ 为止。此时应取合并后的实有组数作为 g 值。

χ^2 统计量的自由度 DF 可用下式计算:

$$DF = g - \alpha - 1$$

式中,α 为约束数。当假设的概率分布是完全给定时,$\alpha = 0$;当假设的概率分布只给定形式和部分参数时,有 α 个参数要由样本估计,则 $\alpha > 0$。

最后说明 α 取值的意义。显著水平 α 实际上是"弃真"的概率。例如 $\alpha = 0.05$ 的含义是指在 H_0 确实成立的前提下,每 100 次检验中,平均有 5 次拒绝了 H_0,当 DF 固定时,α 越大,意味着拒绝 H_0 的可能性越大,即检验越严格,通常取 $\alpha = 0.05$。

三、连续型分布

车流到达的统计规律除了可用计数分布来描述外,还可用车头时距分布来描述,这种分布属于连续型分布。

1. 负指数分布

1)适用条件

用于描述有充分超车机会的单列车流和密度不大的多列车流的车头时距分布,它常与计数的泊松分布相对应。

2)基本公式

$$P(h > t) = e^{-\lambda t} \tag{4-9}$$

式中:$P(h > t)$——到达的车头时距 h 大于 $t(s)$ 的概率;

λ——车流的平均到达率(辆/s)。

负指数分布的基本公式可以用泊松分布公式推导出来。设车流对于任意的间隔时间 t，其到达分布均服从泊松分布，则对任意 t，如果在 t 内无车辆到达，则上一次车到达至下一次车到达之间的时差必大于 t，换言之：

$$P_0 = e^{-\lambda t} = P(h > t)$$

设车流的流量为 Q(辆/h)，则 $\lambda = Q/3\,600$，于是基本公式可改写成：

$$P(h > t) = \exp\left(-\frac{Qt}{3\,600}\right)$$

3）车头时距服从负指数分布的车流特性

由式(4-9)不难推出负指数分布的概率密度函数：

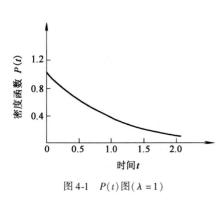

图 4-1　$P(t)$ 图 ($\lambda = 1$)

$$P(t) = \frac{\mathrm{d}}{\mathrm{d}t}[1 - P(h > t)] = \lambda e^{-\lambda t} \quad (4\text{-}10)$$

$P(t)$ 的图像如图 4-1 所示，曲线是单降的，说明车头时距越短，其出现的概率越大。这种情形在不能超车的单列车流中是不可能出现的。因为车辆的车头至车头的间距至少为一个车长，所以车头时距必有一个大于零的最小值 τ。

4）在次要车流通行能力研究中的应用

设 α 为次干路车辆横穿主干路所要求的最小间隙，α_0 为次干路上横穿车辆连续通过时的最小车头时距(s)，λ 为主干路上车辆的平均到达率(辆/s)，$Q_{次}$ 为次干路横穿主干路的交通量(辆/s)。

则利用负指数分布可求得下式：

$$Q_{次} = \lambda \frac{e^{-\lambda \alpha}}{1 - e^{-\lambda \alpha_0}} \quad (4\text{-}11)$$

式中：$Q_{次}$——次干路车流能横穿主干路的最大流量(辆/s)，这是次干路能容纳无穷多辆车排队时的饱和流量。

国外对低流量交叉口常采用让路规则或停车规则管理交通，式(4-11)可用来估计次要道路车流通过此类交叉口的最大流量。英国对环形交叉口采取出环车流优先的规则，亦可用此式来估算进环车流的最大流量。

2. 移位负指数分布

1）适用条件

用于描述不能超车的单列车流的车头时距分布和车流量低的车流的车头时距分布。

2）基本公式

$$P(h > t) = e^{-\lambda(t-\tau)} \quad (t \geqslant \tau) \quad (4\text{-}12)$$

3）分布的均值 M 和方差 D

$$M = \frac{1}{\lambda} + \tau, \quad D = \frac{1}{\lambda^2}$$

用样本均值 m 代替 M，样本方差 s^2 代替 D，则可算出移位负指数分布的两个参数 λ 和 τ。

4）移位负指数分布的局限性

服从移位负指数分布的车头时距,越接近τ,其出现的可能性越大。这在一般情况下是不符合驾驶人的心理习惯和行车特点的。从统计角度看,具有中等反应灵敏度的驾驶人占大多数,他们行车时是在安全条件下保持较短的车间距离,只有少部分反应特别灵敏或较冒失的驾驶人才会不顾安全去追求更短的车间距离。因此,车头时距分布的概率密度曲线一般是先升后降的。为了克服移位负指数分布的这种局限性,可采用更通用的连续型分布,它们是爱尔朗分布、皮尔逊Ⅲ型分布、对数正态分布、复合指数分布、韦布尔分布等。

第三节 排队论的应用

一、引言

排队论是研究"服务"系统因"需求"拥挤而产生等待行列(即排队)的现象,以及合理协调"需求"与"服务"关系的一种数学理论,是运筹学中以概率论为基础的一个重要分支,亦称"随机服务系统理论"。

排队论是20世纪初开始发展的。1905年,丹麦哥本哈根电话工程师爱尔朗首先在电话自动交换机设计时应用了排队论,使电话机既能满足通话需求而又不致设线过多。第二次世界大战以后,排队论在很多领域内被采用。交通工程中,在研究车辆延误、通行能力、信号灯配时及停车场、加油站等交通设施的设计与管理方面得到了广泛的应用。1936年,亚当斯用排队论研究了未设置交通信号交叉口的行人延误问题。1951年,唐纳予以推广应用。1954年,伊迪应用排队模型估计了收费亭的延误。同年,摩斯柯维茨将其应用于车辆等候交通流空当的实验报告。

本节主要介绍排队论的基本方法及其在交通工程中的某些应用。

二、排队论的基本原理

1. 基本概念

(1)"排队"单指等待服务的,不包括正在被服务的;而"排队系统"既包括了等待服务的,又包括了正在被服务的车辆。

(2)排队系统的3个组成部分:

①输入过程。指各种类型的"顾客(车辆或行人)"按怎样的规律到达,有各式各样的输入过程,例如:

a. 定长输入。顾客等时距到达。

b. 泊松输入。顾客到达时距符合负指数分布。这种输入过程最容易处理,因而应用最广泛。

c. 爱尔朗输入。顾客到达时距符合爱尔朗分布。

②排队规则。指到达的顾客按怎样的次序接受服务,接受服务的次序有以下几种:

a. 损失制。顾客到达时,若所有服务台均被占,该顾客就自动消失,永不再来。

b. 等待制。顾客到达时,若所有服务台均被占,他们就排成队伍,等待服务,服务次序有先到先服务(这是最通常的情形)和优先权服务(如急救车、消防车优先)等多种规则。

c. 混合制。顾客到达时,若队伍长小于L,就排入队伍;若队伍长等于或大于L,顾客就离去,永不再来。

③服务方式。指同一时刻有多少服务台可接纳顾客,为每一顾客服务了多少时间。每次服务可以接待单个顾客,也可以成批接待,例如公共汽车一次就装载大批乘客。

服务时间的分布主要有如下几种:

a. 定长分布。每一顾客的服务时间相等。

b. 负指数分布。各顾客的服务时间相互独立,服从相同的负指数分布。

c. 爱尔朗分布。各顾客的服务时间相互独立,具有相同的爱尔朗分布。

为叙述方便,引入下列符号:令 M 代表泊松输入或负指数分布服务,D 代表定长输入或定长服务,E_k 代表爱尔朗分布的输入或服务。于是泊松输入、负指数分布服务、N 个服务台的排队系统可以写成 $M/M/N$,泊松输入、定长服务、单个服务台的系统可以写成 $M/D/1$。同样可以理解 $M/E_k/N$、$D/M/N$ 等符号的含义。如果不附其他说明,则这种符号一般都指先到先服务、单个服务的等待制系统。

2. 排队系统的主要数量指标

排队系统最重要的数量指标有 3 个。

(1) 等待时间:即从顾客到达时起到他开始接受服务时止这段时间。

(2) 忙期:即服务台连续繁忙的时期,这关系到服务台的工作强度。

(3) 队长:有排队顾客数与排队系统中的顾客数之分,这是排队系统提供的服务水平的一种衡量。

三、$M/M/1$ 系统及其应用举例

此时,由于排队等待接受服务的通道只有单独一条,也叫"单通道服务"系统。

设平均到达率为 λ,则到达的平均时距为 $1/\lambda$。排队从单通道接受服务后出来的平均服务率为 μ,则平均服务时间为 $1/\mu$。比率 $\rho = \lambda/\mu$ 叫作交通强度或利用系数,可确定各种状态的性质。所谓状态,指的是排队系统的顾客数。若 $\rho < 1$,并且时间充分,每个状态都按一定的非零概率反复出现。若 $\rho \geq 1$,任何状态都是不稳定的,而排队的长度将会变得越来越长。因此,要保持稳定状态,即确保单通道排队能够消散的条件是 $\lambda < \mu$。

系统中没有顾客的概率为:

$$P_0 = 1 - \rho \tag{4-13}$$

系统中有 n 个顾客的概率为:

$$P_n = \rho^n (1 - \rho) \tag{4-14}$$

系统中的平均顾客数为:

$$\bar{n} = \frac{\rho}{1 - \rho} \tag{4-15}$$

系统中顾客数的方差为:

$$\sigma^2 = \frac{\rho}{(1 - \rho)^2} \tag{4-16}$$

$\bar{n}$、σ 与 ρ 的关系可绘成图 4-2a) 和图 4-2b)。从图中不难看出,当交通强度 ρ 越过 0.8 时,平均排队长度迅速增加,而系统状态的变动范围和频度增长更快,即不稳定因素迅速增长,服务水平迅速下降。

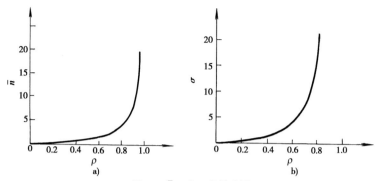

图 4-2 $\bar{n}$、σ 与 ρ 的关系图
a) $\bar{n}$ 与 ρ 的关系图；b) σ 与 ρ 的关系图

平均排队长度为：

$$\bar{q} = \frac{\rho^2}{1-\rho} = \rho\bar{n} = \bar{n} - \rho \tag{4-17}$$

平均非零排队长度为：

$$\bar{q}_w = \frac{1}{1-\rho} \tag{4-18}$$

系统中的平均消耗时间为：

$$\bar{d} = \frac{1}{\mu - \lambda} = \frac{\bar{n}}{\lambda} \tag{4-19}$$

系统中的平均等待时间为：

$$\bar{w} = \frac{\lambda}{\mu(\mu-\lambda)} = \bar{d} - \frac{1}{\mu} \tag{4-20}$$

系统中顾客数超过 k 的概率为：

$$P(n > k) = \rho^{k+1} \tag{4-21}$$

系统中排队等候的顾客数超过 k 的概率为：

$$P(Q > k) = \rho^{k+2} \tag{4-22}$$

例 4-4 某条道路上设一观测统计点，车辆到达该点是随机的，单向车流量为 800 辆/h。所有车辆到达该点要求停车领取 OD 调查卡片，假设工作人员平均能在 4s 内处理一辆汽车，符合负指数分布。试估计在该点上排队系统中的平均车辆数、平均排队长度、平均非零排队长度、平均消耗时间及平均等待时间。

解：这是一个 $M/M/1$ 排队系统。

$$\lambda = 800 \text{ 辆/h}$$

$$\mu = \frac{1}{4} \text{ 辆/s} = 900 \text{ 辆/h}$$

$$\rho = \frac{800}{900} = 0.89 < 1 (系统是稳定的)$$

系统中的平均车辆数：

$$\bar{n} = \frac{\rho}{1-\rho} = \frac{\lambda}{\mu - \lambda} = \frac{800}{900 - 800} = 8 (辆)$$

平均排队长度：
$$\bar{q} = \bar{n} - \rho = 8 - 0.89 = 7.11(辆)$$

平均非零排队长度：
$$\bar{q}_w = \frac{1}{1-\rho} = \frac{1}{1-0.89} = 9.09(辆)$$

系统中的平均消耗时间：
$$\bar{d} = \frac{\bar{n}}{\lambda} = \frac{8}{800}(h/辆) = 36(s/辆)$$

系统中的平均等待时间：
$$\bar{w} = \bar{d} - \frac{1}{\mu} = 36 - 4 = 32(s/辆)$$

例 4-5 到达车辆检测处的流量为 60 辆/h，检测能力为 100 辆/h，为使路上停车的概率不超过 0.03，该检测处的路外停车泊位数至少需要几个？

解：这是一个 $M/M/1$ 排队系统。
$$\lambda = 60, \mu = 100, \rho = \frac{\lambda}{\mu} = 0.6$$

令：
$$P(n > k) = \rho^{k+1} = 0.6^{k+1} = 0.03$$

可解得 $k=6$，即检测处的路外停车泊位数至少为 6 个（包括正接受检测的一辆）。

四、简化的排队延误分析方法

交通工程师除应用数学上成熟的排队论之外，还对交通拥挤现象以简化的方式做过分析，前提是假定在某一持续时间内车辆的出入是均一的。下面是使用这种分析方法的一个例子。

例 4-6 有一公路与铁路的交叉口，火车通过时，栅栏关闭的时间 $t_r = 0.1h$。已知公路上的车辆以均一的到达率 $\lambda = 900($辆/h$)$到达交叉口，栅栏开启后排队的车辆以均一的离去率 $\mu = 1\,200($辆/h$)$离开交叉口。试计算由于关闭栅栏而引起的：

①单个车辆的最长延误时间 t_m；
②最大排队车辆数 Q；
③排队疏散时间 t_0；
④排队持续时间 t_j；
⑤受限车辆总数 n；
⑥平均排队车辆数 $\bar{Q}$；
⑦单个车辆的平均延误时间 $\bar{d}$；
⑧车时总延误 D。

解：栅栏刚关闭时到达的那辆车的延误时间最长：
$$t_m = t_r = 0.1h$$

栅栏关闭期间，车辆只有到达没有离去，因此栅栏刚开启时排队的车辆数最多：

$$Q = \lambda t_r = 900 \times 0.1 = 90(辆)$$

栅栏开启后,排队车辆的队头以离去率 μ 疏散离去,而队尾以到达率 λ 向后延长,因此排队的净疏散率为 $\mu - \lambda$,疏散时间为:

$$t_0 = \frac{Q}{\mu - \lambda} = \frac{90}{1\,200 - 900} = 0.3(h)$$

排队持续时间等于栅栏关闭时间加疏散时间:

$$t_j = 0.1 + 0.3 = 0.4(h)$$

疏散时间内离去的总车数为受阻车辆总数:

$$n = 0.3 \times 1\,200 = 360(辆)$$

平均排队车辆数:

$$\overline{Q} = 0.5Q = 45(辆)$$

单个车辆的平均延误时间:

$$\overline{d} = 0.5t_r = 0.05(h)$$

车时总延误:

$$D = n\,\overline{d} = 360 \times 0.05 = 18(辆 \cdot h)$$

可将上例的车辆到达、离去情况绘成到达-离去曲线图,如图4-3所示。

图中虚线为到达车辆累计数,实线为离去车辆累计数。两曲线的水平间隔为某车的延误时间,垂直间隔为某一时刻的受阻(排队)车数。两曲线围成的面积即为车时总延误。在此图上用几何方法亦不难求出上例的各项指标。

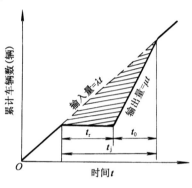

图 4-3 车辆到达-离去示意图

用类似的方法还可以分析信号灯交叉口车辆的排队和延误,但应该指出的是,用此方法求出的最大排队车辆数 Q 偏低。其原因是:栅栏关闭期间,车辆的停车位置是向上游延伸的,各车的停车时刻早于栅栏开启情形下到达交叉口的时刻,这样,排队的延长率就大于 λ,最大排队车数也就大于 λt_r。正确的计算公式将在车流波动理论部分给出。

第四节 跟驰理论简介

一、引言

跟驰理论是运用动力学方法,探究在无法超车的单一车道上车辆列队行驶时,后车跟随前车的行驶状态,并且借数学模式表达并加以分析阐明的一种理论。

由于有1950年鲁契尔的研究和1953年派普斯的研究,跟驰理论的解析方法才告定型。而赫尔曼和罗瑟瑞于1960年在美国通用汽车公司动力实验室进行的研究对跟驰理论做了进一步的扩充。

二、车辆跟驰特性分析

在道路上行驶着一队高密度汽车,车间距离不大,车队中任一车辆的车速都受前车速度的制约,驾驶人只能按前车所提供的信息采用相应的车速。这种状态亦称为非自由行驶状态。跟驰理论只研究非自由行驶状态下车队的特性。

非自由行驶状态的车队有以下三个特性:

1. 制约性

在一队汽车中,后车跟随前车运行,驾驶人总不愿意落后很多,而是紧跟前车前进,这就是"紧随要求"。从安全角度考虑,跟驶车辆要满足两个条件:一是后车的车速不能长时间大于前车车速,只能在前车速度附近摆动,否则会发生碰撞,这是"车速条件";二是前后车之间必须保持一个安全距离,即在前车制动时,两车之间有足够的距离,从而有足够的时间供后车驾驶人做出反应,采取制动措施,就是"间距条件"。显然,车速高时,制动距离大,安全距离也加大。

紧随要求、车速条件和间距条件构成了一队汽车跟驰行驶的制约性,即前车车速制约着后车车速和两车间距。

2. 延迟性

从跟驶车队的制约性可知,前车改变运行状态后,后车也要改变,但前后车运行状态的改变不是同步的,而是有延迟的。这是由于驾驶人对前车运行状态的改变要有一个反应过程,这个过程包括 4 个阶段:

感觉阶段——前车运行状态的改变被察觉;

认识阶段——对这一改变加以认识;

判断阶段——对本车将要采取的措施做出判断;

执行阶段——由大脑到手脚的操纵动作。

这 4 个阶段所需的时间称为反应时间。假设反应时间为 T,那么对于前车在 t 时刻的动作,后车要在 $t+T$ 时刻才能做出相应的动作,这就是延迟性。

3. 传递性

由制约性可知,第一辆车的运行状态制约着第二辆车的运行状态,第二辆车又制约着第三辆,……第 n 辆制约着第 $n+1$ 辆,这就是传递性。这种传递性由于具有延迟性,所以信息沿车队向后传递不是平滑连续的,而是像脉冲一样间断连续的。

三、线性跟驰模型

跟驰模型是一种刺激-反应的表达式。驾驶人所接受的刺激是指其前方导引车的加速或减速及随之而发生的两车之间的速度差和车间距离的变化;驾驶人对刺激的反应是指其为了紧密而安全地跟随前车所做的加速或减速动作及其实际效果。

假定驾驶人保持他所驾驶车辆与前导车的距离为 $S(t)$,以便在前导车制动时能使车停下而不至于和前导车车尾相撞。设驾驶人的反应时间为 T,在反应时间内车速不变,这两辆车在 t 时刻的相对位置用图 4-4 中的 A 表示,图中 n 为前导车,$n+1$ 为后随车。两车在制动操作后的相对位置如图 4-4 中的 B 所示。图中:

$x_n(t)$——第 n 辆车在时刻 t 的位置；

$S(t)$——两车在时刻 t 的间距：

$$S(t) = x_n(t) - x_{n+1}(t)$$

d_1——后随车在反应时间 T 内行驶的距离：

$$d_1 = T\dot{x}_{n+1}(t) = T\dot{x}_{n+1}(t+T)$$

d_2——后随车在减速期间行驶的距离；

d_3——前导车在减速期间行驶的距离；

L——停车后的车头间距；

$\dot{x}_n(t)$——第 n 辆车在时刻 t 的速度。

假定 $d_2 = d_3$，要使两车在时刻 t 的间距能保证两车在突然制动事件中不发生碰撞，则应有：

$$S(t) = d_1 + L = T\dot{x}_{n+1}(t+T) + L$$

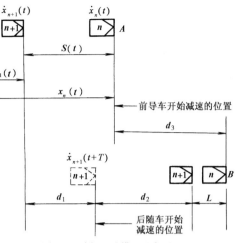

图 4-4 线性跟驰模型示意图

对 t 微分，得：

$$\dot{x}_n(t) - \dot{x}_{n+1}(t) = T\ddot{x}_{n+1}(t+T)$$

或：

$$\ddot{x}_{n+1}(t+T) = \frac{1}{T}[\dot{x}_n(t) - \dot{x}_{n+1}(t)] \quad (4\text{-}23)$$

式中：$\ddot{x}_{n+1}(t+T)$——后车在时刻 $t+T$ 的加速度，称为后车的反应，$1/T$ 称为敏感度；

$\dot{x}_n(t) - \dot{x}_{n+1}(t)$——时刻 t 的刺激。

这样，式(4-23)就可理解为：

$$反应 = 敏感度 \times 刺激$$

式(4-23)是在前导车制动、两车的减速距离相等及后随车在反应时间 T 内速度不变等假定条件下推导出来的。实际的跟车操作要比假定所限定的情形复杂得多。比方说，刺激也可能是由前车加速而引起的，而两车在变速过程中行驶的距离可能不相等。为了适应更一般的情况，把式(4-23)修改为：

$$\ddot{x}_{n+1}(t+T) = a[\dot{x}_n(t) - \dot{x}_{n+1}(t)] \quad (4\text{-}24)$$

式中 a 称为反应强度系数，量纲为 s^{-1}，这里 a 不再理解为敏感度，而应看成是与驾驶人动作的强弱程度直接相关。式(4-24)表明后车的反应与前车发出的刺激成正比，此公式称为线性跟车模型。

第五节 流体动力学模拟理论

一、引言

1. 流体动力学理论的建立

1955 年，英国学者莱脱希尔和惠特汉将交通流比拟为一种流体，对一条很长的公路隧道研究了高密度车流情况下的交通流规律，提出了流体动力学模拟理论。该理论运用流体动力学的基本原理,模拟流体的连续性方程,建立车流的连续性方程。把车流密度的变化比拟成水波的起伏,而进一步抽象为车流波。当车流因道路或交通状况的改变而引起密度的改变时,在车流中产生车流波的传播,通过分析车流波的传播速度,可寻求车流流量和密度、速度之间的关系,并描述车流的拥挤-消散过程。因此,该理论又可称为车流波动理论。

将交通流比拟成流体流,两者的特性对比列于表4-3。

交通流与流体特性的比较 表4-3

物理特性	流体系统	交通流系统
连续体	单向不可压缩流体	单车道不可压缩车流
离散元素	分子	车辆
变量	质量 m 速度 v 动量 p	密度 K 车速 u 流量 Q
动量	mv	Ku
连续性方程	$\frac{\partial m}{\partial t} + \frac{\partial (mv)}{\partial x} = 0$	$\frac{\partial K}{\partial t} + \frac{\partial (Ku)}{\partial x} = 0$
运动方程	$\frac{dv}{dt} + \frac{c^2}{m}\frac{\partial m}{\partial x} = 0$	$\frac{du}{dt} + k\left(\frac{du}{dK}\right)^2 \frac{\partial K}{\partial x} = 0$

2. 车流连续性方程的建立

假设车辆顺次通过断面Ⅰ和Ⅱ的时间间隔为 Δt,两断面的间距为 Δx。同时,车流在断面Ⅰ的流入量为 Q,密度为 K;车流在断面Ⅱ的流出量为 $Q + \Delta Q$,密度为 $K - \Delta K$。ΔK 前面加一负号,表示在拥挤状态,车流密度随车流量的增加而减小。

根据物质守恒定律,流入量 – 流出量 = Δx 内车辆数的变化,即:

$$[Q - (Q + \Delta Q)]\Delta t = [K - (K - \Delta K)]\Delta x$$

或:

$$\frac{\Delta K}{\Delta t} + \frac{\Delta Q}{\Delta x} = 0$$

取极限可得:

$$\frac{\partial K}{\partial t} + \frac{\partial Q}{\partial x} = 0 \quad (4-25)$$

以 $Q = Ku$ 代入上式,就得到表4-3中的连续性方程。

二、车流波动理论

列队行驶的车辆在信号灯交叉口遇到红灯后,即陆续停车排队而集结成密度高的队列;绿灯启亮后,排队的车辆又陆续起动而疏散成一列具有适当密度的车队。车流中两种不同密度部分的分界面经过一辆辆车向车队后部传播的现象,称为车流的波动,此车流波动沿道路移动的速度称为波速。

图4-5为在时间-空间坐标系下表示的一队 n 辆车的运行状态变化图。图中每根曲线表示一辆车运行的时间-空间轨迹,曲线间的水平距离表示车头时距,垂直距离表示车头间距,两条虚线分隔出Ⅰ、Ⅱ和Ⅲ三个时间-空间区域。在区域Ⅰ内,车速最高而密度最低。进入区域

Ⅱ后,车速明显降低而密度明显升高。进入区域Ⅲ后,速度有所回升而密度有所下降。虚线与运行轨迹的交点就是车队密度不同的两部分的分界(对某一确定时刻而言),而虚线则表示此分界既沿车队向后一辆辆地传播下去,又沿着道路而移动,虚线的斜率就是波速。虚线 AB 是低密度状态向高密度状态转变的分界,它所体现的车流波称为集结波;而 AC 是高密度状态向低密度状态转变的分界,它所体现的车流波称为疏散波,两种不同的车流波可统称为集散波。下面我们推导一个重要的公式——波速公式:

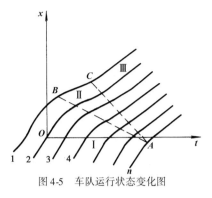

图 4-5 车队运行状态变化图

$$W = \frac{Q_2 - Q_1}{K_2 - K_1} \quad (4\text{-}26)$$

式中:W——集散波的波速;

Q_1、Q_2——前后两种车流状态的流量;

K_1、K_2——前后两种车流状态的密度。

图 4-6 画出了一个车队中前三辆车运行的时间-空间轨迹。这个车队从速度 v_1、密度 K_1(对应于车头间距 l_1)转变到速度 v_2、密度 K_2(对应于车头间距 l_2)。O 为第 1 辆车的变速点,A 为第 2 辆车的变速点,虚线 OA 的斜率就是集散波的波速。

设变速点 A 对应的时刻为 t,位置为 x,则在时刻 0 到时刻 t 之间,两车间距变化为 $l_2 - l_1$,第 2 辆车行驶的距离为 tv_2,第 1 辆车行驶的距离为 tv_1,所以有:

$$l_2 - l_1 = tv_2 - tv_1$$

解之得:

$$t = \frac{l_2 - l_1}{v_2 - v_1}$$

又因 $x = -l_1 + tv_1$,于是有:

$$W = -\frac{l_1}{t} + v_1 = -\frac{l_1(v_2 - v_1)}{l_2 - l_1} + v_1 = \frac{l_2 v_1 - l_1 v_2}{l_2 - l_1}$$

$$= \frac{\dfrac{v_1}{K_2} - \dfrac{v_2}{K_1}}{\dfrac{1}{K_2} - \dfrac{1}{K_1}} = \frac{Q_2 - Q_1}{K_2 - K_1} \quad (4\text{-}27)$$

如果车流前后两行驶状态的流量和密度非常接近,则式(4-27)可演化为:

$$W = \frac{dQ}{dK} \quad (4\text{-}28)$$

这个公式是微弱波的波速公式,即车流中传播小紊流的速度公式。

集散波总是从前车向后车传播的,把单位时间内集散波所掠过的车辆数称为波流量。通常意义下的流量总是相对于道路的一个固定断面而言,而波流量则是相对于移动的波界面来计算的。可以证明,波流量的公式为:

$$Q_w = \frac{v_2 - v_1}{\dfrac{1}{K_2} - \dfrac{1}{K_1}} \quad (4\text{-}29)$$

式中：Q_w——车流波 W 的波流量；

v_1、v_2——前后两种车流状态的车速；

K_1、K_2——前后两种车流状态的密度。

在流量-密度相关曲线上，集散波的波速就是割线的斜率，微弱波的波速就是切线的斜率。如图 4-7 所示，当车流从低密度低流量的 A 状态转变到高密度高流量的 B 状态时，集散波的波速是正的，即波沿道路前进。当车流从低流量高密度的 C 状态转变到高流量低密度的 B 状态时，集散波的波速是负的，即波沿道路后退。从 A 状态到 B 状态的波是集结波，而从 B 状态到 A 状态的波是消散波，两者都是前进波。从 B 状态到 C 状态的波是集结波，从 C 状态到 B 状态的波是消散波，两者都是后退波。

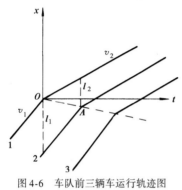 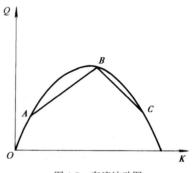

图 4-6 车队前三辆车运行轨迹图　　图 4-7 车流波动图

三、车流波动理论的应用

车流波动理论尤其是有关集散波的部分，对分析车流的拥挤-消散过程有其独特作用，现举例说明之。

例 4-7　某快速干道上车流的速度-密度模型为 $v^{0.103} = 1.547 - 0.00256K$，其中 v 以 km/h 计，K 以辆/km 计。一列速度 $v_1 = 50$km/h 的车流中由于被插入一辆速度 $v_2 = 12$km/h 的低速车并不能超车而集结形成速度为 v_2 的拥挤车流。低速车行驶了 2km 后驶离车队，拥挤车队随之离散形成速度 $v_3 = 30$km/h 的状态，试求：

① 拥挤车队消散的时间 t_s；

② 拥挤车队持续的时间 t_j；

③ 拥挤车队最长时的车辆数 N_m；

④ 拥挤车辆的总数 N；

⑤ 拥挤车辆所占用过的道路总长度 L；

⑥ 车流速度从 v_1 降低至 v_2 而延误的总时间 T。

解： 把车流经历的疏散-密集-疏散这三个阶段的状态记为状态 1、2、3，相应的流量、速度、密度分别记为 Q_i、v_i、K_i，$i = 1、2、3$。则由车流模型可算出：

$$Q_1 = 1\,000 \text{ 辆}/\text{h}, v_1 = 50\text{km/h}, K_1 = 20 \text{ 辆}/\text{km}$$

$$Q_2 = 1\,200 \text{ 辆}/\text{h}, v_2 = 12\text{km/h}, K_2 = 100 \text{ 辆}/\text{km}$$

$$Q_3 = 1\,500 \text{ 辆}/\text{h}, v_3 = 30\text{km/h}, K_3 = 50 \text{ 辆}/\text{km}$$

由状态 1 转变到状态 2 形成集结波，记其波速为 W_1：

$$W_1 = \frac{Q_2 - Q_1}{K_2 - K_1} = \frac{1\,200 - 1\,000}{100 - 20} = 2.5(\text{km/h})$$

由状态 2 转变到状态 3 形成消散波,记其波速为 W_2:

$$W_2 = \frac{Q_3 - Q_2}{K_3 - K_2} = \frac{1\,500 - 1\,200}{50 - 100} = -6(\text{km/h})$$

受拥挤的 N 辆车的时间-空间运行轨迹线如图 4-8 中的 N 条折线所示。虚线 OB 的斜率等于 W_1,虚线 AB 的斜率等于 W_2,以 x_B、t_B 表示图中 B 点的坐标,其他各点亦然。从图 4-8 可以看出,从 t_O 到 t_A,拥挤车队越来越长,最长时占路长度等于 $x_A - x_C$,过了时刻 t_A,拥挤车队越来越短,到时刻 t_B,拥挤完全消除,很自然应把时段 $t_B - t_A$ 称为消散时间 t_s。由于 N 条折线的斜率表示车速,易得:

$$t_A = \frac{x_A}{v_2} = \frac{2}{12} = 0.167(\text{h})$$

又由:

$$W_1(t_A + t_s) = 2 + W_2 t_s$$

解出:

$$t_s = \frac{2 - W_1 t_A}{W_1 - W_2} = \frac{2 - 2.5 \times 0.167}{2.5 - (-6)} = 0.186(\text{h})$$

$$t_j = t_A + t_s = 0.353\text{h}$$

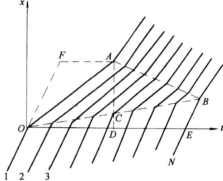

图 4-8 车辆运行轨迹图

落在路段 AC 上的车辆数就是拥挤车队最长时的车辆数 N_m,它等于波 W_1 在时段 $t_C - t_O$ 内掠过的车辆数,根据波流量公式(4-29),可得:

$$N_m = Q_{w_1}(t_C - t_O) = Q_{w_1} t_A$$

$$= \frac{v_2 - v_1}{\frac{1}{K_2} - \frac{1}{K_1}} t_A = \frac{12 - 50}{\frac{1}{100} - \frac{1}{20}} \times 0.167 = 158(\text{辆})$$

W_1 掠过的车辆总数就是拥挤车辆的总数 N。于是:

$$N = Q_{w_1}(t_B - t_O) = Q_{w_1} t_B = Q_{w_1} t_j$$

$$= \frac{12 - 50}{\frac{1}{100} - \frac{1}{20}} \times 0.353 = 335(\text{辆})$$

$t_A - t_F$ 表示第一辆车的延误时间,而第 N 辆车无延误,由于表示车辆行驶轨迹的各折线是分段等距平行的,不难得知遭遇拥挤的那 N 辆车的延误构成等差级数,于是总延误 D 的计算为:

$$D = N\frac{t_A - t_F}{2} = 335 \times \frac{0.167 - \frac{2}{50}}{2} = 21.27(\text{辆} \cdot \text{h})$$

本例所要计算的各项指标,可归纳为下列公式:

$$Q_{w_1} = \frac{v_2 - v_1}{\frac{1}{K_2} - \frac{1}{K_1}}$$

$$Q_{w_2} = \frac{v_3 - v_2}{\frac{1}{K_3} - \frac{1}{K_2}}$$

$$t_s = \frac{t_A Q_{w_1}}{Q_{w_2} - Q_{w_1}}$$

$$N_m = t_A Q_{w_1}$$

$$N = t_B Q_{w_1} = (t_A + t_s) Q_{w_1}$$

$$D = 0.5 t_A \left(1 - \frac{v_2}{v_1}\right) N$$

$$x_B = t_B W_1$$

例 4-8 某信号灯交叉口的一条进口道上,车流服从 v-K 线性模型,饱和车头时距为 2s,停车排队的车头空距为 8m,到达流量为 720 辆/h,红灯时长为 48.1s,绿灯足够长,求停车排队的最大长度。

解:利用上面的公式,可算出停车排队的最大长度为:

$$L = \frac{N}{K_j} = \frac{t_B Q_{w_1}}{K_j} = \frac{(t_s + t_A) Q_{w_1}}{K_j}$$

根据题设条件计算上式中各个量:

$$Q_m = 1\,800 \text{ 辆/h}, K_j = 125 \text{ 辆/km}$$

$$v_f = \frac{4 Q_m}{K_j} = \frac{4 \times 1\,800}{125} = 57.6 \text{ (km/h)}$$

$$v = v_f - \frac{v_f}{K_j} K = 57.6 - 0.460\,8 K$$

$$t_A = 48.1\text{s} = 0.013\,361\text{h}$$

$$Q_{w_1} = \frac{v_2 - v_1}{\frac{1}{K_2} - \frac{1}{K_1}} = \frac{0 - v_1}{\frac{1}{K_j} - \frac{1}{K_1}}$$

其中:

$$K_1 = 0.5 K_j \left(1 - \sqrt{1 - \frac{Q}{Q_m}}\right) = 0.5 \times 125 \times \left(1 - \sqrt{1 - \frac{720}{1\,800}}\right) = 14.088 \text{ (辆/km)}$$

$$v_1 = 57.6 - 0.460\,8 K_1 = 51.11 \text{ (km/h)}$$

$$Q_{w_1} = \frac{-51.11}{\frac{1}{125} - \frac{1}{14.088}} = 811.497 \text{ (辆/h)}$$

$$Q_{w_2} = \frac{0 - v_s}{\frac{1}{K_j} - \frac{1}{K_s}}$$

式中: v_s——饱和流量所对应的车速(km/h);

K_s——饱和流量所对应的密度(辆/km)。

于是:

$$v_s = 0.5 v_f = 28.8 \text{ (km/h)}, K_s = 0.5 K_j = 62.5 \text{ (辆/km)}$$

$$Q_{w_2} = \frac{-28.8}{\dfrac{1}{125} - \dfrac{1}{62.5}} = 3\,600(辆/h)$$

$$t_s = \frac{t_A Q_{w_1}}{Q_{w_2} - Q_{w_1}} = \frac{0.013\,361 \times 811.497}{3\,600 - 811.497} = 0.003\,888(h)$$

$$t_B = t_s + t_A = 0.017\,25\,h$$

$$N = t_B Q_{w_1} = 14\,辆$$

$$L = \frac{14}{125} = 0.112(km) = 112m$$

即停车排队的最大长度为112m。

【复习思考题与习题】

1. 简述交通流理论中主要统计分布的含义与作用。

2. 简述泊松分布、二项式分布的特点、参数及适用条件。

3. 简述负指数分布、移位负指数分布的特性、参数及适用条件。

4. 简述排队论的基本原理、主要参数(指标)及在交通工程学中的应用。

5. 简述跟驰理论的依据、模型建立与非自由运行状态的特性。

6. 简述流体动力学的模拟理论依据、方程建立与在交通工程学中的应用。

7. 据统计,某交叉口有25%的骑自行车的人不遵守交通规则,交警拦住与人问话,其中有2人不遵守交通规则的概率是多少?(二项式分布)

8. 具有左转车道的交叉口入口设置了专供左转弯的信号灯,每周期到达交叉口的车辆平均为20辆,其中有25%为左转车辆。求在某一已知周期将不使用左转弯信号灯的概率是多少。(二项式分布)

9. 据统计,从仓库取出的新的交通量计数仪中约有60%可直接使用,而40%约需一周左右时间的调整才能正式使用,现从仓库中取出5台交通量计数仪,其中有3台可直接使用的概率是多少?(负二项式分布)

10. 据某交叉口10年的统计结果,平均每年发生事故3次,此交叉口明年发生5次事故的概率是多少?(泊松分布)

11. 某交叉口信号灯周期长为40s,一个方向的车流量为450辆/h,求设计上具有95%置信度的每个周期内的来车数。

12. 汽车在大桥入口处交费和接受检查时的饱和车头时距服从负指数分布,其平均值为3.6s。到达车流的车头时距服从负指数分布。若要以95%概率保证排队等候交费及检查的车辆数不超过9辆,对到达流量应做何限制?(答:低于762辆/h)

13. 流量为500辆/h、车速为20km/h的车流因铁道口栅栏关闭15min而中断,栅栏开启后车流以600辆/h的流率通过铁道,速度仍为20km/h。如果停车排队的车头间距为10m,试求最大停车数和停过的车辆总数。(答:167、750)

第五章
道路通行能力分析

道路通行能力是道路规划、设计及交通管理等方面的基本参数,其具体数值的变化随道路等级、线形、路况、交通管理与交通状况的不同而有显著的变化。城市道路通行能力实际上主要受交叉口通行能力的制约,如交叉口管理不善致使通行能力不高,路段上通行能力再大也无法发挥作用。因此,除研究路段上的通行能力外,主要应研究与提高各种类型交叉口的通行能力。

第一节 道路通行能力和服务水平

道路的通行能力和服务水平从不同的角度反映了道路的性质与功能,通行能力主要反映道路服务数量的多少或能力的大小,服务水平主要反映道路服务质量或服务的满意程度。严格地说,没有无通行能力的服务水平,也没有无服务质量的通行能力,两者是不能分开的。

一、道路通行能力概述

1. 基本概念

道路通行能力是道路能够疏导或处理交通流的能力。在日本,道路通行能力定义为:在一定时间内能通过道路某截面的最大车辆数。美国曾定义为:一定时段和通常的道路、交通与管制条件下,能合情合理地希望人或车辆通过道路或车行道的一点或均匀路段的最大流率,通常以辆/h 或人/h 表示。我国常定义为:道路通行能力是指道路上某一点、某一车道或某一断面处单位时间内可能通过的最大交通实体(车辆或行人)数,亦称道路通行能量,用"辆/h、辆/d 或辆/s"或"人/h、人/d"表示,车辆多指小客车,当有其他车辆混入时,均采用等效通行能力的当量小客车为单位(pcu)。在公路方面,高速公路与各级公路上的汽车均采用小客车为基本单位,其他车辆均换算为当量小客车(pcu)。在城市道路方面,各种汽车采用小客车为基本单位,其他车辆均换算为当量小客车(pcu)。

通行能力是指所分析的道路、设施没有任何变化,还假定其具有良好的气候条件和路面条件下的通过能力,如条件有任何变化都会引起通行能力的变化。总之,道路通行能力不是一个一成不变的定值,是随其影响因素变化而变动的疏解交通的能力。

2. 影响因素

上述通行能力定义均系在某种前提或理想条件下的道路通行能力,而实际情况下的道路交通条件是千差万别的,影响道路通行能力的因素很多,现归并为以下 4 类。

(1)道路条件:指街道或公路的几何条件,包括交通设施的种类、性质及其形成的环境,每个方向车道数,车道和路肩宽度,侧向净空及平面、纵面线形等。

(2)交通条件:指使用道路的车辆的交通流特性,设计速度,客车、货车、大车、小车、长途、短途等交通组成和分布,车道中的交通流量、流向及方向分布等。

(3)管制条件:指道路管制设施装备的类型,管理体制的层次,交通信号的位置、种类、配时等影响通行能力的关键性管制条件,其他还有停车让路标志、车道使用限制、转弯禁限等措施。

(4)其他条件:有气候、温度、地形、风力、心理等因素。

但其中直接影响通行能力数值的主要因素有车行道宽度及侧向净空、车行道数量、交通组成、驾驶人特性、道路纵坡、横向干扰与视距等。

"九五"计划期间,我国将道路通行能力研究列为国家"九五"重点科技攻关项目,第一次对道路通行能力进行了系统的研究,提出了研究报告并取得不少研究成果。

3. 道路通行能力的作用

道路通行能力是道路交通特征的一个重要方面,也是一项重要指标,确定道路通行能力是道路交通规划、设计、管理与养护的需要,是道路交通工程技术经济管理人员的一项重要任务,同时也是解决以下诸课题的基础和依据:

(1)通过对道路通行能力和设计交通量的具体分析,可以确定新建道路的等级、性质、主要技术指标和线形几何要素。

(2)通过对现有道路通行能力的观测、分析、评定,并与现有交通量对比,可以确定现有道路系统或某一路段所存在的问题,针对问题提出改进的方案或措施,作为老路或旧街改建的主要依据。

(3)道路通行能力可以作为铁路、公路、水运、空运等各种方式的方案比选与采用的依据。

(4)根据道路某一路段通行能力的估算,以及对路况及交通状况的分析,可以提出某一地段线形改善的方案。

(5)道路通行能力可作为交通枢纽规划、设计、改建及交通设施配置的依据,如交叉口类型选择和信号设施的设计装备等。

(6)道路通行能力可以作为城市街道网规划、公路网设计和方案比选的依据。

(7)道路通行能力可以作为交通管理、运营、行车组织及监控方式确定或方案选择的依据。

4. 道路通行能力的类别

(1)较长路段畅通无阻的连续行驶车流的通行能力,一般称为路段通行能力,它是所有道路交通系统都必须考虑的。

(2)在有横向干扰条件下,时通时断、不连续车流的通行能力,如具有平面信号交叉口的城市道路的通行能力。

(3)在合流、分流或交叉运行状态下的通行能力,如各类匝道、收费口及其附近连接段的通行能力。

(4)交织运行状态下的通行能力,如立体交叉的各类匝道、常规环道上车流的通行能力。

1950 年版的美国《道路通行能力手册》(以下简称《手册》)中根据通行能力的性质和使用要求,将其划分为基本通行能力、可能通行能力和实用通行能力。

1965 年版《手册》提出了"服务水平"这一概念,即将通行能力与服务水平联系起来。1985 年《手册》将道路通行能力分为理想条件下的通行能力 C_j、一定服务水平条件下的最大服务流率(设计通行能力)和受各种条件限制下的实际通行能力。1994 年及 2000 年版《手册》在公共交通、城市道路交通方面有所加强,还增加了交通走廊与区域交通的分析,对部分修正系数进行了调整和简化,大体上保持了 1985 年版的结构模式。2010 年版《手册》针对 2000 年版的用户反馈意见进行了广泛调查研究,在框架上做了相应的调整,已经从原来单一介绍汽车-公路体系的专业基础知识和技术细节,发展到全面覆盖货运、步行、自行车、公共交通等多模式交通体系的相对完整的交通专业技术手册。由于我国国情不同,不可能生搬硬套,还须结合我国的具体条件,采用适合我国当前道路交通实际状况的指标,但《手册》中的研究方法和思路可以参考借鉴。

二、道路服务水平概述

1. 基本概念

服务水平是指道路使用者在不同道路状况、交通与管制条件、道路环境条件下可能得到的速度、舒适性、经济性等方面的服务程度,亦即道路在某种交通条件下为驾驶者和乘客所能提供的运行服务质量。不同的服务水平允许通过的交通量称为服务流率或服务交通量。服务等级高的道路车速快、延误少、驾驶人开车的自由度大、舒适与安全性好,但其相应的服务交通量就小;反之,服务交通量大,则服务水平低。目前,服务水平大体按下列指标划分:

(1)行车速度和运行时间。

(2)车辆行驶时的自由程度(通畅性)。

(3)交通受阻或受干扰的程度,以及行车延误和每公里停车次数等。

(4)行车的安全性(事故率和经济损失等)。

(5)行车的舒适性和乘客满意的程度。

(6)最大密度(每车道每公里范围内车辆的最大密度)。

(7)经济性(行驶费用)。

然而,由于实际确定服务等级时,难以全面综合考虑上述诸因素,往往仅以其中的某几项指标作为代表。如把行车速度及服务交通量与通行能力之比,作为路段评定服务等级的主要指标。同时,由于这几项指标比较容易观测,而且车速和服务交通量也同其他因素有关,所以取此二者作为评价服务水平的主要指标是有一定根据的。

同时,评价指标也因评价设施的性质和车辆运行情况的不同而异,如评价信号交叉口采用每辆车的平均延误时间(s/辆),无信号交叉口采用储备通行能力,市区干路采用平均行程速度等作为服务水平评价的主要依据。又如美国2010年版《手册》中,高速公路采用最大密度、最小速度、最大服务流率和V/C作为服务水平的评价指标。

2. 道路服务水平分级

服务水平也称服务等级,用来衡量道路为驾驶人、乘客所提供的服务质量的等级,其质量可以从自由运行、高速、舒适、方便、安全、满意的最高水平,到拥挤、受阻、停停开开、难以忍受的最低水平。服务等级各国划分不一,一般根据本国道路交通的具体条件划分为3~6个服务等级。日本分为3个等级,我国分为6个等级,苏联分为4个等级,美国定为6个等级。表5-1~表5-6为我国高速公路和各级公路的服务水平分级与设计通行能力。采用V/C来衡量拥挤程度,作为评价服务水平的主要指标,同时采用小客车实际行驶速度与自由流速度之差作为次要评价指标,将服务水平分为六级,分别代表一定运行条件下驾驶人的感受。与服务水平相应的运行状态应为:一级处于完全自由流状态;二级处于相对自由流状态;三级处于稳定流的上半段;四级处于稳定流范围下限;五级为拥堵流上半段;六级为拥堵流下半段。

图5-1为美国2010年版《手册》所定的高速公路服务水平标准,它以密度、速度、服务流率与V/C作为依据,同我国高速公路与一级公路基本一致;不同之处为美国采用最大服务流率SMF,而我国采用最大服务流量(或称服务交通量)。交通量与流率在词意上是有区别的:交通量(Volume)是指在一定时间间隔内观测所得的实际车辆数,流率(Flow Rate)则表示在不足1h间隔内,通过的车辆数除以观测时间(单位为h)。如在15min内观测到的流量为100辆,则其流率为100/0.25,即400辆/h。

高速公路路段服务水平分级(JTG B01—2014) 表5-1

服务水平等级	V/C^*	设计速度(km/h)		
		120	100	80
		最大服务交通量 [pcu/(h·ln)]	最大服务交通量 [pcu/(h·ln)]	最大服务交通量 [pcu/(h·ln)]
一	$V/C \leq 0.35$	750	730	700
二	$0.35 < V/C \leq 0.55$	1 200	1 150	1 100
三	$0.55 < V/C \leq 0.75$	1 650	1 600	1 500
四	$0.75 < V/C \leq 0.90$	1 980	1 850	1 800

续上表

服务水平等级	V/C*	设计速度(km/h)		
		120	100	80
		最大服务交通量 [pcu/(h·ln)]	最大服务交通量 [pcu/(h·ln)]	最大服务交通量 [pcu/(h·ln)]
五	0.90 < V/C ≤ 1.00	2 200	2 100	2 000
六	V/C > 1.00	0 ~ 2 200	0 ~ 2 100	0 ~ 2 000

注:* V/C 是在基准条件下,最大服务交通量与基准通行能力之比。基准通行能力是五级服务水平条件下对应的最大小时交通量。

一级公路路段服务水平分级(JTG B01—2014)　　　　表 5-2

服务水平等级	V/C*	设计速度(km/h)		
		100	80	60
		最大服务交通量 [pcu/(h·ln)]	最大服务交通量 [pcu/(h·ln)]	最大服务交通量 [pcu/(h·ln)]
一	V/C ≤ 0.3	600	550	480
二	0.3 < V/C ≤ 0.5	1 000	900	800
三	0.5 < V/C ≤ 0.7	1 400	1 250	1 100
四	0.7 < V/C ≤ 0.9	1 800	1 600	1 450
五	0.9 < V/C ≤ 1.0	2 000	1 800	1 600
六	V/C > 1.0	0 ~ 2 000	0 ~ 1 800	0 ~ 1 600

注:* V/C 是在基准条件下,最大服务交通量与基准通行能力之比。基准通行能力是五级服务水平条件下对应的最大小时交通量。

二、三、四级公路路段服务水平分级(JTG B01—2014)　　　　表 5-3

服务水平	延误率[3] (%)	设计速度[1](km/h)									
		80				60				≤40	
		速度 (km/h)	V/C[2]			速度 (km/h)	V/C			V/C	
			禁止超车区(%)				禁止超车区(%)			禁止超车区(%)	
			<30	30~70	≥70		<30	30~70	≥70	<30	30~70	≥70
一	≤35	≥76	0.15	0.13	0.12	≥58	0.15	0.13	0.11	0.14	0.12	0.10
二	≤50	≥72	0.27	0.24	0.22	≥56	0.26	0.22	0.20	0.25	0.19	0.15
三	≤65	≥67	0.40	0.34	0.31	≥54	0.38	0.32	0.28	0.37	0.25	0.20
四	≤80	≥58	0.64	0.60	0.57	≥48	0.58	0.48	0.43	0.54	0.42	0.35
五	≤90	≥48	1.00	1.00	1.00	≥40	1.00	1.00	1.00	1.00	1.00	1.00
六	>90	<48	—	—	—	<40	—	—	—	—	—	—

注:1. 设计速度为 80km/h、60km/h 和 40km/h 时,路面宽度为 9m 的双车道公路,其基准通行能力分别为:2 800pcu/h、2 500pcu/h 和 2 400pcu/h。
　　2. V/C 是在基准条件下,最大服务交通量与基准通行能力之比。基准通行能力是五级服务水平条件下对应的最大小时交通量。
　　3. 延误率为车头时距小于或等于 5s 的车辆数占总交通量的百分比。

高速公路的基本通行能力与设计通行能力				表 5-4
设计速度（km/h）	120		100	80
基本通行能力[pcu/(h·ln)]	2 200		2 100	2 000
设计通行能力[pcu/(h·ln)]	1 600		1 400	1 200

一级公路的设计通行能力				表 5-5
设计速度（km/h）	100		80	60
具有干线功能的一级公路[pcu/(h·ln)]	1 300		1 100	900
具有集散功能的一级公路[pcu/(h·ln)]	850~1 000		700~900	550~700

二、三、四级公路的设计通行能力						表 5-6
公路等级	设计速度（km/h）	基本通行能力（pcu/h）		不准超车区（%）	V/C	设计通行能力（pcu/h）
二级公路	80	9.0m	2 500	<30	0.64	550~1 600
	60	7.0m	1 400	30~70	0.48	
	40		1 300	>70	0.42	
三级公路	40	7.0m	1 300	<30	0.54	400~700
	30	6.5m	1 200	>70	0.35	
四级公路	20	<6.0m	<1 200	>70	<0.35	<400

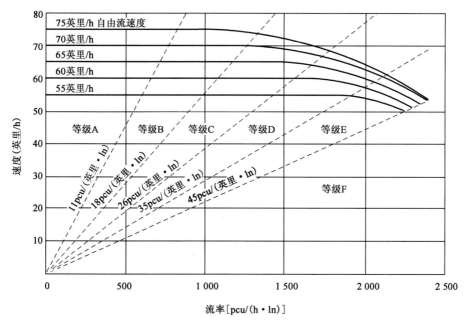

图 5-1　高速公路服务水平标准

来源：美国 2010 年版《手册》第 11 章。

表 5-7 为日本规定的道路规划等级，其实也是道路服务等级，并规定一级用于运营质量要求高的第一种道路，包括高速汽车国道及汽车专用公路。二级适用于除上述一级之外的道路。三级标准的 V/C 为 1.0，属于极限交通状态的等级，原则上不予使用。

美国2010年版《手册》中信号交叉口服务水平划分标准见表5-8,它与我国无信号管制交叉口的服务水平划分标准(表5-9)相同,均以通过路口每辆车的平均延误时间(s)作为唯一的依据。车辆在交叉路口受信号灯控制或对方道路通车限制,感受约束最大的就是时间延误,因此以平均延误时间作为评价指标。

日本道路规划等级 表5-7

规划等级*	折减率(交通量/通行能力,即V/C)		规划等级	折减率(交通量/通行能力,即V/C)	
	地方性道路	市区道路		地方性道路	市区道路
一级	0.75	0.80	三级	1.00	1.00
二级	0.85	0.90			

注:*提供运营质量的程度称为规划等级。

信号交叉口服务水平划分标准(美国2010年版《手册》) 表5-8

每辆车的停车延误(s)	服务水平		每辆车的停车延误(s)	服务水平	
	$V/C \leq 1.0$	$V/C > 1.0$		$V/C \leq 1.0$	$V/C > 1.0$
≤10	A	F	>35~55	D	F
>10~20	B	F	>55~80	E	F
>20~35	C	F	>80	F	F

我国无信号交叉口服务水平划分标准(攻关组提出) 表5-9

服务水平	平均停车延误(s)	交通状况描述
一	≤15	车流畅行,略有阻力
二	15.1~30	车流运行正常,有一定延误
三	30.1~50	车流能正常运行,但延误较大
四	>50	车流处于拥挤状态,延误很大

表5-10为美国城市街道的服务水平划分标准,主要以平均行程速度与基本自由流速度的比值为依据,因为街道各种因素的影响最终均反映到平均行程速度这个指标。

城市街道服务水平划分标准(美国2010年版《手册》) 表5-10

平均行程速度与基本自由流速度的比值(%)	服务水平		平均行程速度与基本自由流速度的比值(%)	服务水平	
	$V/C \leq 1.0$	$V/C > 1.0$		$V/C \leq 1.0$	$V/C > 1.0$
>85	A	F	>40~50	D	F
>67~85	B	F	>30~40	E	F
>50~67	C	F	≤30	F	F

第二节 道路路段通行能力

按照交通流运行特性的变化,可将快速路和高速公路分为基本路段、交织区和匝道及通道连接点三个部分;按道路结构物造型可分为路段、交叉口和匝道;按车辆运行形态不同,则有分流、合流、交织与交叉等之分。现行《公路工程技术标准》(JTG B01—2014)和惯例均按基本路段、交织、匝道和连接处四个部分进行分析,城市道路则按路段和路口两部分进行分析,本书亦按此分述。

所谓基本路段系指道路不受匝道立交及其附近合流、分流、交织、交叉影响的路段,它是道路的主干和重要组成部分。

一、基本通行能力

基本通行能力(或称理想通行能力)是指道路与交通处于理想情况下,每一条车道(或每一条道路)在单位时间内能够通过的最大交通量。

道路的理想条件,主要是车道宽度应不小于3.65m(我国公路则定为3.75m),路旁的侧向余宽不小于1.75m,纵坡平缓,并有开阔的视野、良好的平面线形和路面状况。

交通的理想条件,主要是车辆组成为单一的标准型汽车,在一条车道上以相同的速度连续不断地行驶,各车辆之间保持与车速相适应的最小车头间隔,且无任何方向的干扰。

在这样的理想条件下,建立的车流计算模式所得出的最大交通通过量,即基本通行能力C,其公式推导如下。

图5-2为连续运行车流前后车头间隔的示意图。

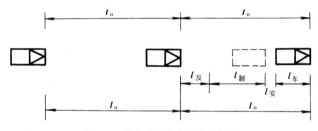

图5-2 基本通行能力计算示意图

图中:t_o——最小车头时距(s);
l_o——最小车头间隔(m);
$l_车$——车辆平均长度(m);
$l_安$——车辆间的安全间距(m);
$l_制$——车辆的制动距离(m);
$l_反$——在驾驶人反应时间内车辆行驶的距离(m)。

则计算的最大交通量为:

$$N_{最大} = \frac{3\,600}{t_o} = \frac{3\,600}{l_o/\dfrac{v}{3.6}} = \frac{1\,000v}{l_o} \quad (辆/h) \tag{5-1}$$

$$\begin{aligned} l_o &= l_反 + l_制 + l_安 + l_车 \\ &= \frac{v}{3.6}t + \frac{v^2}{254\varphi} + l_安 + l_车 \end{aligned} \tag{5-2}$$

式中:v——行车速度(km/h);
t——驾驶人反应时间(s)。

根据国内外实际使用的经验和理论分析,$l_安$一般取用2m,t可取1s,轮胎与路面间的附着

系数 φ 与轮胎花纹、路面粗糙度、平整度、表面湿度、行车速度等因素有关。对于潮湿状态下的次高级路面，随行车速度而变化的 φ 值可按表 5-11 采用。车辆长度对于小汽车采用 6m，对于解放牌汽车采用 12m，现以解放牌汽车为例，代入上述公式则得：

$$N_{解} = \frac{1\,000v}{\frac{v}{3.6} + \frac{v^2}{254\varphi} + 12 + 2} = \frac{1\,000}{\frac{1}{3.6} + \frac{v}{254\varphi} + \frac{14}{v}} \quad (5-3)$$

纵向附着系数 φ 与车速 v 的对应表　　　　表 5-11

v(km/h)	120	100	80	60	50	40	30	20
φ	0.29	0.30	0.31	0.33	0.35	0.38	0.44	0.44

以不同车速及不同车速对应的 φ 值代入式(5-3)，则得出与各车速对应的基本通行能力，列于表 5-12。

单车道的基本通行能力数值表　　　　表 5-12

计算车速 v(km/h)		120	100	80	60	50	40	30	20	10
按式(5-3)取车长 6m	计算值(辆/h)	506	603	718	888	999	1 121	1 231	1 256	857
	采用值(辆/h)	500	600	700	900	1 000	1 100	1 200	1 250	850
按式(5-3)取车长 8m	计算值(辆/h)	502	592	703	862	963	1 062	1 155	1 065	695
	采用值(辆/h)	500	600	700	850	950	1 050	1 150	1 050	700
按式(5-3)取车长 12m	计算值(辆/h)	494	589	681	815	893	959	1 050	864	565
	采用值(辆/h)	500	600	700	800	900	950	1 050	850	550

从表中数值可知，$N_{解}$ 为 v、φ 的函数，φ 值越大则 $N_{解}$ 也越大，速度增加则通行能力增大，但增大至某一数值后，通行能力开始减小，一般变化于 500~1 300 辆/h 之间，同时随车长增加，通行能力降低。而按现场实际观察的最小车头时距计算，则可达 2 000 辆/h 以上，这主要是由于路面干燥使附着系数大，平纵线形视距好，驾驶人估计不会出现意外停车，从而减小了车头应保持的最小间隔。表 5-13 为中国、美国和日本关于基本通行能力的建议及规定值。

中国、美国和日本道路基本通行能力建议及规定表　　　　表 5-13

道路断面形式	计算单位	道路基本通行能力 C(辆/h)		
		中国攻关组建议值	美国《道路通行能力手册》(2010 年版)	日本《交通工程学》(1992 年版)
双向双车道	双向往来合计	1 400(路面宽 7m) 2 500(路面宽 9m) 3 400(路面宽 14m)	2 000	2 500
多车道	平均每条车道	2 200(高速公路) 2 100(一级公路)	2 200(高速公路四车道) 2 300(高速公路六车道)	2 200

此外，可以实际观测各种道路交通条件下一条车行道的流量，通称实测法；用秒表观测单

行道路口的车头时距,通称时距法;还有模拟、模型等很多方法可推求一条车道理想条件下的最大通过量,限于篇幅不做介绍。

二、实际通行能力

实际通行能力 $C_{实}$ 是指已知道路设施在实际的道路交通与控制条件下,该路的某车道或断面上的特定时间段内(常为 15min)所能通过的最大车辆数,通常以 pcu/h 表示;在混合交通的路上,通行能力以实际车辆(辆/h)计。

1. 概述

影响通行能力的因素很多,不能一一列出修正,只能择其影响大的主要因素予以修正。我国规范对不同等级的公路采用的修正指标不同。如:一般公路通行能力的修正主要考虑行车道宽度、方向分布、横向干扰、交通组成四项,而道路地形、街道化程度在自由流速度影响中予以考虑,在通行能力计算时就不再列入;高速公路通行能力的修正只考虑行车道宽度、左侧路肩宽度与交通组成。美国 2000 年版《手册》中,通行能力的修正因素为车道宽度与侧向净空、重车混入率和驾驶人素质。由此看来,各个国家根据自己的国情和交通实况,对不同等级的道路选用不同的修正项目是一种发展的趋势。但各国所定的基本通行能力指标比较接近,而实际通行能力因国情不同、认识不同、修正因素不同,相差较大。

2. 通行能力的修正系数

1)道路条件的修正系数

道路条件影响通行能力的因素很多,不能一一修正,只能选择影响大的主要方面予以修正。

(1)车道宽度修正系数

国内外研究人员通过实际观测道路宽度对通行能力的影响,均一致认为,当车道宽度达某一数值时,其通过量能达到理论上的最大值,当车道宽度小于该值时,则通行能力降低。我国规定这一宽度为 3.75m,美国规定为 3.65m,日本规定为 3.5m,小于此宽度的修正系数分别列于表 5-14 ~ 表 5-16。

我国高速公路通行能力影响因素修正系数　　　　表 5-14

基本通行能力影响系数		硬路肩宽度修正系数 f_{SW}		车道宽度修正系数 f_W		交通组成修正系数 f_{HV}
设计速度 (km/h)	基本通行能力 [pcu/(h·ln)]	硬路肩宽度 (m)	修正系数	车道宽度 (m)	修正系数	
120	2 200	0.75	1.00	3.75	1.00	$f_{HV} = \dfrac{1}{1 + \sum P_i(E_i - 1)}$ 式中:P_i——车型 i 的交通量占总交通量的比重(%); E_i——车型 i 的小客车换算系数,可用第三章表 3-3 中的数值
100	2 200 (2 100)*	0.50	0.97	3.50	0.96	
80	2 000 (1 900)	0.25	0.95			
60	1 200 (1 000)					

注:* 括号中数据为一级公路指标,一级公路与高速公路路面宽度修正值相同。

美国公路车道宽度的修正系数　　　　　　　　　　　表5-15

平均车道宽度(英尺)(m)	修正系数 f_{LW}(英里/h)(km/h)
≥12(3.66)	0.0(0.0)
≥11~12(3.35~3.36)	1.9(3.1)
≥10~11(3.05~3.35)	6.6(10.6)

美国公路侧向净空受限的修正系数　　　　　　　　　　表5-16

边缘距离(英尺)(m)	修正系数 f_{LC}(英里/h)(km/h)			
	单向车道数			
	2	3	4	≥5
≥6(1.83)	0.0(0.0)	0.0(0.0)	0.0(0.0)	0.0(0.0)
5(1.52)	0.6(1.0)	0.4(0.6)	0.2(0.3)	0.1(0.2)
4(1.22)	1.2(1.9)	0.8(1.3)	0.4(0.6)	0.2(0.3)
3(0.91)	1.8(2.9)	1.2(1.9)	0.6(1.0)	0.3(0.5)
2(0.61)	2.4(3.9)	1.6(2.6)	0.8(1.3)	0.4(0.6)
1(0.30)	3.0(4.8)	2.0(3.2)	1.0(1.6)	0.5(0.8)
0(0)	3.6(5.8)	2.4(3.9)	1.2(1.9)	0.6(1.0)

(2)侧向净空受限的修正系数

侧向净空是指车道外边缘至路侧障碍物(如护墙、桥栏、挡墙、灯柱、交通标志立柱、临时停放的车辆等)的横向距离。实际调查表明,侧向净空小于某一数值(理想条件规定的数值)会使驾驶人感到不安全,从而降速、偏离车道线,使旁侧车道利用率降低。故当侧向净空受限时,应予以修正。其修正系列于表5-15、表5-16。

(3)纵坡度修正系数

道路纵坡的大小对行车速度有很大的影响,特别是对于载货汽车、拖挂车,纵坡越大,车速降低越多,通行能力也随之降低。国外均以小客车为标准车型,由于小客车储备功率大,当纵坡小于7%时,车速降低很少,因而可不予修正。但我国当前在城市道路上行驶的车辆中仍有部分大客车和货车,这些车辆在坡道上行驶,车速会降低很多,因此应予以修正。

根据国内行车的实践,坡度大小和坡道长短对车速和通行能力均有影响,故两者应同时考虑。美国的修正方法有两种,一是当量法,即将载货汽车换算成小客车,然后用小客车的当量值来计算。不同坡度和坡长情况下载货汽车对通行能力的影响列于表5-17~表5-20。其修正系数 f_{LG} 可以根据载货汽车所占百分数按下式计算:

$$f_{LG} = \frac{1}{1 + P_T(E_T - 1) + P_R(E_R - 1)} \tag{5-4}$$

式中: P_T、P_R——货车与公共汽车、旅游汽车所占比重;

E_T、E_R——货车与公共汽车、旅游汽车换算为小客车的当量值,可按表5-17~表5-19,根据该车所占比重、坡度和坡长查得。

在特定上坡段上货车与公共汽车的小客车换算系数 E_T^{1-3} 表 5-17

纵坡度 (%)	坡长 (km)	E_T 货车与公共汽车所占比重(%)								
		2	4	5	6	8	10	15	20	25
≤2	所有情况	1.5	1.5	1.5	1.5	1.5	1.5	1.5	1.5	1.5
>2~3	0.0~0.4	1.5	1.5	1.5	1.5	1.5	1.5	1.5	1.5	1.5
	>0.4~0.8	1.5	1.5	1.5	1.5	1.5	1.5	1.5	1.5	1.5
	>0.8~1.2	1.5	1.5	1.5	1.5	1.5	1.5	1.5	1.5	1.5
	>1.2~1.6	2.0	2.0	2.0	2.0	1.5	1.5	1.5	1.5	1.5
	>1.6~2.4	2.5	2.5	2.5	2.5	2.0	2.0	2.0	2.0	2.0
	>2.4	3.0	3.0	3.0	2.5	2.5	2.0	2.0	2.0	2.0
>3~4	0.0~0.4	1.5	1.5	1.5	1.5	1.5	1.5	1.5	1.5	1.5
	>0.4~0.8	2.0	2.0	2.0	2.0	2.0	2.0	1.5	1.5	1.5
	>0.8~1.2	2.5	2.5	2.0	2.0	2.0	2.0	2.0	2.0	2.0
	>1.2~1.6	3.0	3.0	2.5	2.5	2.5	2.5	2.0	2.0	2.0
	>1.6~2.4	3.5	3.5	3.0	3.0	3.0	3.0	2.5	2.5	2.5
	>2.4	4.0	3.5	3.0	3.0	3.0	3.0	2.5	2.5	2.5
>4~5	0.0~0.4	1.5	1.5	1.5	1.5	1.5	1.5	1.5	1.5	1.5
	>0.4~0.8	3.0	2.5	2.5	2.5	2.0	2.0	2.0	2.0	2.0
	>0.8~1.2	3.5	3.0	3.0	3.0	2.5	2.5	2.5	2.5	2.5
	>1.2~1.6	4.0	3.5	3.5	3.5	3.0	3.0	3.0	3.0	3.0
	>1.6	5.0	4.0	4.0	4.0	3.5	3.5	3.0	3.0	3.0
>5~6	0.0~0.4	2.0	2.0	1.5	1.5	1.5	1.5	1.5	1.5	1.5
	>0.4~0.5	4.0	3.0	2.5	2.5	2.0	2.0	2.0	2.0	2.0
	>0.5~0.8	4.5	4.0	3.5	3.0	2.5	2.5	2.5	2.5	2.5
	>0.8~1.2	5.0	4.5	4.0	3.5	3.0	3.0	3.0	3.0	3.0
	>1.2~1.6	5.5	5.0	4.5	4.0	3.0	3.0	3.0	3.0	3.0
	>1.6	6.0	5.0	5.0	4.5	3.5	3.5	3.5	3.5	3.5
>6	0.0~0.4	4.0	3.0	2.5	2.5	2.5	2.5	2.0	2.0	2.0
	>0.4~0.5	4.5	4.0	3.5	3.5	3.5	3.0	2.5	2.5	2.5
	>0.5~0.8	5.0	4.5	4.0	4.0	3.5	3.0	2.5	2.5	2.5
	>0.8~1.2	5.5	5.0	4.5	4.5	4.0	3.5	3.0	3.0	3.0
	>1.2~1.6	6.0	5.5	5.0	5.0	4.5	4.0	3.5	3.5	3.5
	>1.6	7.0	6.0	5.5	5.5	5.0	4.5	4.0	4.0	4.0

注:1. 本表摘自美国 2010 年版《手册》第 11 章。
2. 美国《手册》在论述纵坡对车辆换算的影响时,分为特殊路段与一般路段,前者为大于等于3%坡度段长度大于 0.804 7km(即 0.5 英里),小于 3% 坡度段长度大于 1.609km;后者为大于等于3%坡度段长度小于 0.804 7km,小于 3% 坡度长度小于 1.609km,前者采用表 5-17~表 5-19 换算,后者采用表 5-20 换算。
3. 若坡长正落在分界值上,取较大坡长的换算值;若坡度大于表中所列百分数,则采用其后更大坡度的换算值。

在特定上坡段旅游汽车的小客车换算系数 E_R 表 5-18

纵坡度 (%)	坡长 (km)	E_R 旅游汽车所占比重(%)								
		2	4	5	6	8	10	15	20	25
≤2	所有情况	1.2	1.2	1.2	1.2	1.2	1.2	1.2	1.2	1.2
>2~3	0.0~0.8	1.2	1.2	1.2	1.2	1.2	1.2	1.2	1.2	1.2
	>0.8	3.0	1.5	1.5	1.5	1.5	1.5	1.2	1.2	1.2
>3~4	0.0~0.4	1.2	1.2	1.2	1.2	1.2	1.2	1.2	1.2	1.2
	>0.4~0.8	2.5	2.5	2.0	2.0	2.0	2.0	1.5	1.5	1.5
	>0.8	3.0	2.5	2.5	2.5	2.0	2.0	2.0	1.5	1.5
>4~5	0.0~0.4	2.5	2.0	2.0	2.0	1.5	1.5	1.5	1.5	1.5
	>0.4~0.8	4.0	3.0	3.0	3.0	2.5	2.5	2.0	2.0	2.0
	>0.8	4.5	3.5	3.0	3.0	3.0	2.5	2.5	2.0	2.0
>5	0.0~0.4	4.0	3.0	2.5	2.5	2.5	2.0	2.0	2.0	1.5
	>0.4~0.8	6.0	4.0	4.0	3.5	3.0	3.0	2.5	2.5	2.0
	>0.8	6.0	4.5	4.0	4.0	3.5	3.0	3.0	2.5	2.0

在特定下坡段上货车与公共汽车的小客车换算系数 E_T 表 5-19

纵坡度 (%)	坡长 (km)	E_T 货车与公共汽车所占比重(%)			
		5	10	15	20
≤4	所有情况	1.5	1.5	1.5	1.5
>4~5	≤6.4	1.5	1.5	1.5	1.5
	>6.4	2.0	2.0	2.0	1.5
>5~6	≤6.4	1.5	1.5	1.5	1.5
	>6.4	5.5	4.0	4.0	3.0
>6	≤6.4	1.5	1.5	1.5	1.5
	>6.4	7.5	6.0	5.5	4.5

美国高速公路一般路段小客车换算系数   表 5-20

车型类别	地区类型		
	平原区	丘陵区	山岭区
货车与公共汽车 E_T	1.5	2.5	4.5
旅游汽车 E_R	1.2	2.0	4.0

我国高速公路上的大、中型车辆和特大型车辆可按表 5-21 的规定求得其相应的当量值，此值随流量的大小与纵坡不同有较大的变化。

我国高速公路路段车辆折算系数　　　　表 5-21

车　型	流量 [pcu/(h·ln)]	道路纵坡度(%)						
		0	1	2	3	4	5	6
大、中型车	0	1.5	1.5	1.5	2.0	2.0	2.5	2.5
	1 000	2.5	2.8	3.4	3.8	4.5	5.5	6.5
	1 500	2.5	2.5	3.0	3.3	4.0	4.8	5.5
特大型车	0	2.0	2.0	2.0	2.5	2.5	3.0	3.0
	1 000	7.0	9.0	10.0	11.0	13.0	14.0	15.0
	1 500	6.0	8.0	8.0	9.0	11.0	12.0	14.0

另一种方法是采用上坡时最大车流量与平坡时最大车流量的百分比来表示,这样查得的百分数即为纵坡的修正系数,因限于篇幅不做介绍。

(4)视距不足修正系数

道路线形的几何要素应按《公路路线设计规范》(JTG D20—2017)的规定满足设计车速的要求。但由于客观原因视距不足,不能满足行车要求特别是超车要求时,需对通行能力加以修正。对于平曲线或竖曲线路段,可按其占道路全长的百分数进行修正。视距不足的路段越长,则其影响越大。视距不足的修正只适用于双车道道路,其修正值见表 5-22。对于匝道视距修正,可参阅表 5-23。

视距不足对通行能力影响的修正系数 S_1　　　　表 5-22

视距小于450m 的路段占全长的百分比(%)	行车速度(km/h)			
	35~64	64~72	72~80	80~88
0	1.00	1.00	1.00	1.00
20	0.88	0.91	0.96	0.93
40	0.85	0.87	0.89	0.83
60	0.80	0.80	0.80	0.70
80	0.76	0.73	0.69	0.50
100	0.69	0.64	0.56	0.27

匝道视距修正值 FFV_V　　　　表 5-23

停车视距 $S_停$(m)	行车视距 $S_行$(m)	修正值 FFV_V(km/h)
$S_停$ > 135	$S_行$ > 270	0
75 ≤ $S_停$ ≤ 135	150 ≤ $S_行$ ≤ 270	-3
$S_停$ < 75	$S_行$ < 150	-5

(5)沿途条件修正系数

沿途条件是指道路两旁的街道化程度和横向干扰。由于道路两侧有建筑物,常产生行人和非机动车流对汽车的干扰,从而迫使汽车降速和通行能力降低。攻关组将街道化程度列入对速度的影响,而将横向干扰列入对计算的通行能力的影响予以修正(表 5-24)。

横向干扰修正系数 f_{FRIC}　　　　表 5-24

项　目	一级公路					双车道公路				
横向干扰等级	1	2	3	4	5	1	2	3	4	5
修正系数 f_{FRIC}	1.0	0.98	0.96	0.93	0.92	0.91	0.81	0.74	0.65	0.57

2)交通条件的修正系数

交通条件的修正主要是由于车辆组成的影响,特别是混合交通情况下,车辆类型众多、大小不一、占用道路面积不同、性能不同、速度不同、相互干扰大,会严重影响道路的通行能力。

为了将不同类型的车辆换算为同一车型,一般根据所占道路面积和行车速度的比值进行换算,也可用平均车头时距的比值进行换算。根据《公路工程技术标准》(JTG B01—2014)的规定,车辆换算系数见第三章表3-2。而城建部门的汽车换算标准见第三章表3-3。

例 5-1 某一道路上坡坡度为4%,坡道长度为1.2~1.6km,载货汽车占总交通量的20%,求坡度修正系数。

解:当坡长为1.2~1.6km,坡度为4%,货车占20%时,由表5-17得$E_T=3$。

已知$P_T=20\%$,代入式(5-4)则得:

$$f_{LG} = \frac{1}{1-P_T+E_TP_T} = \frac{1}{1-20\%+3\times20\%} = 0.71$$

例 5-2 某微丘地区四车道高速公路设计车速100km/h,路基宽26m,其中两侧路肩与路缘带均宽0.75m,硬路肩均宽3m,中央分隔带2m,纵坡为1%,设计小时交通量为小汽车2 400辆/h,大中型汽车480辆/h,特大型汽车70辆/h。试求该路设计交通量有无超过其通行能力,如无,其服务水平如何?

解:先进行交通量换算,按表5-21,不同纵坡与交通量对应的换算系数不同。

大中型车480辆,纵坡为1%,换算系数E_T在1.5~2.8之间,特大型车70辆,纵坡为1%,换算系数E_T在2~9之间。经内插计算,分别得$E_{T大}=2.124$,$E_{T特}=2.49$,则当量交通量$=2\ 400+480\times2.124+70\times2.49=3\ 594(\text{pcu/h})$,取3 600pcu/h。

高速公路方向分布取50/50,车道分布取40/60,则得负荷较重的右侧车道$Q_右=3\ 600/2\times60\%=1\ 080(\text{pcu/h})$,再求算实际条件下的通行能力,由表5-1得$v=100\text{km/h}$,基本通行能力$C=2\ 100\text{pcu/h}$,求修正系数$f_W$、$f_{SW}$与$f_{LG}$。

因车道宽3.75m,故f_W为1,因硬肩宽3m,故f_{SW}也为1。

计算大车比重,得$P_{T大}=480\times2.124/3\ 600=28.32\%$,$P_{T特}=70\times2.49/3\ 600=4.8\%$;将上述$E_T$与$P_T$值代入式(5-4)得:

$$f_{LG} = \frac{1}{1+\sum P_T(E_T-1)} = 0.72$$

计算实际通行能力得:

$C_实 = Cf_W f_{SW} f_{LG} = 2\ 100\times1\times1\times0.72 = 1\ 512(\text{pcu/h})$,以1 500pcu/h计。

最大负荷($Q_右=1\ 080\text{pcu/h}$) < 实际通行能力($C_实=1\ 500\text{pcu/h}$),可以通过。再计算负荷度$Q/C=1\ 080/1\ 512=0.71$,查表5-1得,接近三级服务水平($V/C=0.75$),故其服务水平为三级。

三、设计(或规划)通行能力

设计通行能力或称规划通行能力,是指道路根据使用要求的不同,在不同设计服务水平条件下所具有的通行能力,也就是要求道路所承担的最大服务交通量,通常作为道路规划和设计的依据。只要确定道路的实际通行能力,再乘以设计服务水平下的最大服务交通量与基本通行能力之比,就可得到设计(或规划)通行能力,即:

$$C_{设计} = C_{实际}\times\frac{设计服务水平下的最大服务交通量}{基本通行能力} = (基本通行能力\times修正系数)\times$$

$$\frac{设计服务水平下的最大服务交通量}{基本通行能力} = 设计服务水平下的最大服务交通量\times修正系数$$

在例5-2中,$v=100$km/h,按表5-1,若以实际交通负荷计算其服务水平,1 080/2 100 = 0.50,对应二级服务水平。

由于上例高速公路的左侧为超车道,右侧为通行车道,故右侧车道行驶的车辆常较左侧为多,上例以右侧占60%计,实际设计时如有实测数据,最好以实测值为据。若为一般公路,则由内侧车道驶出,通过外侧车道,这种车道转移常常影响正常行驶的汽车,主要是外侧车道受干扰大,故处于不同位置的车行道所受干扰不同,受影响的程度也不同。

通常以靠近路中线或中央分隔带的车行道为第一条车行道,其通行能力为1(即100%),第二条车行道的通行能力为第一条车道的0.8~0.9,第三条车道的通行能力为0.65~0.8,第四条车道的通行能力则为0.5~0.65。这样,多车道的总通行能力$N_多$可以写成:

$$N_多 = N_1 \sum K_n \quad (辆/h)$$

式中:N_1——第一条车道的通行能力(辆/h);

K_n——相应于各车道的折减系数。

具体选用的数值可根据街道性质、车辆出入与转移车道的频率、两旁慢行车辆的影响情况等合理确定。

第三节 交织区与匝道通行能力

一、交织区通行能力

1. 概述

由于交织区车流运行方向不完全相同,车流相互交织,操作复杂,所以交织区车辆运行速度一般较低,车头时距也较正常路段上稍大,通行能力降低,成为制约道路系统通行能力的瓶颈。

1)交织运行特征

所谓交织,是指行驶方向大致相同而不完全一致的两股或多股车流,沿着一定长度的路段,不借助于交通控制与指挥设备,自主进行合流而后又实现分流的运行方式,其运行简况如图5-3所示。

道路上一个进口紧接着一个出口或多个出口,以及多个进口紧接着一个出口或多个出口,这种现象在公路上或城市道路上随处可见。

交织段的设计对道路设施作用的发挥至关重要。

2)交织区长度

国外研究将从入口三角端宽度0.6m处至出口三角端宽度3.6m处之间的一段距离称为交织区长度(图5-3左侧示意图)。这是一个重要的构造参数,是交织区有关设施设计的一个重要项目。它限制了驾驶人完成转换车道或转向操作的时间与空间范围,对能否顺利地实现车辆交织起着重要作用。

国内外研究认为,交织区长度不应小于50m,也不应大于600m。太短则操作困难,速度降低太大;太长则费用太大,且进出口之间的交织运行与操作过分分散,紧迫性不明显,车流不具交织特点。

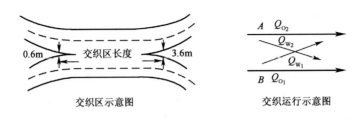

图 5-3　交织区段运行示意图

3) 交织区类型

据研究人员的调查,我国高速公路和城市干路上的交织区类型主要可划分为两类,如图 5-4 所示。其中 I 类交织区进出口之间设一条辅助车道相连接,在出口处不再增加车道,不考虑进出口的车道平衡问题,此类交织区在我国现有道路系统中较多。II 类交织区的进出口之间有辅助车道相连,且出口处增设一条车道,实行进出口车道平衡,即出口车道数总和比进口车道数总和多一条,这类交织区在现有公路上出现较少,以后如出现其他类型的交织区,也应分析归纳列出。

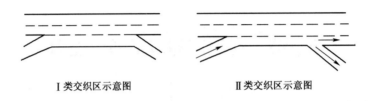

图 5-4　交织区类型划分

4) 交织运行特性

交织区的车流运行关键在于车辆运行的交织操作,它影响到行驶车速、车头时距及行车安全等问题。交织长度与交织断面车道数是交织运行效率的两个主要参数。另一方面,随着交织流量增加,操作困难,速度大降,时距大增,会导致交织区运行效率的下降。

如图 5-3 所示,交织区内全部车道断面流量之和为 $Q_{O_1}+Q_{O_2}+Q_{W_1}+Q_{W_2}=Q_{总}$。交织流量比 V_R 为交织交通量 $Q_{W_1}+Q_{W_2}$ 与总交通量 $Q_{总}$ 之比,即 $V_R=(Q_{W_1}+Q_{W_2})/Q_{总}$;而交织比 r 为交织交通量中较小的交织交通量 Q_{W_1} 与较大的交织交通量 Q_{W_2} 之比,即 $r=Q_{W_1}/Q_{W_2}$。

2. 通行能力和速度计算

攻关组提出的研究报告认为,交织区的通行能力和运行速度同交织区长度、车道数、交织流量比、总交通量及交织区车道构造等因素有关,其计算公式为:

$$C_W = C \cdot r_S \cdot r_N \cdot r_L \cdot r_{VR} \tag{5-5}$$

式中:C_W——交织区通行能力(pcu/h);

　　　C——单条车道基本通行能力(pcu/h),对于高速公路按表 5-1 选用;

　　　r_S——交织区类型修正系数,I 类交织区为 0.95,II 类交织区为 1.0;

　　　r_N——交织区内车道数修正系数,对 2、3、4 和 5 条车道交织区,可分别取 1.8、2.6、3.4 和 4;

　　　r_L——交织区长度修正系数,由公式 $r_L=0.128\ln L+0.181$ 计算,式中 ln 为自然对数,L 为交织长度(m);

r_{VR}——交织流量比修正系数,取值见表5-25,中间值可内插。

交织流量比修正系数 表5-25

V_R	0	0.05	0.10	0.15	0.20	0.25	0.30	0.35	0.40	0.50
r_{VR}	1.000	0.980	0.971	0.966	0.959	0.942	0.909	0.853	0.768	0.647

交织区内的车流运行速度计算公式如下:

$$S_W \text{ 或 } S_{NW} = 20 + \frac{50}{1 + \alpha(1 + V_R)^{\beta}\{\exp[V/(N \cdot L)]\}^r} \tag{5-6}$$

式中:S_W、S_{NW}——交织车流、非交织车流的平均运行速度(km/h);

V——交织区内断面总流率(pcu/h);

N——交织区内车道数;

L——交织区长度(m);

V_R——交织流量比;

α、β、r——回归系数,列于表5-26。

两类交织公式回归系数标定结果 表5-26

类 型	公 式	α	β	r
Ⅰ类	S_W	0.005	8.001	0.840
	S_{NW}	0.004	5.310	0.761
Ⅱ类	S_W	0.006	6.257	0.716
	S_{NW}	0.003	4.221	0.754

式(5-6)表明交织区内车流的运行速度与交织区长度、车道数具有正相关关系,而和总交通量及交织区流量比具有负相关关系,并和交织区车道构造有关。

式(5-6)适用的车流速度在20~75km/h范围之内,超出范围则为近似值。式中参数通过模型检验,具有良好的可靠性,但此式中各变量有一定的适用范围,任何超出表5-27所列限值的都只能是近似的。

式(5-6)中参数的应用范围 表5-27

变 量	下限	上限	变 量	下限	上限
交织区内断面平均流率V/N[pcu/(h·ln)]	—	1 353	交织区长度(m)	50	600
最大单车道流率[pcu/(h·ln)]	—	1 700	交织区内车道数N	2	4
交织车流流率V_W[pcu/(h·ln)]	—	2 430*	交织区车道宽度(m)	3.5	4
交织流量比(%)	—	0.45			

注:*为给定几何条件下,具有两条车道交织区的通行能力值。

3. 交织区服务水平

评价交织区运行质量的因素有密度、流速和服务流率,但重要因素为行车密度和V/C,按四级标准划分列于表5-28,其中:

一级服务水平代表不受限制的行驶,交织车辆对其他车流没有影响,交织时只需略微调整车速即可平稳地实现。

表 5-28 交织区服务水平分级

美国 2010 年《手册》标准			我国《公路通行能力手册》建议	
服务水平	交织车流密度[pcu/(km·ln)]		服务水平	车流密度[pcu/(km·ln)]
	高速公路交织段	多车道公路和次干路交织段		高速公路交织段
A	≤6.0	≤8.0	一	≤7.0
B	>6.0~12.0	>8.0~15.0	二	>7.0~18.0
C	>12.0~17.0	>15.0~20.0	三	>18.0~25.0
D	>17.0~22.0	>20.0~23.0	四	上 >25.0~40.0
E	>22.0	>23.0		下 ≥40.0
F	需求量超过通行能力			

二级服务水平代表交织过程中,合流车辆要插入相邻车道间隙,需调整车速,分流车则可不受干扰,直行车辆也不会受到很大影响,通常行驶时车流稳定顺畅。在进口车流密集时,可能会出现排队,分流区也可能出现减速。

三级服务水平代表所有交织车辆必须经常调整车速以避免冲突,分流区附近有明显的减速,实现交织是有困难的,有时引起紊乱,甚至影响相邻车道。

四级服务水平代表以通行能力运行,交织运动明显引起混乱,但未造成整个断面车辆排队,进口处车队明显,任何微小的突发事件都会引起交织区阻塞,使全部车流只能走走停停,车辆运行很不稳定。

例 5-3 某交织区构造与高峰小时各方向流率示于图 5-5,由于地形限制,交织区长度约为 300m,进出口主路车道数 3 条,车道宽度为 3.75m,交织类型为 Ⅰ 类,基本通行能力 $C = 2\,200\text{pcu/h}$,试求其通行能力、行程车速与可达到服务水平等级。

解: 先求 $Q_总 = Q_{O_1} + Q_{O_2} + Q_{W_1} + Q_{W_2} = 3\,000 + 400 + 500 + 240 = 4\,140(\text{pcu/h})$

$V_R = (Q_{W_1} + Q_{W_2})/Q_总 = 740/4\,140 = 0.179$

然后求通行能力与 V/C。

按式(5-5)计算通行能力:

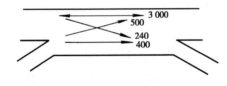

图 5-5 交织区构造示意图(单位:pcu/h)

$$C_W = Cr_S r_N r_L r_{VR} = 2\,200 \times 0.95 \times 3.4 \times 0.911 \times 0.962 = 6\,200(\text{pcu/h})$$

则 $V/C = 4\,140/6\,200 = 66.8\%$。

预测行程车速,由式(5-6)计算交织和非交织车流速度:

$$S_W = 57.37\text{km/h}, S_{NW} = 64.16\text{km/h}$$

断面平均车流速度采用加权法计算为 62.95km/h。

校核服务水平,计算车流密度:

$$4\,140/62.95/4 = 16.44 \approx 16[\text{pcu/(km·ln)}]$$

将上述计算结果同服务水平划分标准(表 5-28 中指标)进行比较,得知于此条件下,其服务水平为二级标准。

二、匝道通行能力

匝道是联系不同高程上的两交叉线路、供两线路车辆实现方向转换的连接道路,长度较短,一般有一个入口和一个出口,线形变化较大且常有纵坡和小半径的转弯,通行能力较正常路段稍低,因此匝道设计要尽可能使车辆顺适,提高车速和通行能力。

1. 匝道的形式、类型与基本参数

匝道有多种形式,但就设计目的与功能而言,其基本形式为右转匝道与左转匝道,就特殊形式而言,有定向匝道和对角线匝道,有单向单车道和单向双车道,亦有采用双向双车道的形式,而复杂型立体交叉则可能有更多种不同组合形式的匝道。

考虑匝道车辆的运行特征,有出入口车辆的运行及在匝道上的运行,包括分流运行、合流运行与交织运行,亦有加速运行,减速运行,上坡、下坡,小曲线甚至反向曲线的运行。所以匝道上车辆行驶状况比较复杂,故单向单车道匝道不允许超车,单向双车道匝道上可以超车,但对于有分隔带的双车道匝道也不准许超车,匝道通行能力计算的主要参数有:

1) 自由流速度 FV

$$FV = (FV_O + FFV_W + FFV_V + FFV_{SL} + FFV_{UD})FFV_S \tag{5-7}$$

式中:FV_O——按匝道转弯半径计算的行车速度(km/h),参见式(5-8);

FFV_W——行车道宽度修正值(km/h),参见表5-29;

FFV_V——匝道视距修正值(km/h),参见表5-23;

FFV_{SL}——纵坡修正值(km/h),参见表5-30;

FFV_{UD}——驶入道路性质修正值,高速公路为 +5km/h,一级公路为 +3km/h,其他公路为0;

FFV_S——分隔带修正系数,有分隔带的采用1,无分隔带的采用0.9。

行车道宽度修正值 FFV_W(单位:km/h) 表5-29

匝道宽度*(m)	<6.0	6.5	7.0	7.5	>8.0
FFV_W	-8	-3	0	2	6

注:* 只考虑单向匝道宽度或双向匝道的单向部分宽度。

纵坡度的速度折减值 FFV_{SL}(单位:km/h) 表5-30

坡长(m)	上坡坡度(%)					下坡坡度(%)				
	<3	3	4	5	6	<3	3	4	5	6
≤500	0	0	-2.3	-5.4	-8.5	0	0	0	0	-0.3
500~1 000	0	-0.3	-3.7	-7.7	-12.0	0	0	0	-0.3	-3.7
≥1 000	0	-0.4	-4.6	-9.1	-13.7	0	0	0	-0.4	-4.6

在计算匝道通行能力时,必须体现不同类型车辆通过匝道运行行为的差异,体现其不同的时间与空间占有率,但另一方面又要简化计算分析工作,故车型分类不能太多,主要分为三种类型:

(1) 小型车:两轮摩托车、微型面包车、吉普车、小轿车、客货两用车、轻型货车(载质量小于3.5t);

(2) 大中型车:载货汽车(载质量为3.5~8t)、大客车、半拖挂、全拖挂等;

(3) 特大型车:大平板车、集装箱运输车、重型载货汽车(载质量大于8t)。

根据以上车型划分,各车型换算为标准车(pcu)的换算系数列于表 5-31。

2)匝道行车速度 FV_0

利用线形设计的基本公式:

$$FV_0 = [127R(\mu \pm i)]^{1/2} \quad (km/h) \tag{5-8}$$

式中:R——匝道最小曲率半径(m);

i——匝道最大超高横坡度(%);

μ——最大横向力系数,一般采用 0.12。

匝道上不同车型车辆的换算系数 E_i 表 5-31

匝道类型	交通量(辆/h)	小型车 E_1	大中型车 E_2	特大型车 E_3
单向单车道、双向双车道(有分隔的)	0	1.0	1.00	1.00
	650	1.0	1.20	1.30
	1 300	1.0	1.50	2.00
单向双车道、双向双车道(无分隔的)	0	1.0	1.05	1.05
	1 300	1.0	1.15	1.20
	2 600	1.0	1.40	1.80

3)大车混入率修正值 f_{HV}

按式(5-4):

$$f_{HV} = \frac{1}{1 + \sum P_i(E_i - 1)} = \frac{1}{1 + P_2(E_2 - 1) + P_3(E_3 - 1)}$$

式中:P_2、P_3——大中型车及特大型车所占比重(%);

E_2、E_3——大中型车及特大型车的换算系数,见表 5-31。

则混合交通量换算为当量交通量:

$$Q = Q_1 + Q_2 E_2 + Q_3 E_3 \tag{5-9}$$

式中: Q——混合交通量折算为标准小客车交通量(pcu/h);

Q_1、Q_2、Q_3——小型车、大中型车及特大型车的交通量(辆/h)。

2. 匝道服务水平

影响服务水平的因素很多,一般均选用对本设施影响最大的几项因素作为服务水平等级划分的指标。对匝道服务水平,国内均选用 V/C 与车流密度作为基本依据,并划分为四个等级的服务水平:

一级服务水平代表不受限制或受限制较小的交通流,车流密度小,车辆在通畅条件下行驶,不存在或只有较小的相互干扰,基本上处于自由流状态,以接近于自由流速度行驶。

二级服务水平代表车辆成队行驶,但相互间的车头时距较大,车流状态处于部分连续,排队车辆比重很小,速度较快,匝道上车辆对加减速车道及高速公路主线上的交通运行基本无影响。

三级服务水平虽基本处于平稳状态,但在接近流量上限时的小变化将导致运行质量的大变化,车头时距进一步减小,如有低速车出现,后继车辆会受很大影响,车流运行速度将明显下降,匝道上车辆对加减速车道及高速公路主线上的交通运行也有一定的影响。

四级服务水平下车速进一步降低,车辆排队长度超出匝道范围,交通量接近或达到通行能力,即使流量很小的变化,也会严重影响整个匝道的运行质量,车流状态为饱和流,匝道上车辆对加减速车道及高速公路主线上的交通运行有较大的影响。

以上四级匝道服务水平列于表5-32。

匝道服务水平分级　　　　　　　　　　　　　　　表5-32

服务水平等级	饱和度 $D_S(V/C)$	基本通行能力 C(pcu/h)
一	<0.20	对于特定匝道,可查表5-33并乘以饱和度即得
二	0.20~0.50	
三	0.50~0.80	
四	0.80~1.00	

3. 匝道通行能力计算

匝道通行能力定义为在一定道路交通状态、环境和良好气候条件下,在单位时间内,匝道的一条行车道上能够通过的最大车辆数,以 pcu/(h·ln) 计。一般影响通行能力的因素很多,但就匝道而言,其长度较短,绝大部分均为单向单车道,其影响的主要因素为车道宽度和车辆组成,至于半径、纵坡的影响已在速度方面考虑,故得出的计算公式为:

$$C_D = CC_W f_{HV} \tag{5-10}$$

式中:C_D——匝道一条车道的通行能力(辆/h);

C——基本通行能力(pcu/h),按表5-33查得;

C_W——匝道断面总宽修正系数,按表5-34查得;

f_{HV}——大车混入率修正系数,按表5-31选择车辆换算系数 E_i,根据式(5-4)计算。

不同速度、坡度下匝道的基本通行能力 C(单位:pcu/h)　　表5-33

速度(km/h)	坡 度 (%)						
	+9	+6	+3	-1.9	-3	-6	-9
10	720	719	717	716	714	712	710
15	923	920	917	913	908	905	900
20	1 059	1 054	1 048	1 041	1 034	1 027	1 018
25	1 147	1 139	1 130	1 120	1 110	1 100	1 087
30	1 200	1 189	1 179	1 166	1 154	1 140	1 124
35	1 230	1 217	1 203	1 188	1 165	1 156	1 138
40*	1 242	1 227	1 211	1 194	1 176	1 157	1 136
45	1 242	1 225	1 208	1 188	1 168	1 147	1 124

注:* 如速度大于40km/h,采用40km/h。如本表所示,当速度大于40km/h时,其通行能力值等于或小于40km/h的值,故实际设计速度大于40km/h时,宜采用40km/h,因速度上升并未提高通行能力。

匝道横断面总宽修正系数 C_W　　表 5-34

匝道横断面类型	匝道横断面总宽(m)	匝道横断面总宽修正系数 C_W
单向单车道(含有分隔的双向单车道)	5.5	0.79
	6.0	0.88
	6.5	0.95
	7.0	1.00
	7.5	1.03
单向双车道	8.0	0.95
	8.5	1.00
	9.0	1.05
	9.5	1.12
	10.0	1.20

例 5-4　某平原地区高速公路互通立交的匝道最小半径 $R=150\text{m}$,最大超高横坡度 2%,行车道宽度 6m,停车视距为 $>135\text{m}$,纵坡度为 1.9% 的下坡,匝道类型属于单向单车道,进入高速公路的匝道长 450m,交通量为小型车 250 辆/h,大中型车 100 辆/h,特大型车 20 辆/h,求算匝道自由流速度、通行能力与服务水平。

解:先求转弯匝道基本自由流速度 FV_O。

由式(5-8):
$$FV_O = [127R(i+\mu)]^{1/2} = [127 \times 150 \times (0.02+0.12)]^{1/2} = 51.6(\text{km/h})$$

然后计算自由流速度 FV,由式(5-7):
$$FV = (FV_O + FFV_W + FFV_V + FFV_{SL} + FFV_{UD})FFV_S$$

式中:FFV_W——行车道宽度修正值,查表 5-29,当车道宽度为 6m 时,$FFV_W = -8\text{km/h}$;

FFV_V——视距修正值,参见表 5-23 的规定,$S_{停} > 135\text{m}$,修正值为 0;

FFV_{SL}——纵坡度修正值,查表 5-30,纵坡为 -1.9%,修正值为 0;

FFV_{UD}——驶入道路性质修正值,高速公路为 $+5\text{km/h}$;

FFV_S——分隔带修正系数,因本例为单向单车道匝道,修正系数为 1。

将上述各修正值代入得:
$$FV = [51.6 + (-8) + 0 + 0 + 5] \times 1 = 48.6(\text{km/h})$$

再计算通行能力,由式(5-10)有 $C_D = CC_W f_{HV}$。

由纵坡为 -1.9%,自由流速度大于 45km/h,按表 5-33 应该采用 40km/h 的 C 值,故其基本通行能力 $C = 1\ 194\text{pcu/h}$。

查表 5-34,匝道横断面总宽修正系数 $C_W = 0.88$;查表 5-31 得车辆换算系数 E_i,根据式(5-4)计算大车混入率修正值 f_{HV}。因交通量小于 650 辆/h,故 $f_{HV} = 1$,代入得 $C_D = 1\ 194 \times 0.88 \times 1 = 1\ 051(辆/h)$,采用 1 050 辆/h。

由式(5-9):
$$Q = 250 + 100 \times 1 + 20 \times 1 = 370(\text{辆/h})$$

则：
$$V/C = 370/1\ 050 = 0.352\ 3 \approx 0.35$$

对照服务水平分级表 5-32,饱和度为 0.35 时应为二级服务水平。

第四节　高速公路与匝道连接处通行能力

一、引言

由于高速公路与匝道连接处产生分流与合流运行,造成车辆变向变速交织或交会,故车辆进出匝道与高速公路需相互协调配合,必然要影响运行车速和交通安全。而连接处为匝道的重要组成部分,它的通行能力决定了匝道和高速公路进出口的通行能力,是一个关键部位。一般所称高速公路与匝道连接处的通行能力,是指高速公路分、合流点处导引与疏通交通流的能力,它关系到高速公路外侧车道与进出口的正常运行。连接处的主要形式就相互关系来分有独立式与非独立式两种。独立式是指分流点上游 980m 范围内没有分、合流点,合流点上游 610m 范围内没有分、合流点。当相邻的分、合流点之间间距大于上述范围时,则为独立式分、合流点,可以单独进行通行能力与服务水平分析。

二、分、合流点车流运行特征

在分流点处,车辆分离运行,会影响到高速公路主线上的车流正常运行。车辆分流过程,首先是变换车道的过程,在车辆分流区范围内,离开原车道的车辆必须逐步从内侧车道向外侧车道移动。据大量的观测分析,一般驶出匝道的流量在上游不同范围内转移到最右侧车道的百分率列于表 5-35。从此表可见,随距分流点的距离变小,变换车道的比重大大增加。由于分离运行对最右侧车道正常交通流产生很大的影响,故分流点的交通运行必须考虑上游单向的总交通量与最右侧车道交通流量之间的关系及相互影响。

合流车辆绝大部分汇合于主线右侧车道,故右侧车道受影响最大,经过右侧车道逐步转移到速度较快的中间或内侧车道,在合流区范围内,留在最右侧车道的车辆逐步减少,其减少过程列于表 5-35。

分离(或汇入)流量在最右侧车道的百分率与
距分流(或合流)点距离的关系　　　表 5-35

距分流点距离(m)	1 200	1 050	900	750	600	450	300	150	0
分离流量在最右侧车道的百分率(%)	10	16	29	46	63	79	95	100	100
距合流点距离(m)	0	150	300	450	600	750	900	1 050	1 200
汇入流量在最右侧车道的百分率(%)	100	100	60	30	19	14	11	10	10

分、合流点通行能力分析主要考虑以下方面。

根据国内外理论分析与实际观测,主要相关因素为:匝道交通量 V_r,驶入匝道上游主路单向交通量 V'_f,主路单向最大交通量 V_f,与相邻上游和(或)下游匝道的距离 D_u、D_d,相邻上游和

(或)下游匝道的交通量 V_u、V_d,及匝道的形式(驶入匝道或驶出匝道等)(可参阅图 5-6 ~ 图 5-13)。

一般分析计算连接处通行能力时,要分析三个关键交通量,一是汇合交通量 V_m,它是相互汇合车流交通量之和(辆/h);二是分离交通量 V_d,是即将分离或分流的交通量(辆/h);三是主线交通量 V_f,是匝道与高速公路连接处最大的主线单向交通量,即分流点上游或合流点下游高速公路单向交通量(辆/h)。

三、通行能力计算图式

根据上述诸因素间的相互关系的分析,攻关组研究得出 11 种形式匝道的通行能力计算图式,现将常用的 8 种列于图 5-6 ~ 图 5-13。

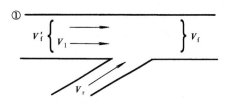

计算式:$V_1 = 136 + 0.345 V'_f - 0.115 V_r$

使用条件:

1. 四车道高速公路单车道驶入匝道,有或无减速车道。
2. 仅用于上游 610m 内无相邻驶入匝道。
3. 使用范围:$V'_f = 360 \sim 3\,100$ 辆/h;
   $V_r = 50 \sim 1\,300$ 辆/h

图 5-6 四车道高速公路单车道驶入匝道图式

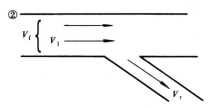

计算式:$V_1 = 165 + 0.345\,V_f + 0.520\,V_r$

使用条件:

1. 四车道高速公路单车道路驶出匝道,有或无加速车道。
2. 仅用于上游 980m 内无相邻驶入匝道。
3. 使用范围:$V_f = 360 \sim 3\,800$ 辆/h;
   $V_r = 50 \sim 1\,400$ 辆/h

图 5-7 四车道高速公路单车道驶出匝道图式

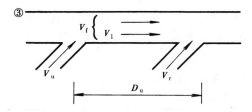

计算式:$V_1 = 123 + 0.376 V_f - 0.142 V_r$

使用条件:

1. 当 $D_u \leq 120$m 或 $V_u \geq 900$ 辆/h 时,计算结果不精确。
2. 使用范围:
   $V_f = 720 \sim 3\,300$ 辆/h,$V_r = 90 \sim 1\,400$ 辆/h;
   $V_u = 90 \sim 900$ 辆/h,$D_u = 120 \sim 610$m

图 5-8 四车道高速公路上游有相邻单车道驶入匝道的单车道驶入匝道图式

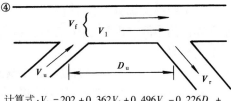

计算式:$V_1 = 202 + 0.362 V_f + 0.496 V_r - 0.226 D_u + 0.096 V_u$

使用条件:

1. 四车道高速公路单车道驶出匝道,其上游 980m 内有相邻驶入匝道,该驶出匝道有或无减速车道。
2. 使用范围:
   $V_f = 65 \sim 3\,800$ 辆/h,$V_r = 50 \sim 1\,450$ 辆/h;
   $V_u = 50 \sim 810$ 辆/h,$D_u = 210 \sim 980$m

图 5-9 四车道高速公路上游有相邻单车道驶入匝道的单车道驶出匝道图式

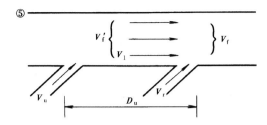

计算式：$V_1 = 574 + 0.228V'_f - 0.194V_r + 2.343D_u + 0.274V_u$

使用条件：

1. 六车道高速公路单车道驶入匝道，上游有相邻驶入匝道，有或无加速车道。
2. 使用范围：
$V'_f = 1\,620 \sim 4\,900$ 辆/h, $V_r = 90 \sim 1\,350$ 辆/h；
$V_u = 90 \sim 1\,260$ 辆/h, $D_u = 150 \sim 300$m

图 5-10　六车道高速公路单车道驶入匝道图式

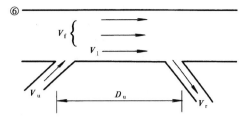

计算式：$V_1 = 94 + 0.231V_f + 0.473V_r + 65.5V_u/D_u$

使用条件：

1. 六车道高速公路单车道驶出匝道，上游有或无驶入匝道，该驶出匝道有或无减速车道。如果上游 1 700m 内无相邻驶入匝道，则 $65.5V_u/D_u = 2$。
2. 使用范围：
$V_f = 1\,000 \sim 5\,600$ 辆/h, $V_r = 20 \sim 1\,620$ 辆/h；
$V_u = 45 \sim 1\,100$ 辆/h, $D_u = 280 \sim 1\,700$m

图 5-11　六车道高速公路单车道驶出匝道图式

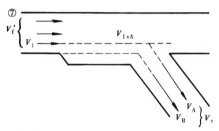

计算式：$V_{1+A} = -158 + 0.035V_f + 0.567V_r$
$V_1 = 18 + 0.060V_f + 0.072V_r$

使用条件：

1. 六车道高速公路具有至少 210m 长减速车道的双车道驶出匝道。
2. 使用范围：$V_f = 1\,900 \sim 5\,400$ 辆/h；
$V_r = 1\,000 \sim 2\,700$ 辆/h

汇合交通量 V_m 和分离交通量 V_d 的计算式：
$V_m = V_1 + V_r, V_d = V_1$

图 5-12　六车道高速公路双车道驶出匝道图式

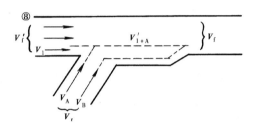

计算式：$V'_{1+A} = -205 + 0.287V'_f + 0.575V_r$
$V_1 = 54 + 0.070V'_f + 0.049V_r$

使用条件：

1. 六车道高速公路具有至少 240m 长加速车道的双车道驶入匝道。
2. 使用范围：$V'_f = 540 \sim 2\,700$ 辆/h；
$V_r = 1\,000 \sim 2\,700$ 辆/h

图 5-13　六车道高速公路双车道驶入匝道图式

四、车道分布、车辆换算与服务水平分析

1. 车道分布与车辆换算

最右侧车道大型车交通量占主线单向大型车总交通量的百分率与主线单向交通量的关系是计算最右侧车道小客车当量交通量的重要关系之一，目前常用的关系见图 5-14。在运用该图时，若求得最右侧车道中大型车交通量大于或等于最右侧车道的交通量，则仍用最右侧车道的交通量，不过全部应按大型车计算。

大中型与特大型车辆数换算为小客车当量数，大中型车的换算系数为 1.5，特大型车的换算系数为 3.0。由于特大型车比重较小，有时均以大中型车进行换算，换算系数仍用 1.5，因相差很小。

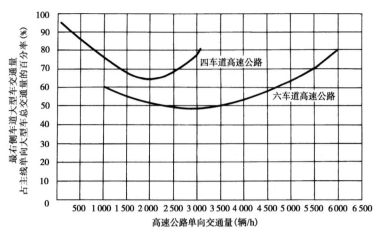

图 5-14　大型车在最右侧车道上的分布与主线单向交通总量的关系

2. 服务水平分析

分、合流点服务水平主要根据 V_m、V_d 与 V_f 三个检验点交通量的大小来确定,分三个等级。一级服务水平,车流处于不受约束的自由流运行状态,汇入与分离车辆对主线过境车流干扰很小,交通流一般稳定和流畅;二级服务水平,初期依然是稳定流,驶入匝道流量较大时还会形成车队,分离区车速也会有所降低,一般不会出现排队现象,在运行后期也可能出现难以流畅汇入,分离区附近车速降低较大;三级服务水平,流量接近通行能力,汇入行为对其他车辆产生很大的扰动,驶入匝道上形成车队,分离车辆速度下降很大,甚至会出现走走停停,合流点上游可能产生很大的交通延误,交通流极不稳定,常处于接近饱和流和强制流交替运行的状态,其服务水平划分列于表 5-36,匝道上大型车混入后交通量的修正系数 f_{HV} 列于表 5-37。大型车在最右侧车道上的分布与主线单向交通总量的关系见图 5-14。

三个检测点服务水平划分标准　　　　　　　　　　　　　　　　表 5-36

服务水平等级	汇合交通量 V_m (pcu/h)	分离交通量 V_d (pcu/h)	不同设计车速(km/h)高速公路单向交通量 V_f(pcu/h)							
			120		100		80		60	
			四车道	六车道	四车道	六车道	四车道	六车道	四车道	六车道
一	≤1 000	≤1 050	≤2 200	≤3 000	≤2 000	≤3 000	—	—	—	—
二	≤1 750	≤1 800	≤3 800	≤5 700	≤3 400	≤5 100	≤3 200	≤4 800	≤2 900	≤4 350
三	≤2 000	≤2 000	≤4 000	≤6 000	≤4 000	≤6 000	≤3 800	≤5 700	≤3 600	≤5 400

匝道上大型车混入后交通量的修正系数 f_{HV}　　　　　　　　　　表 5-37

大型车交通量占总交通量的百分率(%)	10	20	30	40	50	60	70	80
修正系数 f_{HV}	0.88	0.81	0.77	0.74	0.72	0.71	0.704	0.70

例 5-5　四车道高速公路的单车道驶入匝道,其上、下游 1 800m 范围内无相邻匝道,处于平原地区,主线设计车速为 120km/h,匝道上游主线单向交通量 V'_f = 2 000 辆/h,大型车占 50%,驶入匝道交通量为 400 辆/h,大型车占 40%,试分析其运行状态属于何种服务水平。

解:(1)据已知条件,上、下游 1 800m 范围内无相邻匝道,故此驶入匝道为独立的四车道高速公路单车道驶入匝道,可以单独进行分析。

(2)计算主线最右侧车道的交通量,利用计算图5-6,得知最右侧车道交通量为:

$$V_1 = 136 + 0.345V'_f - 0.115V_r$$
$$= 136 + 0.345 \times 2\,000 - 0.115 \times 400 = 780(辆/h)$$

(3)将实际车辆组成转换为以pcu/h为单位的小汽车当量。由于现在高速公路流量中特大型车比重很小,仅占3%左右,故对交通流的总体影响不大,采取统一按大中型车换算,其系数为1.5,则V'_f的修正系数为:

$$f_{HV} = 1/[1 + P_{HV}(E_{HV} - 1)] = 1/[1 + 0.5(1.5 - 1)] = 0.80$$

从表5-37中查得大型车占40%时,V_r的修正系数为0.74。

从图5-14中查得四车道高速公路主线单向交通量为2 000辆/h时,最右侧车道大型车占主线单向大型车总量的64%,故最右侧车道大型车交通量$= 2\,000 \times 0.5 \times 0.64 = 640(辆)$,最右侧车道大型车占全车型的百分率为640/780 = 82%。

则V_1的修正系数为:

$$f_{HV} = 1/[1 + P_{HV}(E_{HV} - 1)] = 1/[1 + 0.82(1.5 - 1)] = 0.71$$

(4)计算为转换单位的交通量:

$$V'_f = 2\,000/0.8 = 2\,500(pcu/h)$$
$$V_r = 400/0.74 = 541(pcu/h)$$
$$V_1 = 780/0.71 = 1\,099(pcu/h)$$

(5)计算检验点交通量:

$$V_m = V_1 + V_r = 1\,099 + 541 = 1\,641(pcu/h)$$
$$V_f = 2\,500 + 541 = 3\,041(pcu/h)$$

(6)评定服务水平:

根据服务水平划分表5-36,已知二级服务水平四车道车速为120km/h时,$V_f \leq 3\,800$pcu/h。而本例求出$V_f = 3\,041$pcu/h,故服务水平在一、二级之间。

汇合交通量$V_m = 1\,641$pcu/h,小于1 750pcu/h,在一、二级之间。

故总体上此驶入匝道的合流点交通运行状态处于二级服务水平。

第五节 平面交叉口通行能力

一、引言

1. 定义

两条或两条以上的道路在同一平面相交称为平面交叉,两条不同方向的车流通过平交路口时产生车流的转向、交会与交叉,平交路口可能通过此相交车流的最大交通量就是平面交叉口的通行能力。

平交路口的通行能力不仅与交叉口所占面积、形状、入口引道车行道的条数、宽度、几何线形或物理条件有关,而且受相交车流通过交叉口的运行方式、交通管理措施等方面的影响,因此,在确定通行能力时,要首先确定交叉口的车辆运行和交通管理方式。

2. 分类

平面交叉口一般可分为三大类,一类为不加任何交通管制的交叉口,二类为中央设圆形岛的环形交叉口,三类为设置色灯信号的交叉口。

目前交叉口通行能力计算在国际上并未完全统一,即使是同一类型的交叉口,其通行能力计算方法也不一样,世界各国都有自己的一套计算方法,其中以美国的方法应用最为广泛。本书以介绍欧美的计算方法为主,也吸收其他国家的方法。

3. 不同车型间的车辆换算系数

在混合交通流中,交通组成复杂,各种车型不仅所占道路空间不同,其行驶性能也相差很大,相互间的干扰严重。在进行交通量分析和交叉口通行能力计算时,均需按通行能力的当量进行换算,把混合车流中各种车型的交通量换算成标准车型或某一车型的当量交通量,其当量的比值称为车辆换算系数。

交叉口的换算系数不同于路段,路段可用连续运行中车辆的临界车头时间间隔之比换算,而交叉口则不同。信号交叉口的车辆往往要停车而后起动,所以信号交叉口的车辆换算系数通常采用停车起动时连续车流中各类车辆通过断面线的时间间隔之比作为换算依据,而环形交叉口是采用各类车辆交织或穿插所需的临界间隔时间之比,即不同类型交叉口应采用不同的换算系数。表5-38为笔者建议的换算系数,供参考选用。

建议的车辆换算系数　　　　　　　表5-38

车 辆 类 型	公 路	城 市 道 路		
		路段	信号交叉	环形交叉
1. 小型车:三轮汽车、摩托车、吉普车、小汽车、小面包车、载质量小于2.5t货车	1.0	1.0	1.0	1.0
2. 中型车:载质量为2~5t货车、中型客车(小于45座)、中型面包车	2.0	1.5	1.5	1.75
3. 大型车:载质量为7.5t货车、大型旅游车、大型公共汽车	2.5	2.0	2.0	2.5
4. 铰接车:铰接式公共汽车、无轨电车、拖挂车	3.0	3.0	3.0	3.5
5. 机动自行车、两轮摩托	0.5	0.2	0.2	0.3

二、无信号管制交叉口的通行能力

不设信号管制的交叉口大致可分为两大类,一类采用暂时停车方式,一类采用环行方式。而暂时停车方式的交叉口又可分为两面停车和四面停车两种。

四面停车用于同等重要的道路相交的路口,不分优先与非优先(即主干路与次干路),所有车辆至交叉口均需停车而后通过。两面停车通常用于主干路(优先方向)与次干路相交(非优先方向),主干路可优先通过,次干路上车辆一律停车待行,等待优先通行方向交通流的间隙通过或合流。

下面仅介绍十字形交叉口通行能力计算方法。

根据可插间隙理论,直接计算优先方向交通流中的可插间隙(车头时间间隔),即非优先方向交通可以横穿或插入的间隙数,作为非优先方向可以通过的最大交通量。

其计算原理系将主干路(优先方向)上的车流视为连续行驶的交通流,并假定车辆到达的概率分布符合泊松分布,则车辆之间出现的时间间隔分布为负指数分布,但不是所有间隔均可供次干路车辆通过或插入,只有当此间隙大于临界间隔时间 α(即50%的驾驶人可以接受)时才有可能。其次,当出现可插间隙时,次要方向的车流可以相继通过的随车时距为 β,推导出下列公式:

$$Q_{\text{非}} = \frac{Q_{\text{优}} \, \mathrm{e}^{-q\alpha}}{1 - \mathrm{e}^{-q\beta}} \tag{5-11}$$

式中:$Q_{\text{非}}$——非优先的次干路上可以通过的交通量(辆/h);

$Q_{\text{优}}$——主干路优先通行的双向交通量(辆/h);

q——$Q_{\text{优}}/3\,600$(辆/s);

α——临界间隔时间(s),对于设停车标志指示的交叉口采用6~8s,对于设让车标志的交叉口采用5~7s,这一时间数值为次干路横穿主干路所需的安全时间,实际设计时,可以实测若干数据,然后取平均值;

β——次干路上车辆间的最小车头时距(s),对于停车标志采用5s,对于让路标志可采用3s;

e——自然对数的底,可取2.718 280。

根据上式算得的次干路的通行能力列于表5-39。

次干路通行能力 表5-39

次干路管制方式	采用时间间隔(s)		主干路双向交通量(辆/h)				
	α	β	800	1 000	1 200	1 400	1 600
停车标志	8	5	200	140	100	75	45
	7	5	250	190	140	110	80
	6	5	315	250	200	160	125
让路标志	7	3	350	250	185	135	95
	6	3	—*	335	255	200	150
	5	3	—	440	360	290	230

注:* 次干路通行能力超过主干路双向交通量的一半一般是很少出现的。

美国各州公路工作者协会根据使用经验,认为不设信号管制交叉口若要不影响主干路(优先)上车流的通过,次干路可通过的车流量应不超过表5-40的数值。

美国规定的主干路优先时次干路通行能力的经验值(单位:辆/h) 表5-40

路　别	主干路为双车道			主干路为四车道		
主干路	400	500	650	1 000	1 500	2 500
次干路	250	200	100	100	50	25

主干路(优先方向)的通行能力可按路段通行能力计算或稍低,再加上次干路(非优先方向)的通行能力,即为交叉口的全部通行能力。

三、环形交叉口的通行能力

1. 概述

环形交叉口是在几条道路相交的交叉口中央,设置圆岛或带圆弧形状的岛,使进入交叉口的所有车辆均以逆时针方向绕岛行驶,其运行过程一般为先在不同方向汇合(合流),接着于同一车道先后通过(交织),最后分向驶出(分流),可避免直接交叉、冲突和大角度碰撞,其实质为自行调节的渠化交通形式。其优点为车辆可以连续行驶,安全,不需要管理设施,平均延误时间短,很少制动、停车,节约用油,随之噪声低、污染小。缺点为占地大,绕行距离长,当非机动车和行人过多及有直向行驶的电车时不宜采用。

2. 分类

环形交叉口按其中心岛直径的大小分为以下三类:

1) 常规环形交叉口

其中心岛为圆形或椭圆形,直径一般在25m以上,交织段长度和交织角大小有一定要求,入口引道一般不扩大成喇叭形,现在我国各城市的主要环形交叉口均属此类[图5-15a)]。

2) 小型环形交叉口

其中心岛的直径小于25m,引道入口处适当加宽建成喇叭形,使车辆便于进入交叉口,此类环形交叉口为英国所常用[图5-15b)],其优点是可以提高环形交叉口的通行能力,少占用地。我国有些城市也有这类小型环形交叉口,如福州的南门兜小环。

小型环形交叉口(图5-16)的特点有:

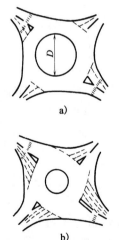

图5-15 常规环形交叉口与小型环形交叉口
a)常规环形交叉口;b)小型环形交叉口

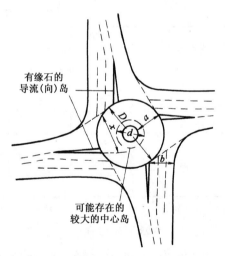

图5-16 小型环形交叉口特点示意图

(1) 在停车线上增加车道数。
(2) 中心岛直径 d 约为 $D/3$,并小于 8m。
(3) x 不小于 25m(x 为停车线至右侧冲突点距离)。
(4) 环道宽 a 小于前一个入口宽 b。
(5) 入口渐变段为 1:6,出口则为 1:12。

(6) 设偏向导流岛,不使进入车辆直穿。

3) 微型环形交叉口

多为三路或四路相交,其中心岛直径一般小于 4m,不一定做成圆形,也不一定非高于路面不可,可以用白色涂料画成圆圈,或做成不同颜色,主要起引导与分隔作用,此外,还有双环岛环形交叉口(图 5-17)、引道错位环形交叉口(图 5-18)、按让路原则设计的环形交叉口(图 5-19)、多岛式环形交叉口和双向行车环形交叉口等。

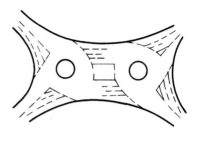

图 5-17 双环岛环形交叉口

我国不少城市,如长春、沈阳、哈尔滨、大连、南京、长沙、广州等,均曾有不少环形交叉口,担负过繁重的交通运转任务,使用效果一般很好。特别是结合城市的规划布局,作为小区中心、城乡接合处,以及在解决复杂畸形交叉方面起了巨大作用,但是交通量过大就无法适用,且在管理方面难以控制。

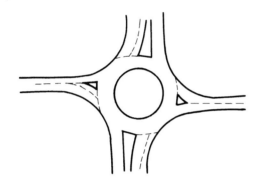

图 5-18 引道错位环形交叉口

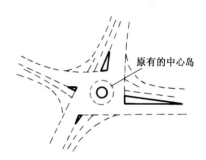

图 5-19 按让路原则设计的环形交叉口

在国外,特别是英国(靠左侧通行)对于交叉口进行了长期认真的研究,自 1966 年起对环形交叉口实行了右侧优先通行法规(因英国实行左侧行车法则,故在右侧行车的我国则为左侧先行),即规定行驶在环道上的车辆与由环道驶出的车辆均可以优先通行,而进入环道的车辆必须让路给环道上的车辆与驶出的车辆,要等环行车辆之间出现可插车间隙,才能驶入环道。为使引道上的车辆能有更多的机会驶入环道,常需要增加引道的车道数,这样就发展成为带扩大喇叭口的新型交叉口。由于利用间隙插入,无须过长的交织段,故中心岛直径也可减小,环道宽度可以加大,其通行能力可以增大 20% 左右。

3. 常规环形交叉口通行能力的计算

计算常规环形交叉口的通行能力,各国均有独特的公式,其中较著名的和使用较广泛的公式有如下几种。

1) 沃尔卓普公式

$$Q_M = \frac{354W\left(1 + \dfrac{e}{W}\right)\left(1 - \dfrac{P}{3}\right)}{1 + \dfrac{W}{l}} \tag{5-12}$$

式中:Q_M——交织段上最大通行能力(辆/h);

l——交织段长度(m);
W——交织段宽度(m);
e——环形交叉口入口引道平均宽度(m), $e = (e_1 + e_2)/2$;
e_1——入口引道宽度(m);
e_2——环道突出部分宽度(m);
P——交织段内进行交织的车辆与全部车辆之比。

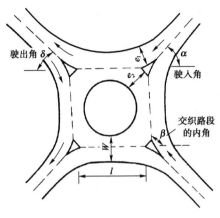

图 5-20 常规环形交叉口计算图式

上述常规环形交叉口的几何参数示于图5-20,此公式适用于下列条件:

(1)引道上没有因故暂停的车辆。
(2)环形交叉口位于平坦地区,纵坡坡度小于或等于4%。
(3)各参数应在下列范围内,如超出,则公式就要失效。其范围为:$W = 6.1 \sim 18.0 \text{m}$, $e/W = 0.4 \sim 1.0$, $W/l = 0.12 \sim 0.4$, $e_1/e_2 = 0.34 \sim 1.41$, $P = 0.4 \sim 1.0$。一般驶入角 α 宜大于 30°,驶出角 δ 应小于 60°,两交织路段内角 β 不应大于 95°。

如交叉口四周进出口处过街行人众多,影响车流进出,则其通行能力应适当折减。

根据使用经验和实际观察资料的检验,一般设计通行能力采用上述公式计算最大值的80%,故可将式(5-12)修改为:

$$Q_p = \frac{280W\left(1 + \dfrac{e}{W}\right)\left(1 - \dfrac{P}{3}\right)}{1 + \dfrac{W}{l}} \tag{5-13}$$

在混合交通情况下,应将各类车辆换算成小客车,对环形交叉口,换算系数可采用小型车为1,中型车为1.5,大型车为3.0,特大型车(拖挂车)为3.5。

2)英国环境部暂行公式

由于实行"右侧先行"法规,沃尔卓普公式不能适应,英国为适应新的法规,又重新制定此暂行公式,它适用于采取右侧优先通行的常规环形交叉口,其具体形式如下:

$$Q = \frac{160W\left(1 + \dfrac{e}{W}\right)}{1 + \dfrac{W}{l}} \tag{5-14}$$

式中:Q——交织段通行能力(pcu/h),其中载货汽车占全部车辆数的15%,重车超过15%时要进行修正,用于设计目的时应采用 Q 值的85%;

式中其他符号意义与数值同前。

例 5-6 某常规环形交叉口为四路交会,实行右侧优先规则。其几何图形与车流量、流向示于图 5-21,为简化计算,车辆均以小客车计,主要参数为 $W=15\mathrm{m}, l=40\mathrm{m}, e=10\mathrm{m}$,求其交织段的通行能力,并验算现有车流量是否已超过其通行能力。

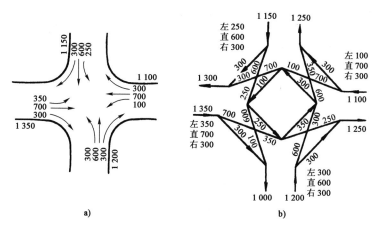

图 5-21 某环形交叉口各向车流及网状图(单位:pcu/h)
a)各向车流;b)网状图

解:

$$Q = \frac{160W\left(1+\dfrac{e}{W}\right)}{1+\dfrac{W}{l}} = \frac{160\times15\left(1+\dfrac{10}{15}\right)}{1+\dfrac{15}{40}} = 2\,909(\mathrm{pcu/h})$$

设计通行能力采用最大值的 85%,故:

$$Q_\mathrm{p} = 2\,909\times0.85 = 2\,472(\mathrm{pcu/h})$$

根据图 5-21a)可绘出流向流量网状图,如图 5-21b)所示;然后计算各交织段车流量,列于表 5-41。

各交织路段车流量计算表(单位:pcu/h) 表 5-41

交 织 段	车流量组成	合 计
东北	350 + 300 + 600 + 300 + 700 + 100	2 350
西北	300 + 100 + 700 + 300 + 600 + 250	2 250
西南	100 + 250 + 600 + 350 + 700 + 300	2 300
东南	250 + 700 + 300 + 300 + 600 + 300	2 450

由上表可知,各交织路段的车流量均小于设计通行能力 2 472pcu/h,其中东南交织段的车流量较接近,但未超过。

用沃尔卓普公式计算,设 $P=0.9$,则:

$$Q = \frac{280W\left(1+\dfrac{e}{W}\right)\left(1-\dfrac{P}{3}\right)}{1+\dfrac{W}{l}} = \frac{280\times15\left(1+\dfrac{10}{15}\right)\left(1-\dfrac{0.9}{3}\right)}{1+\dfrac{15}{40}} = 3\,562(\mathrm{pcu/h})$$

各交织路段车流量均未超过此值,故可以通过,但与式(5-14)计算结果相较约大 30%。
我国通过大量的实测资料和理论分析,认为在科学管理的条件下,常规环形交叉口的通行能力可采用表 5-42 所列数值。

常规环形交叉口设计通行能力建议值　　　　　表 5-42

机动车通行能力(pcu/h)	2 700	2 500	2 300	2 000	1 800	1 600	1 400
自行车通行能力(辆/h)	3 000	5 000	7 000	10 000	12 000	14 000	26 000

4. 小型环形交叉口通行能力的计算

小型环形交叉口的中心岛直径小于 25m,环道较宽,出、入口均呈喇叭形,车流运行已不存在交织方式,各入口车流可按同一方向相互穿插运行,各类车辆运行时可较好地相互调剂,整个环形交叉口的流量变化要比个别路口的车流量变化小。研究人员在所有引道入口均呈饱和状态情况下进行多次试验,得出了整个环形交叉口通行能力的简化计算公式。

1) 英国运输与道路研究所公式

$$Q = K_1(\sum W + \sqrt{A}) \tag{5-15}$$

式中: Q——环形交叉口的实用总通行能力(pcu/h);

$\sum W$——所有引道基本宽度的总和(m);

A——引道拓宽所增加的面积(m^2), $A = \sum a$;

K_1——系数[pcu/(h·m)],三路交叉 $K_1 = 80(70)$ pcu/(h·m),四路交叉 $K_1 = 60(50)$ pcu/(h·m),五路交叉 $K_1 = 55(45)$ pcu/(h·m)。(注:括号内数字为英国 $H_2/75$ 技术文件所规定,括号外数字为 OZCD 组织所规定。)

设计通行能力 Q_P 应采用上述公式计算值的 80%,计算图式参见图 5-22。

2) 纽卡塞(New Castle)公式

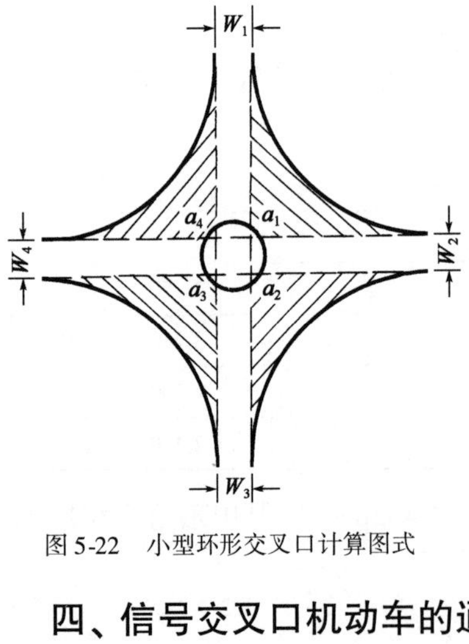

纽卡塞对式(5-15)做了进一步简化,将 A、W 两参数均归纳为内接圆直径 D,然后根据道路条数取用 K_2 来进行调整,即:

$$Q = K_2 D \tag{5-16}$$

式中: Q——实用总通行能力(pcu/h);

D——内接圆直径(m),如交叉口为椭圆中心岛,则取长轴与短轴的平均值;

K_2——系数(pcu/h),三路交叉 $K_2 = 150$pcu/h,四路交叉 $K_2 = 140$pcu/h。

实际设计时,车流量应保持在此公式计算值交通量的 85% 以下。此式由于仅归结为 K_2、D 两参数,忽略了交通情况,使用时不易掌握。

图 5-22　小型环形交叉口计算图式

四、信号交叉口机动车的通行能力

1. 概述

交叉口信号由红、黄、绿三色信号灯组成,用以指挥车辆的通行、停止和左右转弯,随信号灯色的变换,车辆通行权由一个方向转移给另一个方向,根据信号周期长度及每个信号相位所占时间的长短,可以计算出交叉口的通行能力。大、中城市街道交通繁忙的平面交叉口一般都设置信号灯管制交通。因此,信号交叉口的通行能力计算与信号控制设计有密切关系。现介绍近年来我国常用的计算方法。

2. 信号交叉口的运行特征

交叉口是两条以上道路相交的区域,车辆由此通过,并转换方向,其运行路线必须相互交织或交叉,加上色灯信号控制、指挥车辆前进、停止或转变方向,这就不可避免地要减速、制动、停车或起动、加速、转向。同时,由于红灯周期性地定时出现,所以必然要导致停车等候和时间损失。

据北京和南京的实际观测,直行车辆通过交叉口的时间损失,平均每辆车为20~40s,其中50%车辆无损失,30%车辆损失50s,20%车辆损失10s;左转车每辆损失时间为30~50s,平均为38s,其中30%的车辆损失时间超过50s,10%车辆损失在10s以下;右转车辆时间损失为10~20s,平均为15s左右。当然,这个数字将随各交叉口交通量的饱和度而变,交通量大就要等候很长的时间,反之等候时间就少。

对于非机动车的干扰,在路段上由分车带或隔离墩分隔,机动车与非机动车相互影响小。而在交叉口范围内,各种车辆混合行驶,转弯时相互穿插,在自行车高峰时,机动车差不多处于非机动车的包围之中,要实现方向转换是困难的。若在环形交叉口的环道上用隔离墩使机动车与非机动车分流行驶,相应干扰就减少了,但是相互借用道路的可能就不存在了。

3. 信号灯交叉口通行能力的计算

交叉口的通行能力是指交叉口各相交道路入口引道通行能力之和,而每个入口引道的通行能力又分为直行、右转和左转三种情况。国内常用的计算方法有两种。

1)《城市道路工程设计规范》(CJJ 37—2012)所采用的方法

十字形交叉口的设计通行能力为各入口引道设计通行能力之和。

(1)入口引道设计通行能力为各入口引道设计通行能力之和

①一条专用直行车道设计通行能力 C_s(pcu/h)计算公式:

$$C_s = \frac{3600}{T_C}\left(\frac{t_g - t_o}{t_i} + 1\right)\sigma \tag{5-17}$$

式中:T_C——信号周期(s);

t_g——信号周期内的绿灯时间(s);

t_o——变为绿灯后第一辆车起动并通过停止线的时间(s),可采用2.3s;

t_i——直行或右转车辆通过停止线的平均间隔时间(s);

σ——直行车道通行能力折减系数,可采用0.9。

②一条直右车道设计通行能力 C_{sr}(pcu/h)计算公式:

$$C_{sr} = C_s \tag{5-18}$$

③一条直左车道设计通行能力 C_{sl}(pcu/h)计算公式:

$$C_{sl} = C_s\left(1 - \frac{\beta'_l}{2}\right) \tag{5-19}$$

式中:β'_l——直左车道中左转车所占比例。

④一条直左右车道设计通行能力 C_{slr}(pcu/h)计算公式:

$$C_{slr} = C_{sl} \tag{5-20}$$

(2)根据入口引道车辆左、右转车比例计算

①入口引道设有专用左转和专用右转车道时,入口引道设计通行能力按下式计算:

$$C_{elr} = \frac{\sum C_s}{1 - \beta_l - \beta_r} \tag{5-21}$$

式中：C_{elr}——设有专用左转和专用右转车道时，入口引道的设计通行能力(pcu/h)；

$\sum C_s$——入口引道直行车道设计通行能力之和(pcu/h)；

β_l——左转车占入口引道车辆的比例；

β_r——右转车占入口引道车辆的比例。

② 入口引道设有专用左转车道而未设专用右转车道时，入口引道的设计通行能力应按下式计算：

$$C_{el} = \frac{\sum C_s + C_{sr}}{1 - \beta_l} \tag{5-22}$$

式中：C_{el}——设有专用左转车道时，入口引道的设计通行能力(pcu/h)；

$\sum C_s$——入口引道直行车道设计通行能力之和(pcu/h)；

C_{sr}——入口引道直右车道设计通行能力(pcu/h)。

专用左转车道的设计通行能力：

$$C_l = C_{el}\beta_l \tag{5-23}$$

③ 入口引道设有专用右转车道而未设专用左转车道时，入口引道的设计通行能力应按下式计算：

$$C_{er} = \frac{\sum C_s + C_{sl}}{1 - \beta_r} \tag{5-24}$$

式中：C_{er}——设有专用右转车道时，入口引道的设计通行能力(pcu/h)；

$\sum C_s$——入口引道直行车道设计通行能力之和(pcu/h)；

C_{sl}——入口引道直左车道设计通行能力(pcu/h)。

专用右转车道的设计通行能力：

$$C_r = C_{er}\beta_r \tag{5-25}$$

(3) 因对面左转影响入口引道导致的设计通行能力的折减

在一个信号周期内，对面到达的左转车超过3~4辆时，应折减入口引道各种直行车道（包括直行、直左、直右及直左右等车道）的设计通行能力。

当 $C_{le} > C'_{le}$ 时，入口引道的设计通行能力按下式折减：

$$C'_e = C_e - n_s(C_{le} - C'_{le}) \tag{5-26}$$

式中：C'_e——折减后入口引道的设计通行能力(pcu/h)；

C_e——入口引道的设计通行能力(pcu/h)；

n_s——入口引道各种直行车道数；

C_{le}——入口引道左转车道设计通行能力(pcu/h)：

$$C_{le} = C_e\beta_l \tag{5-27}$$

C'_{le}——不折减入口引道各种直行车道设计通行能力的对面左转车数(pcu/h)，当交叉口小时为$3n$，大时为$4n$，n为每小时信号周期数。

2) 停车线法

该计算方法由北京市政设计院提出。它是以入口引道的停车线作为基准面，认为凡是通过该面的车辆就已经通过交叉口，所以称为停车线法。其计算方法如下：

(1) 一条专用直行车道的通行能力

$$N_{直} = \frac{3\,600}{T_{周}} \cdot \frac{t_{绿} - t_{损}}{t_{间}} \quad (辆/h) \qquad (5\text{-}28)$$

式中：$T_{周}$——信号灯周期时间(s)，一般取用 60~90s，亦有用到 120s；

$t_{绿}$——一个周期内的绿灯时间(s)，在周期时间确定后，可按两相交道路的入口引道上交通量之比确定绿灯与红灯时间之比；

$t_{损}$——一个周期内的绿灯损失时间(s)，包括起动、加速时间，车辆通常在绿灯前的黄灯时间已做好准备，待绿灯一亮即可开动，故一般只计加速时间损失，而不计反应和起动的时间损失，而加速时间损失可用 $t_{加} = v/2a$ 计算；

v——直行车辆通过交叉口的车速(m/s)；

a——平均加速度(m/s²)，根据实际观察：小型车 $a = 0.6 \sim 0.7\text{m/s}^2$，中型卡车 $a = 0.5 \sim 0.6\text{m/s}^2$，大型车 $a = 0.4 \sim 0.5\text{m/s}^2$；

$t_{间}$——前后两车接连通过停车线的平均间隔时间(s)，单纯的小型车车流平均为 2.5s，大型车平均为 3.5s，铰接车平均为 7.5s。

对于混合行驶的车辆，可归结为小型车和大型车两类，一般情况下，若铰接车所占比例不大，可直接归入大型车，如其所占比例很大，则可单独计算。与混合车流中不同比例大小型车对应的平均车头间隔时间 $t_{间}$ 见表 5-43。

与混合车流中不同比例大小型车对应的 $t_{间}$　　　表 5-43

大型车：小型车	0:10	1:9	2:8	3:7	4:6	5:5	6:4	7:3	8:2	9:1	10:0
实测 $t_{间}$ 平均值(s)	2.5	2.58	2.65	2.96	3.12	3.26	3.30	3.34	3.42	3.46	3.5

(2) 一条右转专用车道的通行能力

原则上可按直行方法计算，将直行的通过时间换成右转的通过时间，一般采用下式：

$$N_{右} = \frac{3\,600}{t_{右}} \quad (辆/h) \qquad (5\text{-}29)$$

式中：$t_{右}$——前后两右转车辆连续驶过停车线的间隔时间(s)，根据观测，大、小车各占一半时平均值约为 4.5s，单纯为小车时平均值为 3~3.6s。

在没有过街行人和自行车阻滞情况下，一条右转车道的通行能力可达 1 000~1 200 辆/h，实际上由于过街行人、自行车的影响变化很大，一般视具体情况进行分析。多采用减去行人、自行车占用时间的方法，余下为可供右转车通行的时间。

(3) 一条左转专用车道的通行能力

$$N_{左} = n \cdot \frac{3\,600}{T_{周}} \quad (辆/h) \qquad (5\text{-}30)$$

其中：

$$n = \frac{t_{黄绿} - \dfrac{v_{左}}{2a}}{t_{左}}$$

式中：n——在一个周期内允许左转弯的车辆数(辆)；

$T_{周}$——信号周期时间(s)；

$t_{黄绿}$——一个周期内专门用于通过左转车的黄绿灯时间(s)；

$v_左$——左转车的行驶速度(m/s);

a——左转车的平均加速度(m/s²);

$t_左$——左转车通过停车线的车头时距(s)。

(4)不设专用左转信号时一条左转车道的通行能力

根据我国交通规则,二相位条件下绿灯时允许车辆直行或右转,在不妨碍直行车行驶的条件下准许车辆左转。黄灯亮时不准许车辆左转、掉头或右转,但已越过停车线的车辆可以继续前进,因此,实现左转有以下三种可能:

①利用初绿时间通过。左转车超前驶过与对向直行车冲突的地点,其条件为左转车至冲突点处应较对向直行车至冲突点处为近,使左转车有可能超前通过该点而不致碰撞,如每周期内利用此时间通过 n_1 辆车,则每小时可通过的左转车为 $3\,600n_1/T$ 辆。

②利用对向直行车的可插车间隙通过。在对向直行车交通量不大的情况下,左转车利用其可插车间隙通过,其允许通过的车辆数视对向直行车可能提供的可插车间隙数而定。如每周期可通过 n_2 辆,n_2 按下列方法确定。根据实测,左转车穿越直行车所需的可插车间隙为8s左右,直行车的车头时距为3.5~4s,故可插车间隙约为直行车车头时距的2倍,则每个周期可能通过的左转车辆数 n_2 最多等于一条直行车道一个周期的直行通行能力 $N_直$ 减去每个周期实际到达的直行车 $N'_直$ 并除以2,即:

$$n_2 = \frac{N_直 - N'_直}{2} \quad (辆/周期) \tag{5-31}$$

其中:

$$N_直 = \frac{t_绿 - \frac{v}{2a}}{t_i} \quad (辆/周期)$$

式中:$t_绿$——一个周期内开放的绿灯时间(s);

v——直行车的车速(m/s);

a——直行车的平均加速度(m/s²);

t_i——直行车的车头时距(s)。

③利用黄灯时间通过。左转车辆至冲突点前排队等候,待黄灯出现,左转车迅速起动,则每周期可能通过的左转车由式(5-32)确定:

$$n_3 = \frac{t_黄 - t_损}{t_左} \quad (辆/周期) \tag{5-32}$$

式中:$t_损$——由于加速而损失的黄灯损失时间(s),$t_损 = v/2a$;

v、a——左转车速与加速度,数值同前。

则总共可通过的左转车流量为:

$$N_左 = \frac{3\,600}{T_周}(n_1 + n_2 + n_3) \quad (辆/h) \tag{5-33}$$

(5)直、左混行时一条车道的通行能力

同一条车道上有直、左混行时,因去向各异,相互干扰,甚至引起停车,因此应乘以适当的折减系数 K。同时,由于左转车通过时间往往大于直行车通过时间,一般约为直行车通过时间的1.75倍,故应将左转车的所占比例乘以1.75,设 $n_左$ 为左转车所占百分率,则:

$$N_{直左} = N_{直} \frac{K}{1 + \frac{3}{4} n_{左}} \quad (辆/h) \tag{5-34}$$

系数 K 可用 $0.7 \sim 0.9$，一般可通过观测确定。

（6）直、右混行时一条车道的通行能力

原理同上，但右转车所占时间一般为直行车的 1.5 倍。以 $n_{右}$ 表示右转车所占百分率，则：

$$N_{直右} = N_{直} \left(1 - \frac{n_{右}}{2}\right) K \quad (辆/h) \tag{5-35}$$

则整个信号交叉口的通行能力为各个进口的直行、左转、右转各项通行能力之和。

4. 交叉口的服务水平

对于平面交叉口，确定服务水平的原理与路段相同，但具体表达指标与路段不同。因平交各路口的通行能力不能作为交叉口的整体通行能力，只能用各路口的 V/C 表示各入口引道的服务水平。此外，平面交叉口的交通服务水平要受到交通控制及通过交叉口所需时间、延误时间、停车时间、停车次数和频率等影响。

信号交叉口的交通服务水平还研究得不够，建议采用表 5-44 指标。

建议的交叉口服务水平划分标准　　　　表 5-44

指标	等级				
	一	二	三	四	五
交通负荷系数 Z	<0.6	0.6~0.7	0.7~0.8	0.8~0.9	>0.9
效率系数 E^*	>0.8	0.8~0.65	0.65~0.5	0.5~0.35	<0.35
交叉口受阻车辆(%)	<10	10~15	15~20	20~30	>30
延误时间 t(s/辆)	<30	30~40	40~50	50~60	>60
排队长度 L(m)	<30	30~60	60~80	80~100	>100

注：* E 是车辆在交叉口处的行车速度与路段上的行车速度之比值，它反映交叉口车辆受阻的程度。

第六节　非机动车道通行能力

根据《中华人民共和国道路交通安全法》，非机动车是指以人力或者畜力驱动，在道路上行驶的交通工具，以及虽有动力装置驱动但设计最高时速、空车质量、外形尺寸符合有关国家标准的残疾人机动轮椅车、电动自行车等交通工具。我国现阶段城市道路上的非机动车主要是自行车（包括传统人力自行车和电动自行车）。据统计，随着经济发展和家用小汽车的快速增长，我国城市自行车出行比重有所下降，但仍占较大比重，在许多城市，自行车仍是居民中短距离出行的主要交通工具。作为一种绿色健康的交通方式，自行车交通应在城市交通系统中发挥其应有的重要作用。研究道路上自行车的交通特性、运行规律和通行能力，可以为城市规划、道路网规划和设计提供理论数据和计算方法，对自行车专用道系统的规划设计和城市交通管理等具有重要的作用。

我国的《城市道路工程设计规范》(CJJ 37—2012) 已将自行车交通列入，在专门的条文中对自行车的通行能力做出了明确规定。下面简要介绍自行车道通行能力的分析计算方法。

一、理论通行能力

一条自行车道的理论最大通行能力 $N_{理}$ 可按"车头间距"的原理进行计算。

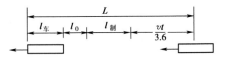

图 5-23 自行车通行能力计算图式

1. 按车头间距计算

图 5-23 为自行车车头间距示意图,最小的纵向安全车头间距 L 可按下式计算:

$$L = \frac{vt}{3.6} + \frac{v^2}{254(\varphi \pm i)} + l_0 + l_{车} \quad (\text{m}) \tag{5-36}$$

令:

$$\beta = \frac{1}{254(\varphi \pm i)}$$

则:

$$N_{理} = \frac{1\,000v}{L} = \frac{1\,000v}{\frac{vt}{3.6} + \beta v^2 + l_0 + l_{车}} \quad (\text{辆/h}) \tag{5-37}$$

式中:v——车速(km/h),大多数自行车为 15km/h;

t——反应时间(s),一般为 0.5~1.0s,平均用 0.7s;

β——制动系数,可按 $\beta = 1/254(\varphi \pm i)$ 计算;

φ——轮胎与路面间的黏着系数,取 0.3~0.6;

i——道路纵坡度,在平坦道路上可取 0;

l_0——安全间距(m),可取 1m;

$l_{车}$——自行车的车身长度(m),常用 1.9m。

将各参数代入式(5-37)即得出一条自行车道的理论通行能力,计算结果见表 5-45,由表中数据可知,其通行能力为 1 300~2 000 辆/h。需要注意的是,对于电动自行车占较大比重的自行车道,应考虑电动自行车在车速、反应时间、制动性能等方面不同于人力自行车的特性,合理确定各参数取值。

自行车一条车道的理论通行能力计算值   表 5-45

自行车车速 (km/h)	$\frac{vt}{3.6}$	$\beta = \frac{1}{254(\varphi + i)}$	βv^2	$L = \frac{vt}{3.6} + \beta v^2 + l_0 + l_{车}$	$N_{理} = \frac{1\,000v}{L}$	附 注
很慢速 5	0.97	0.007 9	0.20	4.07	1 229	$t = 0.7$
慢速 10	1.94	0.007 9	0.79	5.63	1 776	$\varphi = 0.5$
较慢速 15	2.91	0.007 9	1.78	7.58	1 979	$i = 0$
中速 17	3.31	0.007 9	2.28	8.44	2 002	$l_0 = 1.0$
快速 20	3.88	0.007 9	3.16	9.94	2 012	$l_{车} = 1.9$

2. 按车头时距计算

只要测得连续行驶的自行车流中前后两车的最小车头时距 t_i 值,即可用下式计算:

$$N_{时} = \frac{3\,600}{t_i} \quad (\text{辆/h}) \tag{5-38}$$

式中：t_i——自行车连续行驶时纵向最小车头安全时距(s)。

据南京和北京大量观察数据的统计，t_i 的最小值为 1.2s，最大值为 2.37s，平均为 1.8s，代入上式算得 $N_{时}$ 为 1 500~3 000 辆/h，平均为 2 000 辆/h。这与上述按车头间距计算的数字相差较大，主要原因是实际行驶时车辆之间并不是串列排队骑行，而是交织骑行，同时往往保留足够的安全间距，另一方面也因为前车在行驶中不能立刻停下，有一定的制动距离，所以实际测得的两车间的时间间距要较理论计算上的保持时距为小。

此外，观察 t_i 值时要测定整个断面的通过量而后换算单车道的车头时距，因自行车非常灵活，往往不按车道线串列行驶而是相互穿插或几辆并排行驶，观测时应予以注意。

二、设计通行能力

1. 长路段设计通行能力

其计算公式为：

$$N_{长} = C_1 \cdot N_{可} \quad (5-39)$$

式中：$N_{长}$——长路段（一般认为 5km 左右）每米宽度自行车道（一条车道）的设计通行能力（辆/h），它不考虑交叉口或其他纵横向干扰的影响；

C_1——考虑到街道的性质、重要性和使用要求而定的街道等级系数，根据城市道路规范编写组的研究，快速干路、主干路的 C_1 定为 0.8，次干路和支路的 C_1 定为 0.9；

$N_{可}$——每米宽度内自行车连续行车 1h 的通过量 [辆/(h·m)]。

2. 短路段设计通行能力（即实际城市街道的路段通行能力）

根据北京、南京、福州等城市对 $N_{可}$ 值的测定，先后获得 13 万多个数据（表 5-46），分为有分隔带和无分隔带两种，无分隔带路段的 $N_{可}$ 为 0.51 辆/(s·m)，有分隔带路段的 $N_{可}$ 约为 0.58 辆/(s·m)，故：

无分隔带的 $N_{可} = 0.51 \times 3 600 = 1 836$ 辆/(h·m)，可取 1 800 辆/(h·m)；

有分隔带的 $N_{可} = 0.58 \times 3 600 = 2 088$ 辆/(h·m)，可取 2 000 辆/(h·m)。

单位时间通过观测断面的自行车数量 N_t　　　　表 5-46

城市名称	隔离带情况	自行车道有效宽度 $B-0.5$(m)	观察数据（辆）	自行车平均行驶速度(km/h)	每 5s 通过的自行车数量（辆）	每秒每米通过的自行车数量[辆/(m·s)]
北京	无	3.9	12 433	14.23	9.85	0.51
北京	有	5.5	8 678	16.28	17.91	0.65
南京	有	3.3	1 551	14.28	9.39	0.57
福州	有	6.5	3 096	13.44	14.50	0.45
无锡	有	3.2	2 975	12.05	10.52	0.66
平均值	无	B 为自行车道宽度 0.5m 为路缘带宽度	12 433	14.23	—	—
	有		16 300	14.01		

考虑到城市街道的路段通行能力与交叉口间距、行人过街及红绿灯周期的关系很大，路口的通行能力往往控制了路段通行能力，故设计城市街道自行车道通行能力时，应考虑路口信号灯等因素的影响。北京的观测分析资料认为路口等综合影响的折减系数 C_2 平均值约为 0.55，

故得出有交叉口路段上自行车道的设计通行能力公式：

$$N_{路段设计} = C_1 \cdot C_2 \cdot N_{可} = C_1 \cdot C_2 \cdot \frac{N_t}{B-0.5} \cdot \frac{3\,600}{t} \tag{5-40}$$

式中：t——连续车流通过时间间隔(s)。

将 C_1、C_2 和已知值代入则得：

1) 无分隔带路段的设计通行能力

快速干路、主干路的 $N_{路段设计} = 0.8 \times 0.55 \times 0.51 \times 3\,600 = 808[辆/(h \cdot m)]$，取 800 辆/(h·m)；

次干路、支路的 $N_{路段设计} = 0.9 \times 0.55 \times 0.51 \times 3\,600 = 908[辆/(h \cdot m)]$，取 900 辆/(h·m)。

2) 有分隔带路段的设计通行能力

快速干路、主干路的 $N_{路段设计} = 0.8 \times 0.58 \times 3\,600 = 918[辆/(h \cdot m)]$，取 900 辆/(h·m)；

次干路、支路的 $N_{路段设计} = 0.9 \times 0.58 \times 3\,600 = 1\,037[辆/(h \cdot m)]$，取 1 000 辆/(h·m)。

3. 信号灯交叉口设计通行能力

信号交叉口停车断面自行车通过量的研究表明，红灯后放行的前一段时间车辆比较密集，以后就逐渐减少，根据以 5s 为单位进行的大量观测，Q_1 为全部放行时间(绿灯时间)的通过量，Q_2 为每次放行前 20s 的通过量，Q_3 为每次放行时间段内最密集的 5s 的通过量，将此三项数值汇总列于表 5-47。

北京市交叉口上自行车每次放行时特征交通量汇总表　　表 5-47

交叉口	观察断面宽度(m)	放行时间平均通过量 Q_1 [辆/(5s·m)]	放行前 20s 通过量 Q_2 [辆/(5s·m)]	每次放行最大 5s 通过量 Q_3 [辆/(5s·m)]
西单	8.00	2.214	3.285	3.630
东单	3.75	2.006	3.210	3.400
崇文门	6.50	2.282	2.880	3.150
东四	5.00	1.907	2.780	3.270
双井	4.50	2.990	3.360	3.730
甘家口	6.00	2.332	2.803	3.330
地安门	4.30	2.264	3.073	3.800
珠市口	3.20	2.796	3.138	3.320
平均值	3.80	2.336	3.066	3.459

采用整个放行时间的平均通过量 Q_1 作为路口设计通行能力似乎偏低，因为有时 20s 以后的车辆很少，甚至没有什么车辆通过。采用最为密集的 5s 的通过量 Q_3，则过于密集、拥挤，可能给行车安全造成不利，且毫无余地，故亦不宜选作设计通行能力。而前 20s 的通过量虽前半段较密集，后半段就比较稀，平均来看还属于正常，故以此通过量作为交叉口的设计通行能力，可能较为安全、适中。从表 5-48 知，8 个路口的 Q_2 值位于 2.8~3.3 辆/(5s·m)之间，平均值为 3.066 辆/(5s·m)，换算为一条自行车道，每小时为 $3.066 \times 3\,600/5 = 2\,208$ [辆/(h·m)]，可取 2 200 辆/(h·m)为绿灯小时的通行能力。对于具体路口引道来说，必须乘以绿信比，例如信号周期为 60s，而绿灯时间为 30s，则其通行能力为 $2\,200 \times 30/60 = 1\,100$ [辆/(h·m)]；如绿信比为 25/60，则可得 $2\,200 \times 25/60 = 917$ [辆/(h·m)]。

对于其他小板车、三轮车、畜力车和大板车，根据使用经验和已有资料，建议参考表 5-48

选用,如设计单位有条件,亦可选择典型路段进行实际观测确定之。

各种非机动车道的宽度和建议的设计通行能力　　　　表 5-48

车辆类型		自行车	小板车	三轮车	畜力车	大板车
车身宽度(m)		0.6	0.9	1.1	1.6	2.0
一条车道宽度(m)		1.0	1.7	2.2	2.6	2.8
建议的通行能力(辆/h)	交叉口	1 000	400	350	150	200
	路段	1 200	500	400	200	250

【复习思考题与习题】

1. 道路通行能力的定义、作用、与交通量的区别和内在关系为何？试简析之。
2. 影响通行能力的主要因素有哪些？
3. 道路通行能力可分为哪几类？依据是什么？其各自定义如何？是否合理？试分析之。
4. 道路服务水平的划分依据是什么？是否合理？
5. 交通运输部规定的车辆换算系数是否合理？应以什么原则作为规定换算系数的依据？
6. 匝道与交织段的通行能力是如何定义的？其计算公式是否合理？
7. 计算环形交叉口通行能力的诸公式中何者较为合理？试简析之。
8. 信号交叉口通行能力计算中最佳周期是如何确定的？是否合理？
9. 某城镇附近有一长直段大于 5km 的双车道公路,车速为 60km/h,每条车道宽为 3.25m,一侧路肩宽 1.25m,另一侧路肩宽 0.75m,视距不足路段占 20%,沿途有少许建筑物,服务等级为二级(按日本规定计)。

(1) 求该道路的设计通行能力。

(2) 若该路上行驶有载货汽车 743 辆/h、大平板车 4 辆/h、吉普车 12 辆/h、板车 16 辆/h、自行车 120 辆/h、畜力车 3 辆/h,此时是否超过该路的设计通行能力？

10. 有两条双车道道路正交的平面交叉口,路面宽均为 6m,其交通信号机采用二相式固定周期,周期时间 $T=60s$,其中黄灯时间为 $2\times3s$,红、绿信号时间相等,各进口引道的车辆右转率为 20%,左转率为 10%,无公共汽车停靠站,过街行人不多,其影响可以忽略,求交叉口的设计通行能力。

11. 某城市有一个两条道路 AB 和 CD 相交的交叉口。车行道尺寸见图 5-24(慢车道未示出)。在 AB 道路的进口均有公共汽车停靠站,其交通量为 40 辆/h,左转车占 15%,右转车占 25%;在 CD 道路上直行交通量为 250 辆/h,左转车占 30%,右转车占 20%,行人过街不致严重影响交通。该交叉口采用二相位定周期交通信号配时,已知 AB 进口绿灯时间 $T_{GAB}=50s$,CD 进口绿灯时间 $T_{GCD}=42s$,黄灯时间为 $2\times4s$,求该交叉口的设计通行能力。

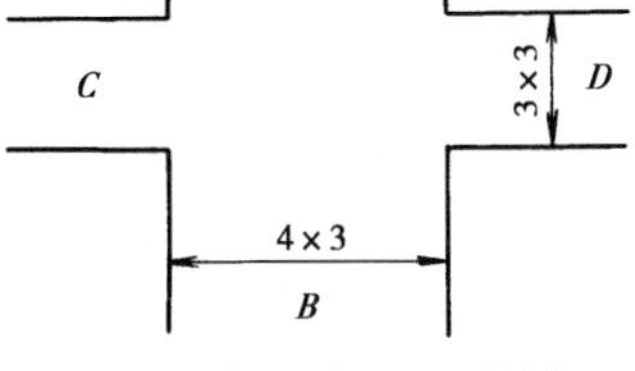

图 5-24　习题 3 示意图(尺寸单位:m)

第六章
交通规划

道路交通规划是城市综合交通规划的一个组成部分,在综合交通规划的基础上进行,为区域或城市道路的投资、建设提供科学的决策依据。为使交通运输适应国民经济发展和人民生活需要,必须对交通发展制订出全面的规划。

本章首先介绍交通规划的目的、框架、内容、方法;其次介绍交通规划数据收集工作;再介绍交通预测的原理和方法;然后讨论道路交通规划方案及对策的制订;最后简要介绍规划方案的评价与检验等。

第一节 交通规划的定义、类型与程序

一、交通规划的定义

广义的交通规划包括交通设施体系布局规划、交通运输发展政策规划(也可称"交通发展白皮书")、交通运输组织规划、交通管理规划、交通安全规划、交通近期建设规划等。狭义的交通规划主要是指交通设施体系布局规划和近期建设规划。

所谓交通规划(狭义)通常是指根据对历史和现状的交通供需状况与地区的人口、经济和土地利用之间的相互关系的分析研究,对地区未来不同的人口、土地利用和经济发展情形下的

交通运输发展需求进行分析和预测,确定未来交通运输设施发展建设的规模、结构、布局等方案,并对不同方案进行评价比选,确定推荐方案,同时提出建设实施方案(包括建设项目时序、投资估算、配套措施等)的一个完整过程。

二、交通规划的层次和类型

(1)按交通规划研究的地区范围不同,可以分为国家级交通运输规划、区域性交通运输规划和城市交通规划。

①国家级交通运输规划要对全国的综合运输网络,包括铁路、公路、内河、海运、航空、管道等运输基础设施布局和建设做出总体安排,有时还涉及国际运输通道规划(如欧亚大陆桥)。

②区域性交通运输规划包括大区域的运输网规划(如长江三角洲地区综合运输规划)、省域运输网络规划、地区或市域运输网络规划、县域交通网络规划等。

③城市交通规划。在国家级和区域性运输网络规划中,城市一般只作为一个节点来考虑。城市本身的交通系统建设和发展则需要通过城市交通规划来专门研究。城市交通规划还可分为全市性的交通规划和地区性的交通规划(如中心区或商业区交通规划、居住区交通规划、新开发区交通规划、火车站地区交通规划、航空港地区交通规划等)。

(2)按交通规划考虑的时限来分,有远期或远景战略规划、中长期规划、近期建设规划等。

①远期或远景战略规划,一般根据区域或城市长远社会经济发展战略目标,来研究确定区域或城市交通运输长远的发展战略目标和主干交通网络的总体布局。通常远期规划期限为20~30年,远景规划要展望到30~50年甚至更长的发展时期。远期或远景规划的特点是具有战略性、宏观性、指导性,同时要保证充分的弹性,以适应长远发展的不确定性。

②中长期规划,要在相对明确、可实现的社会经济发展目标和方针指导下,对区域或城市交通运输网络系统的规模、结构、布局、标准等做出系统的安排或明确的规定,以实际指导交通运输设施的实施建设。中长期规划的期限一般为10~20年。

③近期建设规划则是在上述两类规划,特别是中长期规划的指导下,对3~5年内实施建设的交通运输设施项目、时序、规模、资金乃至初步方案等做出统筹安排,同时明确实施过程中的配套政策措施。

(3)按交通规划涉及的对象和内容可划分为区域性专项交通规划和城市专项交通规划。

①区域性专项交通规划是指铁路网规划、公路网规划、水运网规划、航空港布局及航空线路规划等。

②城市专项交通规划包括城市道路网规划、城市轨道线网规划、公交线网规划、停车设施规划、加油站规划、客货运交通枢纽规划等。

三、交通规划的基本程序

开展交通规划是一项复杂的系统工程,涉及的面非常广阔,既要掌握国家和地区社会经济发展政策,又要对地区的社会经济、人口、土地、资源和交通供需状况等做广泛调查研究,更要对上述要素进行系统的、深入细致的分析预测,对规划方案做审慎的设计和评价。根据系统工程的原理,交通规划的过程一般如图6-1所示。

1. 组织准备

进行交通规划的第一步就是要做好组织工作。要制订整个交通规划的工作计划,提出规划

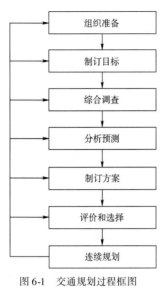

图 6-1　交通规划过程框图

工作的任务,明确有一定权威性的负责单位,建立一个能够胜任这项工作的技术小组或咨询机构,并与政府决策人员建立正常的工作关系,与其他有关部门取得联系和协作,必要时还要吸收社会各阶层人士参加审议。

2. 制订目标

为使交通规划方向明确,在规划编制之初就要界定交通规划的工作目标和规划方案需要达到的交通系统发展目标。交通规划的工作目标也就是规划编制最终提交的成果内容、要求、形式、数量,包括文本、图表等,规划方案所体现或达到的交通系统发展总体目标是:

(1)使旅客和货物具有适当的可达性。可以分解为如下子目标:

①出行时间最短。

②出行费用最少。

③提供充分的系统容量。

④保障充分的系统安全性。

⑤提供充分的系统可靠性。

(2)达到环境平衡。可以分解为如下子目标:

①提供区域内生产、就业、教育、生活平等的可达性分布。

②促进土地利用和运输设施按期望的方向发展。

③减少社会纠纷,促进地区经济、交通的可持续发展。

④减少空气和噪声污染。

3. 综合调查

交通规划的综合性,要求广泛调研和采集各方面大量的经济社会、国土资源、交通运输和环境保护等文献资料、相关规划和实况数据,其目的是充分了解掌握交通运输发展相关背景、交通供需特征及发展态势,为交通规划方案制订提供必要的信息支撑(详见本章第二节)。

4. 分析预测

调查为进行规划奠定了基础。在分析预测阶段,要对调查所取得的数据进行分析,并研究预测未来交通需求的预测技术(模型)。利用这些技术和模型对所研究区域未来若干年内的交通需求进行预测(详见本章第三节)。

5. 制订方案

利用系统分析法,根据现状分析和交通预测,对未来的交通网络提出若干可行的方案(详见本章第四节)。

6. 评价和选择

对于所提出的不同规划方案进行技术经济评价,找出既优化又现实,能满足未来交通需求的推荐规划方案(详见本章第五节)。

7.连续规划

交通规划应该是一个动态过程。这意味着今天对未来所做的任何一个方案都不是十全十美、完全有效的。因此,在规划方案实施以后,必须对交通系统进行连续的监督检验,不断更新现有的数据文件,修改规划方案。因此,真正的交通规划必定是个协调的、综合的、连续的过程。

第二节 交通规划的调查工作

社会经济系统、运输设施服务系统和交通活动系统是运输系统分析的三个基本对象。交通规划的任务归根结底是要建立这三者之间的定性、定量关系,求得它们之间的协调与平衡发展。在进行定量分析和预测之前,首先要进行这三方面的调查研究,收集必要的基础数据。

一、社会经济调查

1. 社会经济调查的目的和意义

社会经济调查是根据交通规划的需要,对所研究区域的社会经济状况做全面的了解,收集各方面的基础资料。其任务按性质可分为综合社会经济调查和对某一固定的道路及大型构造物的个别社会经济调查。

综合社会经济调查是对全国的(或某一区域、某一城市的)主要客、货运形成点的直接详细调查,取得对全国或某一区域、某一城市进行交通规划所需的基础资料。个别社会经济调查则是指对拟新建或改建的某一交通线路(航线、铁路或公路)或构造物的社会经济调查,其目的在于确定客货运量的大小,决定线路的方向、技术等级和标准,确定施工程序及论证投资效果等。这里我们主要讨论综合社会经济调查,个别社会经济调查可以参照进行。

2. 社会经济调查的内容

综合社会经济调查的内容主要包括:

(1)行政区划、分区规划、隶属关系、管辖范围、影响区域等。

(2)人口(总数、分布、构成、增长等)。

(3)土地利用(现状土地特征、建筑构成、开发程度、客货发生等,国土规划、城镇体系规划、城市总体规划、分区规划等)。

(4)国民经济发展(历史与现状地区国民生产总值、人均国民收入、工农业总产值、基本建设投资及其分配等,地区或城市国民经济与社会发展五年规划及中长期规划)。

(5)产业(历史与现状产业结构、布局、资源、运量等,相关产业发展规划)。

(6)客货运量(运输量、运输周转量、各种方式所占的比重等)。

(7)资金来源(国家投资、银行贷款、社会集资等)。

(8)社会价值(时间价值、劳动力价值、美学景观价值、人文历史价值等)。

3. 社会经济调查的步骤

社会经济调查的步骤通常分为三个阶段:准备阶段、采集阶段、整理汇总阶段。

(1)准备阶段。收集汇总调查区域内的地形、地物图册和各种已有的社会经济统计资料,拟定调查提纲、表格,制订工作计划。

(2)采集阶段。按工作计划和调查提纲进行实地采访调查、表格登记工作。

(3)整理汇总阶段。将调查得到的数据资料归并整理,推算规划年限所需的各种数据,如人口数、国民经济发展指数、客货运量、交通设施和交通工具的需求量等。

二、交通设施及其服务能力调查

交通设施和服务能力调查的目的是弄清区域内交通系统目前的供应状况,即系统目前的容量和服务水平。就道路交通而言,要收集下列一些基础数据:

(1)道路网总体状况统计数据(总长度,总面积,密度,面积率,各级、各类道路的比重、质量等),如表6-1所示。

道路网总体状况统计表　　　　　表6-1

编号_____年份_____

分类等级		道路长度		道路面积		路网密度 (km/km^2)	道路面积率[2] (%)
		总量 (km)	比重[1] (%)	总量 (km^2)	高级路面比重 (%)		
公路或城市出入口道路	合计						
	高速公路						
	一级公路						
	二级公路						
	三级公路						
	四级公路						
	其他(含等外)						
城市道路	合计						
	快速干路						
	主干路						
	次干路						
	支路						

注:1. 某级道路长度占道路总长的百分比。
　　2. 道路面积占地区总面积的百分比。

(2)路段状况统计数据(长度,面积,线形,等级,车道划分,分隔设施,路面质量,侧向、竖向净空等),如表6-2所示。

路段设施调查表　　　　　　　　　　　　　　　　　　　　　　表6-2

地点_____　日期_____　调查员_____

编号			名称	
类别	1.快速路;2.主干路;3.次干路;4.支路;5.专用道路		所在区域	1.商业区;2.工业区;3.生活区;4.混合区;5.其他
起点		终点		总长
最大纵坡(%)		平均纵坡(%)		
横断面布置图				
注明:1.用地宽度;2.路面宽度;3.车行道宽度;4.车道宽度;5.人行道宽度;6.隔离形式;7.隔离带宽度				
纵断面布置图				
注明:1.道口区间长度;2.交叉道性质、宽度;3.交叉口控制形式;4.交通管制;5.堆场作业情况				
备注	车行道最小宽度(m)		竖向净空(m)	
	侧向净空(m)		其他干扰情况	

(3)交叉口设施状况统计数据(几何形状、控制方式、分隔渠化措施等),如表6-3所示。

交叉口设施状况调查表　　　　　　　　　　　　　　　　　　表6-3

地点_____　日期_____　调查员_____

编号			名称	
交叉道口数			所在区域	1.商业区; 2.工业区; 3.生活区; 4.混合区
交叉方式	1.信号控制;2.环形交叉;3.立体交叉;4.无控制平面交叉口			
交叉口布置图				
注明:1.各入口引道宽度;2.各入口引道车行道宽;3.车道划分;4.车道分配;5.分隔渠化设施				
信号交叉口	信号周期长(s)		相位分配(有无左转相位)	
	相位长(s)		车道分配(有无左、右转车道)	
环形交叉口	中心岛半径(m)		转弯车道划分	
	环行车道宽(m)		有无分隔设施	
立体交叉口	匝道控制方式		有无附加车道	
	匝道转弯半径(m)		纵坡(%)	
备注	行人干扰情况		道路标志	
	无控制交叉口有无优先权		50m以内有无公交站台	

(4)公交线网设施状况统计数据(路线长度、经过区域、设站情况、车辆情况、服务人员等),如表6-4所示。

公交线网设施统计表　　　　表6-4

编号	起讫点	经过区域	线路长度(km)	站台数	平均站台间距(m)	运营车辆数(辆)	每车平均额定座位数(座)	服务人员数*(人)
合计								

注:* 服务人员包括驾驶人、售票员、调度员等。

(5)交通管制设施状况(交通标志、信号、标线、公安交警等)。

三、交通实况调查

交通系统的服务对象是客、货及运送客货的车辆。为了对交通设施进行规划建设,弄清这些客、货、车的出行规律,以及它们在交通网上如何分布是非常重要的。交通实况调查通常包括:起讫点调查、货物源流调查、公交运营调查、对外交通调查和路网交通流调查等内容。路网交通流调查已在本书第三章中介绍,不再重复,本节着重介绍前面三项内容。

1. 起讫点调查

1) 概念

起讫点调查,又称OD调查,是两个英文单词Origin(起点)和Destination(终点)的缩写。其目的是弄清所研究区域内人和货的交通特性,主要包括居民出行调查、流动人口出行调查、机动车出行调查等。这些调查的内容和方法基本类似,统称起讫点(OD)调查。

2) 术语

(1)起点。一次出行起始地点。

(2)终点。一次出行结束地点。

(3)出行。是指居民或车辆为了某种目的从一地向另一地的移动过程。完成一个目的算一次出行。例如:某车辆送货去某单位,送完货又去商店购买东西,然后回单位,就完成了交货、购物、回程三次出行。

(4)境界线。规定调查区范围的边界线。

(5)期望线。连接各小区形心的直线,代表小区间所发生的出行,其宽度通常按小区间出行数比例大小而定,如图6-2所示。

(6)核查线。为检查OD调查数据精度在调查区域内设置的分隔线,一般借用天然的或人工的障碍(河流、铁道等)。可设一条或多条,将调查区分隔成几个部分,用以观测穿越该线各道口的交通量,如图6-3所示。

(7)OD表。一种根据OD调查数据整理获得的表示各小区间出行量的表格,如表6-5所示。

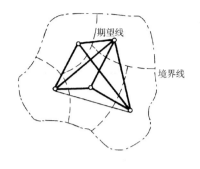

图 6-2 期望线

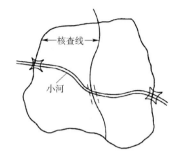

图 6-3 核查线

OD 出 行 量 表   表 6-5

O(起点)	D(终点)				合计
	1	2	3	…	
1	t_{11}[1]	t_{12}	t_{13}	…	P_1[2]
2	t_{21}	t_{22}	t_{23}	…	P_2
3	t_{31}	t_{32}	t_{33}	…	P_3
⋮	⋮	⋮	⋮	…	⋮
合计	A_1[3]	A_2	A_3	…	

注:1. t_{ij} 为第 i 区到第 j 区的出行量。

2. P_i 为第 i 区的出行生成量,$P_i = \sum_j t_{ij}$。

3. A_j 为第 j 区的出行吸引量,$A_j = \sum_i t_{ij}$。

3) OD 调查方法

OD 调查根据调查内容、要求不同,可以采用多种不同的方法。这里介绍几种最常用的方法。

(1) 家访调查。对居住在调查区内的居民进行抽样家访,由调查员当面了解该户中包括学龄儿童在内所有成员一日的出行情况,调查表的形式和项目如表 6-6 所示。

家访调查的优点是可以直接得到居民家庭中所有成员一日内详细出行情况,数据可靠,且还可同时得到出行者的许多社会经济特征资料。缺点是成本高、费时多、工作量大。

(2) 发表调查。一般用于机动车出行调查。将调查表由公安交警发至驾驶人手中,逐项填写,表格形式如表 6-7 所示。

(3) 路边询问调查。在主要道路或城市出入口上设调查站,让车辆停下,询问该车的出行情况,调查表同表 6-7。

(4) 公交月票或公交智能卡调查。对持月票或公交智能卡的这类公交乘客发表调查,了解使用者的出行情况,调查表类似于表 6-6。

(5) 基于手机数据的人员出行调查方法。手机作为一种理想的交通探测器,为居民出行信息分析提供了很好的技术选择。手机数据能够较完整地识别手机用户的出行轨迹,通过将手机数据映射至交通分析单元,并经信息预处理、匹配分析、交通模型分析处理、数据去噪、扩样等一系列海量数据运算处理,最终可获得居民出行特征及大区或中区的 OD 数据。该方法较传统调查方法具有效率高、成本低、精度高、数据丰富等优点。

无出行原因		
	正常无出行	0
	因病无出行	1

居民一日出行调查表

表 6-6

出行次序	出发时间 (h:min)	出发地点 详细地址 / 附近地物名称	起点设施代号	出行目的									出行方式									到达地点 详细地址 / 附近地物名称	到达时间 (h:min)	终点设施代号
				上班	上学	公务出差	生活购物	文娱体育	探亲访友	看病	回程	其他	步行	自行车	公交车	出租车	轻骑摩托	单位车	轮渡	火车	其他			
				1	2	3	4	5	6	7	8	9	1	2	3	4	5	6	7	8	9			
1	:																						:	
2	:																						:	
3	:			1	2	3	4	5	6	7	8	9	1	2	3	4	5	6	7	8	9		:	
4	:																						:	
5	:																						:	
6	:			1	2	3	4	5	6	7	8	9	1	2	3	4	5	6	7	8	9		:	
7	:																						:	
8	:																						:	
9	:			1	2	3	4	5	6	7	8	9	1	2	3	4	5	6	7	8	9		:	
10	:																						:	

调查员_____ 验收员_____ 编码员_____

填表日期____年____月____日

设施代号：
1. 住宅
2. 工业（工厂、仓库、建筑工地）
3. 文教（研究所、各类学校、托儿所、幼儿园）
4. 办公（各级党政机关、部、委、办、局等办公室，社会团体、街道办事处、市政管理机构）
5. 商业（各种商场、商店、菜场、小卖部、粮、煤、药、书店等）
6. 服务业（饮食店、饭馆、旅馆、招待所、邮局、银行、综合修理、服务等）
7. 文娱体育场所（公园、影剧院、文化宫、俱乐部、运动场、体育馆等）
8. 文化场所（图书馆、展览馆、博物馆、纪念馆等）
9. 医疗卫生（医院、门诊部、卫生所、疗养所、防疫站等）
10. 交通（车站、码头、机场、停车场等）
11. 农村
12. 其他

机动车一日出行调查表

表 6-7

无出行原因	无出行任务				
	其他原因				

车型		车辆所属单位属性		车辆所属单位地址			
车牌号		货车核定吨位		客车座位数（不含驾驶人）		禁区通行证级别	

出行次序	出行目的	出发地点（详细地址及附近交叉口）	出发时间（按24h填写）(h:min)	到达地点（详细地址及附近交叉口）	到达时间（按24h填写）(h:min)	载货数量(t)或载客人数(人)	所载货物名称	出行时所经过的主要街道名称或主要交叉口名称（依次填写）
1			:		:			
2			:		:			
3			:		:			
4			:		:			
5			:		:			
6			:		:			
7			:		:			
8			:		:			
9			:		:			
10			:		:			

调查员 _____ 审核员 _____ 编码员 _____

(6)基于 PDA(掌上电脑)的居民出行调查方法。为解决传统调查方法中的技术问题,基于 PDA 的居民出行调查方法利用先进的数据采集终端代替原有纸质调查表格,利用嵌入式 GIS 引擎技术和位置搜索引擎技术,结合信息全面的电子地图资源来替代原有的印刷《交通小区编码图》,通过数据采集终端采集居民的出行信息数据,并便捷地一键式导入到数据库,实现与分析应用平台的无缝衔接,从而科学便捷地得到居民出行调查分析的指标。该方法具有调查数据更精确、操作更便捷、节省时间、节约人力等优点。

(7)基于互联网的调查方法。伴随计算机技术的迅速发展,利用互联网手段进行交通调查受到了越来越多的重视与欢迎。目前,基于互联网的调查可依托既有的专业网络问卷调查服务公司,也可通过提供(移动)互联网的全方位调查专业公司,调查方式主要包括扫描二维码、App 小程序、网络链接等。基于互联网的调查方法在调查内容和问卷设计形式上与传统调查基本一致,最大的不同是调查的媒介由纸质问卷、调查员填写等方式转换为数字化电子答卷、网络上传等。

另外,还有明信片调查法、电话询问法、车辆牌照调查法等,有兴趣的读者可参阅有关交通规划方面的参考书。

2. 货物源流调查

1)调查目的

货物源流调查的目的是为分析预测货物发生(即各交通区的货物运入、运出量)、分布(即各交通区之间及各交通区与外地之间的货物来往量)提供必要的基础数据。

2)调查内容

(1)各单位的货物运入、运出量。

(2)调查日各交通区之间及各交通区与外地之间的货物来往量。

(3)各单位历年有关基础数据。

3)调查方法

(1)发表调查。可由主管单位(部门)分系统(行业)发调查表到各所属单位及其分支机构,由单位负责填写,并按与发表同系统收回。

(2)采访调查。由调查员深入各单位进行统计调查。

3. 公交运营调查

1)调查目的

(1)确定公交线网上的乘客分布规律,为公交线网优化提供依据。

(2)确定各公交线路的乘客平均乘距及乘客平均乘行时间。

(3)确定公交车辆的满载率、车载量,用于建立居民出行量与车流量之间的换算关系。

2)调查内容

(1)公交线路断面流量调查,如表 6-8 所示。

(2)调查日公交线路总的运行情况调查,如表 6-9 所示。

3)调查方法

(1)站点调查法。在每条公交线路的各停靠站设 3～4 名观测员,记录各公交车辆在各停靠站的上客数及下客数。

公交线路断面流量调查记录表　　　　　　　　　　　　表 6-8

_____路　　　调查日期_____　　　星期_____　　　天气_____

行驶方向	从　　站至　　站		起点站发车时间			终点站到达时间		
停靠站名称	1.	2.	3.	4.	5.	6.	7.	8.
上客数(人)								
下客数(人)								
站台余留人数(人)								
车内人数(人)								
发车时间								
受阻记录								

调查日公交线路总运行情况调查表　　　　　　　　　　　　表 6-9

_____路　　　调查日期_____　　　星期_____　　　天气_____

线路总配车数		调查日运行车辆数		调查日运行车辆总单程行驶次数	
运行车辆编号					
单程行驶次数					
运行车辆编号					
单程行驶次数					

(2)随车调查法。观测员在车内随车观测,在每一被调查车辆内设 2~3 名观测员(一个车门设 1 名),调查该车在各停靠站的上下客数、车内人数、站台余留人数及发车时间,如表 6-8 所列。

4. 对外交通调查

在城市交通规划中,为了解城市对外的客货运流量、流向特性和需求,进行对外交通规划,需要开展对外交通调查,这在城市交通规划课程中讲述,这里不再赘述。

第三节　交通规划的预测工作

交通预测的任务是根据对历史的和现状的社会经济、交通供应及交通特征资料的分析研究,推算规划年的交通需求。交通预测通常分四阶段进行:交通发生、交通分布、交通方式划分和交通分配。交通预测的方法和模型很多,这里只介绍预测建模的基本原理和一些最常用的方法或模型。

一、交通发生预测

交通发生预测的目的是建立分区生成的交通量与分区土地利用、社会经济特征等变量之间的定量关系,推算规划年各分区所生成的交通量。因为一次出行有两个端点,所以我们要分别分析一个区生成的交通和吸引的交通。交通发生预测通常有两种方法：回归分析法和聚类分析法，限于篇幅，这里着重介绍回归分析法。

回归分析法是一种统计学方法，根据对因变量与一个或多个自变量的统计分析，建立因变量和自变量之间的相互关系，最简单的情况是一元回归分析，其一般关系式为：

$$Y = \alpha + \beta X \tag{6-1}$$

式中：Y——因变量；
　　　X——自变量；
　　　α、β——回归系数。

如果用式(6-1)预测小区的交通生成，则以下标 i 标记所有变量；如果用它研究分区的交通吸引，则以下标 j 标记所有变量。

模型标定方法是数学上的最小二乘法。根据最小二乘法，式(6-1)中的回归系数 α、β 分别为：

$$\beta = \frac{n\sum XY - \sum X \sum Y}{n\sum X^2 - (\sum X)^2} \tag{6-2}$$

$$\alpha = \frac{\sum Y}{n} - \frac{\beta \sum X}{n} \tag{6-3}$$

式中：n——分区数；
　　　Y——因变量 Y 的观测值；
　　　X——自变量 X 的观测值。

最后得出的回归方程为：

$$\hat{Y} = \alpha + \beta \hat{X} \tag{6-4}$$

式中：$\hat{X}$——规划年的自变量值；
　　　$\hat{Y}$——规划年分区交通生成(或吸引)预测值。

例 6-1 某城市经过调查分析，认为各分区生成的出行量主要与该分区拥有的小汽车数有关，统计数据如表 6-10 所示，试建立分区出行生成量与小汽车拥有量之间的定量关系。

某城市各分区出行生成量与小汽车拥有量　　　　表6-10

分区号	1	2	3	4	5	6	7	8
分区小汽车拥有量(辆)	200	50	500	100	100	400	300	400
分区出行生成量(辆)	500	300	1 300	200	400	1 200	900	1 000

解：设分区出行生成量 Y 与分区小汽车拥有量 X 之间的关系为：

$$Y = \alpha + \beta X$$

根据最小二乘法：

$$\beta = \frac{n\sum XY - \sum X \sum Y}{n\sum X^2 - (\sum X)^2} \approx 2.48$$

$$\alpha = \frac{\sum Y}{n} - \frac{\beta \sum X}{n} \approx 89.9$$

则：

$$\hat{Y} = 89.9 + 2.48 \hat{X}$$

回归方程建立后,只要将规划年的自变量值代入回归方程,就可得到规划年的分区出行生成量。

检验回归模型与统计数据拟合良好性的标准统计量是相关系数 γ,计算式为:

$$\gamma = \frac{n\sum XY - \sum X \sum Y}{\sqrt{[n\sum X^2 - (\sum X)^2][n\sum Y^2 - (\sum Y)^2]}} \tag{6-5}$$

$$-1 \leq \gamma \leq 1$$

当 $\gamma = 1$ 时,Y 与 X 是理想的正相关;

当 $\gamma = -1$ 时,Y 与 X 是理想的负相关;

当 $\gamma = 0$ 时,Y 与 X 不相关。

例6-1 中分区出行生成量与分区小汽车拥有量之间的相关系数为 $\gamma = 0.97$。

实际上,交通生成与多种因素有关,如职业、收入、年龄等,因此一般采用多元线性回归分析。公式为:

$$Y = \alpha_0 + \alpha_1 X_1 + \alpha_2 X_2 + \cdots + \alpha_m X_m \tag{6-6}$$

式中: Y——分区出行生成或吸引量;

X_1、$X_2 \cdots X_m$——自变量;

α_0、$\alpha_1 \cdots \alpha_m$——回归系数;

m——自变量个数。

多元回归分析的原理与一元回归分析相类似。以南京市为例,其在进行居民出行发生预测时,首先考虑了居民的性别、年龄、职业、生活水平、所在区域和公休情况等因素,经过分析研究,最后确定用职业、公休、区域三个主要因素作为分析变量。

二、交通分布预测

所谓交通分布就是区与区之间的交通流流量多少的分布。现状的区与区之间的交通分布已从OD表中体现出来。交通分布预测的目的是根据现状OD分布量及各区因经济增长、土地开发而形成的交通量的增长,来推算各区之间将来的交通分布。预测方法已有很多,大体上分为两种:一是应用现状OD表来推算将来的OD表,这叫增长率法,常见的有均衡增长率法、平均增长率法、福雷特法等数种;另一类是由现状OD表选出一个重力模型,把这个重力模型作为推算将来OD表的基础,这叫重力模型法。另外还有线性回归法、介入机会法等多种方法。目前国内外在实际规划时倾向于采用重力模型法,限于篇幅,这里也只介绍这一种模型。

重力模型法考虑了各区之间交通分布受到的地区间距离、运行时间、费用等交通阻抗的影响,分原来的重力模型(简称重力模型)和修正的重力模型两种。因为这种模型与牛顿提出的万有引力公式相类似,即区之间的出行分布同各区对出行的吸引成正比,而同区之间的交通阻抗成反比,故称重力模型。

1. 重力模型

一般形式为:

$$t_{ij} = K P_i A_j f(Z_{ij}) \tag{6-7}$$

式中:$f(Z_{ij})$——i 区与 j 区之间存在的阻抗函数,由运行费用、时间和距离等表达;

K——常数,一般采用 $1/\sum_j A_j f(Z_{ij})$。

因此有:

$$t_{ij} = \frac{P_i A_j f(Z_{ij})}{\sum_j A_j f(Z_{ij})} \tag{6-8}$$

当 $f(Z_{ij}) = 1/T^{-n}$ 时,公式有如下形式:

$$t_{ij} = \frac{P_i A_j T^{-n}}{\sum_j A_j T^{-n}} \tag{6-9}$$

式中:T——i、j 两区之间的行程时间;

n——常数,是利用现状 OD 表根据最小二乘法来标定的回归参数。

例 6-2 有 1、2、3、4 四个分区,它们的将来交通生成和吸引量、1 区与其他区之间的行程时间如图 6-4 所示,求 t_{12}、t_{13}、t_{14}。

解:
由:

$$t_{ij} = \frac{P_i A_j T^{-n}}{\sum_j A_j T^{-n}}$$

假设 $n = 2$,即假定出行分布与行程时间的平方成反比,则:

$$t_{12} = \frac{100 \times \frac{250}{5^2}}{\frac{250}{5^2} + \frac{100}{10^2} + \frac{600}{15^2}} = 73$$

$$t_{13} = \frac{100 \times \frac{100}{10^2}}{\frac{250}{5^2} + \frac{100}{10^2} + \frac{600}{15^2}} = 7$$

$$t_{14} = \frac{100 \times \frac{600}{15^2}}{\frac{250}{5^2} + \frac{100}{10^2} + \frac{600}{15^2}} = 20$$

$$P_1 = t_{12} + t_{13} + t_{14} = 73 + 7 + 20 = 100$$

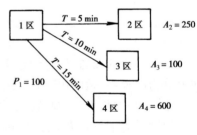

图 6-4 计算示意图

2. 修正重力模型

修正重力模型的形式为:

$$t_{ij} = \frac{P_i A_i F_{ij} K_{ij}}{\sum_{j=1}^n A_i F_{ij} K_{ij}} \tag{6-10}$$

式中:F_{ij}——行程时间系数或摩阻系数,是根据交通目的、旅行时间的不同而定出的经验数据;

K_{ij}——i 区与 j 区间的社会经济调整系数,通常取 $K_{ij} = 1$,因此,修正重力模型通常的形式为:

$$t_{ij} = \frac{P_i A_j F_{ij}}{\sum_{j=1}^n A_j F_{ij}} \tag{6-11}$$

三、交通方式划分预测

交通方式划分就是把总的交通量分配给各种交通方式。建立交通方式划分模型的依据是观测到的交通方式划分、居民出行特征和各种交通方式的运营特性。影响出行者对交通方式选择的因素有很多,如各种交通方式的可靠性、舒适性、安全性、方便性,出行者的社会经济特征及他的意向和出行类型等。由于建模者从不同的角度来考虑交通方式选择问题,因此建立了各种各样的交通方式划分模型。根据各模型在预测过程中使用的阶段不同可以分为四类,如图6-5所示。

图中,第Ⅰ类表示与出行生成预测同时进行;第Ⅱ类表示在出行生成和出行分布之间进行预测;第Ⅲ类表示与出行分布预测同时进行;第Ⅳ类表示在出行分布与交通分配之间进行预测。国外最常用的是第Ⅳ类模型。它是一种以多元线性回归方程表示的转换曲线。

交通方式划分的多元线性回归方程形式为:

$$\frac{\hat{Q}_{ij(m)}}{\sum\limits_{m} \hat{Q}_{ij(m)}} = \alpha + \beta_1 L_{oi} + \beta_2 L_{dj} + \beta_3 T_{ij} \qquad (6\text{-}12)$$

式中:$\hat{Q}_{ij(m)}$——i 区到 j 区采用方式(m)的出行数;

L_{oi}——起点 i 区土地使用变量;

L_{dj}——终点 j 区土地使用变量;

T_{ij}——i 区与 j 区之间的交通阻抗;

α——回归常数;

$\beta_1 \mathrel{、} \beta_2 \mathrel{、} \beta_3$——偏回归系数。

模型标定的方法是多元线性回归分析,根据最小二乘法来确定模型中的回归参数。

以南京市交通规划所建立的交通方式划分模型为例,其所考虑的因素有:

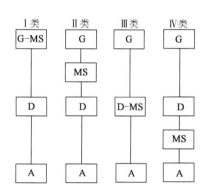

图6-5 交通方式划分的四种组合
G-出行生成;D-出行分布;MS-方式划分;A-交通分配

(1)地理环境。
(2)交通系统服务水平。
(3)出行目的。
(4)出行距离。
(5)公交车辆实载量。

四、交通分配预测

交通预测的最后一步是交通分配,就是将前面预测的各区之间不同交通方式的交通量分配到具体的道路网上去。

交通分配需考虑到以下几个因素:
(1)交通方式,即出行者所采取的交通形式,如公共交通系统、小汽车、自行车等。
(2)行程时间,即在某起点之间采用某一交通方式所需的时间。它直接影响着出行分布、交通方式的选择和交通分配。在交通规划中进行交通量分配时,应力求使交通网上总行程时间为最短。
(3)路段上的速度与流量之间的变化关系。

可以将道路网构成一个交通网络,网络节点由交叉口、交通枢纽组成,网络连线为道路路段。在交通调查区内,道路网形成了一个网络系统,假定每个区有一个矩心,交通生成和吸引均集中于该点。区的矩心可以在网络节点上,也可以不在节点上,而是通过附加的连线与节点相连接。

分配交通量的直接目的是推求具有起讫点的交通,在网状图上究竟沿哪些线路运行,根据图上已知的一定区间的交通量来鉴定网状图是否妥当。

交通分配方法常用全有全无分配法(也称最短路径法)、容量限制分配法、多路径概率分配法等几种。

1) 全有全无分配法

该法是从计算费用最少出发,通常以各区矩心之间的行程时间为基准。从某一区的矩心出发,以最短路径(最少费用、时间)到达其他各区的矩心的一组路线称为最短通路,当所有的起讫点交通量在道路网图上都通过最短通路时,即完成了全有全无分配。

全有全无分配法中最关键的一步是寻找网络最短路径。这是一个运筹学问题,方法已有多种,例如线性规划法、距离矩阵法、动态规划法等,而最常用的是狄克斯特拉算法和福劳德算法。这两种算法在一般的网络流理论著作中可以找到。

2) 容量限制分配法

全有全无分配法会产生这样的结果:具有最少费用的道路吸引了大量的出行数,而不具有最少费用的道路则只有少数的出行。但实际上这种情况不大可能,因为原来最小费用的道路,当大量出行集中于该路时,就会发生超载,行车速度变慢,而变成不是最小费用路段。实际上,在公路网上,运行费用和交通流量之间存在着某种平衡关系,而容量限制分配就是应用实时的车速与流量之间的关系来解决交通分配问题。

容量限制分配法的主要步骤如下:

(1) 用一般方法把交通表示在路网上,以"零流量"路段行程时间开始。
(2) 依次对每个起点分区计算通过路网的最短行程时间的通路。
(3) 按全有全无分配模型,将起讫点的交通模式加到路网上。
(4) 计算分配到每条路段上的交通量。
(5) 在流量与行程时间的关系式中,用分配给路段的交通量计算修改路段行程时间。
(6) 按全有全无分配模型将原来起讫点的交通模式加到路网上,但要用由步骤(5)得出的修整路网行程时间。
(7) 返回到步骤(4),并继续直到分配的交通和结果的行程时间稳定为止。

3) 多路径概率分配法

在城市里,起讫点之间有许多条线路可通,实际情况是出行者将布满于这些路线上,因为出行者不可能精确地判断哪条道路是费用最少的,不同出行者将有不同的选择。多路径概率分配就是试着模拟这种实际情况。

根据实际路线费用分布函数提出某条道路的运行费用,并假定出行者不知道所使用路线的实际费用。因此给出一个偏差值,用来调整出行者对这种道路运行费用判断的不精确性,尽可能将所有的出行均匀地分配到路网上为止。

一般而言,多路径概率分配法比较精确,但需求的计算机容量很大,而且耗费机时较多。以南京市交通规划为例,其在进行可行方案分配时,用了容量限制分配法;在进行决策方案分配时,用了多路径概率分配法。

第四节 交通设施体系规划

交通规划(狭义)的落脚点是交通设施体系规划。制订一个科学的、合理的、可行的交通设施体系规划方案要比单纯的交通分析和预测复杂得多。本节只介绍制订交通设施体系规划及交通对策的一般原则和程序,简要介绍公路与城市道路网规划的方法和内容。

一、综合交通体系的基本要素与要求

综合交通体系是一个非常庞大和复杂的系统,按服务对象分客运和货运两大系统。按联系和服务的地域分区域交通(对外交通)和城市交通,发达国家则称为城际交通和城市交通。按交通方式(交通工具)分,区域交通(对外交通或城际交通)包括公路、铁路、航空、水运和管道运输五种方式;而城市交通包括依靠人力的步行、自行车和使用机械动力的轨道交通、汽车、电车、摩托车、轮渡等。按交通系统构成要素分承受荷载和作为输送通道的轨道、道路、航道、管道及配套的港站停泊设施,承担客货运输的各种交通工具,保障运输有效、安全的各种管理设施、机构或组织,以及被运输的人或物。

现代综合交通体系发展的根本目的和目标是:能够适应经济全球化和区域一体化的发展态势,促进和提升国家、地区和城市的功能和竞争力,支持和改善区域与城市的合理布局和优良人居环境,形成高效率、一体化和人性化的区域与城市综合交通体系。

所谓高效率,对区域交通而言,要求在综合运输协调发展的要求下,按照各种运输方式各自的特点和优势,针对不同地区的运输需求特征和地形地貌等区域地理特征,因地制宜地规划建设区域交通设施,保证运输高效便捷、资源集约利用;对城市交通而言,是要形成一个以公共交通为主体的高效率、低费用、低污染的城市交通体系,以此支撑高密度、高强度的城市基本模式和保护城市特色、文化遗产及城市环境的要求。

所谓一体化的综合交通体系,体现在交通与土地利用协调发展、对外交通与城市交通有机衔接、不同交通方式换乘转运方便等方面。

所谓人性化的综合交通体系,则要充分体现以人为本的指导思想,应当承认各阶层公民具有平等地享受交通服务的权利,在社会利益公平分配的原则下满足如下要求:具有满意的公交服务,能吸引更多的市民乘用公交;具有布局合理的骨架道路网和停车设施,满足适度的汽车化要求;具有安全优质的自行车和步行系统,满足市民购物休闲、老幼病残和低收入者的出行需求;具有宁静清洁、安全舒适的道路交通环境,与现代化文明城市相适应。

二、制订交通设施体系规划方案的目的与原则

研究制订交通设施体系规划方案及相应的交通对策时,需要考虑的因素很多,其实施结果对区域内的社会经济发展、土地利用开发、人民生活及运输系统本身的效益和效果有深远的影响,因此,必须要遵循如下一些原则:

1. 要有明确的目标和必要的前提

在交通设施体系规划一开始,就要对区域内的土地利用性质、社会经济特征、国民经济发展计划、区域或城市总体规划等相关背景与规划有很好的理解和掌握。在此基础上,提出符合

区域或城市经济社会发展特点和实际需要的交通发展目标。

2. 应贯彻和体现科学发展观的总体要求

现代交通是一个复杂的系统工程，必须从全局和整体出发，以体现和落实以人为本、资源节约、节能减排等科学发展观的总体要求为指导和前提，将区域和城市内外的各种交通运输方式视为一个相互联系的有机整体，进行全面的综合分析，从整体上、系统上进行宏观控制和规划，支撑和引导区域与城市经济社会健康稳定可持续发展。

3. 既要有前瞻性、科学性，又要有针对性、指导性和可操作性

应依据区域与城市总体规划和交通发展目标要求，充分借鉴国外城市交通规划先进经验，结合当地区域与城市交通发展特征、现状问题、发展趋势，运用先进的交通规划理念和技术，经过充分的技术经济比较，编制制订既有前瞻性、科学性，又有针对性、指导性和可操作性的交通设施体系规划方案和交通改善对策。判断的基本准则是政策和方案的四个性：经济的可行性、财政的可承受性、社会的可接受性、环境的可持续性。

4. 要广泛吸收部门、专家、公众等各方面的意见

交通设施是支撑经济社会发展、保障国家和社会公共安全的重要公共设施之一；交通服务是政府为社会必须提供的公共服务之一。今天的交通问题已成为一个涉及各行各业和千家万户的社会问题。交通系统规划又是一项十分复杂的系统工程，既有很强的技术性，又有很强的社会性。交通规划的全过程都离不开专家咨询、部门合作和公众参与。所制订的交通规划方案及对策应接受包括全国人大代表、政协、专家、传媒和公众等在内的社会各方的广泛审议和批评。

三、制订交通规划方案的程序

交通规划方案的拟定过程通常包括总体任务与目标确定、现状分析诊断、交通发展背景与供求趋势分析预测、备选规划方案制订、规划方案测试评价、规划方案实施反馈与调整等，是一个综合、连续和滚动的过程，如图 6-6 所示。

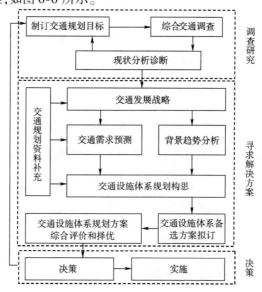

图 6-6 交通规划方案编制过程

四、交通设施体系规划的基本内容

在具体规划时,由于公路和城市道路交通的性质与功能及所处的环境不同,人口和工农业的集中程度不同,所以公路和城市道路交通的规划也不完全相同。

1. 城市道路交通规划简介

城市交通是城市形成和发展的最基本的动因之一。一个现代化的城市,首先就必须具有现代化的城市交通。因此,城市交通与城市道路网的规划,必然也是城市规划的最基本的内容之一。在进行城市的总体规划时,必须充分考虑城市的交通运输,提出科学、经济、合理的交通运输方案,确定城市主要干道的走向、等级及建筑红线宽度。城市道路网的规划是城市总体规划的主要组成部分。

根据国内外城市交通规划的经验,城市交通规划一般可以分为三个层次进行,即远景交通战略规划、中长期综合交通规划和近期交通治理计划。

(1) 远景交通战略规划是战略意义上的城市交通规划,重点是配合城市总体规划编制或者以城市总体规划为依据,以规划愿景、目标和原则为指导,拟定与城市空间布局和土地利用相匹配的多种战略性交通网络布局方案,包括选择合适的综合交通体系、对外交通线路与场站、主要客流走廊与车流走廊、干道网布局、公交干线网布局(含轨道交通和公交优先通道)、主要客货运枢纽布局等(注意国内外经验对比分析)。交通战略方案必选论证和优化的重点是:城市人口、就业、车辆的合理规模与分布;合理的城市综合交通体系构成;合理的交通方式结构;合理的土地利用、交通网络与设施布局等。

推荐的战略方案与重大交通发展政策包括:
① 城市综合交通体系模式。
② 与城市空间布局和土地利用相协调的重大交通网络与设施布局。
③ 交通工具、交通需求管理发展政策。
④ 公共交通优先发展政策。
⑤ 城市交通基础设施建设政策等。

战略规划的年限一般为 20~30 年。战略规划必须在较大区域内考察研究城市交通问题,这个区域应包含今后几十年内可能要向外扩展的所有地区。

(2) 中长期综合交通规划要在战略规划的指导下进行。主要任务是:
① 分析诊断城市交通设施系统现状水平、存在问题及其症结。
② 认真预测未来 10~20 年内城市交通需求(如第三节所述)。
③ 编制一系列交通系统网络布局、结构优化规划方案,包括城市对外交通设施体系规划、道路网规划、公共交通系统规划、停车设施规划、客货运交通枢纽规划等。
④ 对交通设施体系规划方案进行分析测试和综合评价。
⑤ 对交通设施体系规划方案进行调整优化,形成推荐方案。
⑥ 提出城市交通设施分期建设计划。

(3) 近期交通治理计划的主要任务是:
① 对城市交通系统现状做出分析和评估。
② 针对现状交通系统存在的问题,以远景交通战略规划和综合交通规划为指导,提出能充

分挖掘现有设施潜力、见效最快的交通工程措施或建议,包括交通管理措施,货车通行限制,停车管制,公交调度,票价调整,上(下)班,工休日制度,行人交通安排,单行线开辟,交叉口渠化、控制等。

③对综合交通规划方案提出 3～5 年内和明年的近期建设安排。

2. 公路网规划简介

公路网规划一般可分为全国公路网规划和区域公路网规划。两者的关系是全局与局部的关系。全国规划指导区域规划,区域规划补充全国规划。

区域交通建设规划是区域建设发展规划的基本内容之一,区域公路网规划是区域交通建设规划的重要组成部分。

区域公路网规划的基本内容有:

(1)调查搜集区域经济社会及客、货运资料数据,并进行综合分析诊断。

(2)综合分析区域经济社会发展和土地利用前景与规划,明确未来区域公路交通发展的机遇与挑战和发展目标要求。

(3)对区域综合运输需求,特别是公路交通需求进行预测分析。

(4)编制拟定区域公路网规划布局备选方案。

(5)对公路网备选方案进行交通量分配测试和技术经济综合评价。

(6)根据评价结果,对公路网布局备选方案进行调整优化,确定推荐方案。

(7)提出公路网分期实施计划。

第五节 交通规划的评估与效益分析

一、交通规划方案的一般要求

1. 充分性

规划方案必须在适当的原则下能为将来的客货运输需求提供充分的设施和服务;必须对比较方案进行检验,从中找出在交通服务方面最佳的方案。衡量的根本标准是人和物的输送的高效性、安全性、可靠性等。

2. 与总体规划的一致性

交通规划与区域和城市发展的总体规划要适应和协调。通过交通规划方案的实施,可以保证区域和城市总体规划所确定的社会经济发展、土地使用开发、文化价值保护等方面的目标能顺利实现。

3. 与环境的一致性

交通规划方案必须与环境发展的目标相一致。

4. 可接受性

规划方案必须能够为大多数人、政治团体、利益集团及其他可能反对方案实施的人们所接受。

5. 财政可行性

方案的投资必须在国家、地区或城市财力所允许的限度之内。

二、交通规划的总体评价

根据上述要求,对一个交通规划方案的评价不仅要全面、客观、公正,而且还应对规划方案本身进行评价,以及对规划方案产生的过程进行评价,这样才能真正鉴别交通规划的优劣。总体上说,交通规划的评价目标体系包括如图 6-7 所示几个方面的内容。

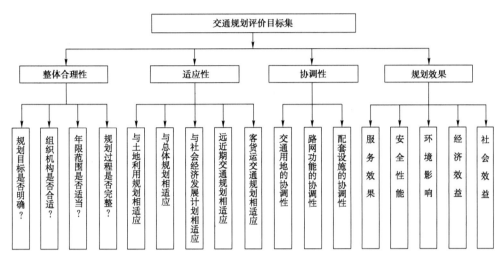

图 6-7 交通规划评价目标体系

1. 整体合理性评价

所谓规划的整体合理性,主要是指规划目标是否明确合理、规划机构和组织计划是否匹配、规划范围是否适当、规划年限是否合适、规划过程是否完整连续等。我国的交通规划起步较晚,交通规划的整体合理性还不够令人满意。

2. 适应性评价

交通规划是区域或城市总体规划的一部分,应考虑到与区域或城市的土地利用规划相适应,与区域或城市总体规划相适应,与社会经济发展计划相适应。与此同时,还要求远近期的交通规划互相适应、专项交通规划与综合交通规划相适应、客运交通规划与货运交通规划相适应等。

3. 协调性评价

交通规划的协调性包括交通用地的协调性、路网功能的协调性、配套设施的协调性等。

4. 规划效果评价

交通规划的效果如何,既要在方案实施之前充分估计,这叫作事前考察;又要在方案实施后进行检验反馈,这叫作事后考察。考察的内容一般有:交通规划方案实施后的服务效果、安全性能、环境影响、经济效益、社会效益等。

三、交通规划方案的技术经济指标

要衡量交通规划方案的充分性、适应性、协调性和可行性,必须通过一系列技术经济指标的定性、定量分析和评价才能实现。交通规划方案的技术经济指标大致包括：相对规模、等级结构、布局形态、投资费用等几个方面。

1. 相对规模指标

相对规模指标是将交通网络设施的长度、面积等与区域经济、用地、人口等相对比较，用可比的指标进行评估分析，如路网密度、道路面积率、人均道路面积等。

2. 等级结构指标

等级结构指标是指交通网络系统中不同等级（标准）的交通设施的相对比重，如公路网中高速公路、一级、二级、三级、四级公路所占的相对比重；城市道路网中快速路、主干路、次干路、支路所占的相对比重；公交系统中轨道交通、公共汽车、小公共汽车、出租车线路、车数的相对比重等。

3. 布局形态指标

布局形态指标主要包括公交线网的非直线系数、公路网中位点的吻合度、道路网的连接度等指标。

4. 投资费用指标

投资费用指标主要是指不同规划方案的投资费用大小，又可细分为工程直接费用、征用拆迁费用等。

四、交通规划方案的服务性及社会环境影响

如前所述，衡量交通规划方案好坏最根本的标准是人和物的输送的高效性、安全性、可靠性等，也即交通系统的服务性能好坏。除此之外，还要考虑方案对社会环境影响的利弊，是否有利于人类和自然的可持续发展。

交通系统的服务性能指标包括：交通设施的饱和度，人、货、车的运送速度，公交系统的准点率、候车时间、换乘次数和换乘时间、车内乘客人均享用的空间、乘车舒适度，交叉口的延误，交通系统的安全性等。

社会环境影响指标包括对历史文化遗产的破坏、自然人文景观的损害、大气污染、噪声污染、社区分隔、生态环境的恶化程度等。

【复习思考题与习题】

1. 交通规划的目的是什么？基本程序是怎样的？主要内容是什么？
2. 交通分配预测应考虑哪些因素？常用的分配方法有哪几种？基本思路是怎样的？
3. 制订交通规划方案和交通对策应遵循什么原则？城市交通规划包括哪几部分？
4. 为什么交通规划不是一次性的工作？
5. 简述交通规划的主要层次和类型。
6. 交通规划方案的一般要求是什么？

第七章 停车设施规划与设计

停车设施是城市交通设施的重要组成部分。目前,世界上许多大、中城市的停车难已成为一个突出的交通问题,我国也不例外。本章重点介绍停车调查的主要方法、停放车基本术语、停车设施规划的基本要点及停车场设计工作步骤和设施容量估算方法。

第一节 车辆停放设施分类

停车设施(Parking Facility)包括路外停车场(Lots)、停车库(Garages)和路边(Curb)停车泊位,均是交通设施系统的重要组成部分。

一、按停车场地所处位置划分

(1)路边(路内)停车场地:指在道路用地控制线(红线)内划定的供车辆停放的场地,包括公路路肩、城市道路路边、较宽隔离带圈划停车位或高架路、立交桥下的停车空间。划定这些停车用地要视交通情况而定,多采用标志或标线规定出范围。路边停车设置简单,使用方便,用地紧凑(一般不另设置通道),投资少,宜供车辆临时性停放。

(2)路外停车场地:指道路用地控制线以外专辟的停车场,包括停车库、停车楼和各类大型公共建筑附设的停车场地。这类停车场地由停车泊位、通道、停车出入口及其他附属设施(如给排水、防火栓、修理站、电话通信、绿化、生活设施)组成。

大城市中的停车库与停车楼是路外停车主要设施。停车楼的形式有坡道式和机械提升式两类。前者出入便利,由驾驶人驾车从坡道上进出停车楼,建筑与维修费较省;后者是采用升降机与传送带机械运送车辆到停车车位上。停车库大多建在公园、道路、广场及建筑物下面,投资虽多,但使用也很方便。停车库设计时,对进出口、通风、排水、消防、照明、机械设备等均应妥善处理。我国北京、上海、广州、南京、长沙、深圳等诸多城市均已建有停车楼与停车库。

二、按停车车型划分

(1)机动车停车场:包括中心商业区和出入口交通集散枢纽(如车站、码头、港口等)、公共活动中心(如宾馆、饭店、医院、文体场馆、公园等)和公共交通回车场、终点站的机动车停放、维修场地。

(2)非机动车停车场:包括各种类型的自行车停车场,以及助力车、人力三轮车等的停车场地。在城市里,自行车停车场比起机动车停车场要分散得多,设施要简便得多。

三、按停车设施的服务功能(对象)划分

(1)专用停车场:是指专业运输企业和事业单位建设的停车场(库),如城市公交汽车(电车)公司、公路客货运枢纽站等,其专用停车泊位只为其内部车辆服务。

(2)配建停车场:指各类型公用建筑设施(如宾馆、商场、火车站、影剧院、体育场馆等)与住宅配套建设的停车场所,主要为该类设施业务活动出行者和住户提供停车服务。

(3)社会公共停车场:指各类出行活动过程中为车辆提供服务的公共停车场所,通常规划设置在城市的商业活动、公共交通换乘站及城市出入口附近。

第二节 车辆停放特征与停车调查

一、车辆停放特征与相关术语

停车与出行有密切的联系。为了描述车辆停放的主要特征,需要对停车设施相关术语给出定义:

(1)累计停车数指典型停放点和区域内在某一时刻实际的停放车数量。而延停车数指一定时间间隔内调查点或区域内的累计停放次数(单位:辆·次)。

(2)停车设施容量指给定停车区域或停车场有效面积上单位时间间隔(h或d)可用于停放车辆的最大泊位数。

(3)停车需求指给定停车区域内特定时间间隔的停放吸引量,一般用代表性日的高峰期间停放数表示。

(4)停车供应指一定的停车设施区域内按规范提供的有效泊位数。

(5)停车目的是指出行活动过程中在路边或路外停放车辆的原因,与出行目的一致,包括上班、上学、购物、业务、娱乐、回家等。

(6)停放时间指车辆在停放设施的实际停放时间,它是衡量停车处交通负荷与效率的基本指标之一。其分布与停放目的、停放点土地使用等因素有关。

(7)停放密度是停车负荷的基本度量单位。它有两种定义:一是指停放吸引量(存放量)大小随时间段变化的程度,一般高峰时段停放密度最高;另一定义是对空间分布而言,表示在不同吸引点(场)停车吸引量的大小程度。

(8)停放车指数(饱和度、占有率)指某一时刻(时段)实际累计停放量与停车设施供应量之比,它反映停车场地的拥挤程度。高峰饱和度是指高峰时刻累计停放量与设施供应量之比。

(9)停放周转率表示一定时间段(一日或几个小时等)内每个停车车位平均停放车辆次数,即累计停放次数(延停车数)与停车设施容量的比值。

(10)步行距离指停车点至出行目的地的实际步行距离。

二、停车调查方法

1. 停车设施供应调查

调查内容包括路内和路外停车场地的位置、容量和其他相应的特征资料,见调查表7-1a、b。

车辆停放设施普查表 表7-1a

小区 ☐☐☐
顺序号 ☐☐☐☐

调查员_____ 检查员_____ 调查日期___年___月___日 星期___ 天气 晴 阴 雨

设施地点(段)	1	___路(___路至___路)	路 侧					停 放 车 种			服务区域主要用地设施[1]
	2	___路(___路至___路)	东	南	西	北	中	机动车	非机动车	机非混停	
	3	___路(__路口停车线__m内)	①	②	③	④	⑤	①	②	③	

地域分类	1.路内	① 车行道	② 人行道	③ 兼占	2.典型停放吸引点	① 专用停车场(机动)	② 大型公建[2] 1 2 3 4	③ 娱乐场所[3] 1 2 3 4	④ 交通集散地	☐☐☐
主管者	①公共 ②公安局 ③街道 ④企业 ⑤私人 ⑥其他									☐
管理方式	1.有人(工作人员___人)			2.无人 ①有停车标志(标线) ②无标志标线						☐
营业情况	1.白天___时至___时			2.昼夜						☐
收费情况	1.不收费	2.收费 ①时间制___元/h ②日制___元/d ③次制___元/次								☐☐☐
规模	停车总面积_____m²(其中建筑设施_____m²)									☐☐

注:1.用地设施分类:00-住宅;01-重工业;02-轻工业;03-大专院校;04-中小学校;05-行政经济管理机构;06-商业服务;07-文体游憩;08-旅馆宾楼;09-仓库;10-车站、码头、空港;11-施工现场;12-医院;13-其他。
2.大型公建分类:1-宾馆饭店;2-贸易中心;3-商业楼、办公楼;4-医院。
3.娱乐场所分类:1-影剧院;2-体育馆;3-公园;4-娱乐场地。

路外停车场(库)调查表　　　　　　　　　　表 7-1b

调查点编号_____　　调查员_____　　调查日期_____　　天气_____

	停车场名称			调查地点			
	停车场类型			典型建筑物			
规模	用地面积(m²)			建筑面积(m²)			
	停车面积(m²)	室外		停车泊位	室外		(泊位)
		室内	地上		室内	地上	(泊位)
			地下			地下	(泊位)
收费情况	收费			是　　　否			
	收费价格						
周围道路是否允许停车(100m以内)				停放数量(辆)			

停车场(库)与周围路网的关系(示意图)

(1)容量:指停车车位数或面积。其中停车车位是指一个停车泊位空间,其单位一般为标准小汽车的车位面积。

路边停车容量应指法定的车位容量,在我国指公安交通管理部门划线或标志指定允许停车车位数。路外停车场(库)容量则指能实际使用的车位数。

(2)地点与位置:路边停车场应注明道路的具体分段名(路段地名)、部位(车行道、人行道)和路侧(东、南、西、北、中);路外设施应具体编号和用示意图表示停车车位的分布区域、数量及其与路网出入关系。

(3)停车设施的设备情况及标志指引与信息诱导设施。

(4)停车时间限制或营业时间。

(5)管理经营:包括归属、管理情况。

(6)收费标准。

2.停放车实况调查

1)调查方案拟定

停车调查方法往往因调查目的的不同而有所区别。国内外的实践说明,不能指望用一张调查表达成停车调查全部目的,一般采用实地观测和询问相结合的方法较为理想;而观测时间一天内不得少于8h,对一个区域的停车调查应安排一定数量的控制点。

2)调查方法分类

(1)机动车停放间隔调查。这种方法是指调查员在一规定间隔时间段(10min、15min 或 30min)对指定停放场地上的车辆循环观测记录。间隔调查可分记车号与不记车号两种。记车号调查(表 7-2a)是在每次巡回间隔调查时对车号,只要间隔时间选得合理,其精度仍然很高,此法与连续调查方法一样,可获得丰富的信息,整理分析也较简便;不记车号的间隔调查

（表7-2b），主要记录停放车辆数量。

记车号车辆停放间隔调查表

表7-2a

调查日期_____ 星期____　　天气　晴　阴　雨　　　调查员_____
调查地点_____　　周边用地类型 1.商业　　2.餐饮　　3.办公　　4.其他
所调查泊位数_____　　调查停车场收费制式_____

编号	车型*	调查时段	8:00—9:00						9:00—10:00						10:00—11:00						11:00—12:00					
		牌照号	0	1	2	3	4	5	0	1	2	3	4	5	0	1	2	3	4	5	0	1	2	3	4	5
1																										
2																										
3																										
……																										

注：* A.大客车；B.中客车；C.小客车；D.货车；E.其他。

不记车号车辆停放间隔调查表

表7-2b

调查日期_____ 星期____　　天气　晴　阴　雨　　　调查员_____
调查地点_____　　周边用地类型 1.商业　　2.餐饮　　3.办公　　4.其他
所调查泊位数_____　　调查停车场收费制式_____

时间段	大型		中型		小型		摩托车	电动自行车	其他非机动车
	客车	货车	客车	货车	客车	货车			
8:00—8:10									
8:10—8:20									
8:20—8:30									
8:30—8:40									
8:40—8:50									
8:50—9:00									
……									

（2）机动车停放连续调查。这种方法是采用记车号方法在停车场出入口记录每辆机动车到达与离去的时间，并询问停放目的、距出行目的地的步行距离、起讫点等特征（表7-3）。这种调查工作较细，数据精度高，特别适合于公共建筑与专用停车场（库）的调查，缺点是数据整理工作量大。

大型公建停车场机动车停放连续调查表　　　　　表 7-3

小区 □□□
顺序号 □□□□
调查员_____　检查员_____　调查日期___年___月___日　星期_____　天气　晴　阴　雨

大型公建[1]名称				调查地点(段)		路　侧					停车方式				公建内放停面积	占路面积
					1	__路(__号至__号)										
					2	__路(__路至__路)	东	南	西	北	中	平行	垂直	角度	自由	_____m²	_____m²
1	2	3	4		3	公共建筑设施围墙以内	(1)	(2)	(3)	(4)	(5)	(1)	(2)	(3)	(4)		

编号	车型[2]	车辆牌照	到达时间	驶离时间	停放目的	距目的地步行时间(min)	从何处来[4]	月使用次数	编号	车型	车辆牌照	到达时间	驶离时间	停放目的	距目的地步行时间(min)	从何处来	月使用次数

注:1. 大型公建分类:1-宾馆饭店;2-贸易中心;3-商业楼、办公楼;4-医院。
　　2. 车型分类:1-大客车;2-大货车;3-中客车;4-中货车;5-小客车;6-小货车;7-摩托(两轮、三轮)车;8-其他。
　　3. 停车目的:0-上班;01-上学;02-装卸货物;03-业务;04-购物;05-文化娱乐;06-生活;07-接客、送客、出租车无业务;08-回家(过夜);09-吃饭;10-其他。
　　4. 从何处来:1-外省市(地点_____);2-本市(____路____号或单位_____)。

(3)询问调查。是采用抽样访问方法对存车人停放目的、步行距离、停放时间、管理意见等进行征询问答。此法可以和间隔调查结合进行。询问调查表格形式如表 7-4 所示。

(4)航测法调查。对于地面停车场的调查(包括停车泊位及车辆停放实况调查),还有通过对比两张不同的空中摄影照片来判读停车数量的航测法,这是一种效率较高的大面积的停放车辆调查技术。例如 1969 年 10 月 28 日,日本东京市中心区曾对路侧长 119km 的路上停车和中心区 5.1km×2.1km 的中央区进行航测法调查。

航测法的优点:摄影瞬间交通状况真实、直观,且可多次再现摄影现场进行测量和校验;可以掌握较大范围的道路设施状况和同一瞬间的交通资料(动态和静态),以同一精度进行测定;省时省力,避免了人工调查组织实施的种种困难。

航测法的缺点:与实地现场调查比较,易受天气条件影响;对于高层建筑和绿化覆盖密集区域,容易失去停车的许多细节,无法掌握停车场(库)内的情况;由于反射和阴影反差,对不同类型车辆与地面的地物等易产生判读错误。

(5)各种调查方法的适应性比较。根据交通规划与建设管理的需要,从不同调查方法涉及的工作范围、了解行车问题的针对性及人力、物力投入方面进行比较,表 7-5 给出了适应性评价。

车辆停放特征询问调查表 表 7-4

小区 ☐☐☐
顺序号 ☐☐☐

调查员_____ 检查员_____ 调查日期____年____月____日 星期_____ 天气 晴 阴 雨

<table>
<tr><td rowspan="6">调查地点（段）</td><td>1</td><td>____路(____号至____号)</td><td colspan="5">路　侧</td><td>抽样询问车型*</td><td colspan="7">询问对象特征</td></tr>
<tr><td rowspan="3">2</td><td rowspan="3">____路(____路至____路)</td><td rowspan="2">东</td><td rowspan="2">南</td><td rowspan="2">西</td><td rowspan="2">北</td><td rowspan="2">中</td><td rowspan="3"></td><td colspan="2">性别</td><td colspan="3">年龄（岁）</td><td rowspan="2"></td></tr>
<tr><td rowspan="2">男</td><td rowspan="2">女</td><td rowspan="2"><16</td><td>16～30</td><td>31～50</td><td rowspan="2">>50</td></tr>
<tr><td colspan="5"></td><td colspan="2"></td></tr>
<tr><td>3</td><td>__路(__路口停车线__m内)</td><td>(1)</td><td>(2)</td><td>(3)</td><td>(4)</td><td>(5)</td><td></td><td>(1)</td><td>(2)</td><td>(3)</td><td>(4)</td><td>(5)</td><td>(6)</td></tr>
</table>

询问栏	回答栏	
1. 从何处来到本处停放？	1.外地____省☐ 2.本市车 ____路____号____点	☐☐☐☐☐
2. 在此停放开始时间、离开时间？	____时____分 ____时____分	☐☐☐☐
3. 在本处停放目的？	0.上班 1.上学 2.装卸货物 3.业务 4.购物 5.文化娱乐 6.生活 7.接送客、出租车无业务 8.回家(过夜) 9.吃饭 10.其他	☐☐
4. 停放处到目的地步行时间？	_____ min	☐☐
5. "违章占路"停放原因？	0.不知是违法 1.法定允许停放点太远 2.行驶绕路太多 3.在此时间不长，马上就走 4.装卸不便 5.停车收费 6.其他理由_____	☐
6. 您的车晚上在何处停放？	0.自己车库(住宅地) 1.单位车库 2.马路上 3.停车场 4.就在此地 5.其他	☐
7. 征询停放管理意见。	1.反对收费　2.赞成有人管理收费 ①机动车_____元/d ②非机动车_____元/次	☐☐☐

注：* 车型分类：1-大客车；2-大货车；3-中客车；4-中货车；5-小客车；6-小货车；7-摩托车；8-其他机动车；9-电动自行车；10-其他非机动车。

四种停车调查方法比较一览表 表 7-5

调查项目	间隔调查		连续调查		询问调查		航测法调查
	记车号	不记车号	记车号	记车号与询问调查并用	调查表	面谈	
不同时刻停放车辆数	△	△	○	○	×	×	△*
最大停放车辆数	△	△	○	○	×	×	△
车辆停放时间	△	×	○	○	×	×	△
平均周转率	△	×	○	○	×	×	△
车辆到达驶出频率	△	×	○	○	×	×	△
停放可忍受步行距离	×	×	×	○	△	○	×
停放车辆起讫点	×	×	×	○	△	○	×
停放目的	×	×	×	○	△	○	×

续上表

调查项目	间隔调查		连续调查		询问调查		航测法调查
	记车号	不记车号	记车号	记车号与询问调查并用	调查表	面谈	
停车最关注的因素	×	×	×	○	△	○	×
停车费用支付	×	×	×	○	△	○	×
停放车辆首选停车场	×	×	×	○	△	○	×
调查人员数/调查范围	2人/ 10~200m	1人/ 100~200m	2人/ 50m	4人/ 50m	1人/ 100m	2人/ 100m	—

注：*△-所得数据精度相对较低；○-所得数据精度高；×-所需数据几乎不能获得。

3. 停车行为特征调查

停车行为是出行行为的重要组成部分，主要是指驾驶人对停车地点的搜寻和选择行为，因此又被称为停车选择行为(Parking Choice Behavior)。它与驾驶人个人的社会经济特性、出行目的及停车设施的特性(如容量、位置、类型、停车费率)等因素(这些因素即是驾驶人的停车行为决策属性)密切相关。不同停车者对停车场的服务要求有明显差异，了解驾驶人停车行为是停车设施合理规划布局、选址的重要依据，而且停车政策措施的制订和执行效果也取决于是否对驾驶人停车行为及停车政策变化对这种行为的影响有深入的了解。

停车行为调查一般采取观测调查和问询调查结合的形式。其中问询调查是为了了解对停车者行为产生影响的因素的信息，由停车者回答一些预先设定的问题。

问询调查通常可以分为两种：一是对已实现的选择行为的调查，称为行为调查或 RP(Revealed Preference)调查；二是在假设条件下对驾驶人意向的调查，称为意向调查或 SP(Stated Preference)调查。RP 调查中，同时调查实际选择行为的结果和选择方案特性；SP 调查则采取的是向被调查者提示各选择方案的特性值，听取选择主体的选择结果的方式。表7-4的问询调查内容已体现了上述两种调查目的的内涵。

停车行为调查结果的主要用途，一是用于定性分析驾驶人对停车场各属性、相应的停车管理措施、收费政策的反应，确定停车者决策属性的变化规律，以此作为停车设施系统规划考虑的重要因素；二是用于建立停车行为模型，定量地分析停车者的行为规律及其影响因素。

第三节　停车设施规划

停车设施规划应包括路外停车场(库)(建筑与住宅配建和各类专用的)、路边停车泊位的总量配置及其布局，不同地点或小区停车需求预测及供需关系分析。近期停车设施资源的合理使用是个重点。

一、停车设施布置原则

(1)无论是路外公共停车场(库)还是路边停车场地布局都要尽可能与这些设施的停车需求相适应。在商业、文化娱乐、交通集散中心地段，停车需求大，必须配置足够的停车设施，否则将对交通产生十分不利的影响。

(2)停车步行距离要适当。存车人都有"厌步行"的特点,一般机动车停放点至目的地步行距离以 200~400m 为限,自行车则以 50~100m 为限,否则就会导致行动不便和交通管理上的困难。据美国资料,停车步行距离以 200m 之内为宜。日本曾调查百万人口以上大城市,得到平均步行距离为 167m。据上海市 1987 年的调查,步行距离距机动车停放地在 300m 以内占 85%,距自行车停放地在 200m 以内为 95%。应避免停车后穿越几条街道才能到达目的地的停车场(库)规划。

(3)大城市的停车场分散布置比集中布置要好。对于过境交通车辆,则应在市外环路附近(易于换乘地段)设置停车场。各种专用停车场应根据建筑类型按国家或地区规定的停车车位标准采用停车楼或地下车库等形式解决。

(4)路外停车设施容量应占极大比重,应满足车辆拥有(自备车位)和车辆使用过程中大部分的停车需求。与美、日及我国香港(路外泊位占 95.3%)相比,我国内地百万人口以上大都市路外停车设施还应加强规划建设。

二、停车设施容量的估算

1. 停车泊位

停车泊位是一种典型的时空资源,其使用与服务能力大小可以用"泊位·h"为单位来度量。车辆在停放时要占用一定的泊位面积,每次有目的的出行停放过程要占用一定的时间,每个泊位(面积)在规定时间内又可连续供其他车辆周转使用。显然,一定区域一定时间(段)内的泊位容量与停放周转特征(平均停放时间)有密切联系。

2. 理论停车设施容量 C_{ap}

$$C_{ap} = \frac{TP_r}{TP_c} \bigg/ T = \frac{S}{At} \quad (pcu/h) \tag{7-1}$$

式中:TP_r——停车设施时空资源(泊位·h 或 $m^2·h$),$TP_r = S·T$;

TP_c——停放标准车时空消耗($m^2·h/pcu$),$TP_c = A·t = A/c$;

S——各类停车设施总标准车泊位数(泊位)或总面积(m^2);

T——单位服务时间(h);

A——标准车停放面积(m^2);

t——平均停放时间(h/pcu);

c——周转率(pcu/h),单位服务时间每车位停放周转次数。

3. 停车设施高峰实际容量 C_{apr}

影响停车设施容量的因素很多,主要有设施区位分布、各类停车设施使用周转率、收费及政策性管理因素等。可以概括为以下三个基本影响系数。

(1)有效泊位(面积)系数 η_1:一般情况下,路外停车设施(建筑物配建泊位与社会专用停车库)的泊位量比较可靠、有效。路边停车的辅助面积既要担负原线路的车辆通行,又要担负停放时进出车辆的通行,因承受双重负荷,故较难保证。特别是在我国大城市路边停车比重又较高的情况下,有效泊位面积应按实际调查进行折减。η_1 一般取 0.7~0.9。

(2)周转利用系数 η_2:周转率与不同区位的停车设施、停车日有密切联系,相差变化较大,取平均值有一定的误差。η_2 一般取 0.8~0.9。

(3) 政策性系数 η_3：收费与管理措施不仅会影响停车需求，还会随动态交通而变化，直接影响到停车设施使用功能。η_3 宜取 0.9 左右。

从社会经济学观点看，可以将停车设施视为一种"准公共物品"（Quasi-Public Good），因为其具有不可存储性和不可运输性特征：在停车非高峰期间，停车设施容量相对过剩，而且这部分过剩的容量（泊位）并不能储存起来供高峰期用。如按高峰需求确定停车设施容量，势必造成巨大浪费；如按非高峰需求确定停车设施容量，势必产生高峰期间排队等候。另外，在都市不同地区，例如边缘地区的停车场容量相对过剩，但不能将剩余容量输送到市中心区使用。从这两方面看，如何适当地控制停车供需关系，使车辆运行与停放拥挤保持在一个比较合理的水平上，是确定停车设施高峰实际容量的基本出发点。停车设施高峰实际容量的计算方法为：

$$C_{apr} = C_{ap}\eta_1\eta_2\eta_3 \quad (\text{pcu/h 或 pcu/d}) \tag{7-2}$$

三、停车需求预测

一般而言，停车需求分为两大类，一类称为车辆拥有之停车需求，另一类称为车辆使用过程之停车需求。前者即所谓夜间停车需求，主要是为居民或单位车辆夜间停放服务，较易从各区域车辆注册数的多少估计出来；后者即所谓日间停车需求，主要是由于社会、经济活动所产生的各种出行所形成的，它受土地利用、车辆增长、车辆出行水平及交通政策等多方面的影响。纵观国内外城市研究成果，停车需求预测一般有三种模型：基于类型分析法的生成率模型、基于相关分析法的多元回归模型、基于停车与车辆出行关系的出行吸引模型。

1. 生成率模型

(1) 本方法的基本原理是建立土地使用性质与停车生成率的关系模型。例如对一个办公大楼，其停车需求可以用每 100m² 需若干个停车位来表示，也可以用每个就业岗位（雇员）生成多少停放车位次数来表示。此模型的数学表达式如下：

$$P_{di} = \sum_{j=1}^{n} R_{dij} L_{dij} \quad (j = 1, 2, \cdots, n) \tag{7-3a}$$

式中：P_{di}——第 d 年 i 区基本日停车需求量（车位数）；

R_{dij}——第 d 年 i 区第 j 类土地使用单位停车需求生成率[标准车位数/（单位指标·d）]；

L_{dij}——第 d 年 i 区第 j 类土地使用量（面积或雇员数）；

n——用地类型数。

不同土地类型具有不同的停车生成率，而区域总的停车需求量等于各个地块停车生成量的总和。在我国城市规划中混合用地凸现的集聚片区内，分析求解 R_j，即一定规划年限与小区分布条件下的停车生成率，就成为使用生成率模型的关键。这里 R_j 定义为第 j 类用地的静态交通发生率。

(2) 对于 n 类用地分类、m 个交通小区分布的情况，式(7-3a)可表示为：

$$\boldsymbol{P} = \begin{bmatrix} P_1 \\ P_2 \\ \vdots \\ P_m \end{bmatrix}^{\mathrm{T}} = \begin{bmatrix} R_1 & R_2 & \cdots & R_n \end{bmatrix} \cdot \begin{bmatrix} L_{11} & \cdots & L_{1m} \\ \vdots & \ddots & \vdots \\ L_{n1} & \cdots & L_{nm} \end{bmatrix} \tag{7-3b}$$

如 P_j、L_{ij} 为 m 个小区内观测得到的 n 组样本,则 R_j 便是线性齐次方程式(7-3a)的待定系数,而分析各类用地的静态交通发生率就可转化为求解式(7-3b)中向量 R_j 的问题。

(3)求解 R_j 的优化模型如下:

考察以上多元线性齐次方程的求解方法,对任意 R_i,R_j > 0,如果删除某些 R_j ≤ 0 的变量,将难以使计算结果通过检验。因此,有必要设计优化模型来求解 R_j。

定义函数 Z 为向量 $\boldsymbol{P}$ 与 $\boldsymbol{R} \cdot \boldsymbol{L}$ 之差的模,即:

$$Z = \| \boldsymbol{P} - \boldsymbol{R} \cdot \boldsymbol{L} \| \tag{7-4}$$

当 Z 取最小值时,静态交通实测值与分析得到的指标吻合程度最好。

此外,模型应满足条件 $R_j > 0 (j = 1, 2, \cdots, n)$,并可根据问题本身的需要给予变量 R_j 以限制条件 $g(R_j) > 0$。因此,模型就归结为以下的非线性优化模型:

$$\text{g.l.} \quad \min(Z) = \min(\| \boldsymbol{P} - \boldsymbol{R} \cdot \boldsymbol{L} \|) \tag{7-5}$$

$$\text{s.t.} \quad g(R_j) > 0 \tag{7-6}$$

$$R_j > 0 \tag{7-7}$$

为使模型同实际情况吻合得最好,定义各小区的停车需求量实测值与计算值之差的平方和为 $\boldsymbol{P} - \boldsymbol{R} \cdot \boldsymbol{L}$ 的模,即:

$$Z = \| \boldsymbol{P} - \boldsymbol{R} \cdot \boldsymbol{L} \| = \sum_{j=1}^{n}(P_j - \sum_{j=1}^{n} R_j - \sum_{i=1}^{n} R_j \cdot L_{ij})^2 \tag{7-8}$$

则式(7-5)~式(7-7)可表示为:

$$\text{g.l.} \quad \min(Z) = \min(\| \boldsymbol{P} - \boldsymbol{R} \cdot \boldsymbol{L} \|) = \min(\sum_{j=1}^{m}(P_j - \sum_{j=1}^{n} R_j - \sum_{i=1}^{n} R_j \cdot L_{ij})^2) \tag{7-9}$$

$$\text{s.t.} \quad g(R_j) > 0 \tag{7-10}$$

$$R_j > 0 \tag{7-11}$$

该模型的优点是:①停车需求的计算可以采用研究区域内用地性质相近、规模相当、用地功能比重相对独立的组合大样本作为建模抽样的基础,既避免了调查的困难,又提高了典型资料的使用率;②对研究区域不仅可以得到总停车需求,还能按土地使用功能比重计算出每一土地使用的停车生成量,适用性很强。

停车生成率模型计算的困难和不足之处在于:①由于建模的基础是单一用地类型,因此在研究土地使用类型多而混合的城市区域时,回归数据易受其他因素干扰;②模型对现状停车需求分析较为精确,但对于规划年各土地使用类型的停车生成率难以把握,因此预测周期不宜过长;③模型更适用于规划年土地使用变化不大的城市研究区域。

(4)以下是关于国内外停车生成模型的应用研究简介:

对于"停车需求量 = 停车需求生成率 × 土地利用指标"这一基本模式,最早广泛地应用于城市规划与设计中。由于各国的规划理念与土地开发模式不同,就出现了分散布局和混合布局土地利用环境下的停车需求生成率的标定模型与标准。

美国从20世纪60年代中期开始就有详细的需求生成率和规划标准研究成果。美国交通工程师学会(ITE)定期更新出版的《停车生成》(*Parking Generation*)报告提出了按土地使用分类(千余种)的高峰停车位需求曲线和计算公式,这是一个典型例子。

我国从20世纪90年代初开始,由同济大学开展了以中央商务区(CBD)为重点的综合停车生成率的模型研究。第一阶段,对停车生成率 R_{dij} 取值的研究结果如表7-6所示。第二阶段,于1997年提出了间接的类型分析模型,采用大样本组合分析的非线性优化方法确定了上海浦东新区的综合静态生成率。编制静态交通需求模型的计算机软件 LUPAM(Land Use and Parking Analysis Model),获得了按土地分类的静态生成率 α_i(表7-7)。2004年,东南大学采用静态生成率与动态交通预测模型结合的方法,优化计算获得了东莞中心城区的生成率标准值 α_i(表7-8)。

上海市中心 R_{dij} 取值(单位:泊位/$10^3 m^2$)　　　　　　表7-6

土地分类	住宅	工业	商业	宾馆	学校	办公	医院	娱乐	其他
机动车	—	1.44	8.69	2.81	—	1.06	3.24	7.66	1.71
自行车	2.43	—	9.47	6.02	1.41	1.97	6.93	0.26	—

土地分类静态生成率(单位:日停车数/100职工岗位)　　　　　　表7-7

土地分类	住宅	重工	轻工	大学	中小学	行政办公	商业
机动车	0.3598	0.0002	0.0002	0.0061	0.1005	32.245	15.000
自行车	0.038	0.023	0.05	0.099	0.011	0.242	0.100

土地分类	文娱	宾馆	仓库	建筑工地	医院	其他
机动车	1.000	3.0178	0.758	9.938	2.119	0.00001
自行车	2.078	0.010	0.08	0.011	4.069	0.011

东莞中心城区静态交通生成率模型回归系数结果表(单位:高峰小时泊位/万m^2)　　表7-8

土地分类	居住	工业仓储	商业金融	文化娱乐	医疗卫生	教育科研	市政行政办公	绿地
优化系数	19.87	9.57	70.73	20.71	25.44	11.76	9.12	15.03

2. 多元回归模型

(1)多元回归即建立停车需求与都市经济活动、土地使用功能等多因素的关系。美国道路交通研究委员会根据多年积累的变量资料,提出如下数学模型:

$$P_{di} = K_0 + K_1(\text{EP}_{di}) + K_2(\text{PO}_{di}) + K_3(\text{FA}_{di}) + K_4(\text{DU}_{di}) + K_5(\text{RS}_{di}) + K_6(\text{AD}_{di}) + \cdots \tag{7-12}$$

式中:　　P_{di}——第 d 年 i 区高峰时间停车需求量(车位数);

EP_{di}——第 d 年 i 区就业岗位数;

PO_{di}——第 d 年 i 区人口数;

FA_{di}——第 d 年 i 区楼地板面积;

DU_{di}——第 d 年 i 区企业(单位)数;

RS_{di}——第 d 年 i 区零售服务业数;

AD_{di}——第 d 年 i 区小汽车拥有数;

K_1、K_2…K_6…——回归系数。

(2)图 7-1 是美国 ITE 对商业中心出租营业面积与高峰停车泊位数回归分析的结果。

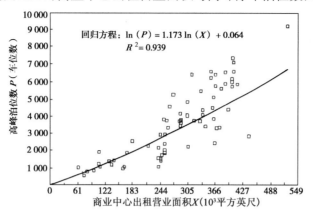

图 7-1　商业中心出租营业面积与高峰停车泊位数的关系

注:1 英尺 = 0.304 8m。

(3)上海对路内外机动车停放市中心区(CCA)的需求,曾建立如下二元线性回归模型:

$$P_d = -297.9622 + 1.2641 T_t + 0.8426 T_p \tag{7-13}$$

式中：P_d——每日实际社会停车总需求量(标准车次);

T_t——白天 12h 货车出行吸引量(标准车次);

T_p——白天 12h 客车出行吸引量(标准车次)。

$R = 0.9012$,取值范围$T_t = 244 \sim 2050$(标准车次),$T_p = 230 \sim 2310$(标准车次)。

3.出行吸引模型

出行过程中停车需求(生成与吸引)与出行车次多少及其分布有密切的关系。建立停车需求与出行 OD 的关系模型,特别是计算不同出行目的的车辆出行起讫点分布与所产生的停车吸引量(出行过程的停车需求)很有价值。其前提是开展都市综合交通规划时具有 OD 调查基础资料。美国 W·史密斯曾针对十大城市,按人口规模制定停车吸引车次与高峰时间停车位的关系系数。

四、近期停车设施规划重点

从国外许多成功的经验看,在停车规划中把近期措施置于长远停车系统目标指导下(纳入城市综合交通规划),而重点放在近期的综合对策研究上是符合实际的。

针对我国各城市普遍存在的停车难问题,建议近期停车设施规划中把需求管理与执法管理结合起来,使市中心区停放车从放任自流的政策环境过渡到控制需求的政策环境。采取的主要措施有:

(1)拟定中央商务区(CBD)内禁停、路内外限停的地段与时间。

(2)对 CBD 采取规定时间控制某些车辆进入、鼓励换乘和合乘政策,以控制停车需求。

(3)制定超时和违法罚款、吊扣执照直至传票,拖走和扣押车辆的条例;严格停车收费,强化管理执行。

(4)针对我国大城市停车设施严重短缺的状况,近期要加强建筑物与住宅配建停车位的设置标准制定和政策落实工作,一方面要大力实行"拥车者自备车位"的政策,适应轿车普及的客观需求;另一方面要通过配建车位的审核评估、使用监督、违法处罚等措施,使城市不同区位的停车设施布局、规模、形式与动态交通协调一致,促进以需求为导向的规划向以资源为导向的规划机制的转变。

(5)停车场(库)形式选择应因地制宜。在寸土寸金的都市中心区,应多推荐空间利用率高、占地面积小、存取方便、环境影响小、机电一体化的多层或高层机械式立体车库,并与传统停车模式进行多方面比较论证。

第四节 停车场设计

一、拟定设计车型

一般选用停车使用比重最大的车型作为设计标准。我国目前有几百种车型,根据公安部、建设部组织制定的《停车场规划设计规则(试行)》及国家标准《城市停车规划规范》(GB/T 51149—2016),将设计车型定为小型汽车,以它作为换算的标准。将其他各类车型按几何尺寸归并成微型、小型、中型、大型汽车和铰接车共五类,具体尺寸和换算关系见表7-9。

停车场(库)设计车型外廓尺寸和换算系数表[1-3]　　　　　表7-9

车辆类型		各类车型外廓尺寸(m)			车辆换算系数
		总长	总宽	总高	
机动车	微型汽车	3.20	1.60	1.80	0.70
	小型汽车	5.00	2.00	2.20	1.00
	中型汽车	8.70	2.50	4.00	2.00
	大型汽车	12.00	2.50	4.00	2.50
	铰接车	18.00	2.50	4.00	3.50

注:1.三轮摩托车可按微型汽车尺寸计算。
　　2.两轮摩托车可按自行车尺寸计算。
　　3.车辆换算系数是按面积换算。

二、停放方式与停发方式

1. 停放方式

(1)平行式停车(图7-2)。这种方式占用的停车带较窄,车辆驶出方便、迅速,但单位长度内停放的车辆最少。

(2)垂直式停车(图7-3)。车辆垂直于通道方向停放。这种方式的特点是单位长度内停放的车辆数较多,用地比较紧凑。

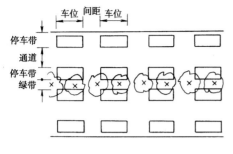

图 7-2 平行式停车场示意图　　图 7-3 垂直式停车场示意图

(3)斜列式停车(图7-4)。车辆一般与通道成30°、45°、60°三种角度停放。其特点是因地制宜,停车带宽随车身长和停放角度而异,车辆进出、停发方便。美国交通工程中心的研究表明,当停车角度为70°时,可获得最大停车容量(单行通道)。

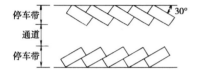  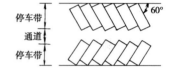

图 7-4 斜列式停车场示意图

2. 停发方式

通常停发方式有三种:
(1)前进式停车,后退式发车[图7-5a)]。
(2)后退式停车,前进式发车[图7-5b)]。
(3)前进式停车,前进式发车[图7-5c)]。

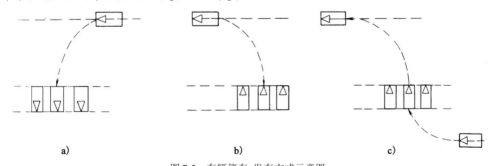

图 7-5 车辆停车、发车方式示意图
a)前进式停车,后退式发车;b)后退式停车,前进式发车;c)前进式停车,前进式发车

后退式停车,前进式发车,发车迅速方便,占地也不多,多被采用。

三、单位停车面积

单位停车面积 A_0 是指一辆设计车型所占用地面积,它应包括停车车位面积和均摊的通道面积,以及其他辅助设施面积之和。其应根据车型、停车方式及车辆停发所需的纵向与横向跨距要求确定。

我国拟定的机动车单位停车面积等有关设计参数如表7-10所示。

机动车停车场设计参数　　　　表 7-10

停车方式		垂直通道方向的停车带宽 (m)					平行通道方向的停车带长 (m)					通道宽 (m)					单位停车面积 A_0 (m²)				
		I*	II	III	IV	V	I	II	III	IV	V	I	II	III	IV	V	I	II	III	IV	V
平行式	前进停车	2.6	2.8	3.5	3.5	3.5	5.2	7.0	12.7	16.0	22.0	3.0	4.0	4.5	4.5	5.0	21.3	33.6	73.0	92.0	132.0
斜列式 30°	前进停车	3.2	4.2	6.4	8.0	11.0	5.2	7.0	7.0	7.0	7.0	3.0	4.0	5.0	5.8	7.0	24.4	34.7	62.3	76.1	78.0
45°	前进停车	3.9	5.2	8.1	10.4	14.7	3.7	5.6	4.9	4.9	4.9	4.0	5.0	6.0	6.8	7.0	20.0	28.8	54.4	67.5	89.2
60°	前进停车	4.3	5.9	9.3	12.1	17.3	3.0	4.0	4.0	4.0	4.0	4.0	6.0	8.0	9.5	10.0	18.9	26.9	53.2	67.4	89.2
60°	后退停车	4.3	5.9	9.3	12.1	17.3	3.0	3.2	4.0	4.0	4.0	3.5	4.5	6.5	7.3	8.0	18.2	26.1	50.2	62.9	85.2
垂直式	前进停车	4.2	6.0	9.7	13.0	19.0	2.6	2.8	3.5	3.5	3.5	6.0	9.5	10.0	13.0	19.0	18.7	30.1	51.5	68.3	99.8
垂直式	后退停车	4.2	6.0	9.7	13.0	19.0	2.6	2.8	3.5	3.5	3.5	4.2	6.0	9.7	13.0	19.0	16.4	25.2	50.8	68.3	99.8

注：* I 类指微型汽车；II 类指小型汽车；III 类指中型汽车；IV 类指大型汽车；V 类指铰接车。

对于城市中的路边停车,其单位停放面积 A_0 要小于上述路外停车场标准,主要原因是路边停车的进出通道可以借用道路;另外,中心区的用地紧张,促使单位停车面积减少。根据上海市中心区的停车调查,以小汽车为标准的路边停车单位停车面积见表 7-11(以垂直停放为主)。

路边停车单位停车面积　　　　　　　　　表 7-11

车型	小型车	中型车	大型车	摩托车(三轮)	自行车
A_0 (m^2)	15.7	34.4	53.4	3.8	1.2

四、通道、出入口设计

1. 通道

通道是停车场设计的重要内容,其形式和有关参数(宽度、最大纵坡、最小转弯半径等)宜结合实际情况正确选用。

(1)我国目前设计采用的通道宽度垂直式取 10~12m,平行式取 4.5m 左右。《车库建筑设计规范》(JGJ 100—2015)规定了机动车停车场的最小通道宽度。此外,对于内部主要通道,车辆双向行驶,最小宽度不宜小于 6m。

(2)通道有直坡道式、螺旋式、错位式、曲线匝道等,设计时考虑的主要参数有宽度、最大纵坡和最小转弯半径。美国、日本两国常用数据见表 7-12。

国外通道设计主要参数　　　　　　　　　表 7-12

国　名	通道宽(m)		最大纵坡(%)		最小半径(m)
	单车道	双车道	宜小于	不超过	
美国	3.7	6.7	15	20	约 11(卡车)
日本	3.5	>5.5*	15	20	6~7(轿车)

注:* 作为通道大于 5.5m 即可,作为进出口段应大于 6.0m。

我国公安部、建设部拟定的停车场(库)最大纵坡和最小转弯半径见表 7-13。

停车场(库)纵坡与转弯半径　　　　　　　　　表 7-13

车　型	直线纵坡(%)	曲线纵坡(%)	最小转弯半径(m)
铰接车	8	6	13.0
大型车	10	8	13.0
中型车	12	10	10.5
小型车	15	12	7.0
微型车	15	12	7.0

2. 出入口

(1)停车场(库)出入口设置,应按国家标准《汽车库、修车库、停车场设计防火规范》(GB 50067—2014)执行。停车车位数大于 50 辆时,应设置两个出口;大于 500 辆时,应设置 3~4 个出口。出入口之间净距必须大于 10m。

(2)车辆双向行驶出入口宽度不得小于 7m,单向行驶出入口宽度不得小于 5m,且有良好的通视条件。停车库的出入口还应退后道路红线 10m 以外。出入口视距如图 7-6 所示。

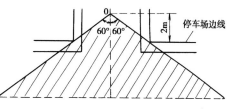

图 7-6　出入口视距示意图

五、自行车停车场设计

自行车占地小,机动灵活,使用方便,在我国是群众喜爱的交通工具,在停车规划与设计中理应受到重视。

1. 自行车停车场地规划原则

(1)停车场地应尽可能分散多处布置,方便停放,充分利用人流稀少的支路、街巷空地。
(2)应避免停车场出入口对着交通干线。
(3)停车场内交通组织应明确,尽可能单向行驶。
(4)固定式停车场应有车棚、车架、地面铺砌,半永久和临时停车场地也应树立标志或划线。

2. 停车方式

停车方式分垂直式和斜列式两种,如图7-7所示。

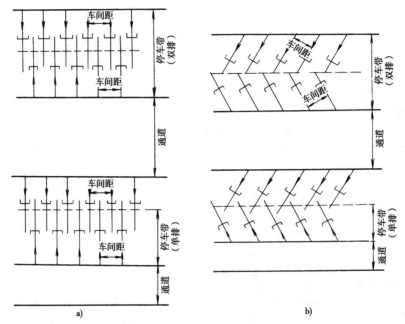

图7-7 自行车停车场布置示意图
a)垂直式;b)斜列式

3. 单位停车面积、停车带、通道设计

根据公安部、建设部组织的调查,自行车场的有关设计参数应不小于表7-14有关规定。

自行车停车场主要设计指标 表7-14

停车方式		停车带宽(m)		车辆横向间距(m)	通道宽度(m)		单位停车面积(m²)			
		单排	双排		单排	双排	单排一侧停车	单排两侧停车	双排一侧停车	双排两侧停车
斜列式	30°	1.00	1.60	0.50	1.20	2.00	2.20	2.00	2.00	1.80
	45°	1.40	2.26	0.50	1.20	2.00	1.84	1.70	1.65	1.51
	60°	1.70	2.77	0.50	1.50	2.60	1.85	1.73	1.67	1.55
垂直式		2.00	3.20	0.60	1.50	2.60	2.10	1.98	1.86	1.74

【复习思考题与习题】

1. 为什么说停车问题是大城市交通中最棘手的问题之一？我国大城市的停车特征与工业化发达国家有何异同？

2. 车辆停放场地有哪几种类型？在规划布置中应注意哪几点原则？

3. 什么是停放周转率？什么是停放饱和度(停放车指数)？

4. 停车需求量与哪些因素有关？应如何预测市中心区停车需求总量？

5. 单位停车面积 A_0 如何确定？试述拟定停车场容量的基本步骤。

6. 简述自行车停车场地的规划原则与布置方式。

7. 试规划 200 辆汽车的停车场所，其中微型、小型、中型与大型车比重各占 25%，停车方式采用 45°斜列式与垂直式方案，请分别绘出规划布置图并进行评价。

8. 某市中心辟出开发用地一块，经测算高峰时将有 800 辆自行车停放，其中有 50% 是集中时间停放(分散到达,集中离去)，试采用 60°与 30°斜列式停放方式，计算各部分用地面积，提出交通集散功能好、用地最省的方案布置图。

第八章
交通管理与控制

第一节 交通管理与控制概述

一、引言

管理是人类的重要社会活动。自 20 世纪以来,随着社会生产力与科学技术的迅速发展,管理的作用越来越大,已被人们公认为现代社会经济发展和文明进步的重要支柱。学习和研究管理,重视和加强管理,已成为当今世界潮流。无论是行政领导,经济、技术领导或是高层科技人员,都要有足够的管理理论、知识与相应的管理能力。

管理的含义,从字面上理解,就是管辖与治理。管辖指权限,治理指在权限范围内的职能与作用,其实质就是管理者对管理体系进行规划、组织、决策、实施、指挥、控制、协调、激励等特殊活动。

现代科学管理是从 20 世纪以来,人类社会的管理活动进入现代科学领域,把原先的经验管理上升到先进的科学管理,融现代社会科学、自然科学、信息科学和计算技术科学为一体的新型管理。在思想上确定战略观念、时间观念、全局观念与效益观念,在组织上遵行统一指挥、集中与分散相结合的全员管理,在方法上运用目标管理、价值工程、统筹法、优选法、决策技术等,在手段上采用电子计算机、信息技术、监控技术、智能化自控技术等,所以现代科学管理对社会经济发展起着越来越大的作用。

二、交通管理与控制的含义、性质、目的与作用

交通管理是管理学科的一个分支,具有管理学科的许多共性,又有其自身的个性。所谓交通管理,就是按照国家制定的法规、政策、条例等的规定和道路交通的实际状况,运用各种手段、方法、设施、工具、措施等,科学合理地疏解、协调、禁限、约束、组织和指挥交通;所谓控制,就是运用现代化的遥测、遥控、监控、传感、检测装置采集信息,并用电子设备、光缆、通信设施、信号系统、电子计算机及相关软件传送信息、处理信息,从而达到对运行中的车辆进行准确的组织、指引、诱导和调控,并极大地减少交通事故,保障行车与行人的安全畅通。两者有机地结合起来就构成现代交通管理与控制系统。实际上,交通管理与控制的重点在于运用各种现代化的仪表装置与设备,最大限度而及时地采集和处理有关道路交通的有效信息,适时了解和掌握区域路网上的交通运行状况,从而及时做出正确的分析决策,科学地调控流量、指挥交通。

交通管理与控制的目的在于认识并遵循道路交通流所固有的客观规律,运用现代化的技术手段和科学的原则、方法、措施,不断地提高交通管理的效率和质量,以求得延误更少、运行时间更短、通行能力更大、秩序更好和运行费用更低,从而获得最好的社会经济、交通与环境效益,为国民经济发展、人民生活水平与出行质量的提高服务。

三、交通管理与控制的内容与类别

1. 交通管理与控制的内容

交通管理在学科方面具有社会科学和自然科学两重属性,在管理对象方面涉及动态与静态,涉及人、车、路、环境。因此,提高交通管理水平,充分发挥交通管理的潜能成为交通战线一个关键课题。交通管理与控制的内容包括技术管理、行政管理、法规管理等,范围广泛、内容复杂,主要概括为以下五个方面:

1) 技术管理
(1) 各种技术规章条例的完善、执行、监督。
(2) 交通标志、道路标线的设置、管理与维护。
(3) 信号专用设备及通信设施的设计、安装、管理与维护。
(4) 建立各种专用车道与交通组织方法,制订方案。
(5) 安全防护设施的安装、维护与管理。
(6) 路口管理方式、方法的选择与实施。

2) 行政管理
(1) 规划组织单向交通与建立合理的管理体制。
(2) 禁止或限制某种车辆、某种运行方向与方式。
(3) 实行错时上下班或组织可逆性行车。
(4) 对于某些交通参与者(老人、小孩、残疾人、孕妇等)予以特殊照顾。
(5) 对于车辆拥有量或某种车辆实行调控。
(6) 采取临时的或局部性的交通管理措施。

3) 法规管理

(1) 交通法规条例、政策的执行管理。

(2) 建立驾驶人员、车辆的管理制度。

(3) 建立各种违章(法)与事故处理法规、细则,并监督实施。

(4) 有关交警勤务的监督与管理。

(5) 对于交通事故中法律责任的分析与认定。

4) 交通安全教育与培训考核

(1) 交警的培训与考核。

(2) 驾驶人员的培训、考核与经常性的安全教育。

(3) 道路交通法规、政策、安全条例的日常宣传。

(4) 对于人民群众,特别是青少年进行交通法规、交通意识与安全教育。

(5) 对于各种交通违章(法)的预防、教育与处理。

5) 交通监控

(1) 各项交通信息的采集、传递、处理与发布。

(2) 交叉口检测控制(定时、感应、半感应、全感应)。

(3) 线路检测控制(联动控制)。

(4) 区域控制(定时、自感应、分层)。

(5) 交通诱导系统的设置。

2. 交通管理与控制的类别

交通管理从性质上分,包括交通需求管理(Traffic Demand Management,TDM)和交通系统管理(Traffic System Management,TSM)两大类。

交通需求管理(TDM)是一种政策性管理,其主要管理对象是交通源,旨在对交通需求进行合理调控。有关交通需求管理的策略、层次及措施将在第二节做具体介绍。

交通系统管理(TSM)是一种技术性管理,其主要管理对象是交通流,通过对道路交通基础设施及对交通流进行管制及合理引导,提高交通设施容量,均分交通负荷,提高道路网络系统的运输效率,缓解交通压力。交通系统管理策略主要包括节点交通管理、干线交通管理和区域交通管理三类。

(1) 节点交通管理策略。节点交通管理是指以交通节点(往往是交叉口)为管理范围,通过采取一系列的管理规则及硬件设备控制来优化利用交通节点时空资源,提高交通节点通过能力的交通管理措施。节点交通管理是城市交通系统管理中的最基本形式,也是干线交通管理、区域交通管理的基础。目前我国常采用的节点管理方式有:

① 交叉口控制方式。交叉口按控制方式分类有信号控制交叉口、无控制交叉口、环形交叉口、立体交叉口等形式。

② 交叉口管理方式。通常采用的交叉口管理方式有:入口引道拓宽,增加交叉口入口引道车道数;入口引道渠化,设置不同转向的专用车道;信号配时优化。

③ 交叉口转向限制。在各转向车流中,左转车流引起的车流冲突点最多。在交通流量较大的交叉口,可采用定时段(高峰小时)或全天(全交叉口或某一些入口引道)禁止左转的管理措施,以提高交叉口通行能力。

(2) 干线交通管理策略。干线交通管理是指以某条交通干线为管理范围而采取一系列管理措施,以优化利用交通干线时空资源,提高交通干线运行效率的交通管理方法。干线交通管理应以道路网络布局为基础,并根据道路功能确定干线交通管理方式。我国常用的单行线、公共交通专用线、货运禁止线、自行车专用线(或禁止线)、"绿波"交通线等均属干线交通管理范畴。

(3) 区域交通管理策略。区域交通管理是城市交通系统管理的最高形式,它以全区域所有车辆的运输效率最大(总延误最小、停车次数最少、总体出行时间最短等)为管理目标。区域交通管理是一种现代化的交通管理模式,它需要以城市交通信息系统作为基础,以通信技术、控制技术、计算机技术作为技术支撑。目前,区域交通管理有两类形式:

① 区域信号控制系统。这种系统有定时脱机式区域信号控制系统(如 TRANSYT)、响应式联机信号控制系统(如 SCOOT、SCATS)两种控制模式。

② 智能化区域管理系统。智能化区域管理系统是智能化交通系统(ITS)的主体部分,目前尚处于开发阶段,离推广应用还有一段距离。

本章着重讲述交通需求管理(TDM)和交通技术管理与监控方面的原则、方法和基本措施。法制管理、行政管理及安全教育等,请参考相关的专门书籍。

第二节　交通需求管理(TDM)

一、引言

1. 产生背景、含义与目的

为了满足交通需求,解决交通拥挤,部分经济发达国家进行了大规模的交通基础设施建设。然而,小汽车的大量发展和大规模的修路却大大刺激了交通需求的迅速增长,因此,交通拥挤状况不但没有缓和,反而变得更加严重。许多国家出现了"汽车增长—环境恶化—修建道路—小汽车继续增长—再建路—再恶化"的恶性循环,使这些国家逐渐认识到交通需求的增长无止境,而土地资源却很有限,单纯依靠道路建设无法解决交通拥挤问题,故转而采取交通需求管理。

所谓"交通需求管理"就是为保持城市可持续发展,充分发挥道路资源的潜在功能,在扩建道路基础设施的同时,对城市交通需求实行最有效的调控、疏解、引导等管理措施,对城市客、货运出行采取从宏观到微观的多方面有效管理措施,以期优化交通分布,减少交通需求总量,同时优化城市结构、路网结构、交通结构和交通管理模式,防止和避免有限的城市道路空间资源的浪费,实现城市交通供需的总体平衡,从而保障城市交通安全、快速、可靠、舒适、经济与低公害地运行。不过从严格意义上讲,这已不仅是需求管理而是需求调控了,但因现在各国都已这样称呼,也只好从众从习。

总体来说,交通需求管理的目的在于通过交通需求管理措施,运用交通规划与城市规划的互动及反馈作用,促使城市规划布局合理,减少与避免不必要的交通生成、吸引与出行需求的过分集中,通过交通管理,处理与缓解城市无限交通需求与有限空间道路交通设施方面的矛盾；实现城市土地、道路资源高效能的合理利用；大力发展高效能、低污染的公共交通方式，以代替低效能、高污染的个体机动交通方式，使城市多元化的交通方式有一个良好的优化组合；科学合理地调控不同时段、不同区域、不同路段上机动车辆的流量，减少或避免高峰拥挤和道路空间资源的不合理或低效率的利用。

2. 发展概况

交通需求管理能够调控城市出行需求，有效促进城市与路网结构优化，发挥道路潜力，提高交通系统运行效率，早在20世纪70年代就在部分国家得到初步的研究和运用，但一直没有得到决策部门的重视。进入20世纪80年代，许多人开始意识到有限的城市空间、土地与能源无法满足人类无止境的交通需求，甚至土地充裕、资金雄厚的美国，由于小汽车的不断增多，仅靠道路建设也不能解决实际交通问题，且交通拥挤反而更加严重。这一无情的现实迫使交通专家与有关领导接受了"道路建设无法解决交通拥挤"的结论。纽约、芝加哥等十几个大城市进行了试验，并对TDM的策略、法令、实施机构等进行了研究和评价，取得了很好的效果。

20世纪90年代初（1992年），美国出版了《交通需求管理手册》来宣传交通需求管理对缓解交通拥挤、改善环境质量、提高道路资源利用率的重要性。新加坡于20世纪70年代开始实施交通需求管理，有效地限制了小汽车拥有量的增长，加速了公交系统的发展，采取拥挤价格对策，实施了区域特许证制度（Area Licence System，ALS）和电子化道路收费系统（Electronic Road Pricing，ERP），取得了很大的成效。日本、我国香港也采取了TDM的若干措施。

二、交通需求管理的策略

交通需求管理是对交通源的管理，是一种政策性管理，它通过一系列的政策措施来降低出行需求量、优化交通结构。基于我国现有的国情和实际交通情况，一般可以采用以下几类交通需求管理策略。

1. 优先发展策略

在城市道路交通的各种出行方式中，不同交通方式的道路空间占有要求、环境污染程度和能源消耗量等均有着较大的差异。优先发展策略就是对某些人均占地要求少、环境污染轻、能源消耗小的交通方式实行优先发展，并根据城市道路网络、能源拥有及环境控制等实际情况，制定优先发展的实施措施。

在我国最需优先发展的交通方式是公共交通，因为公共交通的人均占用道路面积、人均污染和耗能都是最小的。2005年，国务院办公厅转发了《关于优先发展城市公共交通的意见》。2006年，建设部等相关部门印发了《关于优先发展城市公共交通若干经济政策的意见》，明确提出优先发展城市公共交通不仅是缓解城市交通拥堵的有效措施，也是改善城市人居环境，促进城市可持续发展的必然要求。

同时，也可以借鉴发达国家的经验，在有条件的城市发展地铁、轻轨、快速公交系统（BRT）等大容量运载工具；在城市交叉口、路段、收费处实现HOV（高占位车辆）的优先通行等。

2. 限制发展策略

在已有的道路交通网络中，当总体的交通负荷达到一定水平时，交通拥挤就会加重。这时，必须对某一些交通工具实施限制（控制）发展，以保证整体交通水平的均衡。通常被限制的都是运输效率低、车辆状况差、污染大、能耗高的交通工具。

限制发展策略要根据道路交通网络的发展水平、负荷水平、已有的交通结构及各类交通工具的拥有量与出行特征确定。特别是在某种交通工具,如摩托车、私人小汽车等的拥有量超过一定水平时,要对其采取限制发展措施。应使优先发展策略和限制发展策略相结合,不断调整优化整个城市的交通结构,以提高系统的整体运输效率。

与优先发展不同的是,限制发展策略会有一定的负面影响,因此,在实施限制发展策略前,必须对此策略所可能造成的正面和负面影响做出全面细致的分析和定量评价。

3. 禁止出行策略

在特大城市、大城市中心区域出现道路网络的总体负荷水平接近饱和或者局部超饱和时,就应采取暂时或较长时间禁止某些交通工具在某些区域内或某个时段内出行的管理策略。

禁止出行策略一般为临时性的管理策略。在某些重要的活动,比如大型国际性会议、大型体育赛事(如奥运会)等期间,可以采取区域的禁止出行策略,或者按车牌号禁止某些车辆出行,在某些路段的高峰时间内禁止车辆通行等。

禁止出行也有一定负面作用,所以必须在实施前进行全面细致的分析和评价。

4. 经济杠杆策略

经济杠杆策略是通过经济手段来调整出行分布或减少某类交通出行需求的管理措施。比如:在交通密度较大的城市中心区域收取高额的停车费来减少中心区的车辆,同时降低换乘费用来鼓励车辆驾驶人换乘公交前往目的地(中心区);在适当的时候收取一定的拥堵费以求减少车辆出行需求;对鼓励发展的车辆采取低收费,而对限制发展的车辆采取高收费等来调整交通结构,改善交通状况。

三、交通需求管理的基本原则

交通需求管理同其他任何一项管理措施一样,实施得合适,能促进城市经济的发展、交通的流畅;实施不当也会影响城市经济的正常发展。因此,要确立实施的若干基本原则,以保证交通需求管理措施的有效性,并尽量减少负面影响。

1. 公平合理的原则

交通应满足全体市民的出行需要,必须体现公平的原则,不仅要改善少数人的出行条件,更要解决广大市民、特别是工薪人员和学生的上班、上学出行,不能只为小汽车行驶得快速、舒适,而忽略广大民众的步行、骑自行车与乘公交车条件的改善,要统筹兼顾。

2. 经济与环境可持续发展的原则

城市交通是城市经济与社会可持续发展的重要条件,交通需求管理不能以抑制社会经济发展为代价,也不能以恶化环境为代价来换取交通的改善,而要在保证经济与环境可持续发展的前提下,各得其利,即在交通改善的同时促进经济发展与环境的改善。

3. 有偿使用、等价交换的原则

从某种意义上来说,交通设施也是一种产品,作为产品就不能无偿占用,必须有偿使用,因此交通需求管理要体现等价交换原则。如对于占用土地资源、城市空间较多的个体低效机动交通方式,若收费太低,会导致使用者过多,总体效益下降,道路设施供不应求,最终将导致交通阻塞。对于占用土地空间资源较少的高效公共交通系统,其舒适性差、速度低,收费不能太高，必要时政府还要适当补贴，以提高城市交通系统的总体效益，满足城市社会经济发展的需要和居民的出行需求，即通过经济方面的调控，以优化城市交通结构，发挥道路设施的潜在能力。

4. 道路时空资源高效利用的原则

通过交通需求管理，充分利用现有的道路时空资源，使道路网无论在空间或时间方面均能得到充分高效的利用，即尽可能使车流量较为均匀地分布在全市道路网络上，在一天的时间内也尽可能地减少过分集中现象。

5. 多方结合、协调发展的原则

城市发展是一个长期过程，近期的各项建设与用地规划必须考虑到城市远期的发展目标，要远近结合、两相适应，在交通需求管理规划编制与采取具体措施时，要全面分析并认真细致比较，防止产生新矛盾或形成互不协调。

交通需求管理政策、措施与方案应坚持宏观与微观相结合的原则，个别服从整体、局部服从全局。首先应通过宏观分析制订需求管理的总体战略方案，而局部的交通需求管理应在宏观战略指导与微观分析的基础上，制订具体的有效措施，两者应分工合作、紧密结合、相互协调。

动态交通与静态交通的需求管理也要互相结合。动与静是相对的、伴生的，互相影响，互相制约，必须在重视城市动态交通的同时，也重视静态交通，从而使交通需求管理与城市经济社会发展及交通规划的要求多方结合，协调发展。

6. 因地制宜、经济适用的原则

交通需求管理的策略方案、办法措施不能千篇一律、生搬硬套。对不同的用地性质、街区环境、区位、路网结构、交通结构、车辆组成、管理体制等，能否采用、是否适合、是否有效，均应瞻前顾后、具体分析、多方思考、充分论证，务求实效、经济适用。

7. 社会可接受的原则

交通需求管理的政策措施涉及面很广，包括道路使用者、有关部门及公安交管等各个方面，要取得成功、收到实效，必须获得各方面理解、信任和支持，特别是使用者的理解和支持。要取得他们的理解与支持，首先要使他们乐于接受或愿意接受，他们不愿接受则无法获得成功，这是非常重要的前提。

8. 尽可能选用先进的技术与智能设备

要提高对"科技是第一生产力"的认识，努力研发新的科技产品并在实际工作中大力推行和选用集约、高效、先进的技术与智能设备。

四、交通需求管理的层次(或阶段)

采取一种措施，需认真思考，谨慎从事，不但要考虑其是否适合本区域特点，同时也要就其轻重缓急、经济性、可实施性与综合效益等进行评估。

交通需求管理影响面广，社会性、政策性、系统性强，许多问题涉及城市性质、土地使用、生产力布局等各个方面、各个层次。根据"元科学"原理与资深专家多年的工作实践和分析研究，认为不少问题在高层次易于解决，而在低层次却难以解决，甚至无法解决。因此，交通需求管理首先应争取在高层次解决，能于高层次解决的不要推延到低层次，这是明智之举。

根据我们的研究,城市交通需求管理所涉及的问题大致分为以下四个层次:

(1)城市性质、规模、结构与功能定位层次(或阶段)。这是最高层次,也是解决交通问题的最好层次,是从源头上来解决。因为此时尚无任何约束条件,此阶段做好未来交通发展的战略方案,认真处理好交通与城市发展的关系,减少许多无效出行和行程距离,其困难不是太大。

(2)城市总体规划层次(或阶段)。这是次高层次,或称基础层次,这个层次决定了土地利用、功能分区、人口、就业岗位等的分布,也决定了交通生成、吸引、分布、集聚强度和城市交通的主要流向与流量。通过优化布局,可以在很大程度上减少流量的过分集中,缩短上班、上学的路程。

(3)城市综合交通规划层次(或阶段)。这是关键层次,主要解决城市道路网络,路网结构,交通枢纽,交通结构,站场、港口布局及对外交通干线等专项规划,从而确定客货与交通设施在城市空间范围的分布。该层次是解决城市交通问题的重要阶段,对实现需求与供给的平衡起着关键性的作用。

(4)交通监控、组织与管理层次。这是解决城市交通问题的最后一个层次,是实现交通安全畅通的最后保障。因为城市结构、土地利用等规划布局与基础设施,站场、枢纽建筑等都"木已成舟",难以大动,因此这一层次就是在现有既定布局的基础上做好车流、人流的组织调配、监控、指挥、引导与疏解,以改善交通秩序、提高交通运行质量与道路的通行能力。其特点一是直接面对交通参与者,面对动态的车流、人流,措施的好坏及是否有效很快就会反映出来;另一个特点就是前面几个层次未解决的问题或解决得不好的问题,都要在实践检验中暴露出来,因此这个层次解决的问题往往是前面积累下来的、敏感的,有时也是非常困难的问题,但从另一个方面考虑也是最经济有效的,可能所费不多而收效很大,但也可能无法解决问题。

五、交通需求管理的措施

据前述交通需求管理的四个层次,以下拟将第一、二层次合并,第三、四层次合并,分别论述交通需求管理措施。

1. 第一、二层次的措施

第一、二层次是城市功能定位与城市总体规划层次,对于老城或建成地区来说,功能定位、土地利用、分区规划与生产力布局均已结束,要重新改变已非常困难了,但对于将要扩展的新区或拆旧翻新的小区,可采取以下几项措施:

(1)在开发建设新区时,应完善生活、教育、卫生、商贸等配套设施,以减少不合理、非必要的出行;要增强吸引老城中心区市民迁入、定居的力度,以减轻老城中心区人口、就业岗位的过分集中,为合理分散老城中心区的拥挤发挥作用。

(2)结合老区的拆迁更新,优化各小区居住、就业等用地类型配比,使居住与上班就近,减少跨区长距离的通勤、通学出行,减少出行距离与出行的总运输工作量。

(3)对某些敏感地区或地段,土地开发的类型、强度均应严格控制,防止交通吸引与生成过分集中,造成拥挤阻塞。

(4)对于较大的城市新开发地区,在可能条件下采取建立副中心、分区中心的办法,以避免中心区过分集中,同时可减少购物出行距离。

(5)理顺道路网络结构功能。对于现有道路网络的功能、各类道路结构的组合与配比进行分析诊断,明确每条道路的主要功能,同时也要优化快速路、主干路、次干路与支路的合理配比。

目前有不少城市对主干路比较重视,兴建了不少主干路,而对于次干路特别是支路重视不够,往往形成主干路多于次干路,而支路则很少的现象,使主干路负荷过重、交通阻塞且居民出行不便。这是不合理的,应当予以调整、优化。

2. 第三、四层次的措施

第三层次原属城市综合交通规划方面的任务,但以前的综合交通规划多着重于建设规划,而对于管理方面未能给予应有的重视,因此只能采取补救措施,故将其同第四层次一道论述。

1) 减少不必要与不合理的出行(或称无效出行)

(1) 合理选定客、货运站场。优化客货运交通枢纽、物流集散中心、客运换乘站等的规模、选址与布局,以减少出行集中程度、出行总量与出行距离。

(2) 合理规划中小学校的布局。中小学校尽可能在全市范围内均匀分布,使中小学生均能就近入学,大幅度地降低中小学生的通勤、通学出行总量与出行距离。

(3) 变过分集中的单市中心区为多中心区。对于有条件的大城市,原中心区非常集中,可适当分散原来过分集中的商业单位,建设几个分散的副中心,让市民可就近购物,以减少居民的购物出行总量与出行距离。

(4) 对于不影响环境质量的工业、企业的就业岗位,可与居住区适当靠近,合理分布,以减少出行总量与出行距离,必要时还可以采取调整工作或居住地点的方法以减少出行总量。

2) 优化交通结构

《北京宣言:中国城市交通发展战略》的第一原则指出:"交通的目的是实现人、物的转移,而不是车辆的移动。"美国的一位运输部长指出:"如果美国的小汽车都能两人同乘一辆,则美国的交通问题就完全解决了。"这说明交通方式结构是个大问题,因为小汽车乘1人而公共交通可乘20人以上,运效大大提升,路上行驶的车辆可大大减少,因此应尽可能发展时空资源消耗小、公害少、运效高的交通方式,控制或削减时空资源消耗大、公害严重、运效不高的交通方式,那么大城市的交通压力就可大为减轻。使交通方式结构合理的主要措施有:

(1) 公共交通优先发展。从政策、资金、税收等各个方面对公共交通发展予以大力支持,调控或适当限制某些低效率、高污染的交通方式。

(2) 对于特大、超大城市要积极发展轨道交通。特大城市客流量大,市区用地紧张,应选用运量大、公害小、占地少的地铁等轨道交通,以满足城市的客流要求。

(3) 限制某些占地大、运效低、公害严重的交通方式。如对摩托车、小货车、单位送客车、助力车等占用时空资源大、运效低的交通方式应予以限制。

(4) 设置步行、自行车优先区。对于某些交通拥堵的商业中心区,鼓励步行、自行车出行方式,可设定时或定路段步行或自行车专用区。

(5) 适当控制出租车的总量。现有不少城市,因公交车衰落,出租车过分发展,以致主干路或次干路上车流中50%以上为出租车占用,而所完成的运量却不到总量的10%,因此有必要适当控制出租车的过分增长。

3) 空间均衡

在城市区域道路网络上,车流的分布往往过于集中,市中心区或某些路段上流量很大,造成交通拥堵,而另外一些道路上或地区车流量却很小,道路有较大的潜力。当然,要流量在全部路网上完全均衡分布是不可能的,管理的任务就是要尽量减少过分集中,造成节点或某个路段交通拥堵,尽量设法均衡分布,降低集中程度,发挥所有道路的运力,其主要措施有:

(1)区域限制。采取区域通行许可证制度,限制某种车辆进入或限制某一时段进入交通过于繁忙的中心区或某一交通拥挤路段。如禁止某种车辆进入内环地区。

(2)收取拥挤费用。对于交通过分拥挤的地区或路段采用收费制度,近年来已被不少国家所采用,如新加坡采用收费系统(ERP)对车辆进行自动化检测和收费。

(3)调整工作岗位。对工作岗位过分集中而产生局部拥挤的地区,也可适当调整、分散岗位,以减轻局部地区的交通压力。

(4)组织单向交通。如对于某些较窄道路、路网密度较大又有相互平行的路段或对于通行能力不足、过分拥挤的道路,有条件组织配对路段通行时,则可组织单向交通。

(5)设置可变车道。如高峰时某一流向车流特别多时,可以改变两向均分车道数的常规方式,将高峰时二去二回改为三去一回或一去三回,非高峰时再恢复二去二回。

(6)变更线路。充分利用路网上车流分布的动态信息,指挥车辆变更线路,利用通行能力有余裕的道路,以绕过拥挤或阻塞路段。

4)时间调控

交通流在全天24h内的分布并不均匀,一般全天有2~3个高峰时段,大都在上下班时间出现,在此短时间内车流十分拥挤,而其余时间则车辆不多,因此如何削峰或避峰以减轻路口的拥挤就非常重要,目前主要措施为:

(1)错时上班。根据高峰时段的拥挤状况,在市区采取错时上班,可分为两批或三批,每批错开15~20min不等。

(2)弹性上班。允许部分员工自己设定他们上班和下班的时间,完成8h即可离岗,当然有多种方法,如早到达早离开、迟到迟走。

(3)压缩工作日。允许部分职工在一周内少上几天班,由另几天延长工时来补足,如每周4d,每天10h。美国丹佛市压缩工作日的措施实行后,交通量在早高峰下降了14%,在晚高峰下降了13%。

(4)分期度假。现在的节假日全市都同时放假,如有可能适当错开,如双休日由周六、周日调整到周一至周五,可使交通流在一周内的分布较为均衡。

5)经济手段

(1)对于拟控制的某种车辆,采取增收牌照税、使用税、保险税、购置税等措施以抑制或调控其总量的增长。

(2)财政补贴或减税。对于某种有重大公益效果的交通工具,需大力提倡以促其发展为公交车辆,政府可以采取减税或财政补贴的办法以维持其正常运营或促其发展。实际上,大多数国家的公共交通方式均采取适度补贴办法。

(3)分时收费或累进收费。对于某些停车泊位不足或商务中心等繁华地段,在拥挤时段提高收费,平时时段可降低收费,以调控停车数量。

(4)征收拥挤费。对于某些过分拥挤路段,征收拥挤费以调控车流,平抑交通拥挤。

6)行政措施(谨慎使用)

对于某种交通行为、运载工具,在某地区、某路口或路段不宜进入、不宜发展,而其他措施又难以奏效时,不得已的情况下,采取行政命令的办法,予以调控或禁限。

(1) 禁止或限制车辆拥有。禁止某种车辆登记注册,如有些城市对摩托车、助力车禁止登记或限量登记等。

(2) 限时通行。某些城市由于车辆过多,市区过分拥挤,可采取单日允许单号车通行,双日允许双号车通行。如武汉长江大桥由于过分拥挤,就曾试行过此种方式。

(3) 禁止某种方向行车。如许多交通繁忙路口普遍采用禁止左转车辆通行,或禁止穿越城市中心方向行车。

(4) 禁止或限制某种车辆通行。有些城市中心地区或某些繁华路段禁止货车白天通行,禁止三轮车、人力车、拖拉机等通行。如南京长江大桥很长时间一直禁止货车白天通过。

7) 运用高新技术减少出行,发挥道路设施的潜力

(1) 利用电话、可视电话与召开电视会议。充分利用现代通信手段,如电话、可视电话、电视机、计算机、宽带网等减少商业与行政活动中的出行或代替部分出行。

(2) 利用现代信息技术与卫星定位系统。利用检测传输与显示系统不断提供的行驶中的车辆位置与各路段实际流量状况的信息,为上下班驾驶人选择路线、路口,这对均布路网车流量,减轻某些路段、路口的拥挤有良好的效果。

(3) 电话上班。允许员工在家上班以减少出行,在美国有400万电话上班者,且每年以20%的速度递增。在加利福尼亚,电话上班使工作出行减少30%。

8) 其他措施

(1) 鼓励合乘车辆。为减少道路上行驶的车辆数,减轻交通拥挤和空气污染,鼓励车辆合乘,尤其是小汽车合乘,采取停车优先、停车预留、低费或免费停车及优先通行等优惠措施。

(2) 设置停车换乘。在城乡接合部客运枢纽或地铁大站附近设置换乘站,为出行者转乘公交或换乘地铁提供方便,可以节约出行时间。

(3) 货物集中送。有计划地组织聚集、储存、运输、配送或转运货物以提高运输效率,减少空载,减少无效出行或缩短运距。

第三节 道路交通法规与标志、标线

一、引言

道路交通法规与标志、标线是交通管理的重要内容,属于技术管理层面,是国家为了维护交通秩序,保障交通畅通和车辆、行人安全,使交通协调有序地运行而采取的强制性国家指令。其中道路交通法规是带有法律性质的针对道路交通的法律和规范;道路交通标志、标线是道路交通基础设施和交通管理设施的有机组成部分,是物化的道路交通管理法律、法规。以上这些都是为了规范交通参与者的交通行为,保障道路交通有序、安全、畅通。

二、道路交通法规

道路交通法规是国家在道路交通管理方面制定的执行国家政策,维护交通秩序,保障交通安全、畅通的规则、规定、办法和技术标准等的总称,是国家行政法规的一种,属于法学范畴。

道路交通法规是经调查研究、科学分析、系统总结、反复讨论、吸收国内外先进经验而编

制,并经立法机关审定通过、正式颁布的一种强制性的法律法规,是人们长期在行走、行车、车辆管理、驾驶人管理、交通组织、违章(法)处理等活动的实践中不断积累的经验总结。它不仅具有严肃的法律性质,而且具有科学依据,它是协调人、车、道路与环境相互之间关系的准则,是一切参与道路交通活动的部门、单位和个人都必须遵循的法律规范,也是国家各级交通管理部门执法管理交通的权责、职责依据。

我国的道路交通法规是经历了长期的发展,逐步走向走熟的。1988年3月9日,国务院发布了《道路交通管理条例》,1991年9月22日,又发布了《道路交通事故处理办法》,1999年4月5日,国家标准局发布了《道路交通标志标线》(GB 5768—1999)。按照"急需部分先出,后续部分陆续完成"的修订原则,于2009年5月25日发布了《道路交通标志标线》(GB 5768—2009)(以下简称GB 5768),完成了前三部分(总则、道路交通标志、道路交通标线)的修改,增加了国家高速公路命名和编号标志;此后,于2017年完成了第4、5、6部分(作业区、限制速度、铁路平交口)的修编,于2018年完成了第7、8部分(非机动车和行人、学校区域)的修编,于2022年又完成了第2部分(道路交通标志)的修编。在道路交通信号灯设置与安装方面,于1994年1月29日发布了《道路交通信号灯安装规范》(GB 14886—1994),经2006年和2016年两次修订,形成了《道路交通信号灯设置与安装规范》(GB 14886—2016)。2003年,第十届全国人大常委会第五次会议审议通过了《中华人民共和国道路交通安全法》(以下简称《交通法》)并于2004年5月1日起实施。经2007年、2011年和2021年三次修订和完善,这部法律更加重视交通安全,更加体现以人为本,并对交通安全法的内容进行了细化、补充,使相关条文更具操作性,也更便于执行和遵守。《交通法》的通过是我国道路交通法制建设历程中的一座里程碑,是我国道路交通事业全面走向法治时代的崭新开端,也是今后指导和规范参与到道路交通系统中的所有行为的一个根本准则。

《交通法》以保障道路交通安全为根本出发点,着眼于解决道路交通中的突出问题,从现实需要和交通管理的实际出发,确立了依法管理、方便群众的基本原则,突出了以人为本的思想,并从我国道路交通的实际出发,在总结历史经验和借鉴国外一些发达国家成功立法的基础上,对道路交通活动中交通参与人的权利和义务关系进行了全面规范,具有以下特点:

(1)以保护交通参与人的合法权益为核心,突出保障交通安全,追求提高通行效率。在立法指导思想、立法目的及内容上都体现了本法的这一精髓:一是坚持以人为本,预防和减少交通事故,保护交通参与人的合法权益;二是提高通行效率,保障道路交通的有序、畅通。

(2)坚持道路交通统一管理,明确政府、相关部门及道路交通管理各职能单位在道路交通中的管理职责,明确提出政府应当保障道路交通安全管理工作与经济建设和社会发展相适应;同时又具体地规定政府应当制订道路交通安全管理规划,并组织实施。

(3)将交通安全宣传教育上升为法律规定,明确规定政府及公安机关交通管理部门,机关、部队、企事业单位、社会团体等单位,教育行政部门、学校、新闻、出版、广播、电视等媒体的交通安全教育义务。这符合我国道路交通事业发展的内在要求,符合现代交通管理工作的特点。

(4)倡导科学管理道路交通。改革开放以来,道路交通发生了深刻变化,随着社会的发展进步,尤其是随着高科技手段在社会各个领域的广泛应用,强化科技意识,运用科学技术,不断提高交通管理工作的科学化、现代化水平,已经成为未来道路交通管理发展的方向。因此,本法中明确规定提倡加强科学研究,推广、使用先进的管理方法、技术和设备。

(5)通过设立机动车登记制度、检验制度、报废制度、保险制度、交通事故社会救助制度、机动车驾驶证许可制度、累积记分制度等来进一步规范交通管理行为,从法律制度上保障道路交通安全、畅通的实现。

（6）按照以人为本的精神,在通行规范中重点规定了有助于培养规则意识、保护行人的通行规定;在交通事故处理方面对快速处理、自行协商解决、重点保护行人、非机动车驾驶人权益等内容做了重大改革。

（7）明确规定了规范执法的监督保障体系。从组织建设、职权、执法程序、禁止性条款、监督、处罚和处分等方面做了系统规定。强化执法监督,将司法监督、社会公众监督、舆论监督等融入对交通管理执法的监督之中。

（8）强化职能转变,退出一些事务性、收费性、审批性的工作事项。严禁公安机关交通管理部门及其交通警察举办或者参与举办驾驶学校或者驾驶培训班、机动车修理厂或者停车场等经营活动。

（9）体现过罚相当的法律责任追究原则。统一规定了处罚的种类、强制措施的适用范围,对酒后驾车、超载、超速等严重影响交通安全的交通违法行为,规定了较为严厉的处罚。

三、道路交通标志

1. 道路交通标志的定义、制订依据、原则和类别

1）道路交通标志的定义和制订依据

（1）道路交通标志的定义。

道路交通标志是用图形、符号、颜色和文字向交通参与者传递特定信息,预示前方道路交通设施、气候、环境情况,表示交通管理指令的设施,是道路交通法规的组成部分与交通管理的重要手段,在公路与城市道路交通管理中占有重要的地位,被人们称为"不下岗的交警"。交通标志的形状、图案、尺寸、构造、材料、反光、照明、制作及设置要求,均需按国家标准 GB 5768 的规定执行。

（2）道路交通标志的制订依据。

道路交通标志是用以指示、导向、警告、控制和限定某种交通行为的一种交通管理设施,一般设在路旁或悬挂在道路的上方,使交通参与者获得正确的道路交通信息,从而达到交通安全、迅速、节能与低公害的目的。交通标志应使交通参与者能在很短的时间内看到、识别并明白其含义,从而采取正确的应对措施。为此,交通标志须有高度的显示性、清晰易见与良好的易读性（很快地视认并完全理解）和广泛的公认性（各方面人士均能看懂）。为了要获得这样的效果,很多国家进行了大量的试验和研究工作,认为应做颜色、形状、符号与文字三方面选择,它们被称为标志的三要素。

①颜色。从光学上讲,不同颜色有不同的光学特性（对比、前进、后退、视认）表面色、逆反射材料色和色品坐标及亮度因素。从心理学上讲,人对不同的颜色会产生不同的心理感受、不同的联想和不同的认识特性,即人对不同的颜色会产生不同的心理与生理反应。如:

红色:为前进色,视认性好,使人产生血与火的联想,有兴奋、刺激和危险之感,在交通标志上常用以表示约束、禁令、停止和紧急之意。

黄色:为前进色,较红色的明度更高,能引起人们注意,有警告、警戒之意,标志上多用以表达警告、禁令、注意之意。

绿色:是后退色,注目性与视认性均不佳,有恬静、安全、和平和生命的含义,在交通标志上常用于表示安全、静适、和平,可以通行或前进。

蓝色:为后退色,注目性与视认性均不高,但有沉静、安宁、有序之意,适于用作指示、导向的标志。

白色:明度与反射率均高,对比性很强,有清澈、明晰、无疵之感,适于用作交通标志的底色。

黑色:明度与反射率均不高,且相对于其他颜色,物体发现、确认距离短,不易识别,特别是光线不好时,更不易识别。但黑色有庄重、严肃之感,在交通标线中一般以黑/黄、黑/白相匹配(分子为文字或图案,分母为背景),有良好的视觉效果。

GB 5768修订时,废除了原先按《安全色》(GB 2893—2008)制订的标准,因该标准没有规定逆反射的色品坐标,不能满足光标材料的要求,现已改用《视觉信号表面色》(GB 8416—2003)的规定(有关特性内容,详见GB 5768)。

②形状。对于交通标志的形状,国外已有长期深入的研究和实践,我国交通运输部公路科学研究院也进行了长时间研究,已用于GB 5768中。标志的视认性与显示性是否良好与标志的形状大小有重要的关系,面积相同而形状不同的标志,其易于识别的程度依次为:三角形、菱形、正方形、正五边形、圆形等。交通标志多采用三角形。

③符号与文字。符号表示的具体含义应简单明了,一看就懂,并易为公众理解,因此多采用直观性强、视认性好的原则。尽可能避免用文字叙述。在必须使用文字时,应力求明白、肯定、简单、扼要、易认、直观、确切,并应书写规范、正确、工整。根据需要可并用汉字或其他文字。当标志上采用中、英两种文字时,地名可用汉语拼音,专用名词用英文。

2)道路交通标志制订的基本原则

(1)反映我国交通特色与实际需要的同时,积极采用国际标准,引进国外先进的科学技术,促进道路交通标志和标线尽快与国际标准接轨。图形、符号是一种"跨文化""跨国界"的标志,容易为不同文化与语言背景的人们所理解与应用。

(2)以高速公路为重点,兼顾城市道路发展的需要,尽可能使标志、标线齐全,图形形象直观,版面美观大方,结构合理庄重。

(3)标准以设计管理及道路使用者为主要服务对象,对标志、标线的形状尺寸、图形、符号、材料、结构等做了详细规定,并注意同各相关规范、法规的协调和统一。

(4)在标志、标线的设计中要充分运用新材料、新结构、新工艺,使标志标线既能反映科技进展,同时又节约建设养护维修费用。

3)道路交通标志的类别

根据GB 5768的规定,交通标志分为主标志和辅助标志两大类,共计160多种、257个图式。

主标志就其含义不同分为下列七种:

(1)警告标志是警告车辆驾驶人、行人前方有危险的标志,道路使用者需谨慎行动,计有44种、47个图式。其形状为等边三角形或矩形,三角形的顶角朝上,颜色为黄底、黑边、黑图形,尺寸大小及标志设置位置到危险地点的距离,均按道路设计速度大小而定。

(2)禁令标志表示禁止、限制及相应解除的含义,道路使用者应严格遵守,共计39种、48个图式。其形状为圆形,但"停车让行标志"为八角形,"减速让行标志"为顶角向下的倒等边三角形,其颜色除个别标志外为白底、红圈、黑图形、图形压杠,其各部位尺寸的最小值应按设计速度决定。

（3）指示标志表示指示车辆、行人行进的含义，道路使用者应遵循，共计18种、36个图式。其形状分为圆形、长方形和正方形，除个别标志外，颜色为蓝底、白图形。

（4）指路标志表示道路信息的指引，为驾驶者提供去往目的地所经过的道路、沿途相关城镇、重要公共设施、服务设施、地点、距离和行车方向等信息，计有51种、79个图式。其形状除个别标志外为长方形和正方形，一般道路为蓝底、白图形、白边框、蓝色衬边，高速公路和城市快速路为绿底、白图形、白边框、绿色衬边。

（5）旅游区标志是为吸引和指引人们从高速公路或其他道路上前往邻近的旅游区，在通往旅游景点的路口设置的标志，使旅游者能方便地识别通往旅游区的方向和距离，了解旅游项目的类别，分为指引标志和旅游符号标志两大类，共计17个图式。其形状为矩形，颜色为棕底、白字（图形）、白边框、棕色衬边。

（6）作业区标志用以通告道路交通阻断、绕行等情况，设在道路施工、养护等路段前适当位置。用于作业区的标志为警告标志、禁令标志、指示标志及指路标志，其中警告标志为橙底、黑图形，指路标志为在已有的指路标志上增加橙色绕行箭头或者为橙底、黑图形。

（7）告示标志用以解释、指引道路设施、路外设施，或者告示有关道路交通安全法和道路交通安全法实施条例的内容，共计2种、8个图式。告示标志一般为白底、黑字、黑图形、黑边框。告示标志的设置不应影响警告、禁令、指示和指路标志的设置和视认。

辅助标志指安装在主标志下面，紧靠主标志下缘，起辅助作用的标志。凡主标志无法完整表达或指示其规定时，为维护行车安全与交通畅通的需要，应设置辅助标志。其按用途分为表示时间、车辆种类和属性、方向、区域与距离、警告与禁令理由及组合辅助标志，共计6种、22个图式。其形状为矩形，颜色为白底、黑字（图形）、黑边框、白色衬边。其尺寸大小由字高、字数决定。

与普通交通标志相比，可变信息标志是一种因道路、交通、气象等状况的变化而改变显示内容的标志，一般可用以限制车速，控制车道，传递道路、交通、气象状况、事故、水毁、塌方、堆雪等多种信息。可变信息通过科技手段存储于某一情报板或标志牌上，根据监控设备检测得到的现实情况，信息可以及时显示出来，传送给车辆驾驶人和行人，使其能及时采取正确可行的交通行为。

2. 道路交通标志的尺寸、视认距离和设置原则

1）道路交通标志的尺寸

标志牌的尺寸大小，应保证驾驶人在不同行车速度条件下，在一定视距内，能方便、清晰地识别标志上的图案、符号与文字，故符号、文字的大小必须满足视认距离的要求。认读一般有五个阶段，即：

（1）发现，在视野内觉察有交通标志，但看不清楚标志的形状。

（2）识别，只能认识标志外形轮廓，看不清标志牌上的内容。

（3）认读，除看清标志外形，还能看清牌上内容。

（4）理解，在认读的基础上，理解标志含义并做出判断。

（5）行动，根据判断采取行动，如加速、减速、转弯或停车等。

在这五个阶段的全过程中汽车行驶的距离称为视认距离或视距。

2）视认距离同车速的关系

视认距离同车速、车辆性能与标志大小有关，根据实际试验，车速越高则平均视认距离越短，其试验统计结果列于表 8-1。

不同车速下交通标志视认距离试验统计表　　　　表 8-1

标志类别	警　告					禁　令					指　示				
车速(km/h)	步行	40	60	80	100	步行	40	60	80	100	步行	40	60	80	100
平均视认距离(m)	316	272	239	212	179	390	336	307	276	239	493	435	411	374	326
视认距离递减率(%)	0	14	24	33	43	0	14	21	29	39	0	12	17	24	34
视角(′)	4.35	5.05	5.75	6.49	7.68	3.53	4.09	4.48	4.98	5.75	1.79	3.16	3.35	3.68	4.22

注：试验用标准交通标志有警告、禁令、指示 3 类 8 种，次序按随机呈现，汽车用桑塔纳牌，驾驶人 15 人，其中男 8 人、女 7 人，由出租汽车公司指派，年龄为 25～55 岁，在白天或照度为 2 000lx 以上条件下试验。

不同车速或不同等级的道路所要求视认距离不同，为了能在较远的距离认清标志的内容，就必须相应地加大标志尺寸。同时，字体的不同、笔画的多少或粗细也会影响视认距离。我国根据不同车速下实际测验结果，得出了可保证必要视认距离的各类不同标志的尺寸。表 8-2 为禁令标志尺寸大小与车速关系，表 8-3 为警告标志尺寸大小与车速关系，表 8-4 为指示标志尺寸大小与车速关系，指路标志视不同形状可采用表 8-4 中的相应规定值。警告标志到危险地点的距离与车速的关系列于表 8-5，文字尺寸、间隔和行距的规定列于表 8-6、表 8-7，标志平面与道路横断面法线关系的示意图见图 8-1。

禁令标志尺寸与车速关系表　　　　表 8-2

车速(km/h)		100~120	71~99	40~70	<40
圆形标志(cm)	标志外径 D	120	100	80	60
	红边宽度 a	12	10	8	6
	红杠宽度 b	9	7.5	6	4.5
	衬边宽度 c	1.0	0.8	0.6	0.4
三角形标志 （减速让行标志）(cm)	三角形边长 a	—	—	90	70
	红边宽度 b	—	—	9	7
	衬边宽度 c	—	—	0.6	0.4
八角形标志 （停车让行标志）(cm)	标志外径 D	—	—	80	60
	白边宽度 a	—	—	3.0	2.0
矩形标志 （区域限制和解除标志） (cm)	长 a	—	—	120	90
	宽 b	—	—	170	130
	黑边框宽度 c	—	—	3	2
	衬边宽度 d	—	—	0.6	0.4

警告标志尺寸与车速关系表 表 8-3

车速(km/h)	100~120	71~99	40~70	<40
三角形边长 A(cm)	130	110	90	70
黑边宽度 B(cm)	9	8	6.5	5
黑边圆角半径 R(cm)	6	5	4	3
衬底边宽度 C(cm)	1.0	0.8	0.6	0.4

不同形状的指示标志尺寸与车速关系表 表 8-4

车速(km/h)	100~120	71~99	40~70	<40
圆形标志的直径 D(cm)	120	100	80	60
正方形标志的边长 A(cm)	120	100	80	60
长方形标志的边长 A×B(cm×cm)	190×140	160×120	140×100	—
单行线标志长方形边长 A×B(cm×cm)	120×60	100×50	80×40	60×30
单行线标志正方形边长 A(cm)	—	—	80	60
衬边宽度 C(cm)	1.0	0.8	0.6	0.4

警告标志到危险地点的距离与车速关系表 表 8-5

车速(km/h)	100~120	71~99	40~70	<40
标志到危险地点距离(m)	200~250	100~200	50~100	20~50

汉字高度与车速关系表 表 8-6

车速(km/h)	100~120	71~99	40~70	<40
汉字高度(cm)	60~70	50~60	40~50	25~30

其他文字尺寸、间隔和行距的规定 表 8-7

其他文字	尺寸与汉字高度 h 的关系		间隔和行距等与汉字高度 h 的关系	
汉语拼音、拉丁字母或少数民族文字高度	大写	$1/2h$	字间隔	$>1/10h$
	小写	$1/3h$	笔画粗	$1/10h$
阿拉伯数字	字高	h	字行距	$1/3h$
	字宽	$0.6h$	距标志边缘最小距离	$2/5h$
	笔画粗	$1/6h$		
公里符号高度	k	$1/2h$		
	m	$1/3h$		

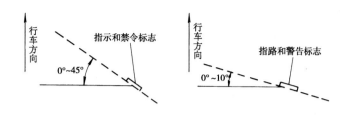

图 8-1　路面边缘标志安装示意图

3）道路交通标志的设置原则

（1）交通标志以确保交通畅通与行车、行人安全为目的，应结合道路线形、交通状况、沿线设施及环境等情况，按交通标志种类不同要求设置，以便为道路使用者方便、正确、及时地提供信息，使其通过标志的引导指示，可顺利、快捷地到达目的地。

（2）交通标志的设置，应进行总体设计，防止出现信息不足或过载的现象，对于重要的信息应给予必要的重复。

（3）交通标志的设置，应充分考虑道路使用者的生理、心理特征和行动特性，即在高速或动态条件下发现、识别、判读及采取行动所需要的时间和前置距离。

（4）交通标志应设在车辆行进的正前方最易于看见的地方，视具体情况设于道路右侧、中央分隔带或行车道上方。当同一地点需设两种以上标志时，可以安装在同一根标志柱上，但最多不超过四种，并避免出现相互矛盾的内容。标志牌在一根柱上应按警告、禁令、指示的顺序先上后下、先左后右排列。

（5）解除限速、解除禁止超车的标志，干路先行、停车让路、减速让行、会车先行、会车让行标志均应单独设置。路侧标志应尽量减少对驾驶人的眩光，在装设时尽可能与道路中线垂直或偏转一定角度，禁令和指示标志为 0°～45°，指路和警告标志为 0°～10°（图8-1）。

交通标志的支撑方式有单柱式、双柱式、悬臂式、门式及附着式，构造、反光和照明、材料设计制作等要求，可参阅 GB 5768 有关规定。

四、道路交通标线

1. 道路交通标线的定义和类别

1）道路交通标线的定义

道路交通标线是由设置于路面上的各种线条、箭头、文字、立面标记、突起路标和路边轮廓标等所组成的交通安全设施。它的作用是引导与管制交通，可以与标志配合使用，也可单独使用，是保障交通安全、改善行车秩序的重要措施，也是道路交通法规的重要组成部分之一。它具有强制性、诱导性和服务性。对高速公路、一、二级公路和城市快速路、主干路，应按国家标准 GB 5768 规定设置反光的交通标线，其他道路可根据需要按国标的要求设置标线。

2）道路交通标线的类别

根据 GB 5768 的规定，道路交通标线分类如下：

(1)按标线设置方式可分为 3 类。

①纵向标线。沿道路行车方向设置的标线。

②横向标线。与道路行车方向交叉设置。

③其他标线。字符标记或其他形式标线。

(2) 按标线功能性质亦可分为 3 类。

①指示标线。指示车行道、行车方向、路面边缘、人行道、停车位、停靠站及减速丘等的标线。

②禁止标线。告示道路交通的遵行、禁止、限制等特殊规定的标线。

③警告标线。促使道路使用者了解道路上的特殊情况,提高警觉,准备防范应变措施的标线。

(3) 按道路交通形态可分为 4 类。

①线条。施划于路面、缘石或立面上的实线与虚线。

②字符路面障碍。施划于路面上的文字、数字及各种图形、符号。

③突起路标。安装于路面上标示车道分界、边缘、分合流、弯道、危险路段、路宽变化、路面障碍位置的反光或不反光体。

④路边轮廓标。安装于道路两侧,指明道路方向、车行道轮廓的反光标柱。

(4) 按交通标线职能与作用可分为 12 类。

①白色虚线。画于路段中时,用以分隔同向行驶的交通流;画于路口时,用以引导车辆行进。

②白色实线。画于路段中时,用以分隔同向行驶的机动车、机动车和非机动车,或指示车行道的边缘;画于路口时,用作导向车道线或停止线,或用以引导车辆行驶轨迹;作为停车位标线时,指示收费停车位。

③黄色虚线。画于路段中时,用以分隔对向行驶的交通流或作为公交车专用车道线;画于交叉口时,用以告示非机动车禁止驶入的范围或用于连接相邻道路中心线的路口导向线;画于路侧或缘石上时,表示禁止路边长时停放车辆。

④黄色实线。画于路段中时,用以分隔对向行驶的交通流或作为公交车、校车专用停靠站标线;画于路侧或缘石上时,表示禁止路边停放车辆;作为网格线时,标示禁止停车的区域;作为停车位标线时,表示专属停车位。

⑤双白虚线。画于路口时,作为减速让行线;画于路段中时,作为行车方向随时改变之可变车道线。

⑥双白实线。画于路口,作为停车让行线。

⑦白色虚实线。用于指示车辆可临时跨线行驶的车行道边缘,虚线侧允许车辆临时跨越,实线侧禁止车辆跨越。

⑧双黄实线。画于路段中,用以分隔对向行驶的交通流。

⑨双黄虚线。画于城市道路路段中,用于指示潮汐车道。

⑩黄色虚实线。画于路段中时,用以分隔对向行驶的交通流。实线侧禁止车辆超车、越线或回转,虚线侧准许车辆临时越线。

⑪橙色虚、实线。用于作业区标线。

⑫蓝色虚、实线。作为非机动车专用道标线;作为停车位标线时,指示免费停车位。

2. 道路交通标线的作用与设置原则

1) 道路标线的作用

(1) 双向两车道路面中心线(分隔对向行车)。

①双向两车道路面的中心线为黄色虚线,分隔对向行驶车流,一般在车行道中心线上,在

保证安全条件时,亦允许车辆超越或左转。

②凡路面宽度可画两条机动车道的双向行驶的道路应画黄色中心虚线,指示驾驶人靠右行车,各行其道,分向行驶。

(2)车道分界线(分隔同向行车)。用来分隔同向行驶车流,用白色虚线作为车道分界线,在保证安全的情况下,可允许车辆越线变换车道。凡同一方向有两条或多于两条车行道时应画车道分界线,如高速公路、一、二级公路,城市快速路及主干路等。

(3)车行道边缘线。白色实线用来划分机动车与非机动车道或指示机动车道的边缘,高速公路、一级公路和城市快速路应在机动车道的外侧边缘或内侧路缘带画白色实线表示路边缘线。

(4)其他标线。导向车道线、停止线为白色实线。停车让行线表示停车让行位置,减速让行线表示让干路先行的让行位置,前者为两条白色实线,后者为两条白色虚线。人行横道线为白色粗实线。还有导向箭头标线、左转弯待转标线、港湾式停车站标线、车距确认标线、收费岛标线、禁止超车标线、禁止路边停放车辆标线等。

此外,还有在路面上书写文字指示或限制车辆行驶的标记;立面标记,用以提醒行人、驾驶人注意露出路面的障碍物;防止车辆碰撞的标记;路栏、锥形路标、标柱等,用以警告、导向。

2)路口标线的设置原则

道路平交路口标线包括人行横道线、停止线、车行道中心线、车道分界线、导向箭头等,在设置时,应考虑交叉路口的形式、交通量、车行道宽度、转弯车辆的比率、非机动车混入率等因素,归纳为下列原则:

(1)要积极开辟左转弯车道。可利用削窄或削去中央分隔带的方法,或利用缩窄车道宽度和偏移车道中心线的方法,开辟左转弯附加车道。

(2)路口导向车道线长度应根据路口几何线形确定,其最短长度为30m,导向车道线应画白色单实线,表示不准车辆变更车道。

(3)平交路口驶入段的车道内应有导向箭头,标明各车道的行驶方向。距路口最近的第一组导向箭头,设置于导向车道的末尾,导向箭头重复设置的次数和距离,应根据平交路口驶入段的具体情况确定。

3. 路面交通标线的主要材料

路面标线的涂料大致分为常温溶剂型、加热溶剂型和热熔型三类。

(1)常温溶剂型,可在常温条件下施工,对环境要求较宽,适用范围较广。此类油漆有酯胶、环氧、丙烯酸和氯化橡胶等品种。酯胶耐磨性差,用量受限,环氧的附着性与耐火性较好,后两者干燥较快,总体来看有效寿命较短,仅为4~8个月。

(2)加热溶剂型,涂料加热温度较低,通过溶剂挥发和树脂在空气中氧化聚合而成膜,干燥速度快,涂膜厚,使用寿命长,可达8~15个月,反光效果较好。其成分为着色颜料、体质颜料、添加剂和溶剂。

(3)热熔型涂料,无溶剂,施工时需加高温使粉状涂料熔化,利用专门设备涂于路面,冷凝后成标线。此种标线凝固快,耐磨性好,有效寿命可达20~36个月,反光性好,适用于繁忙的城市干路或高速公路。

至于标线的涂料与其他材料要求、技术标准等，可参阅 GB 5768 的附件。

随着公路建设质量要求的不断提高和科学技术的进步，一些科学技术发展较快国家已开始采用一种新型环保材料——水性涂料。其优点为：无毒、无重金属的原料、对环境及操作者无任何伤害、施工周期短、寿命长、反光效果好，雨夜亦反光，可在已有热熔型或常温型涂料的旧路上直接覆盖、与玻璃微珠的黏结力好、漆膜不易起皮、玻璃珠不易脱落且便于施工，见 JT/T 280—2022。

第四节　交叉口的信号控制

一、交通信号的发展、作用与控制方式

1. 交叉口信号控制概述

由于路口不同方向的车流、人流交叉汇合，常发生拥挤、碰撞、秩序混乱，甚至造成交通事故。为了维护秩序，保障行人、行车安全，不得不采取管理措施，如在路上画线、设置标志符号或人工指挥，以及采用设岛来引导、分隔车辆与行人等。

交通信号则是汽车工业发展所带来的产物，凡在道路上用以传达具有法定意义、指挥交通行、止、左转、右转的手势、声响、灯光等都是交通信号。但目前使用得最为普遍、效果最好的是灯光交通信号。

随着现代科学与汽车技术的发展，汽车数量增长，路口冲突矛盾激化，人们为了安全、迅速地通过路口，不得不将最新的科技成果用于解决路口的交通阻塞问题，从而推动了自动控制技术在交通领域的迅速发展。

2. 交通信号控制的产生和发展

1886 年，伦敦的威斯敏斯特教堂安装了一台红绿两色煤气照明灯，用以指挥路口马车的通行，运行一段时间后不幸发生意外爆炸，招致人们反对而夭折。

1917 年，美国盐湖城开始使用联动式信号系统，将 6 个路口作为一个系统，用人工手动方法加以控制。

1918 年初，美国纽约街头出现了新的人工手动红黄绿三色信号灯，同现在的信号机甚为相似。

1922 年，美国休斯敦建立了一个同步控制系统，以一个岗亭为中心控制几个路口。

1926 年，英国伦敦建成了第一台自动交通信号机并在大街上使用，可以说是城市交通自动控制信号机的开始。

1928 年，人们在上述各种信号机的基础上，制成"灵活步进式"适时系统。由于其构造简单、可靠、价廉，很快得到推广普及，以后经不断改进、更新、完善，发展成现在的交通协调控制系统。

在车辆检测方面，20 世纪 30 年代，美国、英国开始生产气动橡皮管式的车辆感应信号控制器，用以检测交通流量，调整绿灯时间长短，减少车辆在路口的延误，比定时控制灵活。随后

又发明了雷达、超声波、光电、地磁、微波、红外及环形线圈等检测器,对于交通自动控制检测和数据采集起了很大作用。当前用得最广的是环形线圈检测器。

在计算机应用方面的发展也很快,先是模拟式电子计算机,于 1952 年美国丹佛市首先安装,经过改进称为"PR"系统(Program Register),美国至 1962 年已安装了 100 多个"PR"系统。以后数字计算机也进入了交通控制领域。1963 年,多伦多市第一个完成了以数字计算机为核心的城市交通控制系统(UTC 系统),接着西欧、日本很快也建立了改进式的 UTC 系统。

在软件开发方面,1967 年,英国运输与道路研究实验室(TRRL)的专家们研制了"TRANSYT"(Traffic Network Study Tool)。它是一个脱机仿真优化的配时程序,应用很广,效果很好,经不断完善、改进,现在已发行了 16 版。

但由于 TRANSYT 配时方案系以历史资料为依据,不能及时有效地随交通流量变化而改变,故 1980 年英国 TRRL 又提出了 SCOOT(Split Cycle Offset Optimization Technique)实时自适应交通控制系统,接收进口道上游安装的车辆检测器所采集到的车辆到达信息,通过联机处理形成控制方案,并可适时调整绿信比、周期长度及时差等参数,使之同变化的交通流相适应。其所产生的社会经济效益要比用 TRANSYT(第 8 版)固定配时系统高出 10% 左右。在 SCOOT 面世的同时,澳大利亚新南威尔士干线道路局的西姆斯(A. G. Sims)也开发了一个 SCATS(Sydney-Coordinated Adaptive Traffic System)控制系统,并在悉尼市开始应用。它是一个能自选方案的实时自适应控制系统。

上述三个系统是当今普遍采用较为著名的交通控制系统,其他各地开发或使用的控制软件还有不少,但未能在较大的范围内应用。

我国城市交通控制研究工作起步较晚,1973 年,北京前三门大街进行了交通干线的计算机协调控制系统的试验研究,开发了软件,实现了对干线交通信号的协调控制。20 世纪 70 年代中期,北京制成了感应式交通信号控制器。20 世纪 80 年代,北京、上海等大城市先后研制成功微机化的信号控制机和干线协调控制系统。目前各种型号交通控制器已达几十种。自适应交通控制系统的研究工作也已开始。我国道路交通控制技术虽然研究时间不长,但已取得许多令人鼓舞的成就。

3. 交通信号控制的作用

解决交叉口的交通冲突,就理论方面分析有两种方法:一是空间分离,如平面渠化、立体交叉等;二是时间分离,如采用信号控制法、多路停车法及让路法等。本章主要讨论时间分离法,且以讨论信号控制法为主。交通信号的作用是从时间上将相互冲突的交通流予以分离,使其在不同时间通过,以保证行车安全,同时交通信号对于组织、指挥和控制交通流的流向、流量、流速、维护交通秩序等均有重要的作用,迫使车流有序地通过路口,提高了路口效率和通过能力,也降低了噪声,减轻了汽车废气的污染。

4. 交通信号的含义和基本规定

交通信号分为:指挥灯信号、车道灯信号、人行横道灯信号、交通指挥棒信号、箭头信号、闪光信号和手势信号等。信号灯的颜色所表达的意义规定如下:

1)指挥灯信号

(1)绿灯亮时,准许车辆、行人通行,但转弯的车辆不准阻碍直行的车辆和被放行的行人通行。

(2)黄灯亮时,不准车辆、行人通行,但已越过停止线的车辆和已进入人行横道的行人,可以继续通行。

(3)红灯亮时,不准车辆、行人通行,更不准闯红灯。

(4)绿色箭头灯亮时,准许车辆按箭头所指方向通行。

(5)黄灯闪烁时,车辆、行人须在确保安全的原则下通行。

右转弯车辆和T形路口右边无人行横道时的直行车辆,遇有前款(2)、(3)项规定时,在不妨碍被放行车辆和行人通行的情况下,可以通行。

2)车道灯信号

(1)绿色箭头灯亮时,本车道准许车辆通行。

(2)红色叉形灯亮时,本车道不准车辆通行。

3)人行横道灯信号

(1)绿灯亮时,准许行人通过人行横道。

(2)绿灯闪烁时,不准行人进入人行横道,但已进入人行横道的,可继续通行。

(3)红灯亮时,不准行人进入人行横道。

其他如交通指挥棒信号、手势信号等,可参阅其他文件、法规的规定。

5. 交通信号控制装置的主要类型

目前我国使用的交通控制装置主要有下列几种:

(1)手动单点信号装置,目前已很少使用。

(2)定时或称定周期自动信号装置,目前我国普遍采用。

(3)车辆感应式控制装置,又分为全感应式和半感应式两种,目前我国城市中有少数仍在使用。

(4)线联动信号系统,亦称为绿波系统,自1917年美国盐湖城开始使用,现已受普遍重视和采用。

此外,还有半感应式、全感应式交通信号机等类型。各式信号机中有应用小型计算机的发展趋势。至于信号安装方式、位置、高度、构造及电缆线的敷设可参阅《道路交通信号灯设置与安装规范》(GB 14886—2016)。

二、信号相位、阶段与基本参数

1. 信号相位与信号阶段

交通信号灯灯色的周期性变化,控制着路口各方向车辆的行或止。信号相位就是交通流在某一周期时间内所获得的信号灯色显示。

信号相位是按路口车流获得信号显示的时序来划分的,有多少种不同显示时序排列,就有多少个信号相位。而信号阶段则是根据路口通行权在一个周期时间内的变更次数来划分的,一个信号周期内通行权有几次更迭,就有几个信号阶段。图8-2为三岔路口由三个信号阶段构成一个信号周期,而作为绿灯显示则有四个不同状态即四信号相位,其中第三信号阶段含两个信号相位(E、F)。

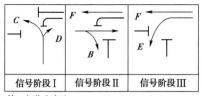
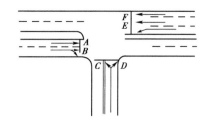
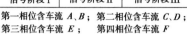

第一相位含车流 A、B；第二相位含车流 C、D；
第三相位含车流 E； 第四相位含车流 F

图 8-2　信号相位与阶段示意图

一般路口多用二相位定时信号，东西通行、南北不通为一相，南北通行、东西不通又是一相，此即二相位(图 8-3)。在某些情况下有三相位、四相位，如图 8-4 所示。现在有些城市为改善行车秩序常采用多相位，甚至高达八相位，如图 8-5 所示。

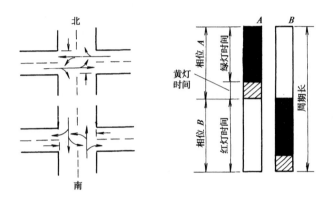

图 8-3　二相位示意图

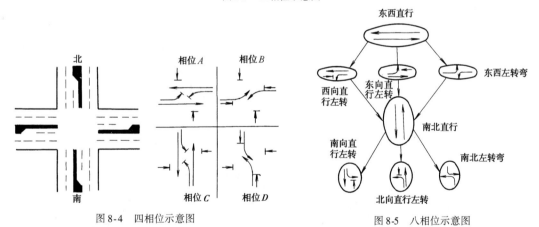

图 8-4　四相位示意图　　　　　　　图 8-5　八相位示意图

对于行车而言，相位越多越安全，但相位越多，周期越长，延误的时间也就越长，效率也就越低。相反，相位少，交叉口车流虽然较乱，但通行效率反而高。在选用时应根据道路交通实况具体分析，综合优化。

2. 主要信号参数

1) 周期时间

周期时间就是红绿灯信号显示一个周期所需的时间，为信号阶段的一个完整的系列。在交通信号控制系统中,周期时间又可具体分为最佳周期、最小周期与最大周期等,且各种车流量均需换算为标准小汽车。

(1)最佳周期时间 C_o

最佳周期时间是使交叉路口各方向车辆通过路口的总延误最小的周期时间,亦即最优化的周期时间,在周期运行时间内信号发挥最高的效率,车辆的总延误最小。

对于一个独立、交通流量稳定、各进口流量相等、车辆到达的时间为随机的路口,据英国 TRRL 的研究证明,使车辆延误最小的最佳周期时间可由下式计算:

$$C_o = \frac{1.5L + 5}{1 - Y} \quad (s) \tag{8-1}$$

式中:L——一个周期内总的损失时间(s);

Y——路口各相位 y 值的总和,$Y = \sum y$,y 是流量与饱和流量的比值。

由于 y 值是按平均流量算出的,而每个周期达到路口的流量是变化的,因此当周期时间时稍大于最佳周期时,延误增长较小;当周期稍小于最佳周期时间时,延误增长较大,故实际应用时的周期时间应稍大于最佳周期时间。

式(8-1)也可绘成图 8-6 供设计使用,图中 C_o 为最佳周期时间,信号周期长度选用范围一般在 $(3/4 \sim 3/2) C_o$ 区间内。

不同交通流量路口所需周期长度,可用下式计算:

$$C_o = \frac{13\,330P}{1\,333 - V_e} \tag{8-2}$$

式中:C_o——信号周期时间长度(s);

P——信号灯的相位数;

V_e——每一相位中,交通流量负荷最大的单车道入口引道总的车流当量(辆/h),对双车道进口段应除以 2,对于总流量中有公共汽车和货车辆数 H、左转车辆数 L 的 N 条进口车道则应换算为等效车流量 $V_e = (V + 0.5H + 0.6L)/N$,即公共汽车与货车增加 50%,左转车增加 60%,式(8-2)也可绘成图 8-7,以方便应用。

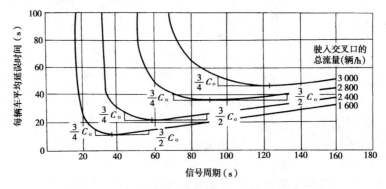

图 8-6 信号周期长度对车辆延误时间影响图

(2) 最小周期时间 C_m

能使到达路口的车流量刚好全部通过路口的周期时间,一般又可由式 $T = L/(1 - Y)$ 确定,由于采用最小周期时间常引起较大的车辆延误,故实际很少采用。此外,还有实用周期时间的提法,认为流量与饱和流量的比值 Y 是基于平均流量得出的,实际车流量是随机变化的,如路口饱和度达 90%,其承受能力就已达临界点,故可用 $C_o = 0.9L/(0.9 - Y)$ 求出,但实际也很少采用。

根据实际使用经验,周期时间过短,对行车安全不利,故通常规定一个最小限值,西方国家多规定为不小于 25s。周期增长固可增加通行能力,但延误时间亦会加长,故多数国家认为不宜超过 120s,但目前有些城市采用多相位,周期长达 300s。

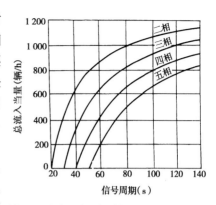

图 8-7 总流入当量与周期长度及相位的关系图

2) 绿信比

绿信比为一个周期内各阶段的绿灯显示时长同周期时长之比,可用百分数(%)或秒(s)表示,亦即一个周期内可用于车辆通行的时间所占比例或秒数。根据美国得克萨斯州交通研究所的报告,对于分道行驶的交叉口,可以通过式(8-3)来确定绿灯时间长短。

$$n_g = \frac{G - t_{前}}{t_i} + 2 \quad (8-3)$$

式中:n_g——绿灯时间内从某个车道进入交叉口的车辆数;

$t_{前}$——车队中前两辆车进入交叉口所需时间(s);

t_i——前两辆车之后各车的平均车头时间间隙(s);

G——绿灯时间(s)。

或采用式(8-4):

$$G = 2.1x + 3.7 \quad (s) \quad (8-4)$$

式中:x——周期内来车数,可查用表 8-8(泊松公式制成的 $m\text{-}x$ 表,其中 m 为观测周期内平均来车数)。

$m\text{-}x$ 数值用表 表 8-8

置信度 85%	置信度 90%	置信度 75%	周期内来车数	置信度 85%	置信度 90%	置信度 75%	周期内来车数
m	m	m	x	m	m	m	x
	0.0~0.1	0.0~0.2	0	5.5~6.1	6.3~7.0	7.8~8.6	10
0.0~0.3	0.2~0.5	0.3~0.9	1	6.2~6.9	7.1~7.8	8.7~9.5	11
0.4~0.8	0.6~1.1	1.0~1.7	2	7.0~7.7	7.9~8.6	9.6~10.4	12
0.9~1.3	1.2~1.7	1.8~2.5	3	7.8~8.4	8.7~9.4	10.5~11.3	13
1.4~1.9	1.8~2.4	2.6~3.3	4	8.5~9.2	9.5~10.3	11.4~12.2	14
2.0~2.6	2.5~3.1	3.4~4.2	5	9.3~10.0	10.4~11.1	12.3~13.1	15
2.7~3.2	3.2~3.8	4.3~5.0	6	10.1~10.8	11.2~11.9	13.2~14.0	16
3.3~3.9	3.9~4.6	5.1~5.9	7	10.9~11.6	12.0~12.8	14.1~14.9	17
4.0~4.6	4.7~5.4	6.0~6.8	8	11.7~12.4	12.9~13.6	15.0~15.9	18
4.7~5.4	5.5~6.2	6.9~7.7	9	12.5~13.2	13.7~14.5	16.0~16.9	19

续上表

置信度85% m	置信度90% m	置信度75% m	周期内来车数 x	置信度85% m	置信度90% m	置信度75% m	周期内来车数 x
13.3~14.0	14.6~15.3	17.0~17.8	20	17.5~18.2	18.9~19.7	21.6~22.4	25
14.1~14.9	15.4~16.2	17.9~18.7	21	18.3~19.0	19.8~20.6	22.5~23.3	26
15.0~15.7	16.3~17.0	18.8~19.6	22	19.1~19.9	20.7~21.5	23.4~24.3	27
15.8~16.5	17.1~17.9	19.7~20.5	23	20.0~20.7	21.6~22.3	24.4~25.2	28
16.6~17.4	18.0~18.8	20.6~21.5	24				

3) 绿灯间隔时间 g

绿灯间隔时间是指从前一个信号相结束放行到后一个信号相开始放行之间的间隔时间,即失去通行权的相位绿灯结束到得到通行权的相位绿灯开始之间的间隔时间,一般控制为 5~12s。由于在绿灯间隔时间内刚变换信号灯色的两条进口道都产生了一段通车时间的损失,因此绿灯间隔时间在符合安全的前提下应取最小值,既要保证行车安全,不宜太小,也不能过多损失路口的通车时间。另外,还同路口的几何尺寸有关。

最小绿灯时间 g_{min} 是保证路口行车安全所需的最低限值,若某一相位获得绿灯信号,车流离开停车线,后面跟上的车已经起动并正在加速,来不及制动,可能酿成事故。此外,绿灯时间过短,行人也无法过街,故最小绿灯时间要慎重决定。另外还有一个有效绿灯时间 g_e,即某一相位的绿灯时间与黄灯时间之和减去损失时间,其物理概念如图 8-8 所示。

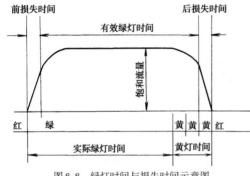

图 8-8 绿灯时间与损失时间示意图

4) 黄灯时间 $T_黄$

黄灯时间是指为了将已经进入交叉口并正在前进的车辆,从交叉口内予以清除所需的时间,亦可看成一种安全措施,由车速和交叉口的宽度确定,而与交通量的大小无关。一般定为 3~5s,或利用式(8-5)计算:

$$T_黄 = t + \frac{v}{2d} \tag{8-5}$$

式中:$T_黄$——黄灯时间(s);

t——反应时间(s);

v——进口车速(m/s);

d——减速度(m/s²),一般为 3.3m/s²。

有些国家还应用全红灯,其全红灯时间约占周期长的 2%,在车辆感应式自动信号机中可定为 1.5s。

在驾驶人看到黄灯后,如车速很高而无法将车制动,则可以继续开车通过交叉口,否则就必须将车制动。若黄灯时间太长,则可将 2s 改为全红灯时间。

5) 行人过街时间 G

行人过街绿灯信号时间,一般可按下式计算:

$$G_行 = R + W + 2(N-1) \tag{8-6}$$

式中:$G_行$——行人过街绿灯信号时间(s);

R——行人反应时间(s),一般为 2~3s;

N——行人过街的排队人数;

W——人行横道的长度(m),即车行道的宽度。

按一般行人以步行速度为 1.2m/s 通过人行横道长度 W(m),所需时间为 $W/1.2$(s),为了安全起见,对走得慢的老人、小孩应乘以 1.2 的安全系数,故式中用 W 值。

三、交通信号灯设置的依据

1. 一般考虑

设置信号灯的目的是使路口交通安全通畅、秩序井然、减少延误、提高通行能力、方便行人;但如设置不当,可能造成延误加大、通行能力减小、事故增加,故是否装灯必须有科学根据。一般是先分清主要道路与次要道路,主路优先通行,次路设停车(让路)标志,即次路车辆通过路口时,应停车观察,当主路无车或有较大间隙,估计不会发生碰撞时才能通过,故次要道路通行能力受主路制约。主路流量越大,则次路通过流量就越小。当不能满足次路要求时,则需改设信号灯控制,但信号灯控制必然要降低主路的通行能力或增大其延误,因此必须研究设置信号灯与不设信号灯的停车、让路两种情况下的通行能力与行车延误,进行对比分析。还要就交通安全、行车秩序、行人及安装费用等进行多方面的利弊分析之后才能确定。

但目前要准确计算停车让路式路口的通行能力与延误还有一定的困难,另外此两者也不是决定路口控制方式的唯一依据,还有多种因素,需做综合研究。

2. 实际采用的信号设置标准

信号灯设置虽有理论计算或实际观测方面的依据,但由于各个国家或地区交通条件的差异、经济与交通习惯的不同,各个国家依据的内容、指标、数据甚至理念均不完全一致,下面择其要者简述如下。

1)美国的规定

美国根据长期的流量观测研究,发现 24h 交通量从大到小排序时,第 8 位的小时交通量较为稳定,可作为设置信号灯控制的依据,并得出第 8 位小时的交通量 = 5.65% × 平均日交通量,高峰小时交通量 = 1.5 × 第 8 位小时交通量。

在上述交通量计算的基础上,美国《交通信号设计手册》列出了 10 条依据,其中有 4 条系考虑联动与系统的问题,这里不予列出,其他 6 条依据为:

(1)按最小流量计,第 8 位小时流量达到表 8-9 的数值。

(2)当主、次干道交通量相差过大,造成次干道阻车大于 30s 时,则按中断道路交通流量的连续时间考虑,此时第 8 位小时流量达到表 8-9 中括号内的数值。

美国规定适合信号灯控制的最小流量标准[1]　　　　　表 8-9

进口通道车道数		主干道双向进口车道的总交通量(辆/h)		次干道引道的最大进口交通量(辆/h)	
主干道	次干道	市区	乡区	市区	乡区
1	1	500(750)[2]	350(525)	150(75)	105(53)
≥2	1	600(900)	420(630)	150(75)	105(53)
≥2	≥2	600(900)	420(630)	200(100)	140(70)
1	≥2	500(750)	350(525)	200(100)	140(70)

注:1. 资料来源:Manual of Uniform Traffic Control Devices for Streets and Highways. Washington DC:US Government Printing Office,1978。

2. 括号中的数字为中断连续车流情况下的流量值。

(3)最小行人流量达到表8-10中所列数值,设行人过街信号灯,其流量标准亦为第8位小时数值。

(4)考虑学童过街。在学童来往的主要道路上或学校附近学童过街较多处要装设信号灯。学童过街所要求的车间空隙时间可按前述行人过街所需绿灯时间采用。

(5)考虑交通事故记录。如果该交叉路口年平均发生5次或更多的人身伤亡或财产损失达100美元以上的交通事故,则前述(1)、(2)、(3)三项中任一项要求的交通量可降低20%,且装设信号灯又不致严重地干扰车流连续通行时,就应装设信号灯。

适合信号灯控制的最小行人流量标准　　　　　　表8-10

区域	主干道双向进口车道总交通量		主干道人行横道最大行人流量
	有无安全岛	交通量(辆/h)	每小时过街的行人数(人/h)
市区	无	600	150
	有	1 000	150
乡区	无	420	105
	有	700	105

(6)综合考虑。上述(1)、(2)、(3)三项中任意两项能满足要求流量的80%,也应设置信号灯。其他依据还有高峰小时、一天中任何4h的流量超过某一数值时,就应设信号灯。

2)日本的规定

(1)以机动车流量为依据。在白天12h(7:00—19:00)路口总的机动车流量达9 000辆以上,且高峰小时路口总交通量在1 000辆以上就应设置信号灯。

(2)以行人流量为依据。为保护行人过街,白天12h路上通过车辆达6 000辆以上,且高峰小时为650辆以上,高峰小时人行横道的行人为200人以上也应设置信号灯。

(3)同时考虑车辆和行人。可依据交通量、事故记录与行人等综合考虑。

3)英国的规定

类似于美国的标准:

(1)交叉路口第4位小时交通量达500辆,且次要道路流量达150辆时。

(2)交叉路口第4位小时交通量达1 200辆,且次要道路流量达100辆时。

(3)$PV^2 > 10^6$时,P、V分别为交叉路口第4位小时的行人和机动车数。

(4)路口每年发生人身伤害事故5次以上时。

(5)上述任意两指标同时达到80%时。

4)我国的规定

我国《道路交通信号灯设置与安装规范》(GB 14886—2016)做出如下规定:

(1)进入同一路口机动车高峰小时交通流量超过表8-11所列数值及有特别要求的路口,应设置机动车道信号灯。

(2)对于机动车单行线上的交叉口,在与机动车交通流相对的进口应设置非机动车信号灯;非机动车驾驶人在路口距停车线25m范围内不能清晰视认用于指导机动车通行的信号灯的显示状态时,应设置非机动车信号灯;其他情况下,如通过交通组织仍不能解决机非冲突的,宜设置非机动车信号灯。

《道路交通信号灯设置与安装规范》(GB 14886—2016)规定的
路口设置机动车道信号灯高峰小时流量标准[1-5]   表8-11

主要道路单向车道数（条）	次要道路单向车道数（条）	主要道路双向高峰小时流量（pcu/h）	流量较大次要道路单向高峰小时流量（pcu/h）
1	1	750	300
		900	230
		1 200	140
1	≥2	750	400
		900	340
		1 200	220
≥2	1	900	340
		1 050	280
		1 400	160
≥2	≥2	900	420
		1 050	350
		1 400	200

注：1. 主要道路指两条相交道路中流量较大的道路。
　　2. 次要道路指两条相交道路中流量较小的道路。
　　3. 车道数以路口 50m 以上的渠化段或路段统计。
　　4. 在无专用非机动车道的进口，应将进口进入路口非机动车流量折算成当量小汽车流量，并统一考虑。
　　5. 在统计次要道路单向流量时，应取每一个流量统计时间段内两个进口的较大值累计。

（3）在采用信号控制的路口，已施划人行横道标线的，应相应设置人行横道信号灯。

（4）在可变车道入口和路段、隧道、收费站等地，应设置车道信号灯；在城市快速路进出口等地，视实际情况可设置车道信号灯。

（5）对 3 年内平均每年发生 5 次以上交通事故的路口，从事故原因分析通过设置信号灯可避免发生事故的，应设置信号灯；对 3 年内平均每年发生 1 次以上死亡交通事故的路口，应设置信号灯。

上述各国规定的指标虽不完全相同，但总的理论基础与主要指标还是相同的或相近的，主要为车流量大小、行人多少与交通事故数。

从具体指标来看，机动车设灯的标准，各国间相差不是太大，而行人方面相差却很大，如我国为 500 人/h，而其他国家多为 200 人/h。我国是发展中国家，经济上不富裕，加上行人众多，设灯的门槛高一点也是可以理解的。但我国各城市普遍存在比重还相当大的自行车流，特别是还有些道路是机动车与非机动车并行、彼此干扰，其对路口通行能力、行车安全与交通秩序及设灯标准等的影响似乎还值得进一步商榷。

当然，在交叉路口信号灯配时设计时应以国标为依据，同时也要尽可能考虑交通组成、交通安全、发展趋势、经济效益、行车方便等各有关因素，做到依据标准，从实际出发，实事求是，科学合理。

四、交叉口单点信号控制

交叉口单点信号控制简称点控制,以单个交叉口为控制目标,是交通信号控制的最基本形式。点控制有两种,即定周期自动信号控制与感应式自动信号控制。

1. 定周期自动信号控制

交叉口交通信号控制机按事先设定的配时方案运行,也称定时控制。一天只用一个配时方案的称为单段式定时控制;一天按不同时段的交通量采用几个配时方案的称为多段式定时控制。

定时信号控制机是最简单、经济的一种控制机。把定时信号配时方案在这种控制机内设定之后,该控制机即以设定的配时方案操纵信号灯,以固定的周期及各灯色时间轮流启闭各向信号灯。

传统的机电型定时信号控制机由同步电动机、定时刻度盘、定时键、控制周期时长的齿轮、凸轮轴、凸轮、凸轮启动装置等部件组成。周期时长设定在周期齿轮上,由电动机带动周期齿轮,周期齿轮又带动定时刻度盘转动。

现在大量使用集成电路的电子型定时信号控制机将各功能部分做成集成电路板(或模块),一块块插入板座内,连线后,总机运行时,实现各项操作功能。集成电路信号控制机一般都做成多功能控制机,使控制机的设计更为灵活,维护十分方便,发生故障时,只要把故障线路板换下即可。

2. 感应式自动信号控制

感应控制是在交叉口入口引道上设置车辆检测器,信号灯配时方案由计算机或智能化信号控制机计算,可随检测器检测到的车流信息而随时改变的一种控制方式。

1) 感应式交通信号控制机的工作原理

感应式交通信号控制机有机电式的,但现在大都采用集成电路式的。感应式自动信号控制机的工作原理是:对交叉口入口引道的检测器进行车辆检测,并根据各个入口引道的车辆要求安排道路通行权。

单点感应控制随检测器设置方式的不同可分为两种:一种是半感应控制,即只在交叉口部分入口引道上设置检测器的感应控制;一种是全感应控制,即在交叉口全部入口引道上都设置检测器的感应控制。

2) 信号计时的组成和功能

图 8-9 左侧为交叉口平面示意图,显示四个方向上检测器(感应圈)安装的位置,一般距离路口为 30m 左右。计时一般包括下列内容:

(1) 初绿时间间隔应使每一相位均能保证车队中最后一辆车能够通过(在起动后能通过检测器)。

(2) 车间时距(即车辆通过所需时间)如下:

$$车间时距 = \frac{距离(m)}{进口速度(m/s)}$$

若求出85%的车辆进入交叉口时的速度为20km/h(5.56m/s),则得:

$$\frac{25\text{m}}{5.56\text{m/s}} = 4.5\text{s} \quad （距离假设为25\text{m}）$$

即车间时距为4.5s。车间时距如超过4.5s,即可换灯;如小于4.5s,则保持绿灯,让后续车继续通过。如车辆连续不断,各个车间时距均短于4.5s,则达到最大限值(如30s或其他规定的秒数)后即变灯。

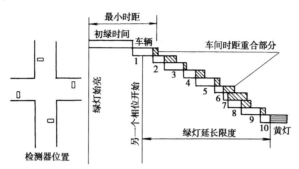

图8-9 车辆感应式信号机计时示意图

(3)最短绿灯时间是给任一信号相位放行通车的最短时间,其目的是保证行车安全。这段时间的确定以停在检测器与停车线之间的待行车辆能完全驶出为依据。

最短绿灯时间 = 初绿时间 + 车间时距(即通过时间)

初绿时间一般为7~13s,较长时为8~68s,个别为2min,视等待车流与路口特点而定。

(4)绿灯延长限度(即最大极限时间)。最大极限时间应能允许初绿时间以后所到达的车辆通过。可以依靠定时时钟的控制,安排两个不同的最大极限时间,以适应不同的交通状况。通常为8~60s。

(5)感应式自动信号机功能。在最大极限时间范围内,后续的来车能利用前车余下的车间时距,同时产生一个新的车间时距,这个情况将一直重复到最大极限时间用完为止。

绿灯时间近似值 = 最小时距 + 最大极限时间

(6)行人计时。必要时,由行人按动此装置中的规定按钮,使行人通过道路。此时,车辆计时无效。

(7)相位改变。绿灯按原相位延续直至需要有一个相反的相位才变换。即当另一条干路来车时,原绿灯可因车间时距内无车到达或最大极限时间已用完而变灯。当另一条干路无车时,则继续维持绿灯不变。为了保证绿灯总是保持在主干路上,在有些信号机里安装有转换机构,使次干路的车辆放行完毕后,绿灯自动返回到主干路上。

(8)一般常用定时范围如下。

初绿:2~60s   全红:0~8.0s
车间时距:2~20s   最大极限时间:20~120s
黄灯:2~5s   行人过街时间:10~30s

(9)检测器安装位置。对于检测器离交叉口的距离,一般的确定原则为:车辆通过检测器时信号为红灯,而车辆到达交叉口时信号变为绿灯。

距离 = 异相的黄灯时间(s) × 接近路口的车速(m/s)

此距离一般是从停车线算起30~60m,在该处安装检测器。

3) 半感应式自动信号控制

这种信号机特别适用于主干路与次干路相交的交叉口,在主干路上无检测器,主干路总是维持着持续不变的绿灯,除非是次干路上有车辆和行人要通过而提出要求时,才变换灯色为红灯。在给予次干路绿灯之前,主干路保持一最短绿灯时间。这种信号机的检测器安装在次干路上。当然,对次干路而言,其出现的初绿时间和车间时距比较短。

五、"线控"与"面控"系统简介

本书限于篇幅,对于线控制和面控制交通系统,仅做简短的介绍,至于线控制与面控制的理论与方法的进一步深入研究,将在后续课程"交通控制"中介绍。

1. 线控制系统

又称线系统控制或联动系统。在一条较长的道路上,有若干个相邻近的交叉口,如采用点控制组织交通,则各交叉口的绿信比、周期长度和绿灯开始的时刻互不协调,这样必然增加停车次数,因而采用线控制使各交叉口取统一周期长度。变动绿信比,各交叉口的绿灯时刻按行车路线方向错开一定的时间,称为相位差。这样只要汽车按规定的速度行驶,理论上可以做到处处遇到绿灯,从而减少停车次数与时间延误,缩短运行时间,提高道路通行能力。这种控制方法称为线控制,亦称绿波交通。现在北京、上海、天津、南京、深圳等地的某些路段上已试行采用,其方法有以下三种。

1) 联动控制

在线联动的信号机中,有一个信号机为主机,统一控制其他信号机,从而达到减少车辆延误的目的,这是定时自动信号灯中的一项重要改进,整个系统使用同一周期长度,各联动的路口其最大距离一般取 800m 较为合适。超过 800m,中途由于有纵向和横向干扰,车队离散,从而严重影响联动的效果。交叉口之间合适的距离见表 8-12。

不同周期长度、平均速度对应的合适交叉口距离(单位:m) 表 8-12

平均速度(km/h)	周期长度(s)			
	60	70	80	90
32	268	312	357	402
40	335	390	448	502
48	402	469	536	604

线联动信号系统的三个要素是:周期、绿信比和相位差。其中相位差为关键参数,简述如下:

(1) 相位差的含义

一般可分为相对相位差和绝对相位差。相对相位差是线联动系统开始工作时,各个交叉口的信号机相对于主机起始的时间偏移,即相邻两处绿灯的时间间隔,是一个相对值。绝对相位差是指在联动信号中选定一个标准路口,规定该路口的相位差为零,其他路口相对于此路口的相位差,称绝对相位差。

(2) 相位差的确定

① 单向通行街道的相位差是根据交叉口之间的平均通行时间加上一个路口清车时间来确定的。

② 相位差的意义一般用时间-距离图(时距图)表示,见图 8-10。

③相位差分配。如相位差较大,用一次调整好的方法,可能造成主要路口等车时间太长,为此可分为几次来调整,即把相位差分配在几个周期内调整。

(3)线联动系统的计算

①先按单个交叉口的信号配时方法确定每一交叉口的周期长度,并以其中最长的一个周期作为本系统的周期长度,即根据路口的情况,把每一交叉口所需绿、黄灯时间,行人过街需要的时间,按几个交叉路口中最大的统一起来。

②确定每一交叉口的信号时段和行人通过时间。

③确定每一信号机的相位差。

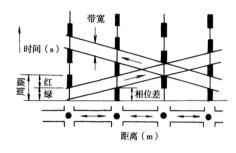

图 8-10　联动时间信号示意图

2)单系统控制

路段上有 5~20 个相邻的交叉口,预先确定一种控制方案的系统控制称为单系统控制。单系统控制一般不设主控制机,而按统一设计的周期、相位差,用石英钟调准各交叉口的开机时间,而达到系统控制的目的,这样可不用导线传递控制指令。

3)多段系统控制

为了适应交通运行状况的变化,与多段定周期控制系统一样,按事先设计好的程序,在不同的时间段使用不同的系统控制参数(周期、绿信比及相位差)。

此外,还有自动感应系统控制,这种控制机要使用电子计算机。

2. 面控制系统

在城市里纵横交错的道路网,特别是大城市,有很多交叉口相距很近,城市里某一地区很多的交叉口信号机由中央控制室集中统一控制,这种地区性集中控制称为面控制或区域控制。

面控制系统的采用必须考虑以下几项条件。

(1)控制性能的发展性:在这种大的控制系统的建设中,要有次序地把现有的定周期式信号机更换为面控制系统,尽量使控制机能引入新的研究成果,而不致改变原来的机器构成,即尽量利用老的信号机。

(2)控制范围有扩大的可能:随着城市发展和城市规模的扩大,必须有可能扩大控制范围,以扩大中央控制室的作用。

(3)高度的可靠性:所有机器要有高度的可靠性,即系统中的一部信号机发生故障,系统中其他信号机不会出现异常,整个系统仍能照常工作,且能在早期发现并予以修复。

(4)使用方便:随交通状况的变化,对机器控制的内容及机器动作的监视和变更要比较容易,如出现暂时性异常,亦应能及时处理。目前,面控制有直接控制和间接控制两种。

(5)在我国现实交通条件下,还必须考虑非机动车交通的合理处理问题。

第五节　道路交通组织管理

一、未设信号灯控制交叉口的管理

目前我国城市道路交叉口设置信号控制的虽日益增多,但仍有大量应设灯的交叉口,由于种种原因没有设置信号灯控制。如何管理好这些交叉口,对于改变城市交通的紧张状况,提高车速,增加通行能力和保障行驶安全具有重要的现实意义。下面介绍这类交叉口的交通组织管理方法。

1. 多路停车(安全停车)让行

设置多路停车标志或信号需要有工程技术资料依据。据美国加州的实践和我国近年来的经验,认为应有以下依据:

(1)交通量较大,由于经济或其他原因,尚未安装信号灯之前,采用多路停车管制作为临时措施。

(2)对于在全年记录中有 5 起或更多直角碰撞(人身伤害)或左转弯撞车事故的交叉口,应采用多路停车。

(3)当交通流量满足下列 4 项中任何一项时,可以实施多路停车让行控制。

①进入交叉口的总车辆数在一个普通日(24h)内取任意连续 8h 时间段,其平均小时交通流量不小于 500 辆/h。

②由次要道路进入的车辆和人流的混合交通量在与上述①项相应的 8h 内平均不小于 200 单位/h(车与人同样各按原单位计算),而且高峰小时期间次要道路上的车流平均延误时间达每辆 30s 以上。

③当主要道路上 85% 的交通流进入交叉口的车速超过 64km/h 时,则降低①、②两项验证要求的 30%。

④自行车与过街行人交通量大,不设停车标志易产生混乱。

2. 二路停车(单向停车)让行

即单向停车保证主干路畅通。次干路或支路车辆停下来观察等待主干路车流有空隙时穿过,因次干路、支路已设停车标志让主路先行,故如发生车祸,均由次干路、支路驾驶人负责。

1)适合单向停车让行控制的条件

(1)用数学方法计算后,绘制图表以备查用。如采取"次干路 50% 汽车推迟行驶"的曲线,如图 8-11 所示对 12h(7:00—19:00)的交通流做检验。以每天至少有 8h 的流量标点落在曲线右侧作为适合采用单向停车让行控制的条件。如果大多数流量标点落在曲线左侧,可不必装设停车让行标志。

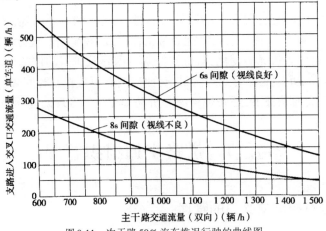

图 8-11 次干路 50% 汽车推迟行驶的曲线图

(2)视距验证。当进入交叉口的入口引道上的汽车由于转角处视距三角形内有障碍物阻碍,使视距不足而被迫减速到 16km/h 时,就不如采用停车让行标志管理路口,一些 T 字形路口常常遇到这种情况。

2)主干路允许支路穿过流量

次干路上能横穿交叉口的交通量,应视主干路有多少符合要求的间隙数而定,此间隙数可查图 8-11 确定。

3. 让路控制

让路控制是要求次要道路上的汽车进入交叉口时,对能否利用主路车流空当通过应预先估计。如果接近交叉口的安全速度在 16~24km/h,应考虑设让路控制,它比停车让行控制对行车的限制更小。在道路合流端,由于冲突点较少,让路标志也是可用的(因让路的"让"字含义有些含糊,发生车祸时交警不好处理,故很少采用)。

4. 不设管制(不设任何标志控制)

对于居民住宅区与工业区内部的道路交叉口,由于流量不大、车速不高、本地区情况驾驶人熟悉,则可不设控制,但视距一定要有保证。在视距三角形内不应有任何障碍,如局部街道不得不留有视线障碍物,则仍需设置单向停车或多向停车让行标志。

二、单向交通管理

单向交通系指一条道路上的车辆只能沿某一方向行驶,通常又称单向行车、单行线、单向路或单向街道。如组织多条街道均为单向通行,并能相互衔接自成体系,则称为单向交通系统。对于老城市,特别是有许多狭窄街道的城市,完全采用双向行车会使车辆难以通过。采用单向行车则可以开通公交线,这样有利于公交发展,因此它是利用现有街道系统,扩大公交覆盖率,解决交通拥挤,提高通行能力,减少交通事故最为经济有效的交通管理方式之一。

1. 单向交通的类型

(1)固定型单向交通。全天时间内车道上所有车辆均沿同一方向行驶。

(2)定时型单向交通或潮汐式交通。部分时间组织单向交通,其他时间仍双向行车。

(3)可逆行的单向交通或称变向交通。对于流向非常不均的,如单向流量 $KD > 3/4$,可实行逆向交通。

(4)定车种型单向交通或称专用车道。如公交专用车道或自行车专用道等。

2. 国内外采用简况

国外早在 1906 年就开始采用单向交通,美国 100 万人口以上城市有 80% 左右的街道实行单向交通,法国巴黎有 1 400 多条街道实行单向行车,英国、日本、苏联、泰国均有很多街道实行单向行车。我国北京、上海、天津、广州和青岛等城市亦有数十条以上街道实行单向行车,对于减少交通事故、缓解交通拥挤和阻塞起到了良好的作用。

3. 单向交通的基本优点

单向交通由于按同一方向行车,减少了对向行车的冲突与干扰、通过交叉口的延误和碰撞,因此在改善城市交通方面有以下基本优点:

(1)提高通行能力。国外长期实践的经验和我国北京、上海和广州的统计表明,单向交通可以提高通行能力 20% 以上。

(2)保障交通安全。美国总结单向交通经验时指出,单向交通一般可减少 30%~50% 的交通事故,尤其可降低严重的伤亡事故率。莫斯科市将 20 条双向行车街道改为单向行车后,事故减少 30%~35%。我国一些实行单向行车的街道,事故也大大减少。

(3) 提高行车速度。伦敦一些街道实行单向行车后,行车速度由 12.9km/h 上升到 27.4km/h,美国《交通运输与交通工程手册》的统计资料表明车速可提高 20%~80%。

(4) 充分利用狭窄街道。对于老城市的一些原有狭路,双向行车无法通过,组织单向行车就可予以利用。如上海、广州、南京等均有 50% 以上宽度不足 7m 的街道,适合组织单向行车。

(5) 节约工程、运营与管理费用,减少房屋拆迁,提高道路利用率和公交覆盖率,还可使交叉口交通组织简化。

(6) 减少停车次数和环境污染,便于实行面控、线控。

4. 单向交通的主要缺点

(1) 因绕行而增加行程长度。
(2) 公交乘客增加步行上、下车的距离。
(3) 初施行时行人与外地驾驶人不易习惯。
(4) 对于急救、消防等特种车辆常造成行车困难。
(5) 对某些商业,特别是零售商店可能产生不利影响,尤其是在实行单向行车的初期。

5. 组织单向交通的基本条件

从原则上或总体上来看,单向行车有很多优点,但具体实施还应从实际出发,认真调查、全面分析、谨慎决定,不仅要分析正面影响,还要分析其所带来的负面影响。一般应满足下列条件:

(1) 在道路方面,最好是方格形路网,有大致平行且通行能力相近的道路,其间距不大于 200~300m,以免绕行太远和便于组织配对行车。

(2) 在交通方面,特种车辆两向交通量大致相近且很少反向行驶。

(3) 对车道为奇数的道路,早晚两向流量相差较大、潮汐性显著的道路可设置潮汐式可变车道。

(4) 主干路两侧有可利用的较窄的街道时,可组织单向行车或单车种行车。

(5) 其他经分析论证整体性、综合效益均有较大提高的路段可组织单向交通。

总之,应从线路的网络系统进行认真全面的分析,特别要做好行车组织的实施规划。

三、公交车辆管理

在国家优先发展公交政策的指导下,公交车辆在路网上的比重日益增大,已成为职工通勤、学生通学的主要工具。搞好公交车辆的管理对解决行路难、乘车难具有重大意义。在条件许可时,可采用下列管理措施。

1. 设置公交车专用道

1) 目的

给公交车辆较多的道路使用权,以提高行驶速度,减少行程时间与延误,降低运输成本,提高公交车对乘客的吸引力和服务水平,转变公交客运比重下降之势,更好地为城市大众服务。

2) 类型

公交专用车道按车辆行驶方向可分为顺向式、逆向式和可变式;按设置区位则可分为外侧式与中央式;按行驶时间又可分为全天式和高峰式(即高峰拥挤时采用);按其与一般车道的分隔方式考虑,可分为物体分隔式或画线分隔式,而物体分隔又分为隔离墩分隔或绿岛分隔。

3) 原则

(1) 公交专用车道应不恶化或很少影响其他交通方式,因其最终目标是节省广大出行者的行程时间,在公交优先的同时也要尽可能少地影响其他交通。

(2) 实行公交专用道措施后,所取得的综合效益要好于实施前的状况。

(3) 在具体选用时必须充分考虑居民的意愿、态度和方案的可行性。

4) 条件

(1) 道路的断面形式、宽度、机动车道条数、连续性与交通饱和度对设置公交专用道有利,一般认为单向应具备两条以上的机动车道,如单向有 3~4 条则更佳。

(2) 单向公交高峰小时客运量大于 5 000 人次,并初步形成公交走廊,道路总宽度在 30m 以上为好。

(3) 在有条件的交叉路口应设置专用的公交进口车道,使其不致在路口形成再次排队或拥挤阻塞而无法通过。

5) 优缺点

优点是设置公交专用车道投资省,实施方便,见效快,容易显现公交的优势,提升服务水平,吸引乘客,减少道路拥挤。缺点是非公交车辆行程时间与路口延误可能增加,速度亦可能有所下降。

2. 公交车辆优先通过

在繁忙的交叉路口,为提高公交车辆的运行速度,减少在交叉口的时间延误,可规定公交车优先放行,而在路段上仍为公交车同其他车辆共行。

3. 设置港湾式停车站

在新设公交路线时,应建立公交车辆专用的港湾式停车站。对于老的公交线路,也应尽可能争取设置港湾式停车站,避免公交车停驻时造成路段阻塞。

四、非机动车交通管理

非机动车交通是我国城市交通的重要组成部分。我国城市的非机动车主要是自行车,包括人力自行车和电动自行车。随着城市出行距离的拉长,电动自行车在我国各大城市普遍使用,在出行总量上甚至超过了传统人力自行车。当前我国城市道路交通事故中与自行车特别是电动自行车相关的事故占很大比例,且自行车事故很多都是有人身伤亡的事故。

从自行车的影响方面考虑,自行车数量大,在许多城市中仍占主导地位,涉及面与分布广,在大街小巷早晚又非常集中,影响机动车与整个城市交通系统。从某种意义上讲,管好了自行车就管好了城市交通。自行车管不好,必然会影响机动车交通。所以在思想上要有信心管好自行车,要改变自行车是要消灭的落后工具的看法。自行车骑车人是弱势群体,应更多地同情、关心、爱护,时时处处为骑车人着想,为骑车人服务,为他们创造必要的条件,满足其合理的要求,同时要知道自行车是"绿色交通",有利于城市的生态环境保护和交通的可持续发展,作为短途出行和换乘的工具是必不可少的。

对于自行车交通,当前主要是加强管理,其措施为:

(1) 总体上应做好骑车人的遵守法规的安全教育工作。自行车交通事故发生的主要原因是疏忽大意、抢道行车、突然猛拐等。据统计,此类事故约占自行车事故总量的 80%。故在管理中做好交通安全宣传教育,提高骑车人遵守法规的意识与安全意识就非常必要。利用典型事故的现场录像和生动事例能大大增强骑车者的印象和记忆,促使其时刻注意安全,遵章守纪并逐渐养成自觉行动。

(2)交叉路口是管理的重点。据统计,日本自行车交通死亡事故发生在路口的占58%(城市66%、乡区40%),法国占36%(城市60%~80%),美国占50%以上,我国占30%左右。无论从安全、秩序或通行能力角度考虑,管好路口是关键。

①完善路口的信号配时。考虑到自行车行动快、灵活、机动,骑车人有抢先通过路口的心理,可将自行车的停车线前置,让其先行通过,或让自行车信号先亮,使自行车先进入路口,先行通过,两次绿灯时差以取10s左右为好。

②绿灯开放时禁止机动车右转。为避免机动车右转弯时自行车直行受阻,当绿灯亮时禁止机动车右转,使自行车顺利通过路口,然后红灯亮时再让机动车右转,以减少两者冲突。

③左转自行车二次等待。当自行车左转流量不大而机动车流量很大时,为解决左转自行车对机动车的干扰问题,可让自行车先直行至中间候驶区,等待另向绿灯开放时再行通过,即二次等待,这样可以减少左转自行车与直行机动车在路口的交叉冲突,有利于自行车的安全和机动车通行。

④路口个别方向右转自行车流量特别大时,可设置专用的自行车右转车道。

⑤个别路口自行车左转量不大,附近又有路可以实现左转时,也可采取禁左方式。

总的原则是尽可能减少路口机动车与自行车流的交叉冲突,实现交通分离,以利安全。在具体实施时,可因地制宜,灵活运用。

(3)在路段上,最主要是使自行车与机动车分道行驶。最好是设定自行车专用道系统与机动车完全分开,在主干路与次干路相交叉路口可建简易式立交;在条件不足时,亦可对自行车流量大的路口增设长为30~50m、宽为3~4m的自行车右转专用车道,以减小自行车流的排队长度,增加进口车道数,提高路口的通过能力。

对于机、非混行的断面,应设置分隔带。路口宽度不足时可采用设置隔离墩的方式,在最低条件下,亦应画线分隔,以避免机、非混行的杂乱状况。

在市区路网密度较大的地区,特别是方格式路网有相互平行路线且间距不大时,可组织自行车单行线,以提高行车安全性与路段通行能力。

国内外实践经验表明,采取机、非分离措施,不仅能大大改善自行车的行车条件、交通秩序,提高路段的通行能力,且有利于机动车行驶和交通安全,一般可减少交通事故70%左右。

(4)规划建设一定数量的分散的自行车停车场,对于维护交通秩序是非常必要的。

①对于新建公共建筑,必须同步按规定设立停车场或停车棚。

②对于沿街机关单位、商店,自行车停车场应由本单位自己设法解决。

③对于沿街大型公司、旅馆、商场等单位,应在门前或后院设置自行车停车场或停车棚使自行车有处可停,以避免乱放乱停,但不得挤占人行道的地面。

④建立一些小型、分散的自行车停车场,见缝插针,充分利用零散地块、街区角落、广告牌后等处,分散设置规模较小、便于就近使用的自行车停车处,但也要有利市容,不影响观瞻。

⑤对于大型公交站场或转乘换乘枢纽站,视自行车的停车需求量,设置一定规模的停车场,以方便骑车人在此驻车换乘,节约上下班时间。

⑥对于一些大的购物中心商场,应建相应规模的自行车停车场,既有利于商场吸引顾客,也

有利于交通管理。对于文化娱乐、医疗、体育、旅游场点,应按规定设立自行车处停车场,采取收费管理。

五、行人交通管理

1. 步行交通的作用与意义

步行交通在我国交通系统中仍占有很大的比重。据20世纪90年代初的统计,在规模大于200万人口的城市,步行在出行总量中约占35%,100万~200万人口的城市中约占40%,少于100万人口的城市约占45%。经济发达国家步行出行比重稍低,如日本为20%~40%,美国为10%~20%,英国约为30%。

据1999年全国交通事故统计,我国交通事故死亡人员中步行者占25.96%。当前仍有部分人员认识不足,重视机动车而忽视步行与自行车交通,甚至认为它们是落后的交通方式。其实,发达国家已将步行道的建设管理作为城市文明与管理水平的标志,尤其是许多城市已进入老龄化社会,如何保障老年人出行成为一个很重要的问题。

从可达性来看,步行常优于车辆出行,机动车无法抵达,步行则可达。绿色交通与可持续发展思想认为,客运系统诸方式应重新定位,转变为"步行第一"的构架,即步行设施在政府的政策、教育与交通投资中应具有优先的资源赋予,其次为自行车,再次为大众运输等。

2. 目前步行交通存在的问题

目前步行交通中存在的问题主要是重视不够、设施不足、人行道不连续、过街困难、管理不力、秩序不佳、环境太差、交通事故率偏高,还有少数城市把重要的人行道改为行人与自行车合用,给行人特别是老年人带来很大困难,要根据实际情况认真对待。

3. 步行方式的特点与要求

步行是以人的体力为依据的基本交通方式,不管交通如何发达,每次出行的始终端均需由步行承担,步行活动范围视人的体力而变化,是适应能力最差、最不耐久的一种方式,但也是对道路条件要求最低、可达性最好的方式。

集中起来讲,人们对步行的要求主要是方便、自由、舒适、安全、连续和无障碍,特别是步行道的连续性。许多城市的步道常是断续的,或高程不连续,或有人摆摊设点等。

在安全方面,步行常受到汽车、自行车的干扰。从现代交通管理系统来看,对行人舒适、安全所采取的措施还很不完善,没有充分发挥出现代科技的功能。

4. 人行步道的管理要求

从工程设施方面考虑,步行道在线形平面上要顺视线开阔,纵向要连续,不要忽高忽低,路面要平稳,不要太光滑,宽度不要突然收窄或放宽,窨井盖与路面要大致齐平。要清除妨碍行人通行的电杆、广告牌、灯柱、电话亭、报刊亭等障碍物。

路口视距要开阔,交通繁忙的路上最好设人行天桥、地道,条件不足时要做好渠化,设置安全岛或行人护栏,夜间要加强照明,使行人能看清过街线与来往车辆,过宽(如20m)的街道中间要设安全岛,保护行人。

5. 老年人和残疾人步行交通管理与保护

按照联合国的传统标准(一个地区60岁以上老人达到总人口的10%,即将该地区视为进入老龄化社会)。截至2015年底,进入老龄化的国家或地区已经达到92个之多,且多为发达国家或地区,即"先富后老"。我国于1999年进入老龄化社会,60岁以上人口达1.3亿,占总人口的11%，是"未富先老"。北京率先于1990年进入老龄化，其他如上海、无锡、南京等城市亦先后进入老龄化社会，而且发展很快。截至2016年底，北京60岁及以上户籍老年人口约329.2万人，占户籍总人口的24.1%，户籍人口老龄化程度居全国第二位。

对于残疾人，我们应给他们更多的关爱，虽然这方面我们缺乏研究，但首先在人行道规划设计中应充分重视，做好无障碍系统的规划设计，并在设施上予以保证。

老年人、残疾人生理机能减退或存在缺陷，对外界刺激反应能力下降，体力衰弱，耐力差，静、动视力、听力功能降低，反应迟钝，判断决策动作缓慢，注意力不集中，协调能力差，出行中常发生以下的失误：

（1）老年人、残疾人在横穿街道时往往对车辆的速度及车辆与自己的距离判断错误。

（2）有些老年人、残疾人无视街道上的交通，任意横穿街道。

（3）可能因不懂交通规则而乱行、斜穿、边走边谈等。

因此，要认真做好宣传教育工作。在公园或老年人、残疾人常去的活动场所举办有关交通安全图片展，经常播放交管部门与电视台合作拍摄的老年人、残疾人交通安全短片等。

此外，交通管理部门在制定交通安全规定及设施、信号等技术标准时，应充分考虑到残疾人与老年人生理、心理上的特点，使其有可能遵守。

6. 人行过街横道的管理

1）设置好人行横道的意义和作用

人行横道，特别是斑马式人行横道对于保障行人交通安全、维护交通秩序、提高道路通行能力等均有重要的意义与作用。日本资料证实，行人事故的40%发生在平交路口，老年人事故的70%发生在横过的路口处。广州的统计结果为行人事故有90%是在横过街道时发生的，而人行横道事故中有75%是不走人行横道。英国TRRL的研究报告称，距平交路口45.7m处过街的危险率为1，则位于信号管制路口人行横道处的危险率为0.17(1/6)，说明人行横道将安全率提高了5倍，对保障过街行人的安全具有很大的意义。

2）人行横道规划的原则

（1）尽可能让人行横道与行人流向一致，不强制行人不自然地迂回，让其顺利地沿原有的流向导至人行横道，为行人创造方便、安全与舒适。

（2）人行横道应尽量与车行道垂直，这可以使行人过街距离最短，减少过街时间，提高路口通行能力。

（3）人行横道要尽可能接近路口中心，但不影响机动车的通过，减少路口的交叉面积，缩小交叉口的范围，可以减少通过路口的时间。

（4）人行横道的长度一般应不大于15m，如超过此值，中间应设安全岛以保护行人安全，且应让驾驶人容易看清人行横道的位置，其宽度应视过街行人交通量计算，通常不小于4m，支路相交也应不小于2m。总之，应视实际情况充分满足行人需要，并留有余地。

3）人行横道的设置

（1）通常人行横道设在车行道与步行道交接线的延长线后1m处，在右转弯车辆与过街行人干扰较大时，右转弯车辆等候过街行人妨碍直行车前进，可将人行横道后退3~4m，以确保车辆与行人的安全，如图8-12所示。

（2）人行横道在路口的转角处，应设置护栏或种植灌木以改善景观，增添街景，中间分隔的端部要处理好，不允许妨碍左转车行驶。

(3) Y 形平交路口。对于 Y 形平交路口,有渠化与无渠化时人行横道的布置不同,图 8-13a) 为无渠化时的布置,图 8-13b) 为有渠化时的布置。

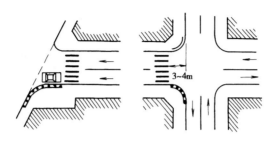

图 8-12 人行横道的设置位置示意图

(4) T 形平交路口。路口人行横道的布置见图 8-14,并可根据车流量与行人流量设 A 和 C、B 和 C,或仅有 A 和 B。

(5) 人行横道标示线。一般采用斑马纹状的线条标示,或在人行道两旁采用白色平行粗实线标示,尺寸和标示法见 GB 5768。人行横道的位置应根据实际需要确定,但间距应不小于 150m,宽度不小于 3m,并可根据行人数量以 1m 为单位加宽。

(6) 安全岛。对于超过 15m 长的人行横道,应设安全岛供行人临时停留之用,亦可作为诱导和分流之用,其宽度应不小于 1m,过窄则夜间不易为驾驶人看清,最好用反光材料标示。

(7) 对于繁忙的路口安设行人过街专用信号或触摸式信号,其配时周期应充分考虑老年人、残疾人的特点,必要时还应设机动车避让行人的标志。

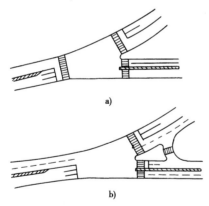

图 8-13 Y 形交叉路口的人行横道示意图
a)没有导流路的情况;b)有导流路的情况

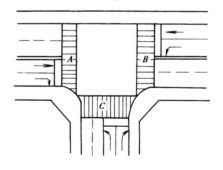

图 8-14 T 形交叉路口的人行横道示意图

7. 对儿童、学生过街的保护

通常对儿童、学生过街采取的保护措施有:

(1) 设置黄闪信号。在有儿童或学生过街处设置黄闪信号,把这种信号悬挂在道路上方,并设"学校"字样的标志,引起驾驶人注意。

(2) 限制车速。在有较多儿童或学生过街处(人行横道)对机动车采取限制车速措施。

(3) 设立标志。在学校或幼儿园附近儿童过街处设立"学校"或"儿童过街"字样的交通标志,提醒驾驶人谨慎驾车。

(4)建立专人负责制度。一般在有较多儿童或学生过街的人行横道处,由交警或专职安全员定时护送,可暂时中断机动车交通,让学生、儿童过街,也有些学校指派负责儿童过街的安全员,经短期培训后在学生、儿童过街处或路口负责保护学生与儿童横过街道。

第六节 高速道路交通控制

高速道路的交通管理、控制及附属交通设施,是保证高速道路上的车辆高速安全运行的必要条件。高速道路具有投资多、通行能力大和车速高等特点,其管理的好坏对于运输效益有很大的影响。若管理、控制、设施与此不相适应,则即使按高速道路的标准进行建设,也无法达到预期的效果,甚至会使交通事故层出不穷,生命财产受到重大损失。如美国洛杉矶的市区高速道路经常保持250万辆小客车的日交通量,由于交通管理问题,估计有50万辆车须降速到80km/h以下,如平均每日每车误时2min,根据各项数字推算,则每年因误时导致的损失可达200万美元。因此,高速道路的控制与管理特别重要。

一、高速道路交通控制的特点

高速道路的交通控制一般采取下列措施:
(1)平时为了预防车流阻塞,当交通量超过道路通行能力时,就实行控制,禁止车辆驶入高速道路。
(2)在发生交通事故等紧急情况时,为迅速解除由此产生的阻塞,实行控制驶出、禁止驶入的措施,以上两项措施是为了维持高速道路行车的顺利。
(3)高速道路的使用常对其周围环境造成影响和损害,为了保护环境,应在交通情况对环境和人类将会造成危害时,实施交通控制。

高速道路交通控制的目的在正常情况下和紧急情况下是不同的。在正常情况下是为了预防车流阻塞,而在紧急情况时则以解除事故阻塞为目标。

二、高速道路交通控制的重点与方法

高速道路交通控制应以匝道处的控制为中心,即出入口处的控制。经验表明,高速道路的交通应该要有一个最佳的密度和车速,低于此车速就容易造成时停时开的不稳定车流,大大地浪费运行时间,并容易导致交通事故。控制出入口可以保持车速-密度-间距的最佳组合,当然这首先取决于路上的交通量。

控制高速公路立体交叉匝道上交通流量的方法主要是在高峰期间使用设置在匝道上和邻近道路系统上的车辆传感器,将整个立体交叉系统的车辆运行情况传送到交通管理信息中心,由电子计算机决定不同方向的路口哪些开放、哪些关闭,同时对整个系统的出入口发出信号,指示车辆按指定方向运行,这样整个立体交叉系统就能获得车速-密度-间距的最佳组合。

三、高速道路交通监控系统

高速道路的监控系统一般可分为控制系统、监视系统、信息系统、传输系统、中心控制和显

示系统 5 个部分。

1. 控制系统

分为高速道路干道本身和驶出匝道、进口匝道的控制。

(1)高速道路干道路段控制一般有两项内容：

①可变车速控制。在道路上设置门架式或立柱式的可变车速标志,标志间隔在城市地区为 1km,在乡村地区为 3km。当前方路段由于事故、维修等原因而发生车辆拥挤时,可变车速标志根据时间-空间关系,指示汽车驾驶人采用不同的车速,实现车速的均匀变化,避免尾端冲撞事故,一般可使事故减少 18% ~ 50%。

②车道封闭或标志控制。这种控制采用设标志方法,标志通常在每一车道上方显示一垂直向下的绿色箭头(↓),如某一车道前方由于事故或维修而受阻,则该车道上面的绿色箭头将改变为红色的斜十字叉形(×),表示该车道关闭。设置这种标志被认为是高速公路所必需的一种措施。

(2)驶出匝道控制。驶出匝道调节并非一种很有效的手段,唯一的好处是解除了接近干线交叉口的阻塞,但这将以牺牲干路安全为代价,可能产生尾撞。驶出匝道的关闭可明显地减少交织,对干路交通是有利的。

(3)进口匝道控制。其基本目的是减少在高速干道上所有车辆的行程时间,消除或减少匝道车辆与干道车辆在交会过程中的冲突和事故。由于实现平顺的交通流,减少了车辆汇入及环境干扰。进口匝道控制又可分为 4 种控制形式:

①关闭匝道。当互通式立交间彼此非常接近,交织问题严重,附近有可供通行的道路时,可采用关闭匝道的方法,一般可采取设置人工栅栏或自动栅栏等措施来实现,但因易引起公众的不满,一般不采用。

②定时调节。是最简单的控制方法,用来限制进入高速干路的交通量,可以改善干路上的交通状况,提高行车的安全性。

③独立的交通感应调节控制。通过埋设在高速干路上、匝道上和汇合区的各种检测器,测得各种交通参数,根据这些不同的交通参数调整信号配时进行控制。

④整体系统的运行调节控制。在一系列匝道集中考虑的情况下,根据交通量和通行能力的情况进行调节。该控制考虑的是整个系统而不仅仅是限于直接的上游和下游的匝道,其优点是可兼顾整个系统。

2. 监视系统

监视作为获悉发生偶然事件的一种手段,能帮助管理人员迅速采取行动,这些措施包括：

(1)在发生偶然事件后,提供紧急服务(如消防、救护等)。

(2)在车辆发生故障后,提供修理服务。

(3)在偶然事件可能影响的范围内,为汽车驾驶人提供信息服务。

设置监视系统的基本目的就是要尽快发现各处的偶然事故,以便采取有效措施,迅速消除可能发生的问题。一般采用的方法为电子监视,即通过电子监视系统来探测偶然事件,这要求在高速公路上安装大量检测器,使检测器与中心监控室相接,以便查知公路上是否发生事故。其他方法有工业电视、航空监视、电话系统、援助合作系统、无线电发报机、警察和公路巡逻车监视等。

3. 信息系统

信息系统通过一次或多次感觉将信息传递给驾驶人,使用最多的是视觉和听觉传递。传递信息的基本原则是越重要的信息应给予越多的传递机会;避免使用过多的信息减弱接收效果,提前给出信息,使用路者有所准备;传递出去的信息应保证能通知到驾驶人,并使其感兴趣。常用的信息系统可分为:

(1) 可变信息系统。

(2) 汽车内显示装置。

(3) 无线电系统。

4. 传输系统

传输系统是控制设备的原始交通信息收集和控制指令发送确认的通道,系统的类型取决于传输距离,信息传输的方法可以分为4类:

(1) 直达电缆和光纤。

(2) 有线电话。

(3) 无线电。

(4) 微波。

5. 中心控制和显示系统

(1) 中心控制。大多数自动交通控制系统的心脏(即控制中心)是一台电子计算机。计算机的功能是分析处理检测器的信息,控制信号和可变信息标志,为显示和记录设备提供信息数据。

(2) 中心显示。为一大屏幕电子地图,它可提供系统运行的直观表示,在控制地区的地图上可显示出道路交通情况。

【复习思考题与习题】

1. 何为交通管理与控制?为什么交通管理和交通控制必须相互结合、相互协调?
2. 交通管制包括哪些内容?
3. 设置道路交通标志需考虑哪些因素?
4. 交通管制方式主要有哪些?如何选择交通管制方式?
5. 消除交叉口交通冲突的方法有哪些?
6. 设置信号灯的依据是什么?
7. 信号灯配时设计的主要参数有哪些?
8. 常用的信号灯控制方式有几种?
9. 未设信号灯控制交叉口进行交通管理的方法有哪些?适用条件是什么?
10. 组织单向交通的优缺点是什么?基本条件是什么?
11. 解决我国城市混合交通问题的主要途径有哪些?
12. 某市区有一平面交叉口,主、次干路均为双车道(即两个方向各有一条车道),主干路双向高峰小时交通量为723辆/h,次干路流量大的方向高峰小时交通量为180辆/h,主干路上高峰小时横穿行人数为174人/h(单向),无安全岛,在交叉口平均每年发生碰撞事故6起,交叉口平面图如图8-15所示,应采用哪种交通控制为宜?

图 8-15 主、次干路相交示意图

13. 在题 12 中,若主干路单向高峰小时交通量为 450 辆/h,并且主、次干路高峰小时交通量中均有 8% 的左转车、5% 的货车和 5% 的公共汽车,采用二相信号机,试计算高峰期的周期长度、绿灯时间。

第九章 道路交通安全

第一节 概　　述

一、交通事故现状与安全工作的重要性

汽车的发明与汽车运输业的发展为人类社会的进步、经济繁荣、人民生活水平的提高做出了重大贡献,但其所引发的道路交通事故也成为当前社会的一大公害。

自1886年第一辆汽车问世以来,全世界已有3 000多万人死于交通事故,比第一次世界大战的死亡人数还多1 300多万人,超过第二次世界大战死亡人数的一半。据国际红十字会新月会1988年公布的资料,目前世界上每年约有50多万人死于交通事故,1 500多万人受伤,甚至成为终身残疾。美国的统计资料表明,美国从立国至1987年为止,交通事故中死亡人数比历次战争(从革命战争至越南战争)中死亡人数之和还要多;据另一项从1941年到2006年间的统计,美国公路事故中死亡246.69万人,为朝鲜战争中死亡人数51.9万人的四倍还要多。这些确是一组警世而可怕的数字。

我国交通事故中的死亡人数,自1981年以来,除中间个别几年稍有下降外,一直居高不下,直到2005年才开始下降(表9-1)。2006年底交通事故统计数据显示,全年事故起数

37.87万,死亡人数8.94万,受伤人数43.11万,直接财产损失达14.89亿元,死伤总人数几乎相当于一座大城市的人口数。但至2015年,交通事故的死伤人数分别降至5.80万与19.99万,与2006年相较,死伤总人数减少了20多万。这是近十多年来大抓交通安全的重要成果。从部分发达国家交通事故统计资料(表9-2)可以看出,无论事故起数、死亡人数、十万人口死亡率或万车死亡率均在全面下降,特别是从万车死亡率来看,除个别年份、个别国家略有回升外,其总体趋向呈明显下降趋势。大多数国家的万车死亡率在1~3,我国的万车死亡率近年来亦呈明显下降趋势,1999年为15.47,2011年降至2.78,2022年进一步降至1.46,这表明只要我们认真对待,就一定有所进步。

我国1981—2022年道路交通事故统计表　　　　　　　　　　　表9-1

年份(年)	事故起数(起)	死亡人数(人)	受伤人数(人)	直接财产损失(元)	万车死亡率(%)	10万人口死亡率(%)
1981	114 679	22 499	79 546	50 837 376	95.85	2.25
1982	103 777	22 164	71 385	48 594 796	85.32	2.81
1983	107 758	23 944	73 957	58 358 392	84.35	2.33
1984	118 886	25 251	79 865	73 363 944	42.99	2.43
1985	202 394	40 906	136 829	158 676 425	62.39	3.89
1986	295 136	50 063	185 785	240 180 000	61.12	4.70
1987	298 147	53 439	187 399	279 389 380	50.37	4.94
1988	276 071	54 814	170 598	308 613 669	46.05	5.00
1989	258 030	50 441	159 002	335 984 528	38.26	4.54
1990	250 297	49 271	155 072	363 548 114	33.38	4.31
1991	264 817	53 292	162 019	428 359 749	32.15	4.60
1992	228 278	58 729	144 264	644 829 636	30.19	5.00
1993	242 343	63 508	142 251	999 070 121	27.24	5.36
1994	253 537	66 362	148 817	1 333 827 223	24.26	5.54
1995	271 843	71 494	159 308	1 522 665 624	22.48	5.90
1996	287 685	73 655	174 447	1 717 685 165	20.41	6.02
1997	304 217	73 861	190 128	1 846 158 453	17.50	5.97
1998	346 129	78 067	222 721	1 929 514 015	17.30	6.25
1999	412 860	83 529	286 080	2 124 018 089	15.47	6.82
2000	616 971	93 853	418 721	2 668 903 994	15.45	7.27
2001	754 919	105 930	546 485	3 087 872 586	15.46	8.51
2002	773 137	109 381	562 074	3 324 381 078	13.71	8.79
2003	667 507	104 372	494 174	3 369 146 852	10.81	8.08
2004	517 889	107 077	480 864	2 391 410 103	9.93	8.24
2005	450 254	98 738	469 911	1 884 011 686	7.57	7.60
2006	378 781	89 455	431 139	1 489 560 352	6.16	6.84
2007	327 209	81 649	380 442	1 198 783 999	5.10	6.21

续上表

年份(年)	事故起数(起)	死亡人数(人)	受伤人数(人)	直接财产损失(元)	万车死亡率(%)	10万人口死亡率(%)
2008	265 204	73 484	304 919	1 009 721 657	4.33	5.56
2009	238 351	67 759	275 125	914 368 329	3.63	5.10
2010	219 521	65 225	254 075	926 335 315	3.15	4.89
2011	210 812	62 387	237 421	1 078 730 349	2.78	4.65
2012	204 196	59 997	224 327	1 174 900 000	2.50	4.43
2013	198 394	58 539	213 724	1 038 970 000	2.34	4.30
2014	196 812	58 523	211 882	1 075 430 000	2.22	4.28
2015	187 781	58 022	199 880	1 036 920 000	2.08	4.22
2016	212 846	63 093	226 430	1 207 600 000	2.10	4.56
2017	203 049	63 772	209 654	1 213 110 000	2.06	4.58
2018	244 937	63 194	258 532	1 384 560 000	1.93	4.51
2019	247 646	62 763	256 101	1 346 180 000	1.80	4.47
2020	244 674	61 703	250 723	1 313 610 000	1.66	4.38
2021	273 098	62 218	281 447	1 450 360 000	1.57	4.41
2022	256 409	60 676	263 621	1 239 260 000	1.46	4.30

表 9-2 近 40 多年来部分发达国家道路交通事故死亡人数、10 万人口死亡率、万车死亡率统计表[1,2]

国家	项目	1970[2]	1981	1984	1987	1990	1996	2001	2005	2006	2007	2008	2009	2010	2013	2016
美国[1]	死亡人数(人)	52 627	49 301	44 241	46 385	44 529	41 907	42 169	43 443	42 708	41 259	37 423	33 808	32 885	32 893	37 806
	10万人口死亡率(%)	25.7	21.5	18.7	19.0	18.4	15.8	14.80	14.66	14.30	13.88	12.30	11.01	10.63	10.41	11.70
	万车死亡率(%)	4.9	3.1	2.7	2.6	2.4	2.1	1.91	1.77	1.70	1.61	1.45	1.31	1.28	1.29	1.41
德国	死亡人数(人)	19 147	11 674	10 199	7 067	7 906	8 758	6 977	5 361	5 091	4 949	4 477	4 152	3 648	3 339	3 206
	10万人口死亡率(%)	31.6	18.9	16.7	13.0	12.6	10.7	8.5	6.5	6.2	6.0	5.4	5.1	4.5	4.14	3.89
	万车死亡率(%)	13.2	9.6	3.8	2.7	2.2	1.9	1.33	0.98	0.93	0.89	0.81	0.8	0.7		0.82
法国	死亡人数(人)	11 936	12 428	11 525	9 985	10 289	8 080	7 720	5 339	4 703	4 520	4 275	4 273	3 992	3 268	3 585
	10万人口死亡率(%)	23.5	23.0	21.0	17.7	18.2	13.86	13.8	8.9	7.5	7.3	6.7	6.6	6.4	5.1	5.5
	万车死亡率(%)	7.6	5.8	4.2	3.9	3.6	2.7	2.35	1.43	1.25	1.22	1.13			0.09	0.09

续上表

国家	项目	年份(年)													
		1970[2]	1981	1984	1987	1990	1996	2001	2005	2006	2007	2008	2009	2010	2013	2016
意大利	死亡人数(人)	13 002	8 072	7 184	6 643	6 621	6 193	6 691		5 669	5 131	4 725	4 237	4 090	3 721	3 333
	10万人口死亡率(%)	24.2	74.1	12.3	11.6	11.7	10.8	12.5	10.0	9.6	8.7	7.9	7.1	6.8	6.1	5.6
	万车死亡率(%)	11.3	4.1	3.2	2.3	1.9	1.86	1.63	1.35	1.31	1.21	1.18	0.9	0.8	0.73	0.63
荷兰	死亡人数(人)	3 175	1 807	1 615	1 485	1 376	1 334	993	750	730	709	677	644	537	570	629
	10万人口死亡率(%)	24.4	12.7	11.2	10.2		8.46	6.2	4.6	4.5	4.3	4.1	3.9	3.6	3.39	3.69
	万车死亡率(%)	12.4	3.7	3.0	2.7		2.12	1.22	0.87	0.84	0.79	0.75	0.7	0.6	0.53	0.58
英国	死亡人数(人)	7 892	6 069	5 788	5 339	5 217	3 598	3 598	3 337	3 298	3 059	2 645	2 337	1 905	1 827	2019
	10万人口死亡率(%)	14.2	10.9	10.2	9.4	9.4	6.29	6.1	5.6	5.5	5.0	4.3	3.8	3.1	2.9	3.1
	万车死亡率(%)	5.9	3.3	3.0	2.6	2.4	1.4	1.18	0.99	0.95	0.92	0.74	0.66	0.54		0.53
日本	死亡人数(人)	16 767	8 719	9 262	9 347	11 227	11 674	8 747	6 871	6 352	5 744	5 755	4 914	4 863	5 971	4 682
	10万人口死亡率(%)	16.0	7.4	7.7	7.7	9.1	9.28	6.87	5.38	4.97	4.50	4.04	3.9	3.8	4.70	3.69
	万车死亡率(%)	9.4	2.2	2.1	1.9	1.9	1.64	0.97	0.75	0.69	0.63	0.65	0.64	0.60	0.65	0.57
加拿大	死亡人数(人)	5 080	5 383	4 120	4 071	3 957	3 082								2 114	2 118
	10万人口死亡率(%)	27.1	22.1	16.4	16.11		10.28								6.00	5.80
	万车死亡率(%)	4.2	4.0	2.9	2.77	2.0										

注:1. 各国死亡事故计算的时间规定参考表9-4。
2. 各类书刊统计数字有较大的出入,如1970年死亡人数,日本渡边新三等所著《交通工程》中日本为21 535人,美国为54 633人,加拿大为5 312人。

交通事故危害性不仅反映在伤亡人数上,它在经济方面所造成的损失也是巨大的。据权威部门估计,交通事故总的损失约占国民经济的1%左右。以年经济损失计,美国1993年为800亿美元,法国1978年为100亿法郎。红新月会指出:交通事故给发展中国家每年带来的经济损失为530亿美元,差不多相当于发展中国家每年所获得的援助总额。2020年我国31个省、自治区、直辖市道路交通事故四项数据统计见表9-3。

2020年我国31个省、自治区、直辖市道路交通事故四项数据统计表 表9-3

省、自治区、直辖市	事故起数		死亡人数		受伤人数		直接财产损失	
	数量(起)	同比(%)	数量(人)	同比(%)	数量(人)	同比(%)	数量(万元)	同比(%)
全国合计	244 674	−1.20	61 703	−1.69	250 723	−2.10	131 360.6	−2.42
北京	3 872	24.58	964	−23.37	3 369	20.84	4 924.2	40.17
天津	6 552	−2.25	881	19.70	6 029	−9.09	4 091.4	−1.31
河北	4 567	−6.61	2 400	−3.77	3 780	−9.81	4 554.4	−4.66
山西	9 204	9.22	2 111	2.88	9 799	11.04	6 145.6	5.39
内蒙古	3 027	−28.49	809	−17.53	2 886	−34.42	2 265.6	−5.73
辽宁	4 942	4.42	1 933	−0.67	4 490	4.42	1 956.1	−9.20
吉林	10 503	179.63	1 987	92.54	11 701	178.26	4 077.7	80.09
黑龙江	4 669	−9.30	993	−6.23	5 073	−13.36	3 007	−19.46
上海	862	−24.78	812	−28.14	200	−32.20	614.3	−11.39
江苏	10 747	−13.43	3 805	−10.85	8 675	−16.66	5 642.7	−6.52
浙江	11 066	−7.05	3 037	−6.15	9 653	−8.61	5 012.6	30.85
安徽	9 412	−15.12	2 270	−12.79	10 732	−10.51	5 239.5	−1.96
福建	9 752	7.04	1 555	−14.61	12 274	35.03	1 996.3	−10.70
江西	5 535	−14.60	1 955	−2.20	5 535	−17.91	5 338.4	−18.47
山东	12 566	−4.44	3 407	−4.11	11 575	−5.05	4 986.1	−8.16
河南	12 257	−29.81	2 452	−4.22	12 643	−33.58	7 431.1	−27.62
湖北	23 052	−0.50	4 258	−13.17	25 322	−2.66	13 969.8	−0.06
湖南	6 462	73.52	3 314	269.04	5 320	30.81	6 409.7	74.23
广东	25 414	10.41	4 678	−5.15	24 662	12.43	7 524.6	−0.30
广西	18 336	−8.56	3 882	−11.35	20 519	−10.87	6 457.8	−16.56
海南	2 105	−21.31	649	−15.82	2 454	−22.05	1 825.7	0.22
重庆	4 042	−4.92	922	−2.43	4 767	−0.19	1 269.7	−20.81
四川	9 334	−3.39	2 405	−2.87	11 082	−2.23	7 292	−12.88

续上表

省、自治区、直辖市	事故起数		死亡人数		受伤人数		直接财产损失	
	数量(起)	同比(%)	数量(人)	同比(%)	数量(人)	同比(%)	数量(万元)	同比(%)
贵州	13 963	3.91	2 957	1.23	16 216	-1.12	8 768.8	-5.26
云南	6 344	-4.79	2 525	-7.10	5 739	-8.16	2 659.6	-23.51
西藏	482	2.99	134	-2.19	610	7.21	952.3	59.89
陕西	4 871	-14.33	1 040	-17.33	5 015	-13.53	3 417.7	-14.56
甘肃	2 778	-4.50	1 138	-4.69	2 796	-6.43	688.8	-16.18
青海	1 582	8.28	517	-2.45	1 566	2.69	1 272.6	23.85
宁夏	1 939	25.58	465	14.25	1 888	21.89	685.1	22.71
新疆	4 437	-14.23	1 448	-7.48	4 353	-16.47	883.4	-5.69

交通事故涉及面很广，不仅涉及交通、公安部门，而且已成为一个全社会性的大问题，它涉及各个单位部门、行业，几乎与全体市民都有密切关系。通勤、通学、旅游、购物、外出办事等，每个人都有可能外出，乘车与不乘车都有一个安全问题。据美国1987年的事故统计资料，死亡事故涉及5.9万辆汽车，伤残事故涉及190万辆汽车，财产损失涉及3 100万辆汽车，若按家庭计大致涉及1/2的美国家庭，其相关部门和人员之多可想而知。因此，不少家庭视出行为畏途，甚至有人说，现代车祸"是一场无休止的战争""汽车是杀人的活动工具"，可见汽车交通事故的危害性非常严重，是当今社会的一大公害。全社会各部门，特别是领导部门都必须给予极大的关注，并组织人力物力，从人、车、路与环境等各个方面进行有计划的认真研究，迅速采取有效措施以预防和遏止交通事故的发展。就世界范围来讲，如能通过各种安全措施或保护装置减少10%的事故，每年就可挽救5万人的生命，减少150万人受伤致残，少损失几百亿美元。这无论从经济方面还是从人道方面，或是从整个社会方面来看，都不能不说是个有巨大意义的课题，关键是能不能做到。我们认为，只要全国齐心合力，高度重视，认真对待，坚持不懈，人人参与，人、车辆、道路、环境等各个方面严格要求，科学规划，精心设计，常抓不懈地教育宣传和采取一整套的综合措施，包括合理协调、严密管理、健全体制，是完全可以做到的。从表9-3中所列诸发达国家的10万人口死亡率、万车死亡率来看，由20世纪70年代至2016年均毫无例外地不断下降，有的国家从10以上降至5以下。以日本的万车死亡率统计数据为例，资料显示1950年尚高达107.6，1960年降为34.9，1970年降至9.4，1981年又降至2.2，1990年再降至1.9，2010年降至0.60，2016年降至0.57，60多年来下降至原来的1/188。当然，这个成绩不是轻而易举取得的，而是采取了各种措施和各方面共同努力的结果，但也说明交通事故数是可以降下来的，只要我们持之以恒，认真对待，任何困难总是可以克服的。

二、交通事故的定义与分类

目前国内外对交通事故的定义虽还没有一个统一的提法，定义的内容和表述的方式都不尽相同，但总的概念还是明确的。如美国国家安全委员会将交通事故定义为：交通事故是在道路上所发生的意料不到的危险的事件。日本将交通事故定义为：由于车辆在交通中引起的人员伤亡或物的损坏。

我国一般把交通事故称为车祸或交通肇事。根据《交通事故处理办法》的规定：交通事故是指车辆驾驶人、行人、乘车人以及其他在道路上进行与交通活动有关的人员，因违反《中华人民共和国道路交通安全法》和其他道路交通管理法规、章程的行为过失造成人身伤亡或财产损失的事故。通俗点讲，凡车辆在公用道路上行驶过程中，由于违法造成人畜伤亡或车物损坏的意外事件，统称为交通事故。

从上述定义可以明确看出，构成交通事故应包括下列四项内容：

1. 人

人是构成交通事故的主体，所有参与交通的人包括在道路上从事有关活动的个人或法人。如果是地震、飓风、洪水等超出人的主观意志外的情况造成人员或车物的损坏，则不能称之为交通事故。

2. 车

至少有一方为运行中的车辆，包括机动车与非机动车。车辆是构成交通事故的重要条件，如没有车辆，仅为行人与行人相撞，则不能称为交通事故；车辆还必须在运行中互撞或与行人、固定物相碰撞，如果行人或牲畜撞上处于静止状态的车辆，也不能称为交通事故。

3. 路

路是构成交通事故的空间条件，此路系指受行政管辖的公路、城市道路和街巷、公共广场与停车场等供车辆与行人通行的地方，至于在非社会公共使用的道路、广场等处发生的事故，则不属于交通事故统计范围之内。

4. 后果

后果是指由于违法造成人员伤亡或财物损坏的结果，没有造成任何伤亡或损害的不能称为交通事故，但也不是所有伤亡或损害都算是交通事故，如有意用汽车撞人、谋财害命就不能算交通事故，而是有意的犯罪行为。很明确，交通事故是因为行人或驾驶人主观上的过失，如疏忽大意等而造成的伤亡或车物损失。如汽车野外军事演习、农田机耕、工矿施工、体育竞赛等行动中所发生的事故，不应称之为道路交通事故。

上述四个方面为构成道路交通事故的要素，缺一就不能称为道路交通事故。

对于死亡、轻伤、重伤等的定义也存在着许多不同的看法。这是评价交通安全的重要指标，如何定得科学、合理、便于执行，也是一个很重要的问题。"死亡"在我国过去很长一段时间内未有严格的定义，通常只要是因交通事故而死亡的人均视为交通事故死亡，没有时间长短的限制，这是不合理的，因为死亡有随机、突发等不测的原因。不明确定义必然产生混乱，造成扯皮或发生纠纷，故确定一个统一计算时间是非常重要的。但世界各国看法不同，交通事故中对死亡时间的规定也相差极大，从即刻死亡到1年后死亡（表9-4）。轻伤、重伤的规定也很不一致，日本规定30日以内可治愈者为轻伤，30日以上为重伤。美国规定扭伤、擦伤等不需治疗的为轻伤，对于需住院治疗或骨折、脑震荡、内伤，虽不住院仍视为重伤。英国规定需住院治疗或不管住院与否，只要有下列情况之一均算重伤：骨折、脑震荡、内伤、压伤、需要治疗的严重割伤及休克，而对于扭伤、擦伤及不需治疗的割伤、划破均称为轻伤。

部分国家死亡事故时间规定汇总表 表9-4

国家名称	比利时、葡萄牙	日本、西班牙	匈牙利、波兰	澳大利亚	法国	中国、俄罗斯、意大利	西欧国家、英国	美国、加拿大
定义时间	即刻	1日	2日	3日	6日	7日	30日	1年

注：联合国规定以30日为交通事故死亡标准时间，其时间的修正值为：立即死亡乘1.4，1日死亡乘1.3，3日死亡乘1.2，6日死亡乘1.09，7日死亡乘1.07。

我国认定"死亡"以事故发生后7日内死亡为限；轻伤系指经医院诊断为轻度脑震荡、表皮伤害、划伤等需休息3日以上，且不致重伤者；重伤系指经医院诊断为严重骨折、脑震荡、肌体内脏损伤、内出血及五官严重损伤者。具体的确定标准应根据司法部、最高人民法院、最高人民检察院、公安部发布的《人体重伤鉴定标准》与《人体轻伤鉴定标准（试行）》确定。财产损失是指道路交通事故造成的车辆、财产直接损失折款，不含现场抢救(险)、人身伤亡善后处理的费用，也不含停工、停产、停业等所造成的间接财产损失。

道路交通事故的分类：按道路交通事故所涉及的对象分为机动车违法、机动车非违法过错、非机动车违法、行人乘车人违法、道路与意外原因，进行分别归类、统计可以得出各种事故的组合。表9-5列出了我国2015年事故的主要原因、事故起数、死亡人数、受伤人数和财产损失的统计数据。表9-6为主要工业发达地区和国家道路交通事故死亡人数在不同交通类别中分布的比重统计表。我国公安交通部门根据事故后果的严重程度将道路事故等级划分为：

（1）轻微事故。轻微事故是指一次造成轻伤1~2人，或者财产损失对机动车不足1 000元、对非机动车不足200元的事故。

2015年全国道路交通事故主要原因、事故起数、死亡人数、受伤人数、直接财产损失统计表[1-3] 表9-5

事故类型		事故起数		死亡人数		受伤人数		直接财产损失	
		数量（起）	百分比（%）	数量（人）	百分比（%）	数量（人）	百分比（%）	数量（元）	百分比（%）
合计		187 781	100	58 022	100	199 880	100	1 036 916 560	100
机动车违法	小计	163 421	87.03	52 075	89.75	174 235	87.17	919 343 152	88.66
	超速行驶	6 533	3.48	3 382	5.83	6 605	3.30	47 062 730	4.54
	酒后驾驶	6 380	3.40	2 600	4.48	6 065	3.03	39 469 474	3.81
	逆向行驶	6 546	3.44	2 327	4.01	8 744	4.37	44 535 399	4.29
	疲劳驾驶	1 276	0.68	612	1.05	1 575	0.79	39 903 553	3.85
	违法变更车道	3 646	1.94	596	1.03	3 876	1.94	26 340 659	2.54
	违法超车	3 819	2.03	1 176	2.03	4 884	2.44	18 844 292	1.82
	违法倒车	2 253	1.20	628	1.08	1 702	0.85	6 645 665	0.64
	违法掉头	2 453	1.31	322	0.55	2 875	1.44	10 067 548	0.97
	违法会车	4 809	2.56	1 448	2.50	6 522	3.26	25 808 592	2.49
	违法牵引	39	0.02	23	0.04	34	0.02	398 864	0.04

续上表

事故类型		事故起数		死亡人数		受伤人数		直接财产损失	
		数量(起)	百分比(%)	数量(人)	百分比(%)	数量(人)	百分比(%)	数量(元)	百分比(%)
合计		187 781	100	58 022	100	199 880	100	1 036 916 560	100
机动车违法	违法抢行	1 685	0.90	522	0.90	1 624	0.81	8 233 344	0.79
	违法上道路行驶	4 427	2.36	2 148	3.70	4 587	2.30	43 802 630	4.22
	违法停车	1 026	0.55	267	0.46	989	0.50	5 584 272	0.54
	违法占道行驶	3 792	2.02	1 141	1.97	3 913	1.96	20 025 551	1.93
	违法装载	1 130	0.60	822	1.42	1 130	0.57	11 312 078	1.09
	违法装载超限及危险品运输	212	0.11	128	0.22	198	0.10	1 976 957	0.19
	违反交通信号	5 360	2.85	1 445	2.49	6 274	3.14	29 228 883	2.82
	未按规定让行	25 582	13.62	5 940	10.24	26 969	13.49	75 410 745	7.27
	无证驾驶	13 417	7.14	5 065	8.73	15 453	7.73	41 079 986	3.96
	不按规定使用灯光	221	0.12	76	0.13	217	0.11	1 205 222	0.12
	其他影响安全行为	68 905	36.70	21 407	36.89	69 999	35.02	422 406 708	40.74
机动车非违法过错	小计	8 104	4.32	2 405	4.14	8 835	4.42	70 445 134	6.79
	制动不当	519	0.28	133	0.23	599	0.30	5 845 260	0.56
	转向不当	311	0.16	80	0.13	399	0.20	4 102 019	0.40
	加速踏板控制不当	70	0.04	23	0.04	76	0.04	549 895	0.05
	其他操作不当	7 204	3.84	2 169	3.74	7 761	3.88	59 947 960	5.78
非机动车与行人等过错	非机动车违法	13 995	7.45	2 304	3.97	15 531	7.77	26 755 966	2.58
	行人乘车人违法	1 998	1.06	1 136	1.96	1 005	0.50	17 261 927	1.67
	道路与意外原因	263	0.14	102	0.18	274	0.14	311 0381	0.30

注:1. 本表根据《中国道路交通事故统计年报》编制。
2. 原表事故主要原因列得过多以致其有些影响因素的比重不到万分之一,特别是非机动车与行人的影响因素更低,不能完全计入,因此可能造成总量与分量之和不等。请谅。
3. 本表列出的非机动车与行人违法是许多因素汇总而得,仅供讨论分析。

主要工业发达地区和国家道路交通事故死亡人数按交通类别分布统计表(单位:%) 表9-6

交通类别	日本	美国	加拿大	西欧	法国	意大利	荷兰	英国
步行	27.8	15.9	14.1	22.2	15.3	17.7	18.1	33.1
自行车	10.2	1.9	3.0	9.6	4.0	7.2	22.8	6.2
摩托车	25.1	10.4	10.2	15.2	14.6	21.6	13.9	17.0
汽车	36.6	71.6	69.9	52.1	65.0	52.7	44.9	43.6
其他	0.3	0.2	2.6	0.9	1.1	1.0	0.3	0.1

(2)一般事故。一般事故是指一次造成重伤1~2人,或者轻伤3人以上10人以下,或者财产损失不足3万元的事故。

(3)重大事故。重大事故是指一次造成死亡1~2人,或者重伤3人以上、10人以下,或者财产损失 3 万元以上不足 6 万元的事故。

(4) 特大事故。特大事故是指一次造成死亡 3 人以上,或者重伤 11 人以上,或者死亡 1 人,同时重伤 8 人以上,或者死亡 2 人,同时重伤 5 人以上,或者财产损失 6 万元以上的事故。

三、道路交通事故的发展趋势

一方面,随着科学技术的进步,特别是信息技术的迅速发展,人们对交通事故的复杂影响因素、产生的原因、影响的主要机制等均有了进一步的认识,对交通事故预测、预防及采取保护措施等更加准确有效,这对降低事故率、提高交通安全创造了有利条件;但另一方面,随着社会经济的发展和人民生活水平的提高,人们对出行数量与出行质量的要求越来越高,交通活动的多元化与复杂性也随之凸显,预防事故和提高交通安全的难度不断增加,因此决不能因为科技的发展而放松对减少事故的努力。

从世界范围来看,尤其是发达国家的交通事故情况无论是事故的死亡人数、10 万人口死亡率或万车死亡率等指标,均呈现出显著的下降趋势,不过不同国家下降的程度和速度快慢有些差异。之所以下降,一方面是由于驾驶行为改善、公路与车辆设计优化、法规完善;另一方面由于禁止酒后开车,乘员必须使用安全带及管理的力度均有所加强。但由于管理力度不同,因而下降程度上出现差异。联邦德国的死亡事故人数一直下降,20 世纪 80 年代较 70 年代降低了 60%。日本由于大力推进交通安全计划,强化使用安全带和安全帽等措施使万车事故率低于欧美平均水平,这充分说明采取有力措施非常重要。而我国还处于经济迅速发展、交通量不断增加、汽车化水平与小汽车数量持续上升阶段,交通需求远远大于供给,交通建设、交通管理、交通法规及相关体制都很不完善,交通事故远远未达到完全可以控制的阶段,交叉路口拥挤,交通秩序不佳,车速较低,运行不畅,重大与特大交通事故时有发生。从表 9-1 所汇总的 1981—2015 年 30 多年间比较完整的道路交通事故统计资料来看,1981—1984 年间事故指标虽有上升但变化较慢、较为平缓,1985 年各项指标突然上升,有的指标甚至出现高达 40% 以上的年增长率,其后延续近 20 年一直保持平稳上升的趋势,直到 2005 年才有明显下降的趋势。有人认为这一上升趋势主要是由新车增多、新手开车多和车流量增长太快所致,但近年来新车、新开车者与车流量依然增长很快,而道路交通事故的各项指标仍呈现持续平稳下降的趋势,笔者认为这一升一降的原因固然很多、很复杂,值得认真分析研究并深入总结。但必须说明,这同近年来公安部门重视交通安全,采取有效措施大力降低事故率是分不开的。公安部、交通部和建设部于 2000 年联合发布了共同创建"平安大道""畅通工程"的倡议,并组织各省、市采取了强有力的工程与管理措施,这对于遏阻交通事故的增长已发挥了重大的作用。但从治本方面考虑,全国各省、市的有关部门必须积极组织人力,认真研究交通事故的相关因素、发生规律及形成机理和不同时期的事故特点,采取教育、宣传、立法、规划、设计(包括路、车、管理)及工程管理等综合措施,延缓或阻止交通事故的上升趋势。

第二节 交通事故调查

一、交通事故调查的目的、意义、要求与内容

交通事故调查是为了查清事故原因,确定违法责任。这是必不可少的政策性很强的严肃

工作,必须认真负责、公正严明,以法规与事实为根据,以科学分析为手段,仔细地察看现场,听取当事人的汇报、目击者的证明,弄清事实、辨明原因、分清责任,提出处理原则的建议和应吸取的教训,并为今后防止和减少交通事故而采取措施提供有实践经验的依据,为优化道路线形设计指标、视距及环境条件的改善,为交叉口规划、设计、管理方法的改进,为鉴别与确认交通事故多发路段及其改善与防护提供依据,为总结各类安全防护措施、标志、标线、信号配时、法规执行等的效果及其改进提出措施和办法,以达到降低交通事故率的目的。

现场是指交通事故发生的地点及事故相关的空间场所。现场调查是指对事故现场的当事人、知情人、车辆、道路交通环境等进行细致严密的检查观看,包括查看痕迹,收集物证,查询事故前后的车辆运行情况,听取证词,摄影测量等工作,并应详细完整地记录。具体内容如下:

(1)人。当事人、驾驶人、有关乘客、行人、受害人及可以作证人员的性别、年龄、生理、心理情绪、精神状态、体质、家庭情况等。

(2)车。有关车辆的车号、牌照、驾驶人执照、转向系统操作性、稳定性、制动系统、运行方向、速度、线路、相互位置、印痕长度、碰撞点等。

(3)路。道路等级、性质、交叉角度、线形、宽度、路面状况、纵坡、视距等情况。

(4)环境。事故周围房屋、树木、标志、标线、照明、天气、湿度、温度、风雪等。

(5)时空区位。事故发生的准确时间、前后状况、空间场所、车辆运行、碰撞的相互位置、散落物等。

(6)后果。事故状况、严重程度、人员伤、亡、致伤致残的部位、器官与主要原因,车物损失及损坏情况并按有关标准进行划分。在交叉路口还应绘事故现场情况示意图(图9-1)。

二、交通事故现场勘查工作

现场勘查是一项获取证据,查明原因,明确责任,政策性很强的敏感性工作。首先,应特别注意是原始现场(未做任何变动或破坏的事故发生过程的原始现场),还是变动现场(由人为或自然原因,部分或大部分改变的现场),或者根本是伪造的现场(为逃避责任、销毁证据或嫁祸他人而伪造的现场),然后按事故发展过程的先后顺序进行勘查或测绘工作,此项工作主要包括收取物证、摄影、绘图、车辆检测、道路鉴定验收证书等,一般应通过摄影、测绘或询问等手段,主要是查清下列情况:

(1)车与车(或车碰人、撞物)互撞的接触点、痕迹的部位、高低、深浅,是摩擦或是撞击,并仔细查看有无血迹、头发、指纹等物证,车与车(人、物)从开始接触到停车的总距离,制动距离,车辆停止时的位置、方向,死者(伤者)所处位置、形态、状况及与车辆之间的距离方位等。

(2)车辆与印痕检测,车辆的轮廓、轴距、前后轮距、转向系统、制动系统、挡位、轮胎、灯光、后视镜、刮水器及变形情况。测量制动痕迹,检测重制动印痕与轻制动印痕长度和前后轮胎与左右轮胎痕迹的变异。

(3)道路设施的勘查,包括几何线形、视线、障碍、视距、路面状况、桥涵质量、道路坡度、弯道超高、平整度、摩擦系数等。

(4)如现场有伤亡人员,应对碰撞、滚碾、挤压、刮擦的部位、严重性等致伤、致死的原因,出具可信的鉴定材料或照片,并让有关人员签字证明。

(5)对路面标线、标志、安全设施、地形、地物、天气亦应如实地记录说明。

(6)如系事故多发路段,则应收集较长时期事故发生资料,包括事故性质、原因、时间、情况等。同时应绘出该路段的平面、纵面图,若在交叉口则应绘事故类型示意图。

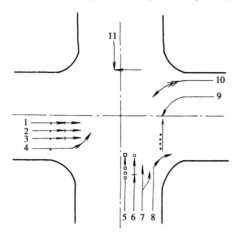

图中标注说明:
1,2,3-连续箭头表示追尾
4-大转弯撞车
5-与固定物相撞
6-空心圆圈表示伤人,实心圆圈表示死亡
7-超车侧撞
8-小转弯撞车
9-碰撞行人
10-倒车撞车
11-直角撞车

图 9-1　国际车辆碰撞事故示意图

三、交通事故报告

交通事故报告是用书面文字记录、汇总交通事故情况,各项数据应具有客观、系统、全面、准确和科学性。

交通事故报告的范围为:凡违反道路交通法规造成人员伤亡、牲畜伤亡、车辆财产损失的都应列入统计报告范围。具体要求是:

(1)统计报告的项目与标准必须真实、准确,并具有严密的统一性,范围、项目、指标、表示期限等内容的统计均应按国家统一规定表格进行。

(2)统计报表要数据准确,反映真实、全面,并逐级上报。

(3)交通事故的一般统计报告制度是向上级报送统计表,分为月报、季报、年报三种。

(4)事故报告的内容应包括:

①时间、场所、天气等。

②受害的程度、形态、种类、原因(违法)等。

③当事者性别、年龄、住址、职业、出行目的、事故发生的状态。

④道路与车辆的属性、路况、车况等。

第三节 交通事故分析

交通事故是一种随机现象,即偶然现象。不过偶然性常寓于必然性之中,大量交通事故的发生总有其必然的规律存在。为求得其内在规律,就需要通过对大量数据的整理、统计和分析,求得发生交通事故的规律,从而找到发生事故的原因,明确事故多发路段,制订防止和治理事故的措施,并利用某些数学方法,探求事故的预测模式。

交通事故统计分析工作是交通管理中的一项专业基础工作,其质量的高低,往往影响到交通管理工作的成败,除对道路交通安全的保障起到其应有的作用外,对城市与区域发展规划、道路设计建设等方面,均具有重要的参考价值。

一、交通事故统计的基本方法

交通事故统计的依据是大量的事故档案及有关资料。统计分析方法一般有静态法与动态法。所谓静态法是不计时间因素在内的各项因素的数列统计法;而动态法则与之相反,是考虑时间因素的数列统计方法。此两类方法所采用的基本方法都是绝对数值法、相对数值法和平均数值法。

1. 静态法

(1) 绝对值法

绝对值法计算各有关综合指标的基础数据,必须准确,否则在此基础上的进一步统计与分析均失去实际意义。事故数、死亡人数、受伤人数和直接经济损失等就是这类基础数值。

(2) 相对值法

相对值法是采用两个有关指标值之比,常用百分比表示,以便表明和分析事故中有关指标之间的相互关系,使之在不同的时间和空间中具有可比性。如事故死亡人数与汽车保有量之比,表示为事故死亡人数/万车(或100万车),及伤、亡人数与交通量和行驶里程之比,表示为伤、亡人数/亿车或伤、亡人数/(亿车·km)等。

(3) 平均值法

平均值法是对同类指标进行平均,常用的是算术平均值,用于分析整体数量变化的规律,如计算某条路、某时期中发生的事故数、死亡人数等的平均值,有时需采用加权平均值。

2. 动态法

动态法用以反映交通事故发展变化的过程与趋势,就是把一定时间间隔的统计指标按时间顺序构成数列。由于利用的指标不同,动态数列的种类与意义也不同,一般分为平均水平、变化量、发展速度和增长速度。

(1) 平均水平

平均水平是指动态数列的各个时期的计算指标的平均值,如年平均事故数,月平均事故数、平均死亡数,年平均事故率或死亡率等。

(2) 变化量

变化量是指在一定时期内交通事故有关指标的变化量,可分为逐期变化量、阶段变化量和累计变化量。当计算值为"+"时为增长,为"-"时为减少。如计算期数量和前期数量之差,表示单位时间增长的绝对数;计算期数量与某固定基准数的差,则为累计变化量,一般是以数列的最初水平为固定基准数。

(3) 发展速度

发展速度是指相对于某计算期或基础期的某些指标的比值,常以百分比表示,以表明交通事故发展变化的程度及速度。当计算值>1时说明上升,<1时说明下降。

(4) 增长速度

增长速度是指事故纯增长的速度,它不包括相当于基准数量的部分,其计算式为:

$$D_s = \frac{N_i}{N_b} \tag{9-1}$$

$$A_s = \frac{N_i}{N_b} - 1 \tag{9-2}$$

式中:D_s——发展速度(%);

A_s——增长速度(%);

N_i——计算期数量;

N_b——基准期数量。

(5) 平均发展速度

平均发展速度是指一定阶段平均达到的发展速度,也是各时期发展速度的平均值,即:

$$D_{sa} = \frac{D_s}{T} \tag{9-3}$$

式中:D_{sa}——平均发展速度;

T——某阶段时间。

(6) 平均增长速度

平均增长速度是指一定阶段平均达到的增长速度,是各时期增长速度的平均值,即:

$$A_{sa} = \frac{A_s}{T} \tag{9-4}$$

式中:A_{sa}——平均增长速度;

T——某阶段时间。

二、交通事故的分布

道路交通事故在时间、地域(城乡、路段)、交通方式与车种等各领域内的分布是随机的,但对于一定路段、路口与一定时间仍有一定的内在规律。因此,在交通事故研究中不能忽略对交通事故分布的研究。这对于防止与减少事故的发生和采取防护与管理措施均有十分重要的意义,同时也是制订防护措施的重要依据。

1. 交通事故的时间分布

交通事故在一年的不同季度、不同月份、不同周日或一天的24h内的分布,除特殊情况或路网变化外具有相当的稳定性。

交通事故的起数,一般是随交通运输量、车辆保有量、交通密度和人口密度的增长而上升,但同交通管理、交通秩序、社会秩序、人民的法制观念、道路建设与管理水平也有密切关系。

对于一定地区,交通事故随时间变化是有一定规律性的,如一年中运输量大的繁忙季节,事故数上升,而在运输淡季则事故数下降,一周中也稍有变化,在国外是星期六、星期日事故增多,我国则由于星期日交通量小,故事故数下降。研究事故的时间分布对于预防交通事故有重要的作用,下面将分别予以论述。

(1) 交通事故在一天内的分布

表9-7列出了一天24h内交通事故的分布统计结果,最上一栏为1983年南京市24h交通事故分布比重,明显地反映出夜间事故减少,而早上7:00—8:00事故增多,而后平稳下降,至14:00又逐步增多,至18:00左右又开始下降,几乎成为一种分布模式。不过近年来在有些超大城市这一下降时间逐渐后延。而全国的道路交通事故情况则有所不同,除夜间事故稍有减少之外,其余全天分布较为均匀,下面五栏列出的为1998年、1999年、2006年、2011年与2015年在一天24h内交通事故的统计分布,可以看出1998年与1999年虽仅相差一年,事故死亡人数却相差达5 462人之多,但对比各个时段的死亡人数分布比重,不仅相差不大,有些还非常接近,如0:00—5:00分别为12.6%和12.8%,19:00—24:00分别为22.40%与22.30%。2006年与2015年在19:00—24:00时段的死亡人数分布比重相差稍大,差值也仅为5.82%。因此,尽管2006年死亡总数有所增长,死亡事故在各时段的分布比重与其他年份仍非常接近,这说明个体事故的发生完全是随机的,但大量数据的统计结果所反映的总体具有明显的规律性。图9-2是2006年全国一天24h内交通事故的统计图,由图可见三项指标全天的变化形势。2011年、2015年的指标变化形态与2006年相近,故不再绘出。

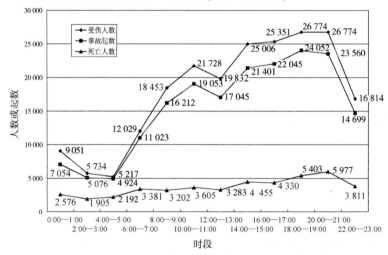

图9-2 2006年全国一天24h内交通事故情况示意图

(2) 交通事故在一周内的分布

交通事故在一周内的分布变化,在国外是星期六、星期日事故数量增多,因经济发达国家私人小汽车多,假日休息外出游玩者多,交通量大;我国则星期六、星期日的交通量相对少,交通事故数也较少。表9-8列出了1998年、1999年、2006年、2011年与2015年全国交通事故起数与死亡人数在一周内的分布。星期六与星期日事故数与死亡人数均显示稍有下降。总体来看,我国交通事故在一周各天分布的统计结果还是相差不大的,但随着小汽车的增多是会发生变化的。

(3) 交通事故的月分布

交通事故在一年内各月份的分布也有一定的规律性。现将2015年道路交通事故四项数据统计分布列于表9-9,并列出四项指标的平均值和按大小的排序,从中可以看出12个月内道路交通事故的分布特征。由表可知,2月的事故起数、受伤人数、死亡人数均处于低值,2~6月各项指标均较平稳,上升缓慢,至7、8月份上升速度加快,至12月几乎达最高值,而12月至次年2月又进入缓慢的下降阶段。从近年统计数据来看(图9-3),各月份的指标差距有缩小之势。

全国与南京道路交通事故在一天 24h 中的分布统计表 表9-7

项 目		0:00—5:00	5:00—7:00	7:00—8:00	8:00—9:00	9:00—10:00	10:00—11:00	11:00—12:00	12:00—13:00	13:00—14:00	14:00—15:00	15:00—16:00	16:00—17:00	17:00—18:00	18:00—19:00	19:00—24:00
1983年南京市交通事故	时段平均数	11	40	93	56	39	31	44	28	36	42	47	38	47	17	55
	占全天比重(%)	1.7	6.4	14.9	8.9	6.3	4.9	7.1	4.5	5.7	6.7	7.5	6.1	7.5	2.7	8.8
1998年全国死亡事故各时段占全天的百分数(%)		12.6	6.9	4.0	4.1	4.5	5.1	4.9	4.0	4.6	5.2	5.6	3.5	5.3	5.3	22.4
1999年全国死亡事故各时段占全天的百分数(%)		12.8	6.7	4.1	4.0	4.5	4.9	4.6	4.2	4.6	5.2	5.5	5.3	5.2	5.3	22.3
2006年全国道路交通事故数据各时段占全天的百分数(%)	死亡人数	11.99	6.84	4.00	3.58	3.85	4.03	3.98	3.67	4.52	4.98	5.16	4.83	5.41	6.04	27.11
	受伤人数	7.39	4.42	4.47	4.28	4.72	5.04	5.26	4.60	5.12	5.80	5.87	5.88	6.11	6.21	24.83
	事故起数	7.51	4.71	4.48	4.28	4.64	5.03	5.22	4.50	4.93	5.65	5.77	5.82	6.22	6.35	24.89
	直接财产损失	18.04	7.55	3.57	3.69	3.66	4.14	4.29	3.83	4.30	5.48	5.48	4.73	4.43	4.48	22.33
2011年全国道路交通事故数据各时段占全天的百分数(%)	死亡人数	11.69	7.68	4.28	3.79	5.93	3.68	3.94	3.81	4.64	4.96	4.98	4.75	5.73	6.63	25.51
	受伤人数	7.03	5.18	5.18	4.75	4.70	4.96	5.20	4.72	5.25	5.75	5.63	5.69	6.53	6.44	23.19
	事故起数	7.33	5.61	5.17	4.73	4.65	4.80	5.11	4.69	5.05	5.43	5.39	5.58	6.38	6.69	23.49
	直接财产损失	21.51	7.86	3.47	3.61	3.91	3.52	4.06	3.35	4.72	4.79	5.02	4.25	4.42	4.42	22.03
2015年全国道路交通事故数据各时段占全天的百分数(%)	死亡人数	12.31	7.92	4.70	3.98	3.89	3.95	4.09	3.78	4.49	4.90	4.81	4.43	5.54	6.55	21.29
	受伤人数	7.41	5.53	5.65	5.12	4.76	4.84	5.20	4.72	5.26	5.67	5.50	5.59	6.50	6.49	19.10
	事故起数	8.08	6.10	5.59	4.97	4.68	4.77	4.97	4.42	4.97	5.40	5.17	5.40	6.39	6.67	19.70
	直接财产损失	17.89	6.80	4.63	3.58	4.42	3.91	4.06	3.85	4.64	4.84	5.11	5.00	4.58	4.80	17.80

注:1998年、1999年、2006年、2011年与2015年死亡人数分别为78 067人、83 529人、89 455人、62 387人与58 022人。2006年、2011年与2015年受伤人数、事故起数与直接财产损失分别为431 139人、237 421人、199 880人、378 781起、210 812起、187 781起、14.895 6亿元、10.787 3亿元、10.369 2亿元。

全国1998年、1999年、2006年、2011年与2015年道路交通事故一周内变化情况表　　表9-8

项　目		星期一		星期二		星期三		星期四		星期五		星期六		星期日	
		数量	比重(%)	数量	比重(%)	数量	比重(%)	数量	比重(%)	数量	比重(%)	数量	比重(%)	数量	比重(%)
事故起数(起)	1998年	51 157	14.78	51 149	14.78	51 053	14.75	44 357	14.26	49 836	14.40	46 923	13.55	46 654	13.48
	1999年	62 370	15.11	11 900	14.99	59 722	14.47	57 384	13.09	59 111	14.32	57 098	13.83	55 272	13.39
	2006年	56 400	14.89	51 158	15.09	57 652	15.23	55 226	14.58	49 658	13.11	46 552	12.29	56 135	14.52
	2011年	32 006	15.18	32 546	15.14	32 806	15.56	32 025	15.10	27 811	13.15	24 705	11.70	28 919	13.72
	2015年	28 084	14.96	28 248	15.04	28 205	15.02	28 188	15.01	25 543	13.60	23 316	12.42	26 197	13.95
死亡人数(人)	1998年	11 328	14.51	11 070	14.18	10 960	14.04	11 125	14.25	11 332	14.52	11 189	14.33	11 063	14.17
	1999年	12 367	14.21	12 042	14.42	11 626	13.92	11 748	14.06	11 929	14.28	12 159	14.56	11 689	13.96
	2006年	12 989	14.52	12 890	14.41	15 953	14.48	12 685	14.18	12 300	13.75	12 148	13.58	13 490	15.08
	2011年	11 191	14.74	9 049	14.54	9 327	14.95	9 029	14.47	8 850	13.75	8 386	13.44	8 825	14.15
	2015年	8 425	14.52	8 405	14.49	8 462	14.58	8 377	14.44	8 109	13.98	8 039	13.85	8 205	14.14
周内名次排序(左边为死亡人数排序,右边为事故起数排序)	1998年	2	1	6	1	7	2	4	5	4	4	3	3	5	6
	1999年	1	1	3	2	7	3	5	7	4	4	2	5	6	6
	2006年	2	3	4	3	3	1	5	5	6	6	7	7	1	4
	2011年	2	4	3	2	1	1	4	3	6	6	7	7	5	6
	2015年	2	4	3	1	2	2	4	3	5	5	7	7	5	5

2015年道路交通事故四项数据在各月的分布情况(单位:%)　　表9-9

项　目	1月	2月	3月	4月	5月	6月	7月	8月	9月	10月	11月	12月
事故起数(共187 781起)	8.14	6.60	8.17	8.62	8.61	8.23	8.67	8.46	8.55	8.48	8.61	8.86
死亡人数(共58 022人)	8.46	6.93	7.71	8.38	8.21	7.97	8.20	8.70	8.75	9.51	9.29	7.89
受伤人数(共199 880人)	7.84	6.98	8.26	8.61	8.85	8.53	9.11	8.82	8.47	8.09	8.09	8.35
直接财产损失(共1 036 916 560元)	8.19	7.06	7.52	7.97	9.05	7.85	8.83	8.99	9.02	8.09	8.57	8.86
四项指标的平均值	8.16	6.89	7.92	8.39	8.68	8.15	8.70	8.74	8.70	8.54	8.64	8.49
按平均值高低排序	9	12	11	8	4	10	2	1	2	6	5	7

注:各月份的平均值为100/12=8.333。

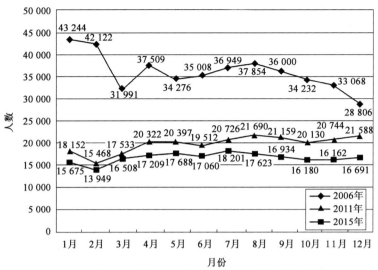

图9-3 2006年、2011年与2015年全国分月交通事故受伤人数统计

(4)交通事故的季度分布

除个别运输工业品专用道或以运输农产品为主的道路各季度差别较大外,交通事故的季度分布较为平均。2006年事故年报的数据表明,事故起数、受伤人数与直接财产损失三项指标均为上半年略大于下半年(平均值为51.45%),且第一季度皆大于26%,唯死亡人数低于下半年5%,遂有人认为这可能是一种趋势。2015年的年报数据(表9-10)表明,道路交通事故起数、死亡人数、受伤人数与直接财产损失四项指标均为上半年较低,且大致均为后季高于前季。这种差异(变化)如何理解?其影响因素为何?原因是什么?今后发展的趋势为何?尚需进一步观察。

2015年道路交通事故四项数据在各季度的分布情况　　表9-10

项 目		事故起数		死亡人数		受伤人数		直接财产损失	
		数量(起)	比重(%)	数量(人)	比重(%)	数量(人)	比重(%)	数量(万元)	比重(%)
合 计		187 781	100	58 022	100	199 880	100	103 691.66	100
上半年	小计	90 842	48.37	27 649	47.66	98 089	49.07	49 390.69	47.64
	一季度	43 026	22.91	13 397	23.10	46 132	23.08	23 596.24	22.77
	二季度	47 816	25.46	14 252	24.56	51 957	25.99	25 794.47	24.87
下半年	小计	96 939	51.63	30 373	52.34	101 791	50.93	54 300.96	52.36
	三季度	48 217	25.68	14 886	25.65	52 758	26.40	27 839.82	26.84
	四季度	48 722	25.95	15 487	26.69	49 033	24.53	26 461.15	25.52

2.交通事故在城乡与各类道路上的分布

研究与测算交通事故发生的地点、区域或城乡间分布比重,对于国家制订交通政策、保障交通安全均有重要的作用。因为掌握交通事故的时空分布,可以有计划、有重点地进行交通治理和有效地组织预防与救护工作。

根据国家道路交通事故统计年报,公路交通事故在事故总量中的占比有所下降,同时亦可说明城市中的交通事故占比正在逐年增加。当然,因缺乏单位长度路段上的实际交通负荷量,无法进行确切的对比分析,这是一个较笼统的判断。

为此,将全国 1999 年、2006 年、2011 年与 2015 年道路交通事故四项数据统计,按每百公里的分布情况列于表 9-11。从此表中单位长度的指标数据对比可以看出,各项指标基本都在逐年降低。但是,由于缺乏实测时各等级路段的交通实际负荷数据,仍无法进行科学的对比分析。因此,要对各项统计数据进行系统设计计算,我们还要做很大的努力。图 9-4 显示了 1999 年、2006 年、2011 年与 2015 年事故死亡人数在各等级公路中的分布,表明二级公路的事故率最高,等外公路的事故率最低。这是否真实地反映了实际状况,仍值得进一步思考。

表 9-11 全国 1999 年、2006 年、2011 年与 2015 年不同技术等级每百公里线路交通事故统计数据

道路类型	年份(年)	线路长度(km)	事故起数		死亡人数		受伤人数		直接财产损失	
			数量(起)	事故起数/百公里	数量(人)	死亡人数/百公里	数量(人)	受伤人数/百公里	数量(万元)	万元/百公里
高速公路	1999	11 605	12 634	108.87	1 667	14.59	4 921	42.40	21 877.4	188.56
	2006	45 339	14 432	31.83	6 647	14.66	17 116	37.75	46 921.2	103.52
	2011	84 946	9 853	11.59	6 448	7.59	13 607	15.31	34 486.2	40.59
	2015	123 523	8 252	6.68	5 477	4.44	11 515	9.32	34 825.1	28.19
一级公路	1999	17 716	35 919	202.75	7 518	42.44	24 603	138.87	23 597.8	133.20
	2006	45 289	28 977	63.98	8 668	19.14	31 991	70.63	11 275.9	24.89
	2011	68 119	17 803	26.13	6 476	9.51	19 085	28.02	9 119.13	13.39
	2015	90 964	14 119	15.52	5 385	5.95	14 045	15.44	6 038.6	6.64
二级公路	1999	139 957	95 990	68.58	24 674	17.63	73 351	52.41	54 056.7	38.63
	2006	262 678	76 703	29.20	24 251	9.23	88 384	33.65	27 690.9	10.54
	2011	320 536	39 774	12.41	15 396	4.80	45 216	14.13	15 961.7	4.98
	2015	360 140	31 150	8.64	12 987	3.60	32 853	9.12	14 265.9	3.96
三级公路	1999	269 078	69 815	25.95	19 362	7.94	58 961	21.91	31 839.0	11.83
	2006	354 734	55 491	15.64	16 379	4.62	66 180	18.66	16 623.5	4.69
	2011	393 613	26 444	6.72	8 784	2.23	30 804	7.83	8 895.7	2.25
	2015	418 237	20 508	4.90	7 390	1.77	22 221	5.31	7 863.1	1.88
四级公路	1999	718 380	25 804	3.59	7 133	0.99	22 600	31.46	10 004.1	1.39
	2006	1 574 833	25 643	1.63	6 566	0.42	31 214	1.98	5 302.8	0.34
	2011	2 586 377	15 465	0.60	4 591	0.18	18 270	0.71	4 409.09	0.17
	2015	3 053 157	16 245	0.53	5 233	0.17	18 007	0.59	5 871.7	0.19
等外公路	1999	194 955	16 308	837	3 943	2.02	14 132	7.25	5 862.3	3.01
	2006	1 174 128	22 424	1.91	4 965	0.42	26 903	2.29	3 404.3	0.36
	2011	652 796	1 2901	1.98	3 404	0.52	14 789	2.29	4 109.94	0.63
	2015	531 005	12 007	2.26	3 558	0.67	13 322	2.51	3 968.6	0.57

3. 交通事故在不同线形路段上的分布

在 1999 年全国不同道路线形上的道路交通事故中,平直路段的事故起数、死亡人数、受伤人数与直接财产损失占各线形事故总数的 86.03%、81.45%、82.25% 与 82.38%,使人看起来平直路段发生事故特别多。其实,这里忽略了一个重要原因,就是平直路段的比重大、里程长,

所以缺乏可比性,最好能在统计事故的同时,统计各类线路的长度,然后采用单位长度路段上的事故分布进行对比分析。

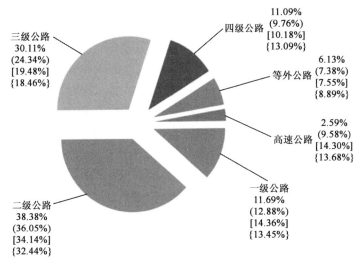

图 9-4　1999 年、2006 年、2011 年与 2015 年交通事故死亡人数在各等级道路上的分布示意图
注:圆括号内为 2006 年数据,方括号内为 2011 年数据,花括号内为 2015 年数据。

2015 年国家交通事故统计年报中,平直路段上的事故四项指标依次为 80.35%、73.98%、78.89%、75.12%,与上述 1999 年对应的事故四项指标相差最大的为 6.23%,最小的为 3.29%,平均相差仅为 4.34%,表明十多年来变化不是很大。但因缺乏线路长度与实际交通量的变化数据,仍存在不可比之处。

图 9-5 为 1999 年、2006 年、2011 年与 2015 年全国交通事故死亡人数在不同线形道路上的分布示意图。

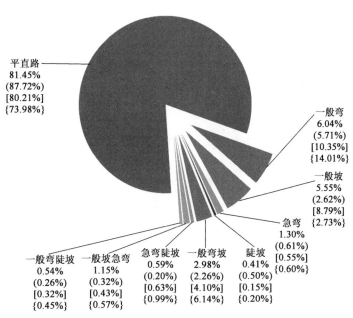

图 9-5　1999 年、2006 年、2011 年与 2015 年全国交通事故死亡人数在不同线形道路上的分布示意图
注:圆括号内为 2006 年数据,方括号内为 2011 年数据,花括号内为 2015 年数据。

4. 交通事故在不同交通方式与车种间的分布

在同一地区的一定时间段内,交通事故在各交通方式和车种间的分布也有一定的规律性,虽不是一成不变,但在一定时间内其变化范围不是很大,图9-6 与图9-7 给出了1999 年不同交通方式与各种机动车交通事故中肇事所致死亡人数的分布比重(%),而 1998 年机动车、非机动车与其他车种分别为 85.4%、5.6% 与 8.3%,不详占 0.7%。虽时隔一年,但相差很小。这两组数据都是由全国各地数据统一汇总所得出的分布,故其中非机动车所占比重显得很小,如就城市范围单独分析,则非机动车的比重可能要大一些。2006 年的死亡人数在不同交通方式中的分布变化不大,主要是非机动车减少了,在机动车车种中的分布则因统计指标有变化,差别较大。2011 年、2015 年国家道路交通事故统计年报中,机动车车种分类变化大,难以对比,故仅将其中名称相同项目的统计数据用方括号和花括号列出,供分析参考。

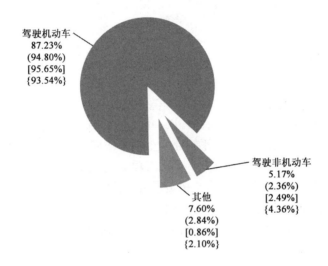

图 9-6　1999 年、2006 年、2011 年与 2015 年全国交通事故死亡人数在不同交通方式中的分布示意图
注:圆括号内为 2006 年数据,方括号内为 2011 年数据,花括号内为 2015 年数据。

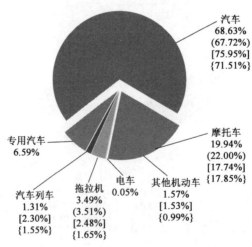

图 9-7　1999 年、2006 年、2011 年与 2015 年全国交通事故死亡人数在不同机动车车种中的分布示意图
注:圆括号内为 2006 年数据,方括号内为 2011 年数据,花括号内为 2015 年数据;2006 年的汽车中包括专用汽车和各种汽车。

5. 交通事故在各类人员中的分布

根据全国1998年与1999年的交通事故统计资料汇编提供的34类人员伤亡登记,选择占比大的归并为常见的9类,列于表9-12中。以1998年为例,其中比重最大的农民占24.11%,工人占20.25%,再次为待业人员、离退休人员占19.44%,1999年同1998年相比相差不大。2006年的数据将人员类型分得很细,计为18项,难以与1998年、1999年的9项指标相比较,其中仅有农民、工人与各类学生三项大致可以对比,其中农民占比由22.77%增加至33.46%(净增10%以上),工人由20.16%降至11.87%,学生由6.21%降至0.96%,其他各类统计指标难以对比。

1998年与1999年全国道路交通事故死亡人数在各类人员中的分布情况(单位:%)　　表9-12

年份(年)	干部	商务人员	农民	工人	个体	军人	学生	待业人员、离退休人员	境外人员
1998	9.03	1.80	24.11	20.05	18.67	0.45	6.31	19.44	0.18
1999	10.97	1.53	22.77	20.16	19.06	0.36	6.21	18.82	0.12

注:1998年与1999年全国道路交通事故死亡人数分别为78 067人和83 529人。

2015年国家交通事故统计年报列出总的死亡与受伤人数分别为58 022人和199 880人,与2006年同类数据相较死亡减少了31 433人,受伤减少了231 259人,死伤人数总计减少了26万多,这是一个很大的变化,也是一个巨大的进步。但由于2015年国家统计年报中人员类别划分与1998年、1999年完全不同,无法合并对比,而与2006年、2011年的分类完全一致,故仅将2006年、2011年和2015年占比高于五个百分点的工人、农民、自主经营者、外来务工者四个行业人员的数据进行比较,这三年的死亡与受伤人数分布比重分别为:2006年为9.67%、12.27%、44.28%、36.76%、8.38%、9.02%、5.94%、7.54%;2011年为8.69%、10.16%、40.57%、39.94%、8.84%、10.37%、6.56%、7.33%;2015年为8.43%、9.91%、37.09%、29.78%、8.34%、9.88%、5.17%、5.47%。从这些数字来看,尽管近十年死伤人数相差很大,但各行业人员分布比重仍变化不大,就死亡人数分布看,除农民的分布下降了7%,其他三类的变化均在1%左右,受伤人数分布变化情况亦大致如此。

6. 交通事故在不同年龄人员中的分布

在一定的环境条件下,交通事故在不同年龄人员中发生的概率从统计角度看有一定的规律性。表9-13为1998年、1999年、2006年、2011年与2015年全国道路交通事故死亡人数、受伤人数在各年龄段分布的统计数据,五个年度的死伤人数分别为338 007人与222 721人,83 529人与286 080人,84 455人与431 139人,62 381人与237 421人,58 022人与199 880人。尽管时间相差十多年,死伤人数变化也很大,但各年龄段的分布比重变化还是有一定规律的。老年人的死伤人数分布比重分别从11.74%上升到25.77%,从5.13%上升到15.50%;中年人的死伤人数分布比重分别从37.00%上升到45.98%,从32.40%上升到46.48%;青少年的死伤人数分布比重分别从51.26%下降到28.25%,从62.47%下降到38.02%。近年来,死伤事故分布比重逐渐向中老年倾斜,而青少年的死伤事故分布比重则呈降低态势。

表 9-13 1998 年、1999 年、2006 年、2011 年与 2015 年全国道路交通事故死伤人数在各年龄段的分布情况

年份(年)	项目	死亡人员			受伤人员		
		老年	中年	青少年	老年	中年	青少年
		>60岁	36~60岁	<36岁	>60岁	36~60岁	<36岁
1998	死伤人数(人)	9 165	288 825	40 017	11 426	72 161	139 134
	比重(%)	11.74	37.00	51.26	5.13	32.40	62.47
1999	死伤人数(人)	10 100	31 722	41 707	31 215	98 079	172 942
	比重(%)	12.09	37.98	49.93	5.26	34.28	60.46
2006	死伤人数(人)	12 103	39 977	37 375	31 215	179 612	220 312
	比重(%)	13.53	44.69	41.78	7.24	41.66	51.10
2011	死伤人数(人)	11 427	29 591	21 369	25 112	109 468	102 841
	比重(%)	18.32	47.43	34.25	10.58	46.10	43.32
2015	死亡人数(人)	14 954	26 673	16 395	30 983	92 889	75 978
	比重(%)	25.77	45.98	28.25	15.50	46.48	38.02

另外从 1999 年、2006 年死伤人员在各年龄段的分布(图 9-8)也可看出,死伤人员多集中在 21~50 岁年龄段。

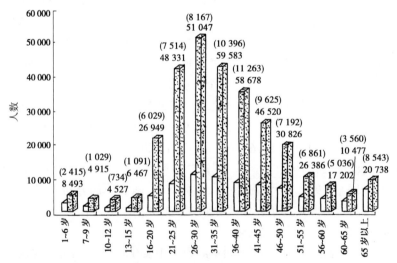

图 9-8 1999 年和 2006 年全国伤亡人员年龄段分布示意图

注:1999 年伤亡人数以柱状图表示,□表示死亡人数,▨表示受伤人数;2006 年死伤人数以文字表示,括号内为死亡人数,括号外为受伤人数。

7. 交通事故死伤和肇事人员性别分布

根据 2015 年全国道路交通事故年报统计数据,死亡人员中男性约占 73%,女性约占 27%,受伤人员中男性约占 66%,事故责任者或肇事者中男性占比更高。目前我国男性驾驶人占 90% 以上,女性在 10% 以下。现将 1999 年、2006 年、2011 年与 2015 年全国道路交通事故肇事责任者按性别分类汇总于表 9-14,表列数据表明,十几年中,事故起数减少了 20 多万起,男性肇事占比从 95.71% 降至 90.17%,女性肇事占比从 4.29% 升至 9.83%;死亡人数减

少了2万多人,男女肇事占比变化甚微,男性肇事占比在95%左右徘徊;受伤人数减少了近10万人,男女肇事占比变化不大,男性肇事占比从96.19%降至89.89%,女性肇事占比从3.81%升至10.11%;财产损失减少超过10亿元,男女肇事占比变化不大。近年来,女性肇事占比呈缓慢上升势头,男性相反,但变化是平稳而舒缓的。这主要是女性驾驶人增多所致。

表9-14 1999年、2006年、2011年与2015年全国道路交通事故中不同性别肇事责任统计表

年份(年)	性别	事故起数		死亡人数		受伤人数		直接财产损失	
		数量(起)	比重(%)	数量(人)	比重(%)	数量(人)	比重(%)	数量(万元)	比重(%)
1999	男	395 161	95.71	79 466	95.14	275 177	96.19	207 046.20	97.48
	女	17 699	4.29	4 063	4.86	10 903	3.81	5 355.60	2.52
	男女合计	412 860		83 529		286 080		212 401.80	
2006	男	3 569 046	94.22	86 065	96.21	407 820	94.59	143 111.80	96.08
	女	218 835	5.78	3 390	3.79	23 319	5.41	5 844.20	3.92
	男女合计	3 787 881		89 455		431 139		148 956.00	
2011	男	195 830	92.89	59 884	95.99	220 559	92.90	101 546.61	94.14
	女	14 982	7.11	2 503	4.01	16 862	7.10	6 326.42	5.86
	男女合计	210 812		62 387		237 421		107 873.03	
2015	男	169 322	90.17	54 818	94.48	179 676	89.89	97 018.67	93.56
	女	18 459	9.83	3 204	5.52	20 504	10.11	6 672.99	6.44
	男女合计	187 781		58 022		199 880			

三、交通事故的统计分析

交通事故的统计分析,一般分为绝对事故数分析和相对事故率分析。

1. 绝对事故数法

绝对事故数法以事故的绝对次数、死亡人数、受伤人数三项指标来衡量每年或每月、每周于不同地区、范围或不同路段与交叉口的事故情况。亦可以时间为横坐标、死亡人数为纵坐标,以反映事故发展的总趋势。

2. 相对事故率法

常用的事故率表示法有以下几种。

(1)万车事故率(次/万车):

$$A = \frac{B}{M} \times 10^4 \quad (次/万车) \tag{9-5}$$

式中:A——1万辆登记汽车的事故率;

B——该地区1年内的事故数或死亡、受伤数;

M——该地区登记的汽车数量(万车)。

亦可采用百万辆汽车(MEV)事故率。

(2)10万人事故率A_1(次/10万人):

$$A_1 = \frac{B}{P} \times 10^5 \quad (次/10万人) \tag{9-6}$$

式中：P——该地区的人口数(10万人)。

(3) 亿车公里(HMVK)事故率：

$$A_2 = \frac{C}{V} \times 10^8 \quad (次/\text{HMVK}) \tag{9-7}$$

式中：C——该地区1年内的事故数，或死亡受伤数；

V——该地区1年内的车公里数，即车平均交通量×365×该地区或路段的里程数。

(4) 按百万车或万车流入交通量计算交叉口的交通事故率，即以汽车进入交叉口的流量为基数，除以交通事故数，就是交通事故率。由于计算出的事故率很小，采用乘以百万的方法，使之成为整数，其公式为：

$$交叉路口的事故率 = \frac{1 \text{年内的交通事故数} \times 1\,000\,000}{24\text{h 流入交通量} \times 365} \quad (次/百万车) \tag{9-8}$$

例9-1 某地区有汽车2万辆，平均每年发生事故10起，求万车事故率或百万车事故率。

解：

$$A = \frac{B}{M} \times 10^4 = \frac{10 \times 10^4}{20\,000} = 5(次/万车)$$

或：

$$A' = \frac{B}{M} \times 10^6 = \frac{10 \times 10^6}{20\,000} = 500(次/百万车)$$

例9-2 某交叉口2018年发生了事故10起，平均每天有4 000辆汽车流入该交叉口，求万车事故率或百万车事故率。

解：

$$A = \frac{B}{M} \times 10^4 = \frac{10 \times 10^4}{365 \times 4\,000} = 0.068\,4(次/万车)$$

或：

$$A' = \frac{B'}{M} \times 10^6 = \frac{10 \times 10^6}{365 \times 4\,000} = 6.84(次/百万车)$$

例9-3 某路段长24.5km，2018年发生事故32起，平均交通量为6 000辆/d，求此路段的亿车公里事故率。

解：

$$A_2 = \frac{C}{V} \times 10^6 = \frac{32 \times 10^6}{6\,000 \times 365 \times 24.5} = 59.64(次/\text{HMVK})$$

从上述几例计算可以看出，式(9-7)的优点较为明显，能直接评价不同交通量、不同线路或地区的事故水平，亦可按事故起数、死亡人数、受伤人数分别计算。此外，也有既考虑汽车保有量 M，又考虑人口数 P 的计算公式：

$$A = \frac{B}{\sqrt{M \times P}} \times 10^4 \tag{9-9}$$

式中符号意义同前。

3. 严重性计算

交通事故中死亡、受伤和财产损失的严重程度是不同的。对不同地区不同的死、伤、财产损失的统计量很难进行统一比较，故实际分析时一般以财产损失为参考标准，将人员死亡或受伤所造成的损失换算为相当的经济损失费用数,这样不同类型、不同性质的各类交通事故就可以统一进行严重性比较。我国北京工业大学曾对这方面做过研究,但死亡、受伤人员如何统一换算成损失费用尚待进一步研究。

四、交通事故的成因分析

所谓交通事故的成因,系指造成交通事故的各种原因与因素。造成交通事故的原因有各种各样,造成事故的因素亦非单一。一起交通事故往往包含着多种事故因素,因此,研究交通事故的成因必须从多方面分析,分清什么是主要因素,什么是次要因素,哪些是直接原因,哪些是间接原因,哪些是主观因素,哪些是客观因素。

从现象上看,多数交通事故是偶然、孤立的事件,每起交通事故都有各自的成因与各自的特点。但从统计学的观点考虑,大量交通事故中,一定存在有某些普遍性的因素,即存在着一定的共性。故对交通事故进行成因分析,既可为确定预测、预防交通事故的具体措施提供依据,又可为探求交通事故的规律提供基础资料。

具体可分为直接原因和间接原因,也可分为人、车、路与环境等因素进行分析:

1. 直接原因分析

直接原因多为人的因素,人主要指造成事故的主要责任者和次要责任者,可以说90%左右(按1999年与2006年的事故的主要原因统计,人的因素分别占93%与87.97%)的交通事故的发生都或多或少含有人为的因素,因此人是事故分析的主要对象。不同性别、年龄和体质的驾驶人,其生理、心理、感知、分析、判断和反应均不可能完全相同(见第二章),而感知迟钝、判断不准、操作失误在事故原因中占绝大多数,其中感知迟缓一般占60%左右,这多半由生理、心理因素所决定,如疲劳、酒后开车或责任心不强,掉以轻心,或左顾右盼,或与人谈话,失去警惕性等。

判断失误占30%左右,主要是对过街行人,如对儿童或老人行动的方向、速度判断失误,或看错了前方的道路线形,误判了对方的行动等。

表9-15为日本驾驶人责任事故的统计资料,从中可以看出,察觉迟缓是造成事故的一个主要因素。

日本驾驶人责任事故的原因分布统计表　　　　　表9-15

内 在 原 因	交通事故起数	占总起数比重(%)
察觉迟缓	656	59.6
判断错误	384	34.8
驾驶错误	53	4.8
其他因素	9	0.8
合计	1 102	100.0

2. 间接原因分析

间接原因主要为车的因素、路的因素与环境的因素。

1) 车的因素

在大量事故统计资料中,由于车辆的各种故障而造成交通事故的虽不太多,但从预防角度考虑,仍是一个重要因素。如转向系统、制动系统的稳定性、灵活性,以及车辆的性能、新旧、维修、加(减)速度的大小都会产生一定的影响。1998年与1999年因车辆机械故障而造成的死亡事故在总体中占5.9%与5.15%,比重很小,而造成此类事故有5种主要原因,以制动不良为最多,这类原因为 44% ~49%，其次为制动失效、转向不灵，可见制动系统对交通安全最为重要。

另外，不同性质或行业的车辆、不同动力性能的车辆造成的交通事故亦不同。表 9-16 为不同行业车辆的交通事故分布情况，从中可知，社会车辆的交通事故较多，一般专业运输车辆的事故较少。在高等级公路，拖挂车的事故比重要显著下降。

不同行业车辆交通事故分布统计表　　　　　　　　　表 9-16

项 目	社会车辆		公共汽车		专业车辆		拖 拉 机		军 车	
	数量	比重(%)	数量	比重(%)	数量	比重(%)	数量	比重(%)	数量	比重(%)
事故起数(起)	113	49.1	32	13.9	37	16.1	27	11.7	21	9.1
死亡人数(人)	24	47.1	7	13.7	7	13.7	10	19.6	3	5.9
伤亡人数(人)	75	40.5	37	20.0	28	15.1	18	9.7	27	14.6

自行车等非机动车造成的交通事故亦有一定的规律性。全国 2006 年自行车交通事故主要原因的前三项分别为违法占道行驶、逆行与不按规定让行，在自行车交通事故中占总数的 54.4%，比重很大，对此应认真研究并采取有效的预防措施。

2) 路的因素

道路是车辆的载体与行驶的基础，道路的等级质量、线形标准等对交通安全有重要的影响。

(1) 线形方面

道路几何线形要素的构成是否合理、线形组合是否协调，对交通安全有较大的影响。

① 平曲线。平曲线与交通事故关系很大，曲率越大，事故率越高，尤其是曲率达到 10°以上，事故率急剧增加，表 9-17 是英国的调查结果。

英国公布的曲率与交通事故率关系统计表　　　　　　　　　表 9-17

曲率(°)	0~1.9	2~3.9	4~5.9	6~9.9	10~14.9	>15
交通事故率 [次/(百万车·km)]	1.62	1.86	2.17	2.36	8.45	9.26

② 竖曲线。道路竖曲线半径过小，易造成驾驶人视野变小、视距变短，从而发生事故。表 9-18 为美国的调查成果，随着视距减小，事故率增大。

双车道公路上视距与交通事故率关系统计表　　　　　　　　　表 9-18

视距(m)	交通事故率[次/(百万车·km)]	视距(m)	交通事故率[次/(百万车·km)]
<240	1.49	450~750	0.93
240~450	1.18	>750	0.68

③ 坡度。据苏联的调查资料，平原、丘陵与山地三类道路交通事故率分别为 7%、18% 和 25%，主要原因是下坡来不及制动或制动失灵。表 9-19 是在德国高速路上调查坡度与事故率关系的统计资料，表明当坡度大于 4% 时，事故率剧增。

坡度与交通事故率关系统计表　　　　　　　　　表 9-19

坡度(%)	交通事故率[次/(百万车·km)]	坡度(%)	交通事故率[次/(百万车·km)]
0~1.99	46.5	4~5.99	170.0
2~3.99	67.2	6~8.00	210.5

④线形组合。交通安全的可靠性不仅与平面线形、纵坡有关,而且与线形组合是否协调有密切的关系。即使线形、坡度都符合规范,若组合不好仍然会导致事故增加(表9-20)。

弯道与坡道重合产生的交通事故率统计表[单位:次/(亿车·km)]   表9-20

曲线半径(m)	坡度(%)			
	0~1.99	2~3.99	4~5.99	6~8
>4 000	28	20	105	132
3 001~4 000	42	25	130	155
2 001~3 000	40	20	150	170
1 001~2 000	50	70	185	200
400~1 000	73	100	192	233

主要情形有:

a. 线形突变,长直线末端接小半径的过急弯道、长下坡道突然急拐弯等。

b. 坡道上连续反弯,造成驾驶人视觉的负荷过重。

c. 坡顶急弯处视线不连续,常引起驾驶人的疑惑,造成翻车。

d. 短直线介于两同向曲线之间,形成断背曲线,使驾驶人产生错觉,把路线看成反向曲线,发生操作失误,造成事故。

e. 凹形竖曲线过短易产生视觉差错,引起驾驶人对上坡估计过陡,造成碰车、翻车。

f. 凹形竖曲线底部插入小弯道,迫使驾驶人转弯,也容易引起交通事故。

g. 英国的资料认为,半径为150m以下弯道路段因路滑而导致的交通事故率为直线区间事故率的48倍。

⑤道路类型、车道数与交通量。美国对不同公路与交通事故关系的研究(图9-9)表明,高速公路较一般公路事故率低,六车道、八车道事故率较四车道低,而同一类型道路事故数随交通量减少而下降。

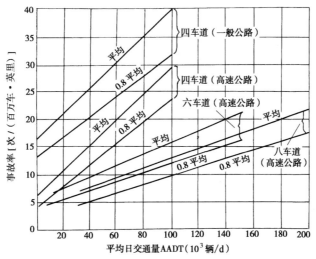

图9-9 道路类型、车道数、交通量与交通事故率的关系

注:1英里=1 609.344m。

(2)路面方面

据美国宾夕法尼亚州的交通事故调查,路面湿润、降雪、结冰时的事故率分别为路面干燥

时的2倍、5倍和8倍。英国格拉斯哥市对路面粗糙化处理前后的事故数进行了观察统计（表9-21），处理前后事故数的对比表明，路面粗糙化大大提高了安全程度。对于潮湿、滑溜情况，粗糙化后事故数减少为原来的1/3～1/9。

不同路面粗糙化前后交通事故数统计表　　　　　　　　　　表9-21

粗糙化前后	路面干燥	路面滑溜	路面不湿而滑溜	路面积雪结冰	合计
粗糙化前	21	44	15	2	82
粗糙化后	18	5	4	0	27

表9-22列出了英国对路面打滑与事故关系的研究结果，说明因路面冻结、湿润而造成打滑，但也有少量干燥滑溜的事故，此外，滑溜还同车辆有关，如摩托车、载质量大于1.5t的货车滑溜比重大。

英国道路交通事故路面状况与滑溜关系统计表　　　　　　　　　　表9-22

车种	干燥			湿润			下雪、冻结			合计		
	事故数	滑溜数	比重(%)	事故数	滑溜数	比重(%)	事故数	滑溜数	比重(%)	事故数	滑溜数	比重(%)
自行车	24 175	516	2.13	7 736	301	3.89	299	79	26.42	32 210	896	2.78
摩托车	46 161	6 198	13.43	18 100	5 048	27.89	1 078	707	65.58	65 339	11 953	18.29
小客车	171 297	17 987	10.54	102 153	17 315	16.95	6 499	3 656	56.25	279 949	38 958	13.92
公共汽车	9 522	288	3.02	3 066	278	9.07	212	78	36.79	12 800	644	5.03
载质量<1.5t货车	12 900	1 191	9.23	7 471	1 253	16.77	540	270	5.60	20 911	2 714	12.98
载质量>1.5t货车	8 072	1 111	13.76	5 694	1 217	21.37	431	163	37.82	14 197	2 491	17.55

3）不同地区对交通事故率的影响

据美国加利福尼亚州的调查，野外和市区的高速公路交通事故死亡率分别为2.48人/（亿车·km）和1.35人/（亿车·km），后者仅为前者的50%。美国对不同地区有人员受伤的道路交通事故率进行了统计，列于表9-23，商业中心区道路上的交通事故率最高，因此对这些繁华地区的道路一定要做好安全保护和事故预防工作。

美国不同地区不同类型道路受伤事故率统计表　　　　　　　　　　表9-23

道路类型	事故率[次/（亿车·km）]	道路类型	事故率[次/（亿车·km）]
商业中心区道路	5～8.1	乡区两块板道路	1
居住区道路	2.5～4.4	城市两块板道路	3
乡村道路	0.9～1.6	高速公路	0.4
郊区道路	1.3		

4）交通量与交通组成对交通事故率的影响

一般来说，交通量与交通组成同交通事故率有关，交通量增加，事故数增加，但还应考虑道路的V/C、车道宽度与平面线形等。表9-24为交通流中载货汽车混合率与交通事故率的统计资料，该资料表明当混合率达20%时，交通事故率即迅速升高。

载货汽车混合率与交通事故率关系统计表　　　　　　　　　　表 9-24

小轿车与摩托车(辆)	载货汽车(辆)	载货汽车混合率(%)	交通事故率[次/(亿车·km)]	小轿车与摩托车(辆)	载货汽车(辆)	载货汽车混合率(%)	交通事故率[次/(亿车·km)]
7 318	1 117	13.2	43	703	225	24.2	118
3 890	630	13.9	47	875	325	27.1	145
4 537	1 144	20.1	72	3 660	1 450	28.4	184
2 945	780	20.9	97	2 340	1 105	32.1	195
2 065	600	22.5	142	4 415	3 420	43.8	260

5）交叉口对交通事故率的影响

交叉口是道路交通的枢纽，驾驶人在交叉口要穿过横路或实现转向，必然产生交织与交叉等冲突点，这些冲突点就是交通事故的多发点。国外交叉口的平均事故率约为总事故率的一半，在乡区公路上交叉口的事故率要低些。

交叉口交通事故率同交叉口的冲突点数量密切相关，通常冲突点多则事故多。因此，减少冲突点，也就是减少交通事故数。交叉口的冲突点数可由下式计算：

$$C = \frac{n^2(n-1)(n-2)}{6} \tag{9-10}$$

式中：C——交叉口的冲突点数；

n——交叉口汇集的道路条数。

日本东京市的调查资料表明，距交叉口越近，事故率越高。距交叉口不同距离的事故发生率列于表 9-25，从表中数字可知，距交叉口超过 20m，事故率即显著下降。

距交叉口不同距离的交通事故率统计表　　　　　　　　　　表 9-25

距离(m)	路口内	0～10	10～20	20～30	30～50	>50
事故比重(%)	42.8	26.8	16.9	5.2	5.5	2.8

6）行车速度对交通事故率的影响

一般来说，限制速度可以减少事故。1973 年中东石油禁运，美国高速公路车速由 110km/h 降到 80km/h，事故率显著降低，1974 年与 1975 年分别降低 316.4% 与 17.4%。但也有人认为车速与事故关系较小，而与速度差（离散度）相关，即车速太快与太慢均不利于安全，而接近交通流平均车速最为安全。

7）交通事故与信息特征

在复杂的高速车流中，驾驶人通过视觉、听觉、感觉等器官，从不断变化的交通环境中获得各种信息，常见的有：

（1）突显信息。为突然而显著的信息，如行人与自行车突然闯到车前。

（2）潜伏信息。为潜在的隐蔽性信息，如尚未被发现的有故障而正在行驶的车辆，或超高不足的弯道等。

（3）微弱信息。轻微不易觉察的信息或弱信号，一般都难以接收，如黄昏时难以看清的障碍物，往往使驾驶人犹豫、疏忽，甚至产生错觉。

（4）先兆信息。事故发生之前具有某种预兆，如酒后开车、带病开车、超速行驶，均为事故的先兆。

这些不同类型的信息均与交通事故有很大的关系。一般信息的安全感高于实际的安全感则易发生交通事故,信息的安全感低于实际的安全感则比较安全,亦乃危而后安之意。

设置道路交通标志、标线与防护设施,就是即时传递道路交通状况的信息,为驾驶人创造一个与道路实际情况相适应、有利于驾驶人安全行车的信息反馈系统。

第四节　交通事故预测与安全评价

一、交通事故预测概述

1. 预测的含义

交通事故预测就是对交通事故未来的情况进行估计和推测,它是通过对交通事故的过去和现在状态的系统分析,并考虑其相关因素的变化,而对交通事故未来状态进行描述的过程。

交通事故是随机事件,它不仅受道路系统中各要素的影响,还要受到社会、自然等多种偶然因素的影响,事故发生的时间、空间和特征等呈现出偶然性。其实,交通事故偶然性的表象,是受其内部的规律所支配,它揭示了交通事故相关要素之间的必然联系。这种联系不断重复出现,在一定条件下经常起作用,并决定着交通事故的发展变化。因此,认识并利用交通事故的客观发展规律,就可对交通事故的发展变化进行科学的预测。

2. 预测的要求

交通事故预测的要求主要有:

(1)科学。交通事故预测是科学的判断和推测,必须依据交通事故发生的规律选择预测的技术,依据充分、真实和准确的信息,保证预测模型准确和具有一定的预测精度。

(2)准确。准确性是要求预测结果应有与预测技术、时间范围相适应的精度,使预测误差限定在规定的范围内。

(3)简明。预测技术和模型应尽量简单明了、思路清晰、能反映交通事故发展规律与趋势,并有较强的说服力。

(4)适用。计算模式与指标应便于采集计算、易于使用,并能适应预测目标变化的需求。

3. 预测的类别

交通事故预测按预测的范围可分为宏观预测和微观预测;按预测的结果可分为定性预测和定量预测。

宏观预测是指对较长时间或较大区域进行总体性和趋势性的交通事故预测。微观预测是指对较短时间或某一地点、路段交通事故变化情况的预测。

定性预测是对交通事故未来情况做性质的预断。定量预测是对交通事故未来状态做出数量的预估。定性预测除单独使用外,还常与定量预测结合使用,这样有助于提高预测精度。

4. 预测的目的和作用

交通事故预测的目的是掌握交通事故的未来状况,以便及时采取相应的对策,避免工作中的盲目性和被动性,有效地控制各影响因素,从而减少交通事故。

事故预测的作用主要有:

(1)预测交通事故的变化特点,为制订针对性防范措施和交通立法提供依据。

(2) 预测交通事故的近期状态特征,为制订合理的交通安全管理目标值提供依据。
(3) 预测交通事故的发展趋势,为制订交通事故预防对策和交通安全宣传教育提供依据。
(4) 预测控制条件下的交通事故状况,对交通安全措施的可行性和实施效果进行合理评价。

二、交通事故预测程序

交通事故预测一般分为三个阶段。第一阶段是设计:从确定预测目标开始,通过收集、分析有关信息,到初步选定预测技术;第二阶段是建模:建立预测模型并验证模型的合理性;第三阶段是评价:进行预测并对预测值进行检验、评价,在此阶段要综合分析各主要相关因素的影响,采用多种方法研究和修正,通过科学的判断得到预测结果,此后还要对预测结果跟踪监测,以证实是否适用,并在必要时修正预测值。

交通事故预测的程序如下:

1. 确定预测目标

交通事故预测目标是指预测的项目、类型、范围,以及预测精度要求等。预测目标应根据决策的要求确定。预测目标直接影响预测过程的具体要求和做法。

2. 收集有关信息并选择预测技术

有关信息是指与交通事故预测相关的各种数据和资料,这是进行预测的基础。交通事故预测的内在变量资料,主要通过交通事故档案和统计报表获得;其外在影响因素资料,主要从国家有关管理部门统计资料或信息中心数据库获得,必要时也可直接进行实地调查。

每项预测虽然可以使用多种预测技术,但由于预测目标的要求、预测条件和环境的限制,实际预测中,只能选择一种或几种预测技术。

3. 建立预测模型进行预测

选定了预测模型后,要通过检验和评价确定预测模型能否反映交通事故未来的发展规律。如果不能或相差较大,则应舍弃该模型,重新建立模型;如果能,则说明该模型可用。此时可收集并分析、处理与预测相关的数据和资料,利用预测模型,进行预测计算或推测出预测结果。

4. 分析与评价预测结果

未来绝不会与过去完全一样,因此,有必要对预测结果加以分析和评价。通常的做法是:
(1) 根据经验检查、判断预测结果的合理性和真实性,并对预测结果加以修正。
(2) 可以采用多种方法进行预测,然后经过比较或综合,确定出最佳预测结果。
(3) 通过分析政策、重大事件及突变因素对交通事故产生的影响,对预测结果进行合理修正。

5. 检验预测结果

输出预测结果后,还需要对可能得到的实际数据进行检验,以便解释预测结果或必要时进行修正,并在预测过程中不断地修改、完善预测模型,使之继续适用。预测跟踪的另一个作用是可以分析引起预测误差的主要原因。

三、交通事故预测方法

在交通事故预测中,常用的预测方法有些在相关课程中已做介绍,这里不再重复,仅就事故预测中几种常用方法的效果和范围做简要说明。

1. 判断法

判断法预测属于定性预测，常用于较大区域（省、市）的道路交通事故总体发展趋势预测。

（1）专家会议法。预测交通事故简便易行，有助于互相启发与补充，容易产生一致意见。但在实施过程中容易受社会压力、多数人的观点和权威人物意见的影响。因此，预测结果不一定能反映所有专家的真实想法。

（2）德尔菲法。德尔菲法融合了专家个人判断法和专家会议法的优点，同时又避免了二者的缺陷。它具有匿名性、反馈性和收敛性等特点。因此，采用德尔菲法可能比其他判断方法的预测精度要高一些，但毕竟还是专家的主观判断。

2. 时间序列分析法

时间序列分析法也称时间序列趋势外推法，是根据时间数列简单地外延类推，它属于定量预测方法。在交通事故预测中，常用的时间序列分析法有移动平均数法、加权移动平均数法、指数平滑法和趋势调整指数平滑法等，具体应用可参阅相关图书。

时间序列分析法适用于县、区小范围的、微观的短期交通事故预测。

3. 回归分析法

回归分析法能较好地反映交通事故与诸影响因素的因果关系，较容易地建立模型和检验预测结果。但是，回归分析要求满足样本量大、数据波动不大、规律性强等条件，否则其精度便受到影响；另外，由于回归分析对新旧数据同等对待，只注重对过去数据的拟合，因此其外推性能较差，对变化趋势反应迟钝。在交通事故预测实践中常用的有一元回归、多元回归和逐步回归等。

4. 灰色预测法

基于灰色理论GM(1.1)模型的预测称灰色预测。道路交通事故灰色预测的研究在我国已得到开展与应用。在预测中，可将一个地区的道路交通系统视为灰色系统，把交通事故当作灰色量，然后对影响交通事故的有关因素进行关联分析，找出主要的影响因素，建立生成数列和灰色预测模型。

5. 预测技术分析比较

不同的预测技术具有不同的特点和适用时空范围，各种预测技术的不同特点分析在表9-26中做了简要归纳。

交通事故预测技术分析比较表 表9-26

预测技术	预测模型	适用空间范围	适用时间范围	方法应用特点
专家会议法	召开会议集体判断，主观概率	省、市事故宏观趋势预测	近、短期	预测速度快，预测误差易偏移，计算简单
德尔菲法	函询专家反馈独立判断		中、长期	预测速度慢，具有匿名性、反馈性和收敛性，计算亦简单
移动平均数法	$\hat{x}_{i+1} = \dfrac{1}{n}\sum\limits_{i=t-n+1}^{t} x_i$	县、区或某条路线、交叉路口等小范围交通事故及预测	近、短期	运用数据少，计算简单，对事故发展趋势变化反应迟钝，无法预测转折点
加权移动平均数法	$\hat{x}_{i+1} = \dfrac{\sum\limits_{i=t-n+1}^{t} a_i x_i}{\sum\limits_{i=t-n+1}^{t} a_i}$			

续上表

预测技术	预测模型	适用空间范围	适用时间范围	方法应用特点
指数平滑法	$\hat{x}_{t+1} = ax_t + (1-a)\hat{x}_t$	县、区或某条路线、交叉路口等小范围交通事故及预测	短期	运用数据少,计算简单,对事故发展趋势变化反应迟钝,无法预测转折点
回归分析法	$\hat{y} = a + b_1 x_1 + b_2 x_2 + \cdots + b_m x_m$	适应范围较广	中、短期为主	要求历史数据多且稳定,外推性能差,运算较复杂,检验性能好
灰色预测法	$\hat{x}_1^{(1)}(k+1) = [x^{(0)}(1) - \dfrac{u}{a}]e^{-ak} + \dfrac{u}{a}$	适应宏观预测	中、短期	应用在数据少、资料突变的情况,运算较复杂
时间序列-回归组合预测	$\begin{cases} \hat{y}_t = y_t^* + \sum\limits_{i=1}^{m} f_i(x_i, \varepsilon_i) \\ \Phi_p(B) y_t^* = \Theta_q(B) \varepsilon_t \end{cases}$	适应各种范围的宏观预测和微观预测	中、长期	适用条件较宽,可以做事故趋势变化预测,运算复杂
生成数列-回归组合预测	$\begin{cases} \hat{y} = A[x^{(r)}]^B + C \\ x^{(r)} = \{x^{(r)}(1), x^{(r)}(2), \cdots, x^{(r)}(n)\} \end{cases}$	适应各种范围的宏观预测和微观预测	中、长期	

注:本表摘自《交通工程手册》第 1456 页。

道路交通事故是一种复杂的随机现象,它不仅与交通管理水平、驾驶人及车辆有关,而且受道路条件、交通组成、人的交通行为、社会经济及政治等各种因素的影响。因此交通事故的变化规律也呈现出复杂多样的特点,选择交通事故预测技术,一定要根据具体的预测目标、数据性质、预测精度要求等条件综合考虑,确定合理有效的预测方法。

四、交通安全评价

道路交通安全评价涉及人身伤亡和财产损失,关系千家万户和各个阶层,是一个重要的社会问题,也是交通管理工作中亟待解决的问题之一。如何建立起安全评价标准与指标体系,做到既客观又科学地反映道路交通安全程度,又能与当前社会经济与道路交通实际状况相适应,以此作为衡量与评价全国道路交通安全水平的依据,国外已进行了不少的研究,但不一定适合我国,我国起步较晚,还未建立起适用于全国的评价模式,目前使用较多的道路交通安全度评价方法有:

(1)绝对数法(四项指标为事故起数、死亡人数、受伤人数、直接经济损失)。

(2)事故率法:①地点事故率法;②路段事故率法(a.运行事故率法、b.事故密度法);③地区事故率法(a.人口事故率法、b.车辆事故率法、c.运行事故率法);④综合事故率法。

(3)事故强度分析法:①综合事故强度分析法;②当量事故强度分析法。

(4)模型法:①统计分析法;②经验模式法;③综合模式法。

(5)灰色与模糊评价方法。

(6)冲突点法。

(7)概率-数据统计法。

(8)其他方法。

1. 区域评价

1)绝对数法

用事故起数、死亡人数、受伤人数及直接经济损失四项绝对指标评价安全度,是目前我国用得最普遍的方法。该方法简单直观,但未涉及事故发生的主要因素的差异,不能揭示交通安全的实质。

2) 事故率法

作为交通安全度的宏观评价方法,常用以下三种事故率法。

(1) 人口事故率

$$R_p = \frac{D}{R} \times 10^5 \tag{9-11}$$

式中:R_p——10万人口交通事故死亡率;
　　　D——交通事故死亡人数;
　　　R——统计区域的常住人口数。

(2) 车辆事故率

$$R_n = \frac{D}{N} \times 10^4 \tag{9-12}$$

式中:R_n——万台登记机动车交通事故死亡率;
　　　D——交通事故死亡人数;
　　　N——统计区域的机动车保有量。

(3) 运行事故率

$$R_t = \frac{D}{T} \times 10^8 \tag{9-13}$$

式中:R_t——亿车公里运行事故率;
　　　D——交通事故死亡人数;
　　　T——统计区域内总运行车公里数。

人口事故率、车辆事故率都只能反映交通安全的一个侧面,带有片面性。运行事故率较为科学,但目前难以及时掌握交通运行数量。

3) 模型法

现行模型法有两类:一类是统计分析模式,利用多元回归法建模;另一类是经验法建模。前者国外用得多,后者国内用得多。

经验法常用的安全度评价模式为:

$$R = \frac{D_d}{365} \cdot K_1 \times 10^3 \tag{9-14}$$

式中:D_d——当量死亡人数,$D_d = D_1 + a_1 D_2 + a_2 D_3 + a_3 D_4$;
　　　D_1——交通事故直接死亡人数;
　　　D_2——交通事故轻伤人数;
　　　D_3——交通事故重伤人数;
　　　D_4——交通事故直接经济损失;
　　a_1、a_2、a_3——轻伤人、重伤人、经济损失与死亡的当量系数;
　　　K_1——经换算后的辖区道路长度内车辆运行公里数。

此方法是一种较为科学的评价模式,但需收集交通量与各种相关参数,目前较难完成。

4) 事故强度法

作为一种科学的交通安全度评价方法,综合国际资料,特别是基于国内情况,用事故强度指标评价目前的交通安全度是比较合适的。如当量综合死亡率指标结构公式为:

$$K_d = \frac{D_d}{\sqrt[3]{P \cdot N_d \cdot L}} \times 10^3 \tag{9-15}$$

式中:K_d——当量综合死亡率;
　　　D_d——当量死亡人数;
　　　P——人口数;
　　　N_d——当量车辆数;
　　　L——道路里程。

因为K_d采用了当量值,且考虑的因素全面,基本概括了人、车、路对交通事故的影响,所以可比性明显增加,评价范围扩大,基本可以满足国内各地域交通安全情况评价的需要。但当量死亡人数、当量车辆数、道路里程的标准化等问题尚需研究。

2. 路段评价

1) 绝对数-事故率法

绝对数-事故率法是将绝对数法和事故率法结合起来评价交通安全度的方法。它以事故绝对数为横坐标,以事故率为纵坐标,如图9-10所示。

按事故绝对数和事故率的一定值,在图上划出不同的危险级别区,如危险级别Ⅰ的区域比危险级别Ⅱ所表示的评价对象更危险。图中右上方的区域为最危险区,也就是交通事故数值和事故率均高的事故多发路段。据此,可以简单、直观地判断出不同路段的安全度。

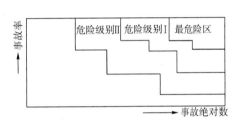

图9-10　绝对数-事故率分布示意图

2) 交通事故率法

事故率是指道路单位长度内,一定时期内发生事故的频率。路段交通事故率以每亿车公里交通事故数表示:

$$AH = \frac{N}{Q \cdot L} \times 10^8 \tag{9-16}$$

式中:AH——事故率[次/(亿车·km)];
　　　N——年内路段内发生的交通事故数(次);
　　　Q——年交通量总数(辆/年),$Q = 365 \times AADT$;
　　　L——路段长度(km)。

交通事故率表征了某一路段发生交通事故的危险程度。它与交通参与者遵守法规的状态有关,与交通流量大小紧密相关,故为值得推荐的较为科学的路段安全评价指标。

3. 路口评价

1) 交通事故率法

交叉路口事故率是评价路口安全度的综合指标,可用每百万辆车发生交通事故的次数表示:

$$A_1 = \frac{N}{M} \times 10^6 \quad (\text{次/百万车}) \tag{9-17}$$

式中：A_1——交叉口事故率；
N——交叉口范围内发生的事故数；
M——通过交叉口的总车辆数。

2）速度比辅助法

速度比以通过交叉路口的机动车行驶速度与相应路段上的区间车速的比值表示：

$$R_1 = \frac{v_1}{v_H} \tag{9-18}$$

式中：R_1——速度比；
v_1——路口速度（km/h）；
v_H——区间车速（km/h）。

一般在交叉路口冲突点多、行车干扰大、车速低，甚至往往造成行车阻滞。因此，速度比能够表征交叉口的行车秩序和安全管理状况。速度比是一项综合指标，且是一个无量纲的值，它与交通事故率法结合使用，使之更具有可比性。

第五节　交通安全对策与措施

为了保证行车安全，还要研究防止事故发生的对策和具体措施。

一、交通事故预防对策

交通事故预防对策亦称交通安全对策，包括预防和减少交通事故的计划、决策和各种管理与工程措施。

1. 有计划地组织对交通事故的分析研究

交通事故的分析研究是交通科学研究的重要组成部分，只有充分研究了交通事故的主要影响因素、事故发生的成因、规律、特点及其机理，才能有计划、有针对性、分清主次地制订有效的预防措施和方法。

2. 健全与完善交通法规、章程和条例

交通法规是交通参与者和交通管理人员共同遵守的行为规范，是处理交通违章和交通事故的法律依据。为适应交通运输业的迅速发展，应及时补充、修订和完善各种交通法规、章程与条例。

3. 加强道路等基础设施的建设

道路等固定设施是交通运输的渠道，是车辆赖以通行的基础，既要有一定的数量、一定的路网密度、一定的道路面积率，又要有较高的质量，有坚固平整的路面和相应的附属设施。

4. 加强交通安全教育宣传

交通安全的教育与宣传工作是执行交通法规、维护交通秩序、保障交通安全、发挥道路功能、提高交通效率的有力保证。交通安全教育要广泛、深入、持久地进行，对于中小学学生更应经常组织安全教育课，以期不断提高交通参与者的交通行为素质和交通管理水平。

5. 严格取缔违法行为

对各种违反道路交通安全法及省市交通法规的行为,要依法严肃处理。特别是对严重的、带有普遍性的违法行为不能手软,并尽可能将处罚与教育相结合,做到处一儆百。

6. 科学地组织与管理公路与城市交通

科学地组织与管理好公路与城市交通,合理地做好城市的宏观控制和交通规划,均衡地利用路网上一切可以利用的道路,减轻城市主干路及主要交通枢纽的交通流量,有利于对交通流实行空间与时间的分离和隔离,减少冲突,保证交通安全。

7. 加强事故伤害的急救工作

认真做好交通事故伤害的急救工作,主要从建立急救业务体制和急救医疗机构两个方面予以解决,同时开展对驾驶人事故伤害急救知识培训,使他们掌握事故现场急救方法,对于降低事故死亡率,挽救伤员,开展积极、正确、有效的自救、互救均有着十分重要的现实意义。

二、交通事故预防措施

1. 改善线形与交叉路口设计

(1) 对于道路线形的几何设计要素,如平曲线半径、平面线形要素的连接与组合、纵坡、坡长、纵向竖曲线半径、平面与竖向视距、横断面超高加宽等的标准,均应认真考虑如何保证行车安全。

(2) 桥梁宽度、竖曲线半径、桥头接线、人行道缘石高度,均应符合有关设计规范。

(3) 交叉口要充分保证视距,设置标志、标线,并注意经常维护,交叉口范围内的树木要注意剪修,以不妨碍驾驶人与行人视线为原则。

2. 强化交通安全设施

(1) 为了防止驾驶人过失、路面滑溜造成翻车、碰撞、车辆滑落,应于适当路段设置各种柔性或刚性护栏与安全带,以期缓冲与保护车辆及乘客。

(2) 分隔措施包括设置中央分隔带,区分上行、下行、快慢车、车辆与行人等。分隔带可做成一定宽度的带状构造物,若道路宽度不足,宜用栅栏分隔。

(3) 设交通岛、导流岛、安全岛、分车岛,做好渠化工作,以控制车辆行驶,防止冲撞和旁擦,并保护行人。

(4) 设人行横道,在车流与人流均多的路口,为确保交通安全,需要从时间上将两者予以分开,这就必须设置人行横道或设过街天桥、地道。

3. 加强交通管理与控制

(1) 道路标志、标线要认真管理,按规定设置,并固定人员经常维修、保洁、养护,保持标志、符号、文字、图案的清晰并能正确地发挥作用。

(2) 视道路与交通情况安装信号灯、电子警察或其他控制、管理设施。

(3) 对某些因路窄未能通车的街道组织单向交通,可减少交叉口上的冲突,降低车与车、车与人的冲突碰撞与事故发生的潜在风险。

(4) 改善路况,清除障碍物,保证视距畅通,对瓶颈蜂腰地段要设法拓宽。

(5) 设置诱导性标志或各种视线诱导物,使道路去向明显,以便使驾驶人能预知前方路况,采取正确而适当的措施。

(6)加强日常交通管理,严格控制施工占路堆物,严格禁止在人行道上摆摊设点。

三、提高驾驶人素质、水平与职业道德

大量的交通事故统计表明,有50%以上的事故同驾驶人的行为有关,因此提高驾驶人的素质、水平与职业道德对保证交通安全有重要作用。

(1)驾驶人应有良好的身体素质和视觉、听觉、反应动作的准确性,在生理、心理和精神方面,都有科学的检查和严格的挑选标准。

(2)驾驶人的培训要严肃、认真、从严从难,驾驶人既要认真上好技术课、训练课,又要上好交通法规课,做到技术过硬,遵守交通法规。

(3)须要求驾驶人遵守职业道德,遵规守纪,严格执行交通法规。

四、交通安全措施效果评价

道路交通安全措施的主要效果是防止事故发生和防止人员伤亡。因此,安全措施的投资与效果既要考虑经济因素,又不能单纯用货币来检验。为了提高投资的效益,必须进行多方案的分析比较与检查。可以将投资前与采取措施后死亡人数或交通事故率的变化进行比较,以判断其效果的大小。争取用同样的投资取得更大的效果,即挽救更多生命,减少人员伤亡和财物损失。

交通安全涉及社会、经济、法规、文化素质等各个方面,既有文化意识方面,也有具体的技术设施及管理方面的因素,因此是个系统工程。要治理交通,加强交通安全,必须从整个系统层面综合考虑。

【复习思考题与习题】

1. 简述我国道路交通安全现状、事故危害性与交通安全工作的意义。
2. 交通事故如何定义和分类会更好?
3. 国内外道路交通事故发展趋势如何?应怎样认识?
4. 简述道路交通事故调查的目的、意义、内容与要求、现场勘查工作的内容与要求。
5. 简述交通事故分析方法、事故率的表达方式及优缺点。
6. 简述交通事故在时间、空间、不同道路类型、不同线形和人员中的分布。
7. 交通事故在不同职业与性别人员中的分布说明什么问题?
8. 交通事故成因分析对交通事故预防有什么作用?现有成因统计有什么不合理之处?
9. 交通事故的信息特征及其对事故预防的作用是什么?
10. 交通事故预测的要求、作用、顺序如何?
11. 简述各预测方法及其适用条件。

12. 简述交通安全评价方法、指标与作用。

13. 交通事故预防对策中最重要的有哪些？

14. 一个好的汽车驾驶人应具备哪些素质？

15. 2018 年在某城市道路交叉口上共发生 8 起交通事故，从所有引道进入交叉口的交通量平均值为 4 000 辆/d，求交通事故率。(按 MEV 计)

16. 2019 年某公路发生交通事故 24 起，该公路长 20km，年平均日交通量为 12 000 辆/d，求此公路的交通事故率。(按 HMVK 计)

17. 某路段长 1.2km，平均交通量为 12 000 辆/d，在一年半的时间内发生事故 36 起，求事故率。

第十章 道路交通环境保护

第一节 概 述

环境对人类这一主体而言,是指人类赖以生存的客体,它与主体相互依存、相互作用、相互制约。《中华人民共和国环境保护法》将环境明确定义为"影响人类社会生存和发展的各种天然的和经过人工改造的自然因素总体,包括大气、水、海洋、土地、矿藏、森林、草原、野生动物、自然古迹、人文遗迹、自然保护区、风景名胜区、城市和乡村等"。由于道路具有可能穿越一切环境要素的特点,故其环境客体涵盖上述法规定义的所有要素。因此,道路交通环境定义为与道路交通活动相关的影响人类生存和发展的各种天然的和经过人工改造的自然因素的总和,泛指借助道路进行主体交通运输活动的客观条件。

道路交通运输既是利国利民、促进经济发展的重要行业,又是影响当代人和后代人居住环境、生存环境的重要因素。因此,减轻道路交通对环境的负面影响,实现社会、经济、交通的可持续发展就成为道路交通环境保护的主要目标。

交通可持续发展的核心问题在于资源、环境和系统的可扩展性,即要求从观念上、技术上、政策上协调出行需求、道路设施供应、城市(区域)环境质量与城市(区域)经济发展之间的相互关系,最终形成这样一种体系:既能满足客、货出行需要,又能使其对环境影响最小;随着客、货出行需求的提高,交通系统的发展空间弹性增大,并为交通参与者提供人性化的环境空间。

目前的环境问题主要是人为因素引起的,通常分为两类:一是不合理地开发利用自然资源,使生态环境恶化或自然资源趋向枯竭;二是人口激增、城镇化和工农业高速发展引起的环境污染和环境破坏。就道路交通而言,在施工期的环境问题主要表现为非污染型生态环境破坏,而在营运期的环境问题主要表现为环境污染,如噪声污染、汽车废气污染、车辆行驶振动影响等,此外也包括服务区污水及路面径流对水环境的污染、危险品运输附带的交通事故风险等。

本章主要介绍营运期的道路交通噪声、废气和振动三类污染问题的基础知识及其控制措施,以及道路交通环境影响评价的相关内容。

第二节　道路交通噪声污染与控制

一、噪声的含义、计量与指标

1. 噪声的含义

声音来源于物体的振动。当物体在空气中振动时,使周围空气产生疏、密交替变化的波动,并向远处传播而形成声波。当这种振动频率在 20～20 000Hz 时,人耳可以感觉,称为可听声,简称声音。频率低于 20Hz 的称次声,高于 20 000Hz 的称超声,它们作用到人的听觉器官时不引起声音的感觉,所以不能听到。

噪声也属于声音的一种,从物理学角度定义,一切无规律的或随机的声信号叫噪声。广义上来讲,凡是使人烦恼不安、对人体有害、人们所不需要的声音统称为噪声,发出噪声的振动物体称为噪声源。

2. 噪声的计量与指标

1)声功率、声强和声压

(1)声功率 W

声源在单位时间内辐射的总声能量称为声功率,常用 W 表示,单位为瓦(W)。其大小只与声源本身有关。一般声功率不能直接测量,而要根据测量的声压级换算。

(2)声强 I

声强是衡量声场中声音强弱的物理量,是单位时间内在垂直于声波传播方向上通过单位面积的声能量,记作 I,其单位是 W/m^2。声场中某点声强的大小与声源的声功率、该点距声源的距离、波阵面的形状及声场具体情况有关。波阵面的面积用 A 表示,其单位为 m^2,则声强的定义式为:

$$I = \frac{W}{A} \tag{10-1}$$

(3)声压 P

在声波所达到的各点上,某一瞬间介质中的压强相对于无声波时压强的改变量称为声压,常用 P 表示,其单位为帕(Pa),可用以衡量声音的强弱。声波传播时,声场中任一点的声压都是随时间不断变化的,任意时间点的声压均称瞬时声压。声压的实际效果是某段时间内瞬时声压的平均值,该平均值称为有效声压。实际应用中如果没有说明,声压一词即指有效声压。

声压与声强的关系可以用下式表示:

$$I = \frac{P^2}{\rho \cdot c} \tag{10-2}$$

式中：P——有效声压(N/m^2)；

ρ——空气密度(kg/m^3)；

c——声速(m/s)。

2）声压级及其叠加

人们日常遇到的声音从弱到强范围很宽，若以声功率表示，人与人之间对话的声功率通常为$2 \times 10^{-5} W$，而喷气式飞机的声功率可高达$10 kW$，两者相差5×10^8倍。若以声压表示，也有很大的数量差范围，例如对一个1 000Hz的纯音，最低可听声压为$2 \times 10^{-5} Pa$(称为听阈)，而听觉痛阈声压为20Pa，两者相差10^6倍。如此广阔的声音量度范围使用起来非常不便，若用对数标度以突出数量级的变化，则能缩小数值量度的表达范围。由此可引出声压级的定义。

（1）声压级

人耳对声音的接收并不是正比于声音强弱的绝对值，而更接近于声压与基准声压比值的对数值。因此在声学中普遍使用对数标度来测量声压大小，并称其为声压级，可按下式计量：

$$L_p = 10\lg\frac{P^2}{P_0^2} = 20\lg\frac{P}{P_0} \tag{10-3}$$

式中：L_p——声压级，其单位常用dB表示(注意dB并非有效的物理量纲)；

P——声压(Pa)；

P_0——基准声压，为$2 \times 10^{-5} Pa$，该值是对1 000Hz声音人耳刚能听到的最低声音界限，其对应的声压级$L_p = 0(dB)$。

（2）声压级的叠加

两个以上的独立声源作用于某一点，会产生声音的叠加。若两个声源在某点的声压分别为P_1、P_2，其声压级分别为L_{p1}、L_{p2}，则该点处叠加后的声压和声压级可以表示如下：

$$P_总 = \sqrt{P_1^2 + P_2^2} \tag{10-4}$$

$$L_{P总} = 10\lg\frac{P_1^2 + P_2^2}{P_0^2} = 10\lg(10^{L_{p1}/10} + 10^{L_{p2}/10})$$

式中：$P_总$——叠加后的声压；

$L_{p总}$——叠加后的声压级。

n个不同数值的声压级在某点处的叠加，可按下式进行计算：

$$L_{p总} = 10\lg(\sum_{i=1}^{n} 10^{L_i/10}) \tag{10-5}$$

式中：L_i——第i个声压级；

n——需要叠加的声压级个数；

式中其他符号意义同前。

3）频率与频谱

声音是由声源振动而产生，并通过介质而传播的，每秒钟介质点振动的次数即为声波的频率，单位为Hz，$1Hz = 1s^{-1}$。

除音叉之外，各种声源发出的声音很少是单一频率的纯音，大多是由许多不同强度、不同频率的声音复合而成,统称复音。在复音中,不同频率(或频段)成分的声波具有不同的能量,这种频率成分与能量分布的关系称为声的频谱。

描述一个复音中各频率成分与能量分布关系的图形称为频谱图。测量频谱图的主要设备是频谱分析仪。通常利用该仪器测得相应频带的声级,然后以频率(或频段)为横坐标,以声压级(声功率级)为纵坐标进行绘制。图 10-1 是某项研究所测得的频谱图,该图反映了在采取隔声和隔振措施前后,某拖拉机驾驶室内噪声各频段的 A 计权声级大小。

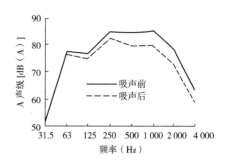

图 10-1 车辆驾驶室采取吸声措施前后的噪声频谱图

二、道路交通噪声的评价指标

噪声对人产生的影响不但与声压、声强和频率的起伏变化程度等客观物理量有关,而且与人的心理、生理等主观因素有关。要正确地反映噪声对人的影响,应把反映噪声的客观量与人的主观因素联系起来研究,这就是噪声的主观评价,常用的评价指标有如下几个。

1. 响度和响度级

宋(sone)是响度 N 的无量纲单位,它与正常听力对声音强弱的主观感受量成正比。1 宋是声压级为 40dB 的 1 000Hz 纯音所产生的响度。任何一个声音的响度,被听者判断为 1 宋响度的几倍,则这个声音的响度就是几宋。

响度级定义为 1 000Hz 纯音声压级的分贝值。其他频率的纯音则用 1 000Hz 的纯音与待测的纯音进行试听比较,调节 1 000Hz 纯音的声压级使它和待测的纯音听起来一样响。这样 1 000Hz 纯音的声压级分贝值就定为这一待测纯音的响度级值。响度级的单位为方(phon),符号为 L_N。

稳态声音的响度和响度级之间的经验公式为:

$$N = 2^{0.1(L_N - 40)} \tag{10-6}$$

此式也可表示为:

$$\lg N = 0.03(L_N - 40) \tag{10-7}$$

图 10-2 是一组等响曲线。同一条曲线上的每个点的声压级和它的频率都不相同,但是它们的响度级却是相同的。图中最下一条曲线是人耳刚能听到声音的响度,称为听阈。最上一条曲线为痛觉曲线 120phon(即 1 000Hz 声音,声压级 120dB),高于此响度级,人们听不到声音,但耳朵发痛,称为痛阈。

由图 10-2 所示曲线规律可知,人耳对高频声最敏感,而对低频声很迟钝,尤其是对位于 1 000 ~ 4 000Hz 的声音最敏感,对低于或高于这一频率范围的声音灵敏度随频率的升高或降低而下降。

因响度涉及对声音的主观评价,故两个声音叠加时,不能简单地将其响度做代数相加,必须从实验得出频率修正才能得到总响度。这就使得响度的计算不但麻烦,而且逻辑上不够严密,因此,在噪声控制中采用响度或响度级作为评价指标带有较大的局限性。

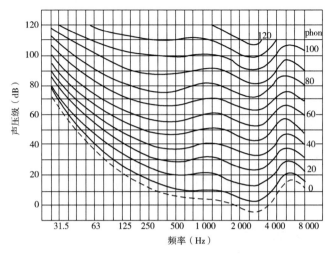

图 10-2 等响曲线图

2.计权声级

为了使声音的客观物理量与人耳听觉的主观感受近似取得一致,在测量仪器中,对不同频率的声压级人为地给予适当的增减,这种修正方法称为频率计权。实现频率计权的电网络称为计权网络,经过计权网络测得的声级称为计权声级。常见的计权网络包括 A、B、C 三种。因实践中发现 A 声级数值大小与人们主观上响度的感觉近乎一致,所以近年来国际、国内各种噪声标准和规范多数采用 A 声级作为评价量。A 声级的单位为 dB(A)。

3.等效 A 声级

交通噪声是随时间变化的,不能用某一时间的某个测定值表示其声级。为综合评价一段时间内的交通噪声大小,需按能量等效法则算出其平均 A 声级来评价该噪声,简称等效 A 声级,记为 L_{Aeq},单位为 dB(A)。

$$L_{Aeq} = 10\lg \sum_{i=1}^{N} \frac{t_i}{T} 10^{0.1L_{Ai}} \quad [\text{dB}(A)] \tag{10-8}$$

式中:L_{Aeq}——等效 A 声级;

L_{Ai}——第 i 个 A 声级;

T——总测量时间,大小为 $\sum_{i=1}^{N} t_i$;

N——观测到的时间间隔总数;

t_i——第 i 个观测间隔的时间长度。

4.统计声级

道路交通噪声随时间起伏变化较大时,常用统计方法来评价。用噪声级出现的累计频率来表示这类噪声的大小,称为统计声级,又称为累计分布声级,记作 L_n,单位为 dB(A)。

统计声级 L_n 表示在测量时间内,有 $n\%$ 时间的噪声超过的声级。常用的指标有 L_{10}、L_{50}、L_{90},分别表示在测量时间内有 10%、50%、90% 时间的声级超过的值。实践中 L_{10} 代表噪声的峰值,L_{50} 代表噪声的中值,L_{90} 代表背景噪声值。

5.噪声污染级

从噪声对人的干扰来讲,起伏变化的噪声比平稳的噪声要更大一些。噪声污染级是综合

噪声能量和起伏变化特性两者的影响而给出的评价量,记作 L_{NP},单位为 dB(A)。它的表达式为:

$$L_{NP} = L_{Aeq} + 2.56\sigma \tag{10-9}$$

式中：σ——噪声分布的标准偏差[dB(A)]；

式中其他符号意义同前。

三、道路交通噪声的来源、特性及其危害

1. 道路交通噪声的来源

道路交通噪声主要产生于车辆运行过程,其影响范围广且持续时间长。运动中的车辆噪声源大致可以分为动力噪声、轮胎噪声、车身噪声和喇叭噪声。前两者噪声来源如图10-3所示。

1）动力噪声

车辆的动力噪声主要来源于内燃机和机械传动结构,其噪声强度取决于发动机的转速,并与车速有直接关系,会随着车速的增大而增强。动力噪声按其构成又可以分为以下几种：

(1) 燃烧噪声。指内燃机工作时,由于汽缸内的气体压力周期性变化而产生的噪声。

(2) 进气和排气噪声。指内燃机工作时,气体经过进气管和排气管高速流动所产生的噪声。

(3) 风扇运转噪声。

(4) 传动噪声。指车辆行驶时,车辆的各种机构运动件之间及运动件和固定件之间,由周期性变化的作用力所产生的噪声。

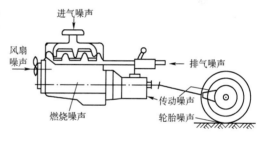

图 10-3 汽车噪声源示意图

2）轮胎噪声

轮胎噪声是指轮胎与路面的接触噪声,由轮胎直接辐射的噪声和轮胎激振产生的噪声构成。前者是指轮胎高速滚动时引起轮胎变形,使得轮胎花纹与路面之间的空气受挤压,随着轮胎滚动,空气又在轮胎离开接触面时被释放,这样连续的"挤压-释放",空气就迸发出噪声。后者是指由于轮胎胎体和花纹受压产生弹性变形振动而激发的噪声,以及由于路面不平造成的轮胎与道路间的冲击噪声。

3）车身噪声

车身噪声是指车辆行驶时,车身和空气的摩擦、冲击及车体的各板壁结构在发动机和不平整的路面振动下产生的噪声。它是各种客车和载货汽车驾驶室内部的主要噪声之一。

4）喇叭噪声

在我国城市道路的交通噪声构成中,喇叭噪声原来占了较大比重,但在实施"禁鸣"管制后,已大为改善。北京曾做过喇叭噪声与车辆行驶噪声对比试验,结果表明：当行车道宽度小于15m时,喇叭的平均噪声级较车辆行驶的平均噪声级大10~15dB,道路行驶条件越好,喇叭噪声越小。

2. 道路交通噪声的特性

道路交通噪声源具有流动性,是一种随机非稳态噪声,它受道路与交通条件的影响并表现

出以下特点:

(1)道路交通噪声的分布与道路网的分布一致,其影响范围主要是道路两侧一定范围内的居民及其建筑物。

(2)道路交通噪声与道路的纵坡、路面材料、交叉口管理方式和路面粗糙度等有关。

①中、大型载重车因上坡时发动机转速增加,增大了动力噪声,使行驶噪声明显增强。

②小型车在刚性路面上的噪声级比相同车速条件下在柔性路面上大3dB左右;中型或大型车在刚性、柔性两种路面上的行驶噪声级基本相同,相同车速下在刚性路面上的噪声级比在柔性路面上高出1dB左右。

③路面粗糙度对小型车的行驶噪声有明显影响(图10-4),这主要是由轮胎噪声引起的。

(3)道路交通噪声大小还与车流量、车型和车速(图10-5)等交通运行状况有密切的关系。

(4)接收点处的道路交通噪声大小还与传播路径的特性有关,如接收点到声源的距离、地面植被覆盖情况、各类地物(如声屏障、建筑物、较大的地面起伏等)对噪声的反射、衍射及空气的温度、湿度等。

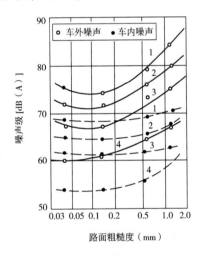

图 10-4 路面粗糙度对车辆噪声的影响
1-100km/h;2-80km/h;3-60km/h;4-40km/h

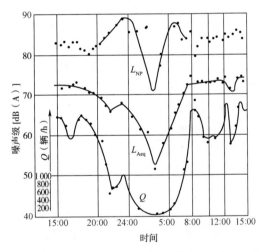

图 10-5 某街道 L_{NP}、L_{Aeq} 和交通量 Q 的昼夜变化曲线

3. 道路交通噪声的危害

1) 噪声引起听力损伤

人们长期接触强噪声会引起听力损伤,损伤表现为以下两种类型:

(1)听觉疲劳

长期在噪声作用下,听觉敏感性会降低,表现为听阈提高10~15dB,但离开噪声环境几分钟即可恢复,这种现象称为听觉适应。若听阈提高15dB以上,离开噪声环境很长时间才能恢复,这种现象叫作听觉疲劳,已属于病理前期状态。

(2)噪声性耳聋

根据国际标准化组织(ISO)1964年的规定,500Hz、1 000Hz、2 000Hz三个频率的平均(算术平均)听力损失超过25dB称为噪声性耳聋。长期暴露在高噪声环境中的人容易产生噪声性耳聋。据统计,若生活在90dB与100dB的噪声环境中,40年后约有20%与40%的人会产生噪声性耳聋。

2) 严重干扰人的睡眠

噪声会影响人的睡眠质量和时间,当睡眠受到噪声干扰后,工作效率和健康都会受到影响。连续噪声可以加快熟睡到轻睡的回转,缩短人的熟睡时间,突然的噪声可使人惊醒。据统计,一般40dB与70dB的连续噪声可分别使10%与50%的人受影响;而突然噪声达40dB与60dB时,可分别使10%与70%的人惊醒。

3) 噪声对人体生理系统的影响

噪声除了影响听力外,对神经系统、视觉系统、心血管系统等也有明显的影响。在强噪声的作用下,大脑皮层的兴奋与抑制平衡失调,损害脑血管张力和改变脑电位图,严重的可以引起渗出性出血。噪声导致的神经系统生理变化短时间内(24h之内)是可以恢复,但如果得不到及时的恢复就会形成牢固性的危害,产生头疼、脑涨、多梦、失眠、心慌、神经衰弱和全身疲乏无力等症状,也会出现心悸、易怒、记忆减退等症状。

长时间处于噪声环境中的人还会产生部分器官组织损伤,比如容易发生眼疲劳、眼痛、眼花和视物流泪等眼损伤现象,严重的还会引起心血管疾病等。

4) 噪声对心理的影响

噪声使人产生烦恼、疲劳、心情烦躁等心理问题,从而影响人的注意力和工作效率,特别是对那些要求注意力高度集中的复杂作业影响更大。研究发现:噪声超过85dB,会使人感到心烦意乱,无法专心工作,降低工作效率。噪声也能够引起疲劳,且高频噪声更容易引起疲劳。

5) 噪声对语言通信的影响

噪声对人的语言信息具有掩蔽作用。由于语言的频率范围多数为500~2 000Hz,而交通噪声也大多处于该频段内,因此其对语言的干扰较大。通常普通谈话声(距唇部1m处)约在70dB以下,大声谈话可达85dB以上,当噪声级低于谈话声级时谈话才能正常进行。电话通信对声环境的要求更严,电话通信的语音为60~70dB,在50dB的噪声环境下通话清晰可辨,而大于60dB时通话便受阻。

四、道路交通噪声的控制措施

道路交通噪声对沿线居民构成危害必须具备三个条件:其一,噪声源持续时间较长且声功率较大;其二,交通噪声在传播过程中衰减较少;其三,在交通噪声接收点处有需要重点保护的对象。由此,噪声控制的原则应该是首先降低噪声源的辐射噪声,其次是控制噪声传播途径,最后为保护噪声受害者。

依据控制原则,道路交通噪声污染控制措施主要包括以下几个方面:

1. 完善道路交通噪声控制标准

为了有效地控制城市环境噪声,仅依靠技术措施是不够的,尚需颁布必要的限声标准和法规。它不仅可以保证技术措施的实施,而且能促进噪声控制技术的发展。目前的噪声控制标准主要集中在对接收者采取防护和噪声源控制两个方面。

我国为防治噪声污染及时出台了《环境噪声污染防治法》,以保障居民的声环境质量。该部法律要求各类经济活动应遵循相关环境噪声标准,例如《声环境质量标准》(GB 3096—

2008),见表10-1。该标准将城市与乡村区域统一进行划分,规定了五类声环境功能区的环境噪声限值和测量方法,对城市和乡村噪声接收者进行保护。对于特殊的建筑施工场界、机场区域和城市港口区域,需分别按照《建筑施工场界环境噪声排放标准》(GB 12523—2011)、《机场周围飞机噪声环境标准》(GB 9660—1988)和《声环境质量标准》(GB 3096—2008)执行。

声环境功能区环境噪声限值(GB 3096—2008)[单位:dB(A)]　　表10-1

声环境功能区类别		适 用 区 域	时 段	
			昼间	夜间
0 类		康复疗养区等特别需要安静的区域	50	40
1 类		以居民住宅、医疗卫生、文化教育、科研设计、行政办公为主要功能,需要保持安静的区域	55	45
2 类		以商业金融、集市贸易为主要功能,或者居住、商业、工业混杂,需要维护住宅安静的区域	60	50
3 类		以工业生产、仓储物流为主要功能,需要防止工业噪声对周围环境产生严重影响的区域	65	55
4 类	4a 类	高速公路、一级公路、二级公路、城市快速路、城市主干路、城市次干路、城市轨道交通(地面段)、内河道两侧区域	70	55
	4b 类	铁路干线两侧区域	70	60

机动车辆是道路交通噪声产生的本源,其噪声功率级大小也直接决定了交通流的噪声影响程度,因此噪声控制标准也应对机动车辆在定置工况和加速运行工况的噪声大小做出限制,两者的噪声限制值分别参见《汽车定置噪声限值》(GB 16170—1996)和《汽车加速行驶车外噪声限值及测量方法》(GB 1495—2002)。

2. 合理进行路网规划设计

在进行路网规划设计时,应注意不同功能道路、不同道路断面形式等之间的配合,减弱主要干路交通噪声对沿线区域的影响程度,具体措施介绍如下:

1)合理布置线路走向

在确定地面交通线路时,需进行多方案比较,找到噪声危害最小的一个方案来实施。例如道路边有大规模居民住宅,从经济角度就要考虑线路避让;若居民户数较少,可考虑搬迁或采取其他环保措施。

对于城市则应建设城市环线,以减少过境车辆直接穿越市区;对于村庄、集镇等乡村居民的聚居点,也要避免干线公路从其中心穿过。

2)合理选择道路结构设施类型和路幅布局

不同形式的道路和桥梁会有不同程度的交通噪声影响,需要根据两侧噪声敏感建筑物的分布、层高等情况选择合理的路桥形式。城市道路两侧有较多的高层噪声敏感建筑物,一般不宜建设高架道路,否则应采取必要的声屏障等防控措施。基于同样原因,城市中建设立交桥,主路宜采用下穿式。

在建设条件允许时尽量采用低路堑形式,因为其降噪作用相当于无限厚度的声屏障,路堑越深,降噪效果越好,对两侧噪声敏感目标的保护越有利。但路堑对低频声衰减效果较差,混响较明显,需附加相应吸声措施。

路幅布局应依据道路等级、交通负荷、行车要求等综合选定。若从衰减交通噪声的角度出发,在条件允许情况下,路幅设置应尽可能采用有绿化分隔带的形式。

3. 控制噪声源

1)优化车辆设计,降低其辐射噪声

对于动力噪声,首先应改善机动车辆构造,提高机件的结构刚度,采用严密的配合间隙,或者设计主动隔振系统降低发动机产生的噪声;其次应推广采用高效排气消声器,减弱排气噪声;还可以选用低噪变速器,并对发动机与变速箱及后桥主减速器等部件与底盘用橡胶减振垫进行柔性连接,以及控制转动轴的平衡度,降低扭转振动,从而降低机械噪声。

对于轮胎噪声,首先应优化轮胎花纹设计,以减弱高速行驶时产生的空气泵效应;其次应选用更富有弹性且柔软度高的橡胶制造轮胎,以降低轮胎激振噪声。

对于车体噪声,首先应优化车身流线型设计,降低空气摩擦噪声;其次是在车身与车架之间采用弹性元件连接;还可以进行驾驶室内吸声设计,在车室顶棚、底板和侧壁内饰衬垫等处尽量使用具有吸声性能的材料。

对于喇叭噪声,一方面要提高交通管理技术手段,解决禁鸣路段驾驶人员违法鸣笛后执法难的现实问题;另一方面要考虑技术措施,优化设计鸣笛发声装置,以适应不同行驶区段对交通噪声的不同要求;当然,最重要的还是要提高驾驶人员的道德素质,避免随意鸣笛现象。

2)改善交通运行条件以降低噪声

由于交通噪声的大小还与交通量、车速和车型等因素有关,因此,交通噪声控制还应包括对交通运行条件的改善,具体措施如下:

(1)优化噪声敏感区域周边路网的交通组织,在路网总的行驶时间增加不多的前提下,使较多的车辆绕行通过,避免对噪声敏感点产生影响。

(2)改善城市道路设施,使快、慢车和行人各行其道,并采用合理的控制系统,使交通流保持合理车速,尽可能地减少由于加速、减速、鸣笛、制动等交通行为所引发的噪声。

(3)合理地控制交通流量,特别需限制载货汽车的通行。对噪声特别严重的载重车可以考虑辟专用道,以便集中采取隔声措施。

(4)采用降低道路纵坡、铺设低噪声路面、提高路面平整度等措施,改善噪声敏感区域的道路条件,从而降低车辆噪声。

4. 针对噪声传播途径的降噪措施

1)在道路与噪声接收点之间设置声屏障

声屏障的主要作用是阻挡声音的传播,将大部分声能反射和吸收,仅容许部分声能绕射过去,在屏障后面形成一个声影区,从而使噪声降低。声影区内噪声降低的多少取决于屏障的高低、材质与结构、噪声源和受声点距屏障的远近及它们的高度等。一般情况下声屏障的高度不宜超过5.0m,其上部可做成折形或弧形样式,可使用的材料包括混凝土、土堤、砖墙、金属板、塑料板(透明板)、钢化玻璃板、木板等;其中心线距离路肩边缘的距离通常要求应不小于2.0m;其长度应大于保护对象沿道路方向的长度,原则上建议为声屏障到受声点距离的3倍以上。

若要使声屏障真正达到降噪效果,还需控制透射声量 R 至少应比绕射声量 L_d 小 10dB。这是因为接收点的噪声包括绕过声屏障的声能 L_d(dB)和透过声屏障的声能 R(dB)两部分,根据声音叠加原理,R 必须小于 L_d 一定的数值,才不致使接收点的叠加噪声超过 L_d 较多,因此式 $L_d - R \geq 10dB$ 若成立,就会使接收点处的叠加声能与 L_d 之差小于0.5dB。但要特别注意防止声屏障的漏声问题,如应对底部安装缝、连接缝等处严实密封。

因地制宜地建造各种类型和各种造型的声屏障,并充分考虑与环境协调一致,已被证明是降低公路交通噪声的有效途径,目前已为公路设计和建设部门广泛采用。比如深汕高速公路在新村小学路段设置有一座声屏障。该声屏障长170m,高3.1m,根据运营后的监测对比,其在监测时段内对交通噪声的衰减量(插入损失)为9.4dB,比设计噪声衰减量还要多0.4dB,有效地降低了交通噪声,保护了该小学的教学环境。

2)在道路与噪声接收点之间种植绿化林带

绿化林带降噪主要是利用植物对声波的反射和吸收作用。有关研究表明:利用绿化林带降低噪声,其效果取决于树种、林带内的能见度(作为林带种植密度的表征参数)、种植宽度、树冠高度、枝叶密度及季节变化等,其中能见度和宽度是最重要的两个因子。林带种植越密集,能见度越小,其噪声衰减效果越好,因此,在噪声源与建筑物之间要合理配置由常绿(或落叶期短)乔木和灌木组成的绿化林带,且靠近噪声源植树比靠近防护对象植树效果要好。密植乔灌结合的绿化林带每10m宽度可降低噪声1.0~1.5dB(A),但对于城市道路,由于空间的限制,种植林带不符合实际,可以种植密集的松柏、侧柏等绿色长廊把机动车道与步行道隔离,并在步行道和建筑物之间再配以乔、灌木和草地等与道路环境相协调的植物群落。

需要注意的是,栽植绿化林带可以降低噪声,但其作用有限,因为树木即使有浓密的树叶,它的空隙仍然很大,声波容易穿透,而草皮与松土只对靠近地面的声音传播有衰减作用。

5. 针对受声点的降噪措施

对敏感建筑物采取一定的措施,也能达到降噪目的。如对主干路临街建筑安装防声窗等具有明显的降噪效果,有关研究证明可以降低噪声4~6dB。但这些措施的实施会直接影响建筑物的采光、通风等,给居民的生活带来不便。

总之,任何一项降噪措施都有一定的局限性,工程应用中宜酌情考虑其投入水平及其效果,从而选用合理的降噪措施。表10-2汇总了部分降噪措施的实施效果。

不同噪声控制措施实施效果汇总 表10-2

噪声控制措施	实 际 效 果
合理绕避噪声敏感点	能从根本上解决敏感点的噪声污染问题
敏感点远离交通干线和重型车辆通行道路	距离增加一倍,噪声降低3~6dB(A)
制定合理的噪声标准和法规	可以更有效地降低城镇区域的交通噪声,但与居民的环保自觉性和执行者的执行力度有关
将商店、公共活动场所作为临街建筑以隔离噪声	降低7~25dB(A)
道路两侧设置声屏障	降低5~10dB(A)
利用道路两侧的绿化林带隔离噪声	密植常绿乔灌结合、高度在4.5m以上的绿化林带时,降噪效果为1.0~1.5dB(A)/10m
减少需要安静街道的交通量	交通量减少一半,噪声降低3~5dB(A)
降低车辆行驶速度	每降低10km/h,噪声降低2~3dB(A)
降低需要安静街道的交通流中重型车的比例	每降低10%,噪声降低1~2dB(A)
加强临街建筑的窗户隔声效果	降低5~20dB(A)
低噪声路面	通车初期可降噪2~8dB(A),随着时间推移降噪效果会降低
降低车辆噪声	降噪效果显著,降到一定噪声级后成本会明显上升
路堑、挡土墙等	合理利用时,可达到声屏障的降噪效果

第三节　道路交通排放的污染物及其防治

　　道路交通对大气的污染是指机动车辆排出的烟、尘和有害气体,往往在道路及其临近区域上空汇集成带状污染源,其数量、浓度和持续时间都超过大气的自然净化能力和允许标准,使人和其他生物等蒙受其害。

　　随着交通运输业的快速增长,运输活动产生的 CO 和 NO_x 在空气污染物中逐渐占据重要比重。据统计,我国在 2001 年由移动污染源(如汽车、拖拉机、火车、飞机、轮船等)排放的 CO 总量为 3 262.69 万 t,占 CO 排放总量的 21.75%。就国内许多大城市而言,由汽车排放的污染物比重,如 CO、HC、NO_x 都超过了 50%。道路交通已成为大气污染的主要来源,其污染程度与车流量、车型、燃料、运行状态、道路条件及地理气象等有着密切的关系,在不同的季节里都在随机变化着。

　　我国车辆保有量近年来持续递增,可以预计在不远的将来,车辆排放物将成为我国环境空气的主要污染源头之一。如何控制好车辆空气污染排放,使道路交通活动一方面适应经济发展需要,另一方面合乎人类生存环境需要,这无疑是实现可持续发展战略的必要条件之一。

一、汽车排放的主要污染物成分、形成及其危害

　　1. 汽车废气的主要污染物成分及形成

　　汽车废气成分随内燃机种类及运转条件的变化而变化。排气中的基本成分是二氧化碳(CO_2)、水蒸气(H_2O)、过剩的氧(O_2)及未参与燃烧的氮(N_2)等。它们是燃料和空气完全燃烧后的产物,与空气的组成基本相同,所不同的只是排气中 CO_2 和 H_2O 的含量较高,而 O_2 的含量较低,从毒物学的观点看,这些基本成分在本质上是无害的。

　　除基本成分外,还有不完全燃烧的产物和燃烧反应的中间产物,包括一氧化碳(CO)、碳氢化合物(HC)、氮氧化物(NO_x)、二氧化硫(SO_2)、颗粒(铅化物、黑烟、油雾等)、臭气(甲醛、丙烯醛)等 80 多种。这些污染物质的总和,在柴油机排气中不到废气总量的 1%,在汽油机排气中随不同工况变化较大,有时可达 5% 左右,它们中大部分是有毒的,或有强烈的刺激性、臭味和致癌作用,因此列为有害成分。

　　就排放成分来讲,汽油车和柴油车基本相似。就排放量来讲,柴油车排放的 CO 及 HC 比汽油车要低得多,NO_x 大致相当,但柴油车的颗粒物排放量要高很多。表 10-3 是不同工况下汽油车与柴油车排放污染物的比较情况。

不同工况下汽油车与柴油车排放污染物比较　　　　　　　　表 10-3

车型	工况 (km/h)	CO (%)	HC (10^{-6})	NO_x (10^{-6})	碳烟 (g/m³)	排气量
汽油车	怠速	4.0~10.0	300~2 000	50~100	0.005	少
	加速 0~40	0.7~5.0	300~600	1 000~4 000		增多
	定速 40	0.5~1.0	200~400	1 000~3 000		高速最多
	减速 40~0	1.5~4.5	1 000~3 000	5~50		减少

续上表

车型	工况 (km/h)	CO (%)	HC (10^{-6})	NO_x (10^{-6})	碳烟 (g/m^3)	排气量
柴油车	怠速	0	300~500	50~70	0.10~0.30	少
	加速0~40	0~0.50	200	800~1 000		增多
	定速40	0~0.10	90~150	200~1 000		高速最多
	减速40~0	0~0.05	300~400	30~35		减少

在汽车排放的污染物中,除了碳氢化合物(HC)之外,其余均来自汽车的尾气排放。碳氢化合物来源有三方面:一是汽车尾气(约占60%);二是曲轴箱窜气(约占20%);三是燃料系统的挥发(油箱和化油器,约占20%),碳氢化合物的汽车排放源示意如图10-6所示。

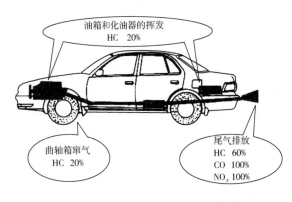

图10-6 碳氢化合物的汽车排放源示意

2.汽车废气的危害

1)一氧化碳(CO)

CO是一种无色、无味、无臭的窒息性气体,比重稍小于空气,主要由汽车发动机的燃料不完全燃烧而产生。当汽车空挡行驶,经常制动、起动、减速和加速时,其排出量较大。这种废气成分是汽车排放物中含量较高的一种。CO进入人体血液后,产生碳氧血红蛋白(CO-Hb),降低血液输氧能力,对人体心血管和神经系统构成危害。CO的容许浓度规定为8h内100×10^{-6}。若CO的浓度为500×10^{-6},1h人就会出现中毒症状,并危害中枢神经系统,造成感觉、反应、理解、记忆等机能障碍,严重时引起神经麻痹。若CO的浓度为$1\,000 \times 10^{-6}$,1h就会导致人死亡。

CO在大气层中滞留时间较长,因此,累积浓度常易超过容许值,形成大气污染。在大气环境中,CO转化成CO_2的速率很慢,需要2~5个月。

2)碳氢化合物(HC)(简称烃,包括烷烃、烯烃和芳烃)

HC产生于燃烧不完全的汽油及汽油燃烧时裂化,在汽车减速时产生的量最多。目前总烃(THC)浓度无限值标准,因THC是由多种碳氢化合物组成,各地车用汽油来源不同,排放的总烃成分的组成比例不一致。

碳氢化合物成分的毒性差异很大。非甲烷总烃对人体和动物的危害不取决于各种成分的累加浓度,而取决于其中有害成分的多少。例如醛类物质在空气中浓度超过1×10^{-6},会对眼、呼吸道和皮肤有强刺激作用;超过25×10^{-6},会引起头晕、恶心和贫血;超过$1\,000 \times 10^{-6}$,则会引起急性中毒。多环芳烃,尤其是3,4-苯并芘(一种5个环的稠环芳烃$C_{20}H_{12}$)是一种很强的致癌物质,此外一些苯类和烯烃类物质均有较强的毒性。HC还是形成光化学烟雾的主要成分,当知道非甲烷总烃的浓度时,即可判别光化学烟雾产生的可能性。甲烷虽然对人体无害,但却是温室效应的主要原因之一,其致暖效果是CO_2的32倍,联合国政府间气候变化委员会认为甲烷对全球气候变暖的分担率为15%。

3) 氮氧化合物（NO_x）

NO_x 是燃烧过程形成的多种氮氧化合物，如 NO、NO_2、N_2O_3、N_2O_5 等的总称。氮在内燃机中高温燃烧的主要产物是 NO，约占 95%；其次为 NO_2，约占 5%。两者主要产生于汽车发动机高速运转时，速度越高，则产生量越多，污染越严重。

NO 是无色无味的气体，只有轻度刺激性，毒性不大，高浓度时会造成中枢神经轻度障碍。其排放到大气中后，很快会与空气中的氧结合，生成二氧化氮，这是一种红棕色、有毒的恶臭气体。NO_x 进入肺泡后能形成亚硝酸和硝酸，对肺组织产生剧烈的刺激作用及腐蚀作用，从而增加毛细血管及肺泡壁的通透性，引起肺水肿。亚硝酸盐能与人体内的血红蛋白结合，形成变性血红蛋白，可在一定程度上导致机体组织缺氧。$(10\sim15)\times10^{-6}$ 的 NO_2 作用 10min 即可使人的眼、鼻、呼吸道受到刺激，50×10^{-6} 的 NO_2 作用 1min 即可使人呼吸困难，$(100\sim150)\times10^{-6}$ 的 NO_2 作用 30~60min 可使人因肺水肿而死亡。

上述三种污染物的排出量同车速关系如表 10-4 所示。

三种污染物的排出量同车速关系（单位：g/km） 表 10-4

污 染 物	车速（km/h）					
	16	32	48	64	80	96
CO	59.6	30.3	21.3	17.3	14.4	12.6
HC	7.1	4.7	3.7	3.0	2.5	2.3
NO_x	3.2	3.6	4.0	4.4	4.8	5.2

4) 二氧化硫（SO_2）

SO_2 仅在某些柴油发动机排出的气体中含有。其排放量虽不大，但当其浓度达 8×10^{-6} 时，人就开始感到难受，且 SO_2 经氧化成为 SO_3 烟雾后，对人体的危害更大（其浓度还不到 0.8×10^{-6} 时，人就无法忍受）。当汽车使用催化净化装置时，就算很少量的 SO_2 也会逐渐在催化剂表面堆积，造成所谓催化剂中毒，不但缩短催化剂的使用寿命，对人还可引起支气管炎和哮喘等疾病，并使桥梁等的金属构件受腐蚀。

5) 铅化合物（Pb）

目前的无铅汽油并非完全不含铅，例如作为汽油抗爆剂的四烷基铅，在燃烧过程中会被分解成氧化铅后排放于大气中。铅化物以颗粒状排入大气中，是污染大气的有害物质。当人们吸入含有铅微粒的空气时，铅逐渐在人体内积累。当积累量达到一定程度时，铅将阻碍血液中红细胞的生长，使心、肺等处发生病变；另外铅还会对消化系统产生损伤，易导致腹泻、便秘、食欲不振、厌食等症状；侵入大脑时则引起头痛，出现一种精神病的症状；更为严重的是它影响婴幼儿的生长和智力发育，损伤认知功能、神经行为和学习记忆等脑功能，严重时会造成痴呆。

6) 悬浮颗粒物（TSP）

悬浮颗粒物分为总悬浮颗粒物（TSP，指能悬浮在空气中，空气动力学当量直径≤100μm 的颗粒物）和可吸入颗粒物（能悬浮在空气中，按照空气动力学当量直径的大小又可以分为多种类型，其中被 WHO 和世界多国列入空气质量标准的主要是 PM_{10} 和 $PM_{2.5}$，前者的当量直径≤10μm，后者的当量直径≤2.5μm）。据科学分析，小于 0.1μm 的颗粒能进入肺部，并附着在肺细胞的组织中，有些还会被血液吸收；0.1~0.5μm 的颗粒能深入肺部并附在肺叶表面的黏液中，但会被纤毛所清除；2.5~10μm 的颗粒会进入气管和支气管，但会被管壁的纤毛运动阻拦，并通过咽部排除；其中大于 5μm 的颗粒还会在鼻孔处受阻，大于 10μm 的颗粒可被鼻腔阻挡在体外。由此可知,颗粒越小,悬浮在空气中的时间越长,进入肺部及支气管的比例越大,其危害就越大。此外,颗粒物的空隙能黏附有害物质,如病毒、SO_2、HC 或 NO_x 等,因而对人体有更大危害。

PM_{10} 中空气当量直径为 2.5～10μm 颗粒物的主要来源包括建筑施工活动和从地表扬起的尘土和杂质、海盐和生物气溶胶等,易受车辆运动扬尘的影响加速传播;$PM_{2.5}$ 的主要来源包括硫酸盐、硝酸盐、氨、碳、铅和其他有机物。燃油机动车的尾气排放与 $PM_{2.5}$ 密切相关,例如汽油机的排放物主要包括铅化物、SO_2、NO_x、CO 和 CO_2,其中的 SO_2 和 NO_x 在空气中极易发生化学反应生成硫酸盐和硝酸盐;柴油机排放的石墨状含碳物质(碳烟)可凝聚和吸附相当数量的高分子可溶性有机物和硫酸盐等,其排气微粒大小为 0.01～0.3μm,在空气中悬浮时间较长,且容易被吸入肺部,危害较大。

7) 光化学烟雾

光化学烟雾是一种次生物。一定浓度的碳氢化合物和氮氧化合物(汽车废气排放占据较大部分),在空气中经紫外线照射,发生一系列光化学反应,可生成一种淡蓝色烟雾,同时生成气溶胶,形成新的污染物。美国洛杉矶市 1943 年第一次发生光化学烟雾,导致洛杉矶大部分市民患病。1955 年再度发生此类事件,使 65 岁以上的老人五官中毒红肿,因呼吸衰竭而死亡的人数达 400 多人。随后该地区又陆续发生过 6 次比较严重的光化学烟雾事件。日本的光化学烟雾污染也曾很严重,东京地区曾发生过多次,且已扩展到其他地区,受害人数达 4 万～5 万人。此外,苏联、欧洲、加拿大南部、墨西哥北部等的许多大城市及意大利的热那亚、澳大利亚的悉尼、印度孟买等城市也发生过严重的光化学烟雾污染。

光化学烟雾的反应机理非常复杂。其基本原理为二氧化氮(NO_2)在强烈的太阳紫外线照射下发生分解,产生一氧化氮(NO)和原子氧(O);原子氧迅速与空气中的氧(O_2)反应生成臭氧(O_3);臭氧再与碳氢化合物(HC)作用,经过一系列反应,生成臭氧、过氧乙酰硝酸酯(PAN)、醛类和其他许多种复杂的化合物,统称为光化学氧化剂,这些光化学氧化剂形成的烟雾叫光化学烟雾。其基本形成过程如图 10-7 所示。

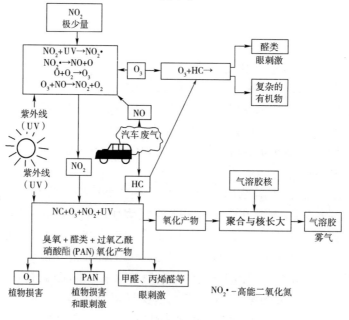

图 10-7 光化学烟雾形成的基本过程示意图

光化学烟雾的形成及其浓度,除直接决定于汽车排气中污染物的数量和浓度外,还受太阳辐射强度、气象及地理条件的影响。光化学烟雾可刺激人的眼睛,引起红眼病,对人的鼻、咽、喉、气管和肺部都有刺激作用,可促使哮喘病人哮喘发作,引起慢性呼吸系统疾病进一步恶化,还可能诱发肺癌及加速人的衰老。光化学烟雾对植物的损害也十分严重,可使农作物减产、树木落叶或枯死。光化学烟雾还会加速橡胶制品的老化,腐蚀建筑设备和衣物,使染料褪色等。此外,光化学烟雾生成的气溶胶粒径常为 $0.1 \sim 1.0\mu m$,不易沉降,易于散射太阳光线,以致显著降低大气的能见度,缩短视距,造成交通事故等危害。气溶胶还能吸附、浓缩大气中的其他污染物,将其带入人的呼吸道内,加剧污染物的毒害作用。

二、污染物的排放量、运动与扩散

车辆废气污染物进入大气后产生的危害程度,既与车辆排放的污染物总量有关,还与污染物在大气中的运动与扩散规律有关。如果车辆排放出的污染物能在空气中完全扩散、稀释,则空气质量就会逐渐恢复原有状态。反之,如果排放的污染物在近地面大气层被聚积起来,并持续一定的时间和形成一定的浓度,那就会产生空气污染现象。下面将分别从机动车污染物排放量、污染物质运动的基本影响因素和基本扩散模式三个方面进行介绍。

1. 机动车污染物排放量

影响机动车污染物排放的主要因素是行驶工况及车速。部分污染物质(主要是 CO 和 HC)排放量随着车速的降低而增大。因为车速很低时,发动机在富燃烧状态下工作,转速较低,燃料不能充分燃烧,所以 CO 和 HC 的排放量明显增大。因此,若能测得各种车型在不同车速状态下的污染物质排放量,则可以较容易地了解交通流的污染物质排放总量。

1) 单车污染物排放因子

单车污染物排放因子是指某类型车辆(i)行驶单位里程排放的某类污染物(j)的量,用 E_{ij}[mg/(辆·m)]表示。影响 E_{ij} 的因素有:车辆行驶速度、车龄、行驶里程、行驶路段的纵坡、路况和海拔高度等。具体测算方法有实测法和油耗间接推算等方法。表 10-5 为《公路建设项目环境影响评价规范》(JTG B03—2006)给出的单车排放因子推荐值。

车辆单车排放因子推荐值[单位:mg/(辆·m)]　　　　表 10-5

平均车速(km/h)		50	60	70	80	90	100
小型车	CO	31.34	23.68	17.90	14.76	10.24	7.72
	NO_x	1.77	2.37	2.96	3.71	3.85	3.99
中型车	CO	30.18	26.19	24.76	25.47	28.55	34.78
	NO_x	5.40	6.30	7.20	8.30	8.80	9.30
大型车	CO	5.25	4.48	4.10	4.01	4.23	4.77
	NO_x	10.44	10.48	11.10	14.71	15.64	18.38

注:车型划分方法按《公路建设项目环境影响评价规范》(JTG B03—2006)噪声评价的相关规定分为三类;总质量在 3.5t 以下为小型车;3.5~12t 为中型车;12t 以上为大型车。

2) 交通流污染物排放源强计算

道路上运行的车辆排气形成了空气污染线源,线源的中心线即路中心线。污染物排放源强按式(10-10)计算:

$$Q_j = \sum_{i=1}^{3} \frac{A_i \cdot E_{ij}}{3\,600} \tag{10-10}$$

式中：Q_j——j 类气态污染物单位长度线源排放源强[mg/(s·m)]；

A_i——i 型车预测年的小时交通量(辆/h)；

E_{ij}——运行工况下 i 型车 j 类排放物在预测年的单车排放因子[mg/(辆·m)]，推荐值见表10-5。

2. 污染物运动的影响因素分析

影响污染物运动的环境因素主要有气象、地形和地物等。气象因素主要包括风向、风速和大气稳定度等。风主要是指空气的水平运动，风向和交通线源若形成不同的夹角，则污染物质扩散后影响的区域和影响的程度均会不同。风速对地表污染物的扩散也有重要作用，一般是风速大时，污染物扩散后形成的浓度低。但风速过大时，大气中飘浮的污染物会发生下泄作用，使近地面的污染浓度增加。

大气稳定度是指大气层在垂直方向的相对稳定程度。空气在受到扰动时，会产生向上或向下的运动，如果受扰动时移动距离较小，扰动结束后又有回到原来位置的趋势，则此大气层是稳定的，反之为不稳定。大气稳定度是影响污染物在大气中扩散的重要因素，大气处于稳定状态，污染物不易在大气中扩散和稀释，有可能长时间聚集在近地面造成污染；大气处于不稳定状态，污染物易于扩散和稀释，而且大气越不稳定，污染物越容易扩散和稀释，这时候，污染物不易形成严重污染。

地形直接影响到气流的运动，因而也直接影响到大气污染的程度。污染物在运动中，如遇山地，在迎风面会产生下沉作用，使其附近地区受到污染；如山地不太高，污染物又会越过山地，在背风面产生下沉，使该地区受到污染，如图10-8所示。

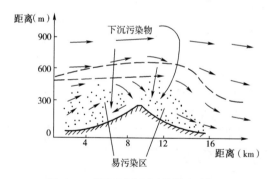

图10-8 丘陵对空气运动的影响示意图

受地物影响最显著的地区是城市，因其建筑物占据的空间相当大，建筑物间街道纵横，高低起伏，严重地阻碍着气流的运行，风速低，污染物不容易扩散，故污染严重。

3. 空气污染的扩散模式

公路交通大气污染物在环境中的扩散常用线源模型计算，该模型假定汽车污染物点源的扩散遵从高斯扩散模式。高斯点源扩散模式的坐标系规定为：排放源点在地面上的投影点为坐标原点；平均风向为 x 轴，下风向为 x 轴的正向；y 轴正向在 x 轴的左侧；z 轴垂直于 x 和 y 轴构成的水平面，向上为正向。高斯模式有四个假设条件：

(1)污染物在空中服从高斯分布(正态分布)。

(2)在整个空中风速是均匀的、稳定的，且风速大于1 m/s。

(3) 源强是连续均匀的。
(4) 在扩散过程中污染物质量是守恒的。

由此可以导出式(10-11)：

$$C = \frac{Q}{2\pi \bar{u} \sigma_y \sigma_z} \exp\left[-\left(\frac{y^2}{2\sigma_y^2} + \frac{z^2}{2\sigma_z^2}\right)\right] \tag{10-11}$$

式中：C——某污染物质在下风向任一点的浓度(mg/m^3)；
σ_y、σ_z——污染物在 y、z 方向的标准差(扩散系数)(m)；
$\bar{u}$——平均风速(m/s)；
Q——点源污染物源强(mg/s)。

以高斯点源扩散模式为基础，考虑风向与交通流线源的夹角、风速、大气稳定度等与污染物质扩散系数的关系等，沿公路方向对污染物质浓度分布模型进行积分，即可推导出公路交通线源的污染物浓度预测模式，模型具体形式可参考《公路建设项目环境影响评价规范》（JTG B03—2006）的附录 E。

三、汽车排放污染物的控制措施

1. *严格执行法规、标准，加强环境监测*

环境标准是环境保护法的重要组成部分，正确实施环境标准是加强和完善环境法制建设的重要手段。因此，为贯彻《中华人民共和国环境保护法》，我国制定了《中华人民共和国大气污染防治法》（1987年9月5日发布，先后历经四次修订，现行有效法律为2018年修订）。为进一步确保各区域环境空气质量，先于1996年发布了《环境空气质量标准》（GB 3095—1996），后又于2000年1月6日对该标准做了修订，取消了 NO_x 标准，并修改了 NO_2 和 O_3 的部分标准值。在2012年又实施了新版的《环境空气质量标准》（GB 3095—2012），该标准调整了环境空气功能的分区，将原本的三类分区并入二类分区；增设了 $PM_{2.5}$ 的浓度限值和臭氧8小时平均浓度等指标，如表10-6所示。

控制汽车污染物的排放因子是改善环境空气质量的重要前提。随着汽车制造技术的不断进步和人们对环境质量要求的提高，国家将制定越来越严格的机动车排放标准，单车排放因子也将越来越低。

《环境空气质量标准》(GB 3095—2012)规定的各项污染物浓度限值　　表10-6

序号	污染物项目	平均时间	浓度限值[1,2] 一级	浓度限值[1,2] 二级	单位
1	二氧化硫 SO_2	年平均	20	60	$\mu g/m^3$
		24h 平均	50	150	
		1h 平均	150	500	
2	二氧化氮 NO_2	年平均	40	40	
		24h 平均	80	80	
		1h 平均	200	200	

续上表

序号	污染物项目	平均时间	浓度限值[1,2] 一级	浓度限值[1,2] 二级	单位
3	一氧化碳 CO	24h 平均	4	4	mg/m^3
		1h 平均	10	10	
4	臭氧 O_3	日最大 8h 平均	100	160	
		1h 平均	160	200	
5	PM_{10}	年平均	40	70	
		24h 平均	50	150	
6	$PM_{2.5}$	年平均	15	35	
		24h 平均	35	75	
7	总悬浮颗粒物 TSP	年平均	80	200	$\mu g/m^3$
		24h 平均	120	300	
8	氮氧化物 NO_x	年平均	50	50	
		24h 平均	100	100	
		1h 平均	250	250	
9	铅 Pb	年平均	0.5	0.5	
		季平均	1	1	
10	苯并[a]芘(BaP)	年平均	0.001	0.001	
		24h 平均	0.0025	0.0025	

注：1. 环境空气功能区分为二类：一类区为自然保护区、风景名胜区和其他需要特殊保护的区域；二类区为居住区、商业交通居民混合区、文化区、工业区和农村地区。

2. 环境空气质量标准分为两级，其中一类区适用一级浓度限值，二类区适用二级浓度限值。

目前，国际上汽车排放控制法规主要分为欧洲、美国和日本三大体系，其他各国基本上参照这三大体系来制定各自的汽车排放法规。我国主要参照欧洲体系来制定汽车污染物排放强制性标准体系。欧洲于1992年开始实施欧Ⅰ标准，在此后的22年内经过五次更新，分别将其提高至欧Ⅱ～Ⅵ标准。与欧Ⅰ标准相比，达到欧Ⅱ标准的单车 CO 排放降低30.4%，HC 和 NO_x 降低55.8%；欧Ⅲ与欧Ⅱ标准相比，HC 和 NO_x 排放减少37%，颗粒物排放减少50%，基本上能够消除可见颗粒物的排放；欧Ⅳ标准进一步降低了56%左右的 CO 排放量；欧Ⅴ、欧Ⅵ标准则主要分别在之前标准的基础上降低了23%和38%的 HC 和 NO_x 排放量。

我国在2000年开始实施相当于欧Ⅰ标准的第Ⅰ标准汽车排放强制性标准。此后，分别在2004年7月1日、2007年7月1日、2010年7月1日和2018年1月1日提升到国Ⅱ、国Ⅲ、国Ⅳ和Ⅴ标准。现行标准是2021年7月1日开始实施的国Ⅵ标准。自2023年7月1日起，全国范围全面实施国Ⅵ排放标准6b阶段要求。与排放标准有关的汽车检验标准如表10-7所示（截至2023年11月）。

我国现行有效的控制汽车污染物排放标准　　　　表10-7

车辆分类	标准对象	标 准 号	检测内容
轻型车	汽车	GB 18352.6—2016	尾气；曲轴箱；燃油蒸发

续上表

车辆分类	标准对象	标准号	检测内容
重型车	汽车柴油机	GB 3847—2018	不透光;烟度
		GB 17691—2018	尾气
	汽车汽油机	GB 14762—2008	尾气
三轮汽车	柴油机	GB 19756—2005	尾气

上述机动车污染物排放标准只能保障机动车在使用前后的单车排放水平不超标,而道路交通所产生的空气污染物总量还要受交通量、道路、车速等条件限制,因此,还需采取其他技术措施,综合控制机动车污染物排放对环境的影响。

2. 优化城市土地使用功能布局,合理调整交通规划

对机动车空气污染的技术性控制首先应从宏观战略角度出发,建立可持续的城市发展和交通发展规划,合理安排城市用地和道路交通用地,从源头上避免机动车交通产生严重的空气污染后果,具体措施如下:

(1)优化土地功能布局,合理布置城市绿地,做好交通空气污染带与空气质量敏感区域的过渡。在安排空气质量敏感类土地功能时,还应考虑地方常年主导风向的影响,将空气质量敏感区域布设在交通干线的上风向,使其尽可能远离交通干路空气污染影响。

(2)优化调整城市交通发展战略,鼓励环保节能的出行方式,如大运量公共交通(轨道、快速公交系统)、自行车等方式,以降低单位出行者的机动车空气污染物排放量。

(3)优化路网结构,建成快速路、主干路、次干路和支路比例合理的城市交通网络,在保障交通可靠性的同时减少大多数车辆的无效迂回,从而降低车均污染物排放量。

3. 改善道路交通条件,优化交通组织措施,发展高效交通系统

不同的道路条件和行驶工况均会对车辆污染物排放产生较大的影响,因此,还应从道路改善、交通运行条件和管理等技术方面采取措施或对策,具体介绍如下:

(1)改良道路线形,加强对道路的养护管理,使道路保持平整,保证汽车在良好的路况下行驶,减少有害气体排放。

(2)实施交通需求管理,调整交通组织,以减少主要拥挤路段的行驶车辆数,避免车辆在拥挤环境中因怠速行驶时间过长而产生过多的污染物排放。

(3)严禁过境交通通过市区(可考虑从城市环线通过),并严格限制拖拉机、载重柴油机车,部分限制摩托车等高排放车辆在市区道路行驶。

(4)尽量取消或减少道路上各种关卡和收费站,可以采取不停车收费(ETC)、年票制、燃油税等其他收费方式代替,以减少车辆的怠速状态。

(5)采用交通渠化、信号联动控制等技术手段,改善城市交叉口和交通干路的通行条件,以减少有害物质排放。

4. 加强车辆管理,推进车辆环保设计

在车辆管理方面,既要完善在用机动车排气监测和监督管理体系,建立机动车排放控制与管理系统数据库,实施机动车排气监测机构统一监督管理,控制排放超标车辆上路行驶,限制高排放车辆通行区域或通行时间等;又要完善车辆报废制度,坚持对机动车辆环保指标不达标且无法修复者必须强制报废等措施。

在车辆环保设计方面,一方面要继续推进清洁燃料的研究,如天然气、乙醇、氢气、电力、燃料电池等,并加快该类动力车辆的产业化步伐。目前重庆、四川、贵州、湖南、河南等地的部分城市已经广泛采用天然气动力的公交车辆和出租车辆,大大减少了交通废气污染物排放量。另一方面还要加强车辆尾气净化技术研究,完善发动机内部和外部净化手段,以降低石油类燃料的污染物排放量。

5. 道路绿化

大面积的植被覆盖对空气净化有两大作用:其一,可以对颗粒物的扩散起到沉积作用;其二,部分植物的叶片、枝、茎等具备吸收有毒气体的功能,部分有毒物质还能在某些植物的新陈代谢过程中转化、分解。鉴于此,可以在道路两侧适当范围内进行植树、种草,并尽可能地与降噪措施和道路景观设计一起统筹规划。

第四节　道路交通振动的防治

一、道路交通振动的产生及其危害

道路交通振动描述的是机动车在道路上行驶时由于轮胎与地面接触的压力变动对沿途地表引起的振动。这种振动与路面的平整程度、汽车类型、汽车载质量及行车速度等因素有关。沿道路传播到两侧地域的振动特性还与公路及桥梁基础结构、公路两侧的岩土层能量传播特性等因素有关。

道路交通振动对人体健康有非常大的影响。其原因是人体各器官都有其固有的振动频率,如头部为 8~12Hz,胸腔为 4~6Hz,心脏为 5Hz,腹腔为 6~9Hz。当人体的这些固有频率正好与机动车振动频率一致时,即会引起生物共振反应。当振动比较强烈且持续时间较长时,会造成内脏器官的损伤,出现呼吸加快、血压改变等状况;也会使消化系统功能下降,出现肝脏的解毒功能代谢发生障碍等症状;还会使神经系统出现交感神经兴奋、手指颤动或失眠等异常。

驾驶人长期在振动环境中工作,其患骨关节、胸部和腰椎病变的比例较高,而且接触振动时间越长,发生病变的比例越高。这主要是因为汽车在行进中由于发动机转动和路面的颠簸而在驾驶座椅上产生了小于 50Hz 的低频振动,驾驶人的胸部、腰椎和骨关节的固有频率正好处于汽车的振动频率范围内,从而引发共振现象。

振动还会影响沿线居民的睡眠质量,当振动加速度振级达到 65dB 时,对睡眠有轻微影响;达到 69dB 时,所有轻睡的人将被惊醒;达到 74dB 时,除酣睡的人外,其他人将惊醒;达到 79dB 时,所有的人都将惊醒。

二、道路交通振动的量测标准与防治措施

道路交通振动对人体的危害程度因振动的强度、频率、方向和持续时间不同而不同。就振动的方向而言,对人体影响最大的是铅垂(z)方向,即通过脊柱的坐标方向,因此,常用铅锤方向的振动加速度来衡量振动对环境的影响。

1. 振动的量测标准

为控制城市环境振动污染,国家有关部门制定了《城市区域环境振动标准》(GB 10070—

1988)(表10-8)。在实际应用中,一般首先采用拾振器测得铅垂向 z 的加速度,将其按照规定的公式换算为振动加速度振级,或者直接从仪器上读得铅垂向 z 振级,以振级值作为道路交通环境振动评价的指标;然后与待评价区域的 z 振级标准相比,从而判断交通振动影响是否超标。

城市各类区域铅垂向 z 振级标准值[1,2](单位:dB)　　　表10-8

适用地带范围	昼 间	夜 间	适用地带范围	昼 间	夜 间
特殊住宅区	65	65	工业集中区	75	72
居民、文教区	70	67	交通干线道路两侧	75	72
混合区、商业中心区	75	72	铁路干线两侧	80	80

注:1. 测量点在建筑物室外0.5m以内振动敏感处,必要时测量点置于建筑物室内地面中央,标准值均取表中的值。
　　2. 铅垂向 z 振级的测量及评价量的计算方法,按国家标准《城市区域环境振动标准》(GB 10071—1988)有关条款执行。

评价环境振动的物理量是加速度振级,其振级由加速度值直接换算,换算关系为:

$$\text{VAL} = 20\lg\left(\frac{a_r}{a_0}\right) \tag{10-12}$$

式中:VAL——振动加速度振级(dB);
　　　a_r——振动加速度有效值(m/s^2);
　　　a_0——基准加速度值(m/s^2),取 $10^{-6} m/s^2$。

2. 振动的防治措施

通常从振动源和传播途径两方面采取对策,以控制道路交通振动对沿线产生的影响。具体措施如下:

首先应降低道路交通振动强度,比如安装车辆减振设施,改善路面平整度,采用有橡胶树脂类阻尼材料的防振路面,加强交通管理使汽车匀振流畅地通行,合理安排载重卡车、施工车辆等振动大的机动车的出行线路以绕避振动敏感区域等。

其次,合理规划道路两侧建筑布局。在交通干线两侧布置建筑物时,建筑物距道路不小于30m,这样可以大大减轻交通振动的影响。如果有必要,可以考虑在道路干线两侧开挖一定宽度和深度的防振沟槽,其深度应在被保护建筑物基础深度的两倍以上,里面填充多空隙类物质(如砂砾、矿渣等)或不填充物质,减少振动波向道路两侧传播。需要注意的是,若防振沟内被填充密实或者灌满水,将会失去隔振作用。

第五节　道路交通环境影响评价

一、道路交通环境影响评价的目的、意义、范围与对象

1. 评价目的与意义

通过道路交通环境影响评价,可了解环境现状及其变化情况,进而约束人类行为,防止环境遭到污染和破坏;也可监督和减缓道路工程对环境的不利影响,保护环境并实现经济发展与环境承载能力相协调,从而促使道路交通走可持续发展之路。

2. 评价范围与对象

评价范围的确定应视环境评价对象的不同而有所差异。根据《公路建设项目环境影响评价规范》(JTG B03—2006),道路建设项目环境影响评价应该进行的专项评价,对象包括社会环境影响、生态环境影响、噪声环境影响、环境空气质量评价、水土保持评价和地表水环境评价等方面。鉴于本章主要介绍道路交通运营期的噪声污染和空气污染控制问题,本节有关内容主要围绕这两个环境要素进行介绍。

道路交通项目的声环境影响评价范围主要选择路中心线两侧各200m范围以内;空气质量的评价范围一般情况下也选择道路中心线两侧各200m范围以内,但如果道路建设项目附近有城镇、风景旅游区、名胜古迹等保护对象时,评价范围可适当扩大到路中心线两侧各300m的范围。

二、道路交通环境影响评价标准与评价因素

环境空气影响的指标评价应遵照《环境空气质量标准》(GB 3095—2012)或其他有效标准。环境噪声影响评价应遵照《声环境质量标准》(GB 3096—2008)或其他有效标准。

运营期的环境空气影响评价主要选择的因子为 NO_2,而 CO 指标除了在一级评价中有较重要的敏感建筑或特殊要求区域(如在城镇已建成区、规划区或特长隧道内)外,其他情况下一般不选用。而交通噪声评价因子主要为等效连续 A 声级 $L_{Aeq}[dB(A)]$。

三、道路交通环境影响评价方法

1. 声环境评价方法

依据《公路建设项目环境影响评价规范》(JTG B03—2006)的相关规定,声环境的评价将视道路预测交通量的大小、噪声敏感目标的规模、噪声敏感点远近等因素的差异执行三个评价等级。其中一级评价要求最高,除需对噪声敏感目标逐点进行现状监测外,还需进行噪声预测,绘制出其平面等声级图,对于高层建筑还应绘制出立面等声级图,还要给出公路运营近、中期的噪声超标范围、超标值及受影响的人口分布;对超标的噪声敏感目标还应提出噪声防治措施,并进行技术经济论证,给出最终降噪效果。

而三级评价的要求最低,着重调查现有噪声源的种类和数量,可全部利用当地已有的环境噪声监测资料,对噪声超标范围、超标值及受影响的人口分布进行分析;对超标的噪声敏感目标只需提出噪声防治措施即可。二级评价的要求居于二者之间。

三个等级均需要进行现状评价。其评价步骤包括:获取现状环境等效连续 A 声级 L_{Aeq} 及统计声级 L_{10}、L_{50}、L_{90} 等测量数据;将其与相应的噪声标准值进行对比,分析达标情况,说明噪声超标原因等。

对于需要进行噪声预测的一级或二级评价项目,应选择所在路段的预测交通量数据、实际道路结构参数(宽度、高度等)、敏感目标分布及建筑结构等进行交通噪声预测(参考有关交通噪声评价的专业书刊或文件),并将其与背景噪声监测值进行叠加,然后与噪声标准值进行对比,分析超标情况。若为改扩建项目,还需对工程实施前后噪声影响变化的情况进行分析和评价。

若有同类型的道路设施,且交通条件和周围的地形、地貌条件也基本相同,亦可采用类比分析法进行远期敏感点(路段)交通噪声评价。

2. 环境空气质量评价方法

依据《公路建设项目环境影响评价规范》(JTG B03—2006)的相关规定,环境空气质量评价需根据道路交通项目的预测交通量大小和评价范围内的空气质量敏感目标规模大小而执行三个评价等级。

根据多年高速公路竣工验收监测数据,虽然公路两侧 NO_2 浓度高于全国监测 NO_2 浓度的年日均值的混合平均值 $0.046mg/m^3$,但公路两侧的 NO_2 浓度没有明显的超标现象,通常在路侧 50m 范围内即可满足二级标准。因此,除一级评价需进行污染物浓度扩散模式预测外,二级、三级评价可适当简化。

对于空气质量的现状评价,应分析评价因子(如 NO_2 和 CO)的日均浓度值变化范围、超标率及超标原因;对运营远期汽车尾气中的污染物预测,若有符合下列条件的可类比项目时,宜采用类比分析法评述环境空气质量影响:

(1)与预测路线的交通量和平均车速相近。
(2)与预测路线的地形和气象条件相近。
(3)原型监测点和路线预测点与路中心线垂直距离相近。

无类比条件时,可选用《公路建设项目环境影响评价规范》(JTG B03—2006)推荐的模式和参数进行污染物扩散浓度预测。根据车辆源强计算后获得的是评价因子浓度数值,与《环境空气质量标准》(GB 3095—2012)规定的相应污染物浓度限值进行比较即可。

【复习思考题与习题】

1. 运营期的道路交通对环境的影响有哪些方面?
2. 道路交通噪声是怎样形成的?有何危害?如何控制?
3. 常用的道路交通噪声的主观评价指标有哪些?如何表示?
4. 为什么要用声压级作为衡量声音大小的计量单位?
5. 机动车废气污染物的成分有哪些?各在什么条件下产生?有何危害?如何防治?
6. 振动对人体具有哪些不良影响?如何防治?

第十一章
道路景观设计

第一节 概 述

一、景观与道路景观的含义

景观为多义性名词,一般概念泛指地表的自然景色,在建筑、园林、日常生活等许多方面使用,其原意为风景、风景画、眼界等。景观是客观存在与主体对它的认知体验的综合体。从主体认知的角度,景观生成的途径包括美学途径(审美立场)、心理学途径和历史文化途径;从客体实存的角度,景观是自然力、自然过程和人类生存活动共同作用的产物。景观含有"景"与"观"两个独立而统一的概念。景观特定的概念则专指自然地理区划中起始或基本区域单位,即自然地理区域。类型概念,指相互隔离的地段,按其外部特征的相似性,归并为同一类型单位,如草原景观、森林景观、城市景观等(引自《辞海》.上海:上海辞书出版社,1999:3777)。

景观具有三个基本属性:第一,景观的本质是人们的审美对象,当人作为审美活动的主体时,景观则是审美活动的客体,景观与人这两者之间既相互作用又相互联系;其次,景观是人与人、人与自然关系的客观体现,景观以人为主体而出现,人通过景观来寄托自己的期望和理想;第三,景观具有较强的地域性差别和时代性特征,在记录历史印迹的同时又可反映不同时期的发展和面貌。因此,景观是某一时代中的社会、经济、文化及思想观念等的综合表象,它不仅是一种社会形态的物化形式,同时也代表了时代的文明趋向。

道路景观是由道路本身及其周围环境组成的综合景观体系。道路景观指在道路上以一定速度运动时,视野中的道路及视线所及的空间四维景象。当静止时,视野所及为道路与环境的三维空间景象。前者为动态,后者为静态。从景观主体角度来看,道路景观不应是简单的物质和样式的堆砌,而是给人以视觉感知的物质形态及其空间环境的综合体,是运用美学原则后获得的美感体验和认知,具有功能价值、生态价值、美学价值和人文价值。道路景观的内容包含公路与城市道路本体、沿线地形、地貌、山脉、河、湖、田野、绿化、森林、植被、建筑物、附属设施与建筑小品等所组成的自然物理形态与社会历史文物,也包括沿线招牌、广告、雕塑等所组成的线形空间与动态景物。

因此,道路景观应具备如下两种属性:①自然属性。即道路景观具有形、色、体等可感因素,具有一定的空间形态,较为独立,并且易于从区域形态背景中分离出来;②社会属性。即道路景观必须有一定的社会文化内涵,有欣赏功能、改善环境及使用功能,可以通过其内涵引发人的情感、意趣、联想、移情等心理反应,即景观效应。

二、道路景观的要素与类型

所谓道路景观要素,乃形成道路景观的各个组成部分。

道路景观构成要素由自然景观要素、人文景观要素和道路工程要素三部分组成。因人的年龄、文化教育、兴趣、习惯、心情和知识状况的差异和鉴赏观点、时间、地点、角度的不同,人们对景观的认识与评价等常会有所不同。

1. 自然环境要素

自然环境作为原生性景观,是道路景观的肌理和背景,对道路线形布设、景观效果起决定性影响。自然景观资源是由许多地理环境要素综合形成的产物,其中最重要的要素有地形、水体、气候、天象、时令和植物。自然景观的范围很广,包括山、水、田野、森林、一丘一壑、云雨、雾雪、阳光、月亮等所有可以成景的自然物体。设计者利用得巧妙、得当,都可以成为难得的风景和自然景观资源:山水田林作为景观背景、骨架或衬托的轮廓,雨、云、风、雪及日、月的光线则可因时间、季节、天气的变化而成为动态景观,溶洞、奇山、怪石、温泉、瀑布等也可成为美丽的自然景观。

自然景观是自然的造化,是长期宇宙演进的结果,人类自身无法创造,更不宜人为破坏或任意改造。图11-1为利用自然景物美化视轴的一例,图11-2为利用人工建筑物美化视轴的一例。我们今天的任务是尽量保护自然与自然景观,并充分予以利用。

图11-1 选线时突出了具有特色的自然景物,给驾驶人视觉上呈示了一幅优美的景色

图 11-2　在直线尽头利用人工建筑物提供可见的有趣景物的视轴，
这一类视轴必须在定线时就设计好

注：图 11-1、图 11-2 摘自《实用公路美学》.北京：人民交通出版社，1981.

(1) 地形

地形是自然景观形态的基本骨架，是道路景观规划设计的基础，其他设计要素都在某种程度上依赖地形并相互联系。地形地貌决定着道路的路线走向和特征个性，影响道路景观的美学特征、功能布局、空间构成和空间感受，丰富着道路景观内容。具体来说，沿途区域地形的作用有：

①景观骨架作用。地形是景观设计要素的载体基面。

②构成空间作用。通过地形控制视线，构成不同空间类型和空间序列。

③背景作用。地形地貌作为景物的背景，起到衬托主景的作用，同时能增加景深，丰富景观的层次。

④造景作用。地形具有独特的美学特征，可以利用自身的形态实现造景的作用。

⑤观景作用。地形可以创造良好的观景条件，强化景观的焦点作用。

⑥工程作用。适当的地形有利于线形几何设计、排水及绿化工程。

(2) 水体

水体是道路景观中富有生气和变化的元素，与地形、生物、季节、气候和人文等景观交融，会形成许多奇妙景观。含有水体的道路景观会"因水而成佳景"，彰显生气，增添其独特的景观魅力。水体的功能作用分为：

①统一作用。水面作为景观基底时，可以统一分散的景点，使景观结构更加紧凑。

②系带作用。水体可以连接不同的景观空间，形成优美的景观序列。

③环境作用。水体可以改善环境，如降噪、降温、吸灰尘等。

④实用功能。水体可以养殖水生动物和种植水生植物，丰富道路景观内容。

(3) 天象、时令

天象是由于天文、气象所形成的自然现象，常见的有晨夕、暮晖、云霞、云雾、季相等，天象通过视觉体验，在所有景观要素中有着最高的美感度。道路景观可以根据不同天象、时令，利用植物搭配创造四季宜人的道路景观。

(4) 植物

植物具有生命力，是景观中最富于变化的要素，带给人们自然的意识和生机。除具有传统功能外，还有以下景观功能：

①构建空间功能。植物通过控制视线，可以缩小或扩大空间，形成不同的空间序列。同时，借助在空间的组合变化，形成不同的空间形式（如开敞空间、半开敞空间、覆盖空间、垂直

空间及封闭空间等),增强或削弱地形影响。

②观赏功能。通过植物的大小、外形、色彩、质地等方面,创造意境,强化道路景观的观赏性。

③生态功能。维持生态平衡,保护环境及美化路容环境。

2. 人文景观要素

人文景观是历代社会时期先人遗留下来的历史文物,包括各种历史的、现代的建筑物、宫殿、庙宇寺观、碑林石刻、佛像、牌楼、陵墓、有代表性的民居、宅院及文物古迹等艺术作品和名人故居。人文是某一区域的人在长期历史发展过程中不断积淀、发展和升华而形成的结晶,体现在经济、风俗、宗教、艺术、历史、文化等社会生活的各个层面,具有明显的地域特色。人文景观尽管是道路的次生景观,但其延续和增添了区域的意境与特色,保存了历史的记忆,体现了对历史的尊重,在道路景观体系中起到了画龙点睛的作用。道路景观中主要通过文化的符号化、物质化等方式,进行加强深化、渲染升华,表达某种人文含义。长期以来存在于社会的以人们生活习惯与行为特征为内容的景观,如风土人情、宗教信仰、民族服饰、村落、饮食文化等均可形成一种特色。人文景观反映了一个区域人民社会生活的一个侧面,涉及面广,内容十分丰富,同民族特点、宗教派别、风俗习惯等有关。

3. 道路工程要素

道路工程要素是指征地范围内的道路组成部分,可分为以下三类:

(1)道路主线景观

包括道路主线(路线、路面、中央分隔带等)、构筑物(跨线桥、立交、桥梁、隧道等)、绿化植物和边坡等。

(2)道路辅助设施景观

包括信息设施(标志标线、方位导游图、标牌等)、服务设施(收费站、服务区等)、安全设施(防眩板、护栏、路灯等)。

(3)道路装饰景观

包括雕塑、花坛、艺术小品、边坡壁画等。

三、道路景观的分类

根据道路性质的不同,道路景观通常分为公路景观和城市道路景观两种。

1. 公路景观分类

公路景观学是在现代交通条件下,根据驾驶人、乘客的视觉特点,从动态角度来研究线形的连续性、可预知性、视线诱导及路线与环境的融合等。公路景观可按照不同的研究方法和不同的研究角度进行分类,概括起来有以下几种:

①按公路景观客体的构成要素分类。按公路景观客体的构成要素分类如图11-3所示。这种分类方法包括了公路自身及沿线一定区域内的所有视觉信息,适用于对公路沿线一定范围的自然景观与人文景观的保护、利用、开发、创造等工作的研究。

②按公路景观主体的活动方式分类。按公路景观主体的活动方式进行分类,公路景观可分为动态景观(景观主体高速行驶)和静态景观(景观主体静止或慢行)。动态景观包括道路用地范围内、外的景观;静态景观亦包括道路用地范围内、外的景观。这种分类方法适用于研

究景观主体处于高速行驶或静止、慢行状态下,对动态景观及静态景观的生理感受、心理感受、视觉观赏特征及与之相适应的动态景观序列空间设计与静态景观组景技法、手段的应用。

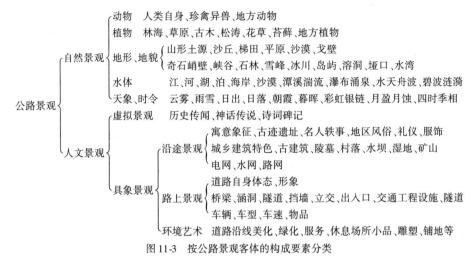

图 11-3　按公路景观客体的构成要素分类

③按公路景观的处理方式分类。按公路景观的处理方式分类如图 11-4 所示。这种分类方法对于公路景观的规划、创造、建设者可明确哪些景观需在公路规划、选线、设计中予以保护、开发、利用和改造,哪些景观需在公路规划设计时进行设计与创造。

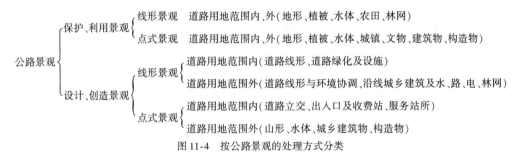

图 11-4　按公路景观的处理方式分类

2. 城市道路景观分类

城市道路景观学主要根据用路者的视觉特性、行为特性,研究以道路组织城市艺术,探索城市道路与视觉环境融为一体的设计方法。城市道路景观可按照设计要素分类,具体分类如图 11-5 所示。这种分类方法将城市道路景观分为城市道路景观的构成要素和城市道路景观的控制要素。城市道路景观的构成要素是指构成城市道路景观的各种物象;城市道路景观的控制要素反映的是城市道路景观各构成要素彼此之间的联结关系。

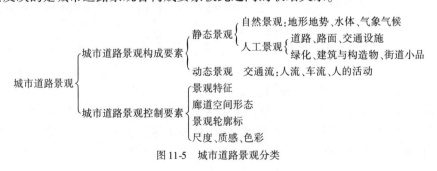

图 11-5　城市道路景观分类

四、道路景观的功能

道路景观的功能包括以下五个方面,即使用功能、精神功能、美化功能、安全保护功能及综合功能。

(1)使用功能是道路景观功能构成的首要方面。首先,景观设施自身是能够被人所感知的客观存在,可以给用路者提供一个安全、舒适、美观、生态的交通环境;此外,还可以起到改善道路景观、固坡、防止水土流失、吸尘、净化空气、降低路面温度、防眩光、诱导行车视线等作用。

(2)精神功能是指通过道路景观所展现出来的环境气氛,可以满足人们在视觉、情感、自然、人文等方面的精神需求。道路景观精神功能的表现方式是多种多样的,需要设计者对自然、社会、生态、艺术、历史等具有独特的理解及个性化的设计表现方法,强调设计者对景观环境的内涵与本质的独特认识,使得所有置身于景观环境之中的人们都能够充分享受到多方面的精神满足。

(3)美化功能主要体现在视觉的形式美方面,通过景观自身的形象来表达意念、传达情感,例如强调和美化景观环境的整体布局形式,或突出具有审美价值的某些细节,以及利用运动规律创造韵律感等。

(4)安全保护功能可从以下两个方面进行认识和理解:一方面,景观设施的建设可以对其周围的生态环境进行有目的的保护;另一方面,景观环境设计可以避免工程项目给周边环境带来破坏,或是能够阻隔周边环境给人们带来的自然危险。保护功能的主要实现方式有阻拦、半阻拦、劝阻、警示四种。其中,阻拦形式对人的行为和车辆的通行加以主动积极的控制,为保障人或车辆的安全而设置阻拦设施,如设置绿化隔离带、护栏等。半阻拦设施是通过地面材质的变化或高低变化等使行动产生相对困难,从而起到对车辆的劝告作用,如设置彩色路面、振动警示带等。警示形式是直接利用文字或标志的提示作用,来告诫行人或车辆的活动界线,以警示其危险性。

(5)综合功能是指道路景观的多重性价值,除了具备了安全、生态和美学价值,还有促进可持续发展的作用。其中,安全价值主要体现在缓解驾驶人的驾驶疲劳和提高道路的安全性等方面,生态价值主要体现在保护生物多样性与改善环境功能等方面,美学价值主要体现在迎合人们审美观念等方面,可持续发展的作用则体现在使人意识到人与自然共生是人类发展的必然趋势,促进全社会加强对景观资源的维护、利用和开发。

第二节 道路景观设计基础

道路景观设计是建立在人的生理学、心理学、美学、交通工程学、汽车动力学、社会学等相关学科的基础上,直接相关和较为重要的为人的动态视觉、视野、生理、心理感受与美学要求。

一、道路景观设计的要求

根据许多景观专家的研究,道路景观设计应主要考虑与景观直接相关的人的动态视觉生理特性。由于汽车车速提高,人的动视力降低,视角变窄,视点前移,视野缩小,因此,对道路线形景观的规划设计提出了新的要求。

传统的美学与景观设计多从静态视觉考虑,从步行人视点出发。而现代道路特别是高速公路,作为高速行驶汽车的载体,驾驶人与乘客在高速行驶的汽车中观察道路及周围环境的变化。据国外观测研究的资料,一般车速为65km/h时,视野广角为75°,前视点400m,可见宽度为车两侧24m以外;车速为80km/h时,视野广角为60°,前视点450m;当车速为100km/h时,视野广角仅为40°,前视点为550m(图11-6),而可见道路宽为车两侧33m以外。这表明随着车速提高,路面在驾驶人或乘客视野中的比重迅速增大,如车速为40km/h时,6车道路面在乘车人视野中占20%,车速为96km/h时,则路面在乘车人视野中要占80%。此外,高速行驶时,当用路者的主观判断和所观察到的实际物体不一致时,就会产生错觉。出现错觉的原因有:①高速行驶时,动视力下降,视野变窄而导致获取的道路周围环境的信息量减少;②单位时间内接收的刺激信息量显著增多,引起错觉出现概率增大。产生上述问题的根源在于三个方面:①公路线形质量;②路域环境;③公路与周围环境的协调性。行车错觉严重威胁交通安全,需要针对致因根源,采取以下措施减少行车错觉的出现:首先是要提高道路线形设计质量,其次需要提升道路景观质量,将道路融入周围环境之中,最后需要加强绿化植被的诱导性栽植及交通设施的设置。

由此,驾驶人与乘客视野中道路所占地位越来越重要,即道路线形和景观对驾驶人视觉的影响与作用越来越大。因此,道路景观设计是以动态视觉的美感为前提,具体要求为:

(1)道路除了担负着将旅客和货物从一个地区快速运送到另一个地区的功能之外,道路还应具有赏心悦目的外观和流畅的线形,优美自然,与周围环境融合和谐,且其本身也应成为大自然与人工构造物相结合,并令人心旷神怡的风景组成部分,给旅客提供视觉上的舒适感和心灵上美的享受。

(2)道路规划选线时,应尽可能创造通过地区视野的多样性和开阔感,路线要充分利用最美好的沿途景观资源,并尽量同周围地区山水自然景观融成一体,以避免单调与枯燥(图11-7)。

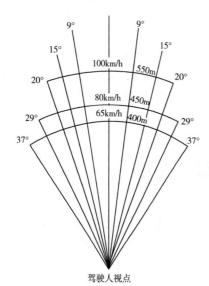

图11-6 视野随车速的变化

图11-7 充分利用自然景观示例(美国联邦公路管理局)

注:图11-6~图11-9摘自《实用公路学》.北京:人民交通出版社,1981。

(3)道路要尽可能利用与适应自然地形、地貌,防止大填大挖村庄、切割房屋,在道路线位选择、线形设计、方案比选时,应认真思考如何适应与融合于当地地形环境。也要尽可能减少路基、路面、桥涵等施工痕迹,难以避免时应尽快予以恢复或通过精心整修和种植绿化物以恢复其自然外观(图 11-8 为长直线与纵坡、竖曲线配合不当产生不连续的图例)。

(4)从旅客与驾驶人的角度来观看,道路应具有优美的三维空间外观,线形顺畅、柔和、连续并具有充分的预知感,没有任何扭曲与别扭、断续或突变、剧变的感觉(图 11-9 线形组合不当使人有错位、脱空、奇怪之感)。

(5)以可持续发展的观点,道路应具有充足的用地宽度,以适应现在与未来交通设施发展的需要。道路的整体结构,如桥涵构造物应当稳定、整洁、美观,其坡顶与坡脚应做成舒缓的圆弧形坡,防止冲刷土壤。随着高速公路的增多和车速的提高,更加有必要加强道路景观的规划设计,为用路者创造优美的环境景观,以提高交通安全度与行车舒适度。

图 11-8　在丘陵地形的长直线与纵坡、竖曲线配合不当造成视觉上出现不连续

图 11-9　有些平、竖曲线组合不当会出现错位、脱空、奇怪的线形

(6)从环境保护方面考虑,对道路用地范围与周边现存地形及合乎要求的植被均应设法保护好,并尽可能使其同道路和周围环境协调,避免、减少各种修路与用路行为对自然与道路的破坏。

这些道路景观设计的要求,不论对公路或城市道路都是适用的,但实际采用时,在农村与城市还是有区别的。在农村公路上,景观设计的主要目的是将公路巧妙地融合于大自然之中并尽可能使公路本身成为一种可供欣赏的线形景观;而城市道路景观设计的重点是根据自然、生态、社会、城市发展、街道特性、两旁建筑物性质和体形、人的心理行为与美学要求,对自然与人工环境、景物等予以合理的利用组织、改造或艺术加工与再创造,使城市道路的环境与景观呈现出协调、和谐、明丽的空间走廊。

景观设计承担着保护自然、维护风景、净化环境、美化视线和空间视野的重要任务。这些工作都是在遵循国家、部(委)与有关地方政府的自然保护和风景维护的法律、规章及公路与城市道路规划设计、工程技术设计标准与技术指标的前提下进行的。为实现自然保护与景观维护的目的,必须取得规划、环保、园林、国土等有关部门的协助与支持,使道路景观的规划设计工作做得更好。

在进行景观设计时,必须认真研究道路的区位、性质、功能,以及道路所在地区的自然、人文、社会条件可能提供的活动空间,应依据道路周边的自然条件、景观环境及道路在此环境中的作用进行相应的设计。道路在地区与道路网中的功能性质一般可分为四类(表 11-1)。

道路类型表　　　　　　　　　　　　　表 11-1

性　质	公路（著名风景区）	城　市　道　路	风景区道路	规　模
特别重要干道	高速公路	快速路、出入城干路		特大
重要干道	国家干路、主要省级干路	主干路	主干路	大
一般干道	地方公路、县乡公路	次干路	次干路	中
支路	农村公路、拖拉机路	支路、次要街道、胡同	公园路	小

①特别重要的道路多为国道网中的高速公路、城市道路网中的快速路等，对周围地区与环境有巨大的作用与影响。如首都或省会（自治区首府）等特大城市机场路，称为国门第一路、省门第一路，均应针对其环境景观特点进行精心的规划和设计。

②重要干线公路或城市主干路多位于车站、城市广场，是反映城市形象的道路。设计此类道路应有规模宏大与严密的构想，两旁树木宜选择挺直高大的乔木，枝叶繁茂，整齐洁净，显现欣欣向荣的景象。

③一般干线道路系城市中具有广泛代表性的次干路、商业街、繁华路段，其景观亦多具有对称整齐或错落有致的路灯、绿化树木，并常用分隔带与绿化带分隔人行道与车行道。但为了从整体上创造一个亲切宜人、兴旺发达的环境，通常在街区与路旁布置一些美观的建筑小品或艺术作品以增加空间的多样性和轻松气氛，建筑物之间的空地与行人空间均应做精心的设计和合理布置。图 11-10 为错位交叉、三路交叉建筑的绿化组合示意图。

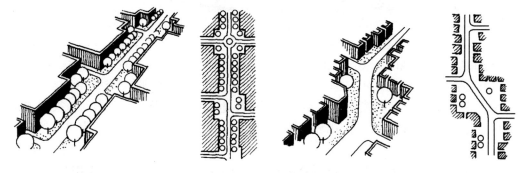

图 11-10　错位交叉、三路交叉建筑与绿化组合示意图

④农村公路或市区的支路交通量不是很大，路线技术标准较低，主要起连通与供周边出入之用。特别在城市中，此类道路多宽度狭窄，两边商店住宅交错密集，空间狭小，易于产生乡、里与市井情绪，邻里间往来甚至儿童游戏亦常有之，在道路景观规划设计时要保持其特色与邻里居民的生活情趣和亲切的气氛。

二、道路景观设计的基本特点

1. 构成要素多元性

由道路景观客体的构成要素分类，可见道路景观是由自然的与人工的、静态的与动态的、平面的与立体的各种复杂元素构成。在诸多元素中，道路景观决定了环境的性质。其他元素则处于陪衬、烘托的地位，它们可以加强或削弱景观环境的氛围，影响环境的质量。道路景观由自然景观、人文景观及自身设施组成。自然景观起到载体基底的作用，人文景观起到点睛升华的妙处，自身设施则是基础平台。

2. 时空多维性

从道路景观空间来说,它上接蓝天、下依大地,连绵起伏贯穿不同的区域,产生风格迥异的景观空间序列;从时间上来说,道路景观既有前后相随的空间序列变化,又有季相、时相、位相和人的心理时空运动的时空轴。

3. 景观环境多重性

道路景观不同于单纯的造型艺术、观赏景观,为满足运输通行功能,它有自身的体态性能、组织构成。同时,它又蕴含一定的社会、文化、地域、民俗等含义。因此,它既有自然属性,又具有社会属性,既具有功能性、实用性,又具有观赏性、艺术性。

4. 评价的多主体性

道路景观评价的主体不同,评价主体所处的位置、活动方式不同,评价的原则和出发点必有显著的差别。如观赏者、旅行者多从个人的体验和情感出发;经营者、投资者多从维护管理、经济效益等方面出发;沿线居住者多从出行是否方便、生活环境是否受到影响等方面考虑;而公路设计者、建设者考虑更多的是行驶的技术要求及建设的可行性。

5. 景观的地域性

不同区域的自然、人文环境均有其独特性,与周围环境相协调、突出地方特色是对道路景观的深层次要求。

6. 景观的时代性

道路景观具有鲜明的时代特征,能够体现当时的社会经济、文化水平、科学技术、人民追求,道路景观的风貌与格调是该地区时代发展的真实写照。

三、道路景观设计的基本原则

道路景观的规划、设计涉及对原有景观的保护、利用、改造及对新景观的开发、创造,它不仅与景观资源的审美情趣及视觉环境质量有密切的联系,还对生态环境、自然资源与文化资源的可持续发展和永续利用有着非常重要的意义。

1. 可持续发展原则

道路景观建设必须注意对沿线生态资源、自然景观与人文景观的持续维护和利用。在空间和时间上规划人类的生活和生存空间,沿线景观资源的建设保持持续的、稳定的、前进的势态。

2. 动态性原则

随着时代的发展和人类的进步,道路景观也应存在一个不断更新演替的过程,在道路景观的设计中应考虑到道路景观的发展演替趋势。

3. 地区性原则

我国地大物博,不同地区有其独特的地理位置和地形地貌特征、气候气象特征、植被覆盖特征等。同时,不同地区的人民有自己独特的审美理念、文化传统和风俗习惯。因此,道路景观的规划、设计中应考虑其地域性特点,形成不同地区特有的道路景观。

4. 整体性原则

道路景观规划设计中,均应将道路宽度、纵坡、平竖曲线、道路交叉点、道路连贯性及其构筑物、沿线设施、道路绿化等与沿途地形、地貌、生态特征、景观资源等作为有机整体统一规划与设计,使道路建设的人工景观与原有的自然景观协调和谐。

5. 经济性原则

在道路景观的规划和设计中，不必将精力放在那些耗费大量人力、物力、财力的观赏景观塑造上，而应着重考虑对道路沿线原有景观资源的保护、利用与开发，以及对道路本身和沿线设施、构筑物等作为人文景观与原有地形、地貌、自然环境的相容性研究上。

四、道路景观的设计理念

1. 注重场地的设计理念

对要设计的场地进行现场考察、了解、分析、研究，是在着手进行设计前必须要做的基础工作。这种场地分析的对象包括场地周边的自然环境、气候特点、交通状况、人文特点、人口状况、周边的建筑形态、绿化及植被状况等诸多因素。尊重场地，因地制宜，寻求与场地和周边环境密切联系、形成整体的设计理念，应成为道路景观设计的基本原则。景观规划设计的作用并非在于刻意创新，更多地在于发现，在于用专业的眼光去观察、去认识场地原有的特性，发现它积极的方面并加以引导。其中，发现与认识的过程也是设计的过程。因此说，最好的设计看上去就像没有经过设计一样，只是对场地景观资源的充分发掘、利用而已。这就要求设计师在对场地充分了解的基础上，概括出场地的最大特性，以此作为设计的基本出发点。每一个场地都有巨大的潜能，要善于发现场地的灵魂。

2. 注重空间的设计理念

道路景观是由两部分组成的，一是由一些景观元素构成的实体，一是由实体构成的空间。实体比较容易受到关注，而空间往往容易被忽略。尤其是我们目前的设计方法，常常只注重那些硬质实体景物，对软质实体景物相对忽视，对空间的形态、外延，以及邻里空间的联系等注重不够，形成各种堆砌景物的设计方法。因此，注重空间结构和景观格局的塑造，强调空间胜于实体的设计理念，针对视觉空间领域进行整体设计的方法，对我们来说显得尤其重要。老子在《道德经》第十一章中说："……故有之以有利，无之以为用。"也就是说，实体的"有"之所以给人带来物质功利，是因为空虚处的"无"起着重要的配合作用。

3. 注重时效的设计理念

道路景观设计与道路路体设计最大的区别，在于道路景观是随季节和时间变化的，是有生命的，是不断地生长、运动、变化的。因此道路景观规划设计必须认真研究时间性和时效性因素，注重道路景观随时间变化的效果，以塑造随时间延续而可以更新的、稳定的道路景观。

4. 注重地域景观再现的设计理念

所谓"地域性"景观，就是指一个地区自然景观与历史文脉的总和，包括它的气候条件、地形地貌、水文地质、动植物资源，以及历史、文化资源和人们的各种活动、行为方式等。我们所看到的景物或景观类型都不是孤立存在的，都是与其周围区域的发展演变相联系的。道路景观设计应针对大到一个区域、小到道路沿线周围的景观类型和人文条件，营建具有当地特色的道路景观类型。

5. 注重简约的设计理念

"少即是多"，简约并不是简单，相反却是对本质的深度挖掘和坦诚表现。高度概括的设计方法和惜墨如金的表现手段，是简约设计理念的基本要求。简约的设计理念包括三个方面的内容：一是设计方法的简约，要求对设计对象进行认真研究、分析，从而抓住其关键性因素，减少细枝末节过多的纠缠，以求少走弯路；二是表现手法的简约，要求简明和概括，以最少的元素、景物，表现景观最主要的特征；三是设计目标的简约，要求充分了解并顺应场地的文脉、肌理、特性，尽量减少对原有景观的人为干扰，也就是"最小干预"的原则。简约的理念实际上是要求有的放矢，反对闭门造车的设计方法。

6. 注重生态的设计理念

近年来，随着全球保护生态环境的呼声日益高涨，道路的规划、设计、建设者们开始注重生态理念在道路景观设计中的运用。道路规划设计与建设中，应努力把生态理念落实在一些具体的设计方法上。生态学的本意是要求规划设计者要更多地了解生物，认识到所有生物互相依赖的生存方式，将各个生物的生存环境彼此连接在一起。这实际上要求我们要具有整体的意识，小心谨慎地对待生物、环境，反对孤立的、盲目的整治行为。不能把生态理念简单地理解为大量种树、提高绿化量。此外，生态学原理要求我们尊重自然、师法自然、研究自然的演变规律；要顺应自然，减少盲目地人工改造环境，降低道路景观的养护管理成本；要根据区域的自然环境特点，营建道路景观类型，避免对原有环境的彻底破坏；要尊重场地中的其他生物的需求；要保护和利用好自然资源，减少能源消耗等。因此，荒地、原野、废墟、再生、节能、野生动物、植物、废物利用等，构成道路景观生态设计理念中的关键词汇。

7. 结合自然的设计理念

是"以人为本"，还是"以自然为本"；是改造自然，还是顺应自然，不能片面地加以肯定或否定。一般来说，在城市道路景观设计中，应较多地考虑到人工与自然结合，考虑到自然的人工性手法；而随着城市环境的远去，在公路景观设计中，自然的作用应增强。景观设计实际上反映出设计者对自然的认识、理解，并通过设计手段加以表现，自然始终是设计的源泉。

8. 注重科学的设计理念

道路景观设计是一门涉及面广、错综复杂的边缘性学科，与多门学科交叉并受到它们的影响，如道路工程、桥梁工程、力学、生物学、生态学、环境学、土壤学、植物学、美学等。因此，道路景观规划设计应采取科学严谨的治学态度，充分研究和了解各个学科特征，运用现代科技手段，强调科学的设计方法。

9. 注重个性的设计理念

在一个越来越强调个性发展和个人价值的社会，个性体验、个人理解和个人感情的投入，在道路景观设计中的地位也日益重要，也是道路景观设计多样性和丰富性的保证。注重个性的设计理念，并非鼓励个人刚愎自用或脱离实际闭门造车，而是强调个人对自然、对社会、对生态、对艺术、对历史等的独特理解，在旅行中的独特体验，以及个性化的设计表现手法，强调个人对道路景观内涵与本质的独特认识。

五、道路景观的设计方法

道路的快速通行运输功能决定了道路景观结构体系具有绳(线形景观)结(点式景观)模式。这一特定景观结构模式的设计涉及动态的、自然的与人工的、视觉上的与情感上的问题，其规划设计思路与方法大致如下：

1. 以安全为前提

保证道路畅通、安全是前提。需保证运输畅通与行驶安全,避免对驾驶人和乘客造成心理上的压抑感、恐惧感、威胁感及视觉上的遮挡、不可预见、眩光等视觉障碍,为驾驶人和乘客创造安谧的环境。

2. 以生态为根本

道路景观生态规划是根本。道路的建设旨在推动经济发展,但经济的发展不能以生态系统的破坏为代价。因此,道路景观的规划、设计和建设中,应贯彻景观生态学的思想,合理优化利用道路沿线的土地资源、生态资源及环境资源,使道路建设走可持续发展之路。

3. 线形景观设计重在"势"

我国古代环境设计理论中有"形势"说,千尺为势,百尺为形,恰可用于道路景观设计。"形势"说中关于形和势的概念如下:"形"有形式、形状、形象、近景等意义,"势"则指姿态、态势、趋势、远观等意义。

线形景观的观赏者多处于高速行驶状态下,在这一状态下景观主体对景观客体的认识只能是轮廓。因此,线形景观的设计应力求做到形体连续、流畅、自然且通视效果好,与其他环境要素相容协调。在诸多线形景观要素中,设计的关键是道路自身的线形与体态。

4. 点式景观设计重在"形"

道路通过村、镇、城乡及立交、收费站、加油站、服务区等处的景观,其观赏者除一部分处于高速行驶状态外,还有很大部分处于静止、步行或慢速行驶状态。因此,这些部位景观的设计重点在"形"的刻画与处理上,如道路本身的形体、形象设计,绿化植物的选择搭配,交通建筑与地方建筑的协调,场所的可识别性、可记忆性,道路景观与区域原有景观的协调及周围人文景观与自然景观的保护、利用、改造与完善。

5. 整体景观设计重在"态"

以分解的眼光看待世上所有的自然形态、人造形态和偶发形态,本质都是由点、线、面所构成的。然而点、线、面如何能给人以一定的感情,甚至强烈地感染人的心灵,无疑要依靠点、线、面自身的表现力(视觉语言),诸如软硬、动静、坚挺、柔和、热烈、肃穆、生命力等。因此,在道路景观设计时,要把握道路主体体现的情感状态,使道路景观与人的情感相互交融。

第三节 道路景观设计的任务、程序与步骤

一、道路景观设计的任务

道路景观设计是道路设计的组成部分,要使道路线形优美,同自然融合,与周围环境协调,让驾驶人有开阔的视野,车中的乘客有良好的空间环境,设计的主要任务如下。

1. 道路本身各组成要素要和谐优美

道路景观如同一位演员一样,必须本身具有良好的体能素质,或美丽婀娜,或矫健英武,气质高雅,仪态端丽,不能仅靠化妆、服饰或涂脂抹粉。同样,一条道路的景观,首先要线路本身顺畅、协调、优美,平面、纵面、横断面、桥涵构造物匀称融洽,不能仅靠路外栽花种树或建筑小

品的点缀。一条高质量的道路,除了功能性质完善,线形、结构物等各项指标均能达到有关规范与技术标准的要求外,各个组成要素之间要相互协调和谐,平面上的直线、圆曲线、缓和曲线、左右偏角要互相配合,以期视野开阔,视觉连续舒顺;纵断面上升坡、降坡、大坡、小坡、长坡、短坡、凸曲线、凹曲线,半径的大小、曲线的长短要有机配合、相互协调,使车行其上犹如行云流水起伏有致,既不单调枯燥,又使人有曲径通幽、柳暗花明之感;既不突变、剧变,而又车移景换,景色常新;既要平面协调、纵面协调,又要平、纵组合协调,平、纵、横协调,整体协调配合(见图11-11 平、纵线形组合图式)。即要进行所谓的立体三维线形的组合设计,再加上高速动态视线的透视分析,也就是四维空间组合设计,通过计算机仿真透视图的分析,使路线线形平顺流畅、优美和谐,无脱空、突变,行车顺适舒畅、安全愉悦。

六种组合方式的主要特征示意如图11-11所示。

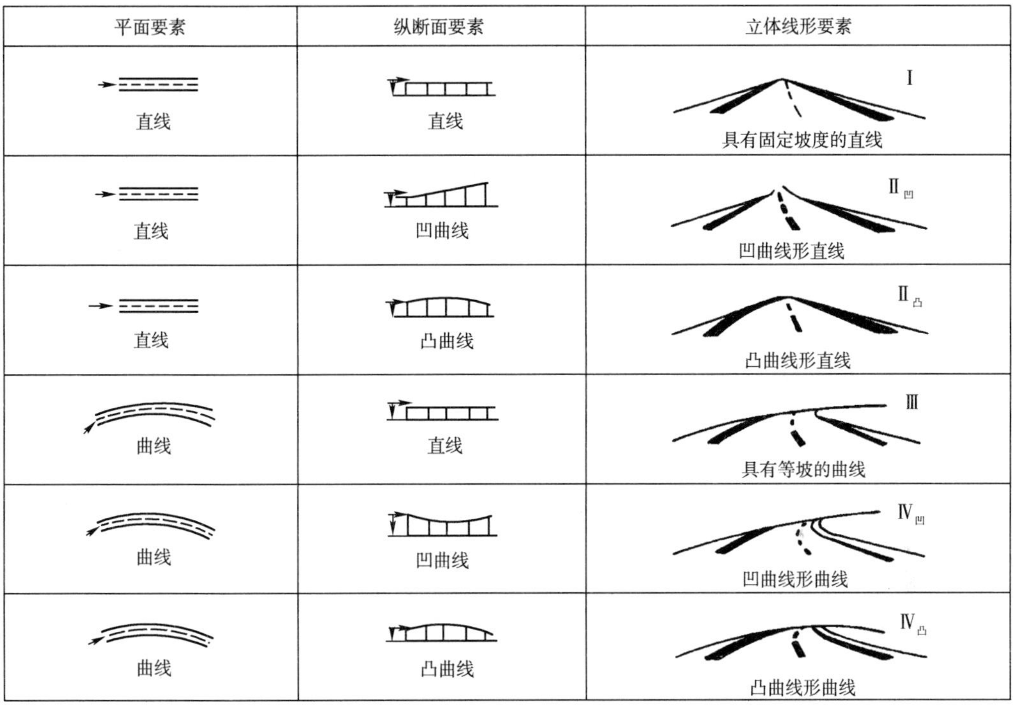

平面要素	纵断面要素	立体线形要素
直线	直线	具有固定坡度的直线 Ⅰ
直线	凹曲线	凹曲线形直线 Ⅱ凹
直线	凸曲线	凸曲线形直线 Ⅱ凸
曲线	直线	具有等坡的曲线 Ⅲ
曲线	凹曲线	凹曲线形曲线 Ⅳ凹
曲线	凸曲线	凸曲线形曲线 Ⅳ凸

图 11-11 平、纵线形组合的立体线形透视形状示意图

注:图11-11摘自《公路线形设计》。北京:人民交通出版社,1981。

2. 路线要与周围自然环境融合

首先是线路与地形结合,要使道路线形与地形地貌相适应,并融合于大自然之中,成为当地风景的一个重要部分;其次是路线也要与沿线山丘、水体、森林等自然物协调和谐,充分利用山坡、山峰、河流、湖泊、森林为道路景观增色。必要时还要适当种树、栽花,增强线路的绿化与线形特征,美化环境。道路上各种附属物,如交通安全设施、服务设施、管理设施等也要精心设计、细致安排,使其在具备本身应有的功能之外,也能与道路周边协调,为景观增色。

3. 道路要同周围人工建筑物组合协调

道路要同沿途的村庄、电站、停车站、加油站、商店、坝闸等建筑结构物的空间组合,特别是城市道路要与两旁建筑物群和空间的组合设计,建筑的疏密、高低,街道的宽窄、断面形式,空间的大小、开合,线形的直曲,或依山、或临水相协调。需要精心组织、统筹规划、综合布局、协调发展,使不同的路段形成不同特点、不同氛围的道路景观,使乘客与驾驶人感到心情舒畅。图 11-12 为街道宽度 B 与高度 H 之比不同,使行人产生不同的感受。

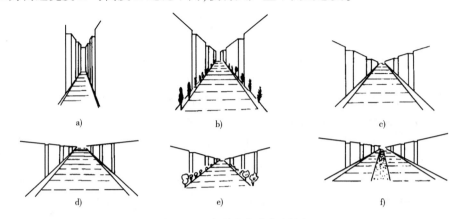

图 11-12 空间给人的感受示意图
a)$B/H=0.5$;b)$B/H=1.0$;c)$B/H=1.5$;d)$B/H=2.0$;e)$B/H=2.5$;f)$B/H=3.0$
注:图 11-12 摘自《城市道路规划与美学》.南京:江苏科学技术出版社,1994。

4. 视线引导的布局设计

视线引导是指通过科学合理的线形布设、沿线绿化、路口栽植等景观设计,使驾驶人在较长距离内或较大的视域可以较早地预知或预感路线走势和前方道路线形的变化,从而可以从容地选择车速和采取有效的措施,以保证车辆行驶平稳、舒顺、安全。

5. 道路绿化体系设计

绿化栽植既可以防止水土流失、保护环境、改善生态,还可以美化环境、增添景色、丰富景观,反映道路线形走势、地方特色,避免驾驶人视觉单调枯燥。

总之,为了实现保护自然和维护景观的目的,要依据道路规划平面图,把各个局部的具体要求和措施在景观规划设计中予以分析说明和补充完善。景观设计应说明有关设计范围的自然条件、有价值的地区和景物的分布现状,以及人为的影响和这种影响对自然环境所起的作用。

通过调查所得到的历史和现状资料,经过论证评价可作为景观要素或景点的,应提出相应的保护自然或作为景观设计的设想目标,并采取工程技术与组织协调措施。

景观设计过程必然会碰到各种矛盾,设计时应分析矛盾、解决矛盾,提出保护有价值的原有风景、创建新的景观及组成要素的建议。

二、道路景观设计的程序

道路景观设计大致可分为三个阶段:协调规划阶段、技术设计阶段和实施性设计阶段,现简述如下。

1. 协调规划阶段

道路景观规划设计不应孤立进行,必须同道路规划与线形设计协调进行。首先,通过对线路所在地区或街道周围进行有关文物景观资源方面的文献资料收集、整理,或深入现场对当地的地形、山水、林木、历史、文物、建筑、景点等调查记录,探讨公路或城市道路在地区或城市中的地位、性质与作用,用路者或附近居民的意见愿望,研究规划的主导目的与基本思路,对主要景观资源的未来发展及与道路的协调性进行分析评估,然后在此基础上提出景观规划的几种设想与不同思路的规划方案。通过专家和群众代表的评议,结合道路线形规划设计,选定与道路协调较好且可以实行的规划方案。

2. 技术设计阶段

在方案设计主导思想定位的基础上:

(1)决定道路的线形空间组成、重点景观内容与景观基本构造的设计,包括道路的平、纵线形和各相关景观要素的尺度、比例等,一般称为景观的构造设计。

(2)要点设计或重点设计,主要研究对景观有突出影响的交叉路口,特别是枢纽、大型立交、桥梁、服务区等,在城市道路主要有广场、停车场、行人天桥及主要建筑物的处理。

(3)景观要素设计,包括照明设备、道路设施的选用布置,道路交通标志、标线、路面选型与绿化系统的设计等。

3. 实施性设计阶段

在前述技术设计的基础上,从整体方面进行评价协调,必要时进行补充、修改、调整,或在现场核对修改,然后绘制平面、纵面、横断面构造图、设备图、施工图等。

三、道路景观设计的步骤

道路景观设计同任何其他设计相同,应先做好调查研究工作,调查分析线路周边的自然环境和景观现状,线路的性质、功能等。道路景观规划设计的内容就是对道路用地界限内及用地范围外一定宽度的带状走廊里的自然景观与人文景观的保护、利用、开发、创造、设计与完善。因此,从以下几个步骤考虑道路景观设计。

1. 现场调查

现场调查应在道路设计开始阶段作为道路布局和线路定位必须考虑的问题。在确定线路性质功能时,通常应绘制重要景观文物的草图,并进行环境协调的检查。道路设计必须包括景观设计的内容要求等,如对所选路线在自然、经济、景观、客货运量方面的状况、作用、功能及线路直接影响范围内的情况等均应加以说明。

需要根据现场调查,结合路网规划、道路功能、交通量及社会、经济等因素综合拟定路线走廊带方案。景观环境评估就是认知不同路线走廊带内的景观环境状况,分析景观环境符合道路开发活动的适宜性等级,为路线走廊带方案的比选提供决策依据。同时,根据景观质量等级,确定与景观环境相适应的道路建设策略,合理保护、利用和开发各种景观资源,提高景观规划管理和决策的科学性。

2. 做好同相关单位的协商工作

在道路线位大致确定之后,就要尽早与环保、园林、水务、森林、文物、国土管理等有关部门协商,及早申报并确定是否要在道路设计中说明道路与自然景观的协调措施,是否要制订一个景观保护的规划,作为道路设计的一部分。在制订景观保护规划时,必须从充分尊重自然景观的观点出发,维护景观,保护景观,并在 1:5 000 的比例图上绘出,表明所涉及景观与相邻地带的相互关系,以便充分掌握与评价一切景观生态与景观造型的关系。其中,一般要协商处理的有以下几个问题:

1)自然条件、历史文物

地形、岩石和土、水、气候、植物、动物、保护区、保护物、保护珍贵物种的生态、历史文物、人文景观、社会景观等的借景、利用,应取得相关单位的同意。

2)土地使用

在工程中占用的农业土地、林业土地和疗养区等各项用地的范围需经过协商确定。

3)道路线形和横断面造型

道路通过选线、定线、土方结构物和人工结构物的造型和种植等构成道路景观,这些对自然、景观、相邻地带都会产生作用和影响。

4)景观造型措施

主要的景观造型措施有保护措施、协调措施与补充措施等,这些措施对相关单位的影响应采用地形图加以反映并给予分析。

同时,在协商过程中,应有全局观念,综合考虑、预想景观的实质形态和空间形态,做出总体布局,使景观的结构功能、细部处理与道路工程等各个因素彼此相协调,形成一个有机的整体。在景观总体布局设计构思中,既要考虑景观资源有效开发利用、空间层次结构、美观等因素,同时还要考虑当地历史文化背景、周围生态环境条件等因素,在设计中通过景观空间的组合划分、景观空间序列的布局使景观在空间尺度上获得较好的布置与安排。

3. 技术设计与实施设计

技术设计通常以适当形式对具体景观设计进行补充、修改。在特殊情况下和在局部范围内,如取土坑的造型,其景观设计可以用大比例尺的图和横截面标志做必要的补充、完善。

第四节 道路结构物景观与绿化设计

一、道路结构物景观设计

人们把道路工程的景观造型看作能美化道路、协调平衡道路对自然和景观的影响,并能将道路和景观融合在一起的一种有效措施。

1. 一般造型原则

道路的新建和改造根据运输要求、运输政策、设计方针和空间布局目标确定。路线设计必须尽量减少对自然和景观的负面影响。

道路对自然和风景的影响是由所选择的设计要素综合造成的,因此,在确定设计速度时,除了要考虑交通技术和经济观点外,还必须结合地形条件和自然经济情况,适当考虑维护景观的观点。

在自然保护和维护景观方面,在选择平面与立面设计线形时,同样也必须做大量调整,并尽量避开对有特殊意义的自然区域和景观的影响。

为了避免自然和景观的损失,路线应尽可能按原有地带坡度设置,使总的土方调配数量最小,降低工程造价。

在选择景观造型措施时,必须考虑它们在生态、工程和经济方面的影响。

2. 平面造型

在路线的平面设计中,必须尽量避免错误地割断生态景观空间或视觉景观空间的做法。种植树木是补充景观的措施。在曲线外侧种植树木,使曲线变化非常明显,而在曲线内侧则必须保证所要求的视野,从路堤到结构物的过渡段可通过植树以增强识别特征,并使造型与景观恰当地配合。由路堤到路堑的变化段,在设计中应注重细节处理。

3. 立面造型

只要控制点和自然条件许可,考虑到路线立面造型和经济的理由,道路的坡度应与地带自然坡度接近。

跨越山谷时,根据视距和生态的要求,对于在什么条件下可用桥梁结构物来代替高路堤,需要做专门的调查分析。

有中央分隔带的双幅公路,在斜坡上来去两幅公路设计高程不同时,通常对造型和经济均显得较为有利。

在凸形竖曲线范围内种植树木,应着重强调视野,要使驾驶人及时了解路线的变化。

只要不违背安全和交通工程的观点,在平原地区,对道路景观造型比较有利的做法是采用与地带相协调的坡度,并采用较大的竖曲线半径,这样可使线路获得较为平顺的变坡点。

4. 横断面造型

除了平面和立面设计中的线形外,横断面造型对道路与景观的恰当配合有特殊意义。横断面造型的目的是使边坡造型和现有景观与绿化相适应。由于景观原因和经济上的因素,常常会引出更加有力的造型措施。

对于单一的交通方式,如自行车和行人交通,应规定各自的交通空间,有可能时不仅应有足够尺寸的分隔带,而且应有一个明显的横断面净空。此分隔带的绿化、保护作用和造型功能应得到足够的重视。

横断面造型借助于植树得到改善,应注意调整从车行道到侧向植树的规定距离,通常也要适当地注意树木到道路用地边界的距离(图 11-13)。征购土地面积的横向宽度由植树带的宽度和侧向间距共同决定。

对双幅公路,根据地区条件可以考虑下列特殊解决形式。

1)扩大中央分隔带

由于造型的需要和为了保护珍贵的地物,可以把中央分隔带扩大成分开两幅道路的形式。

2)在斜坡上布置高低双幅公路

由于地带形态、造型、交通工程和经济原因,同时也为了尽量减少对自然和景观的不良影响,常在斜坡上布置两幅高低不同、分道行驶的双幅公路。这样既降低了工程造价,又改善了景观环境。

5. 交叉路口的景观设计

对于非主要道路上车流量不大、行人较多的交叉口,可以仿照西欧做法,在交叉口设置纪念碑、喷泉广场,成为具有观赏吸引力的景点。转角处的建筑物的艺术造型往往使路口具有明显特色,更多的情况是让交叉路口四角建筑后退,创造较为开阔的空间。在不妨碍转弯交通与驾驶人视线的前提下,可布置一些雕塑、树木、报亭,以加强路口的景观印象。有时还借助于合理的布置和适当的绿化造型,来突出并促使人们识别和加深对交叉口的印象。为了在任何情况下都不影响交叉口的行车视线,只允许在要求的视野外种植小丛林(图 11-14)。

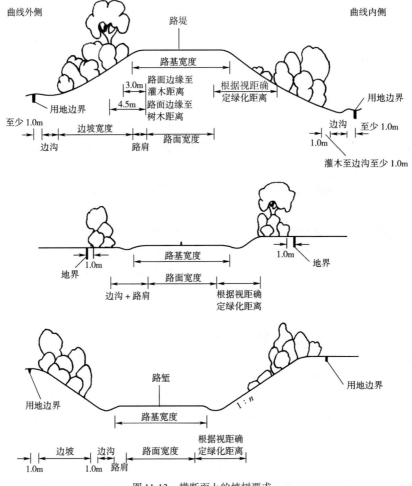

图 11-13　横断面上的植树要求

交叉口造型的目的是节省用地面积和获得良好的地面景观。对于立体交叉匝道和匝道所包围的土地也要充分利用,以美化环境、改善景观。

丁字形交叉口汇合处推荐在支路的对面范围内种植密集的树木,在汇合道路的右侧延伸的树木会引起驾驶人的注意,从而降低驶近交叉口的速度(图 11-15)。由于景观要求,同时也有经济方面的原因,应在连接匝道周围种植树木。

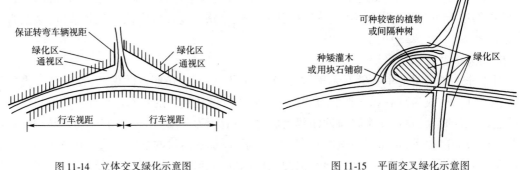

图 11-14　立体交叉绿化示意图　　　　　图 11-15　平面交叉绿化示意图

6. 构造物的景观造型

构造物造型必须特别细致。按照景观特征和构造物的类型,往往可侧重于上部、中部或下部。

构造物可以是桥梁、挡土墙、隔声墙或其他显而易见的结构设施。在造型时,注意力不仅要放在有关工程技术和经济问题上,而且要考虑优美的结构形式和色彩、塑造的景观特点,以及本地区的结构形式和建筑材料。

预制构件形式的特殊结构物和较小的结构物,如涵洞和农村道路上的小桥,需要认真细致地造型,并注意与景观的配合。

挡土墙和护面墙需将高程约束在绝对必要的尺寸内,有可能时应尽量采用植物绿化遮盖措施,既可保护墙体,又能美化环境。

7. 取、弃土场的处置

在确定取、弃土场的位置时既要便于施工,又要有利于景观与生态保护。根据距离道路远近、坡面情况、视觉敏感程度等条件,把取、弃土场分为两类,其中一类取、弃土场距离道路较远或视觉敏感性较低,对景观影响较小,主要措施是恢复植被、保持水土;而另一类取、弃土场则距离道路较近、视觉敏感性高,不仅要恢复植被、保持水土,还要采取景观遮挡或视觉诱导等措施。

8. 隔声墙的处置

隔声墙的造型特别要把注意力放在材料、形式和色彩上,借助于它们使噪声防护与景观协调。墙与墙的组合形式常常可以改善隔声墙的外观。广泛应用本地的小丛林作为噪声防护措施应尽先考虑。隔声墙的结构状态除需符合规范要求外,应尽可能使其美化、简约并保持地方特色。

9. 挡土墙景观设计

挡土墙景观设计的原则为应在满足功能的前提下,进行美化处理;应考虑尺度、比例、材质、色彩等因素对景观的影响,将其自然地融于周围环境之中,尽量做到质朴而不突显;应通过结构的尺度、形状、材质、色彩等体现景观效果,不宜在墙面上进行小尺度的图画或浮雕装饰。

挡土墙景观设计的要点包括:表面孔隙化;高度减缓化;坡度放缓化;材质自然化;高墙分极化。

二、道路绿化设计

1. 交通方面要求

合理安排种植树木能满足或加强交通的视线要求。

(1) 视觉引导。驾驶人借助道路的空间造型,尤其是种植的树木,了解前方道路变化的趋势走向。在夜间黑暗时或在有雾和下雪时,树木有助于驾驶人识别道路线形和侧向界限,而在白天时则能看到比较远的距离,使驾驶人在心理上产生宽松的感觉。这种心理效果,有防止驾驶人疲劳、提高交通安全的功效。

(2) 运行速度的调节。通过种植灌木林构成道路空间的轮廓,会对运行状态产生影响,并使运行速度与路段特征相适应。

(3) 交叉口的识别性。恰当地安排小灌木林的种植,通常能提高入口处和交叉口的识别性或易辨性。

(4) 挡光防眩作用。中央分隔带的小丛林带优先担负起挡光防眩的作用,即便平行运行的两条道路,也要尽量用植树遮隔。

(5) 遮拦、保护与防风。道路侧面如果有足够宽度和深度的密集灌木林,那么就有遮拦与保护道路的作用。灌木林会减小侧向强风对道路的威胁。

(6) 防雪影响。结构和间隔合理的灌木林带能起到阻拦吹雪的作用,可使吹雪从林带上空吹过道路,而不影响道路的使用。

2. 工程技术要求

建挡土墙、铺砌块石与边沟加固等,在很多情况下可以用植物覆盖措施全部或部分地代替。植物覆盖措施对工程排水有积极作用,它可代替部分排水设施的功能。

(1) 防止土壤侵蚀。为了阻止地表水和强风对土的侵蚀,对于未加固的路肩、边坡、护坡台阶,以及其他由于土方作业产生的新界面、停车场和停车带等,均应借助种植、铺草皮或其他防护措施加以保护。

(2) 防止土体滑塌。对于有滑塌危险的边坡和斜坡,应借助深根灌木和植物覆盖措施予以防护,对于不同状况,应采取不同的措施与施工方法以防止滑塌。

(3) 防止落石和雪崩。在边坡和斜面上密集生长的植物对落石和雪崩具有一定的防护作用,必要时可以采用附加技术措施。

3. 景观保护要求

(1) 乔木、灌木、路边草皮和绿篱是景观的重要组成部分,而且能发挥各种各样植物的作用。

道路空间以外的森林、草皮和灌木丛等能对现有的景观做补充。它们能调整工程中难以避免的景观影响,并能保持动植物界有价值的生态平衡。一定的景观结构,如山谷、高地、静止和流动的水域,以及其他景观特征要素,一般应尽量保持它们原有的景象,并包括在景观设计中。

(2) 保护有价值的区域和物体。有价值的区域和物体原则上应保留,要尽量调整路线以避免损害,或使之减小到最低限度。

(3) 防止噪声、灰尘和废气。栽种密集的尽可能高的阶梯形灌木能防止一定范围内的交通噪声。种植灌木还可缩小尘埃和废气的扩散范围,降低风速,而且气体中的部分有害成分能被灌木树叶吸收。

(4) 遮挡视线。在住宅区和疗养区,通过种树可以遮住道路,同样,树也可以遮隔杂乱的施工区和工业区对道路的干扰。

(5) 适应环境的结构物。结构物应通过合理的景观造型,并借助树木的作用与周围环境相协调。

(6) 取土坑和废料堆的造型。取土坑和废料堆应通过重新整理与有计划地造型及合理利用(做疗养区、林业区和农业区)而成为美的景观。

(7) 储水池的造型。汇集地表水的储水池的景观造型要合理,并应尽量促进潮湿地带和水体的生态平衡。

(8) 改善地带气候。种植灌木并合理地进行景观布局,可使景观空间地带的气候受到有利的影响;另一方面,必须避免灌木产生不利于地带气候的作用。

(9) 保护动物。尽量不要损害受保护动物的生活场所,对于可能阻隔动物移动的路段,应设动物过道。可增辟新的水面和适宜植物生长的地点,以改善野生动物的生活条件。

第十一章 道路景观设计

【复习思考题与习题】

1. 为什么交通工程学要讲道路景观设计？道路景观设计的根本目的是什么？如何理解道路景观设计的性质、作用？其发展趋势如何？
2. 道路景观的含义、内容、要素及组成是什么？
3. 道路景观设计的主要任务、程序与基本要求是什么？
4. 道路景观设计各项原则的出发点是什么？如何适应我国的实际情况？如何改进提高？
5. 道路景观设计的难点、重点是什么？如何才能做好道路景观设计？
6. 道路景观设计三个阶段各自的重点、难点是什么？如何做好协调规划阶段的工作？
7. 绿化设计在道路景观设计中的性质、作用是什么？如何做好绿化设计？

第十二章
新技术在交通工程中的应用

第一节　地理信息系统及其在交通工程中的应用

一、GIS 的基本概念

近年来,地理信息系统(Geographic Information System,GIS)无论是在理论还是在应用方面都处在一个飞速发展的阶段。它已被应用于多个领域的建模和决策支持,如自然资源、城市管理、区域规划、交通规划管理与控制、环境整治和应急反应等。地理信息成为信息时代重要的组成部分之一。

1. GIS 的定义

GIS 是以地理空间数据为基础,在计算机软硬件的支持下,对空间相关数据进行采集、管理、操作、模拟、分析和显示的计算机技术系统。从外部看,GIS 表现为计算机软硬件系统。其内涵是由计算机程序和地理数据组织而成的地理空间数据模型,是一个逻辑缩小的高度信息化的地理系统。从视觉、计量和逻辑上对地理系统在功能方面进行模拟,信息的流动及其结果完全由计算机程序的运行和数据的交换来仿真。GIS 的应用人员可以在 GIS 的支持下,提取地理系统的不同侧面、不同层次的空间和时间特征信息,也可以快速模拟自然过程的演变和思维过程,取得地理预测和试验的结果,并选择优化方案,避免错误的决策。

2. GIS 的特征

GIS 具有以下三个方面的特征：

(1) 具有采集、管理、分析和输出多种地理信息的能力，具有空间性和动态性。

(2) 由计算机系统支持进行空间地理数据管理，并由计算机程序模拟常规的或专门的地理分析方法，作用于空间数据，产生有用信息，完成通常难以完成的任务。

(3) 计算机系统的支持是 GIS 的重要特征，因此，GIS 能快速、精确、综合地对复杂的地理系统进行空间定位和过程的动态分析。

3. GIS 的内容体系

GIS 所涉及的内容非常广，其内容体系如图 12-1 所示。

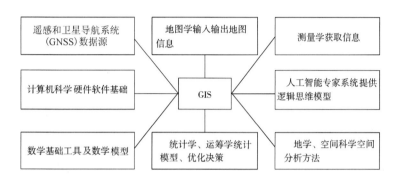

图 12-1　地理信息系统内容体系

注：本图依据《GIS 空间分析理论与方法》绘制。

二、GIS 的发展概况

GIS 脱胎于地图，它和地图都是地理信息的载体，具有获得、存储、编辑、处理、分析与显示地理数据的功能。地图是地理学的第二代语言，而 GIS 是地理学的第三代语言。

1. 国际上 GIS 的发展

国际上 GIS 的发展可以分为以下四个阶段：

(1) 20 世纪 60 年代——开拓发展阶段

1963 年，加拿大测量学家汤姆林森（R. F. Tomlinson）首先提出了"地理信息系统"这一术语，并建立了世界上第一个实用的 GIS——加拿大地理信息系统（CGIS），用于自然资源的管理和规划。这时 GIS 的特征是和计算机技术的发展水平联系在一起的，表现为计算机存储能力小，磁带存取速度慢，计算机辅助地图制图能力较强，地学分析功能比较简单。

(2) 20 世纪 70 年代——成长巩固阶段

进入 20 世纪 70 年代以后，由于计算机技术及其在自然资源和环境数据处理中的应用，促使 GIS 迅速发展。一些发达国家先后建立了许多不同专题、不同规模、不同类型、各具特色的 GIS。GIS 的发展使一些商业公司开始活跃起来，GIS 软件在市场上受到欢迎。同时，以遥感数据为基础的 GIS 逐渐受到重视。

(3) 20 世纪 80 年代——突破阶段

这一时期是 GIS 发展的重要时期。计算机价格大幅度下降，功能较强的微型计算机系统普及，图形输入、输出及存储设备快速发展，大大推动了 GIS 软件的发展，人们研制了大量的微机 GIS 软件系统。GIS 基础软件和应用软件的发展使得 GIS 的应用领域迅速扩大,从资源管理、环境规划到应急反应,从商业服务、区域划分到政治选举分区等,涉及了许多的学科与领域,如古人类学、景观生态规划、森林管理、土木工程及计算机科学等。

(4) 20 世纪 90 年代至今——社会化产业化网络化阶段

进入 20 世纪 90 年代,计算机在全世界迅速普及。一些基于 WINDOWS 和 WINDOWS NT 的桌面 GIS,如 MAPINFO、ARCVIEW、GEOMEDIA 等软件以其界面友好、易学好用的独特风格,使 GIS 在很多行业得到了很好的应用。特别是 20 世纪 90 年代互联网的发展,为 GIS 在互联网上运行提供了必要的技术条件,各软件厂商争相研究出了基于万维网的 GIS 软件。

尽管 GIS 有着广泛的应用潜力,但是它的应用目前还仅在少数领域比较成熟,如地图制图与数据发行、自然资源管理与评价、地籍管理、城市与区域规划,以及美国、加拿大等国的人口普查。GIS 在许多其他领域的应用才刚刚起步,且多数应用是在各级政府部门实现的。

国家级乃至全球性的 GIS 已成为公众关注的问题,许多国家都制定了"信息高速公路"计划,并提出了"数字地球"战略,而 GIS 是其中的关键技术之一。毫无疑问,GIS 将发展成为现代社会最基本的服务系统。

21 世纪是信息时代,网络化 WebGIS 得到进一步的发展。GIS 进入信息化服务阶段,研究问题不再局限于原理、方法和技术问题,还涉及社会化应用中的管理、信息标准、产业政策等软科学研究领域,地理信息产业在网络技术推动下逐渐走向成熟。

2. 我国 GIS 的发展概况

我国 GIS 的起步稍晚,但发展势头相当迅猛,大致分为以下三个阶段:

(1) 20 世纪 70 年代——起步阶段

20 世纪 70 年代初期,我国开始在测量、地图制图和遥感领域中推广电子计算机的应用。国家测绘总局系统开展了一系列航空摄影测量和地形测图工作,为建立 GIS 数据库打下了坚实的基础,解析和数字测图、机助制图、数字高程模型的研究和使用也同步进行。1977 年,诞生了第一张由计算机输出的全要素地图。所有这些都为 GIS 的研制和应用做了技术上的准备。

(2) 20 世纪 80 年代——试验阶段

进入 20 世纪 80 年代之后,我国 GIS 进入全面试验阶段。在典型试验中主要研究数据规范和标准、空间数据库建设、数据处理和分析算法及应用软件的开发等。以农业为对象,研究有关质量评价和动态分析预报的模式与软件,并用于水库淹没损失、水资源清查、环境质量评价与人口趋势分析等多项专题的试验研究。在专题试验和应用方面,在全国大地测量和数字地面模型建立的基础上,建成了全国 1∶100 万地图数据库系统和全国土地利用信息系统、1∶400 万全国资源和环境信息系统及 1∶250 万水土保持信息系统,并开展了黄土高原信息系统及洪水灾情预报与分析系统等专题研究试验。用于辅助城市规划的各种小型信息系统在城市建设和规划部门也获得了认可。

在这一阶段,我国在 GIS 理论探索、硬件配制、软件研制、规范制定、区域试验研究、局部系统建立、初步应用试验和技术队伍培养等方面都取得了进步,积累了经验,为在全国范围内展开地理信息系统的研究和应用奠定了基础。

这一期间,GIS 技术应用开创了新的局面,并在全国性应用、区域管理、规划和决策中取得了实际的效益。

(3) 20 世纪 90 年代至今——全面发展阶段

20 世纪 80 年代末到 90 年代,随着社会主义市场经济的全面发展,我国的 GIS 步入快速发展阶段。执行 GIS 和遥感联合科技攻关计划,强调 GIS 的实用化、集成化和工程化,力图使 GIS 从初步发展时期的研究试验、局部应用走向实用化和生产化,为国民经济重大问题提供分析和决策依据,努力实现基础环境数据库的建设,推进国产软件系统的实用化、遥感和 GIS 技术一体化。这期间开展的主要研究及今后尚需进一步发展的领域有:重大自然灾害监测与评估系统的建设和应用;重点产粮区主要农作物估产;城市 GIS 的建设与应用;建立数字化测绘技术体系;国家基础 GIS 建设与应用;专业信息系统与数据库的建设和应用;基础通用软件系统的研制与建立;GIS 规范化与标准化;基于 GIS 的数据产品研制与生产。同时,经营 GIS 业务的公司逐渐增多。

20 世纪末以来,我国经济信息化的基础设施和重大信息工程纳入国家计划,一批国家和地方级的 GIS 相继建立并投入运行,建立了一批专业遥感基地,并进入了产业化运行,实施了一批综合运用"3S"[GIS、GNSS、遥感(RS)]技术的重点项目,并在自然灾害监测和国土资源调查中发挥了作用。21 世纪,我国经济社会更加重视信息产业化、标准化,积极与世界接轨,网络 GIS、3S 技术及应用得到了进一步的发展。

总之,我国 GIS 事业经过几十年的发展,取得了重大的进展。GIS 的研究和应用已走向产业化。

三、GIS 的构成与主要功能

1. GIS 的构成

完整的 GIS 主要由四个部分构成,即硬件系统、软件系统、地理空间数据和系统开发、管理与使用人员。其核心部分是软硬件系统,空间数据库反映了 GIS 的地理内容,而管理人员和用户则决定系统的工作方式和信息表示方式。GIS 的组成可综合表示为图 12-2。

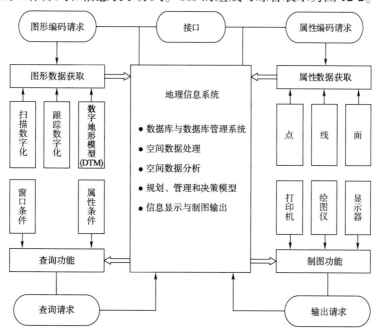

图 12-2 地理信息系统的组成关系图(据张超等)

(1) 硬件系统

计算机硬件是计算机系统中实际物理装置的总称,是 GIS 的物理外壳,系统的规模、精度、速度、功能、形式、使用方法甚至软件都与硬件有极大的关系,受硬件指标的支持或制约。GIS 由于其任务的复杂性和特殊性,必须由计算机设备支持。GIS 硬件配置一般包括四个部分:计算机主机、数据输入设备、数据存储设备、数据输出设备。

(2) 软件系统

软件系统是指 GIS 运行所必需的各种程序,通常包括计算机系统软件、GIS 软件和其他支撑软件、应用分析软件等。

(3) 地理空间数据

地理空间数据是指以地球表面空间位置为参照的自然、社会和人文景观数据,可以是图形、图像、文字、表格和数字等,由系统建立者通过数字化仪、扫描仪、键盘、磁带机或其他通信系统输入 GIS,是系统程序作用的对象,是 GIS 所表达的现实世界经过模型抽象的实质性内容。不同用途的 GIS 其地理空间数据的种类、精度都不同,但基本上都包括三种互相联系的数据类型:某个已知坐标系中的位置、实体之间的空间相关性和与几何位置无关的属性。

GIS 特殊的空间数据模型决定了 GIS 特殊的空间数据结构和特殊的数据编码,也决定了 GIS 具有特色的空间数据管理方法和系统空间数据分析功能,成为地学研究和资源管理的重要工具。

(4) 系统开发、管理与使用人员

人是 GIS 中的重要构成因素。GIS 从其设计、建立、运行到维护的整个生命周期,处处都离不开人的作用。仅有系统软硬件和数据还不能构成完整的 GIS,还需要人进行系统组织、管理、维护和数据更新、系统扩充完善、应用程序开发,并灵活采用地理分析模型提取多种信息,为研究和决策服务。

2. GIS 的主要功能

在建立一个实用的 GIS 过程中,从数据准备到系统完成,必须经过各种数据转换,每个转换都有可能改变原有的信息。GIS 的功能主要是完成流程中不同阶段的数据转换工作。一般的 GIS 包括以下几项基本功能。

(1) 数据采集与输入功能

数据采集与输入,即在数据处理系统中将系统外部的原始数据传输给系统内部,并将这些数据从外部格式转换为系统便于处理的内部格式的过程。对多种形式、多种来源的信息,可实现多种方式的数据输入。主要有图形数据输入(如管网图的输入)、栅格数据输入(如遥感图像的输入)、测量数据输入(如全球定位系统数据的输入)和属性数据输入(如数字和文字的输入)。

(2) 数据编辑与更新功能

数据编辑主要包括图形编辑和属性编辑。属性编辑主要与数据库管理结合在一起完成,图形编辑主要包括拓扑关系建立、图形编辑、图形整饰、图幅拼接、图形变换、投影变换、误差校正等功能。数据更新即以新的数据项或记录来替换数据文件或数据库中相对应的数据项或记录。由于空间实体都处于发展着的时间序列中,人们获取的数据只反映某一瞬时或一定时间范围内的特征。随着时间的推进,数据会随之改变。数据更新可以满足动态分析的需要,对自然现象的发生和发展做出合乎规律的预测预报。

(3)数据存储与管理功能

数据存储,即将数据以某种格式记录在计算机内部或外部存储介质上。其存储方式与数据文件的组织密度相关,关键在于建立记录的逻辑顺序,即确定存储的地址,以便提高数据存取的速度。属性数据管理一般直接利用商用关系数据库软件,如 Oracle、SQL Server、FoxPro 等。空间数据管理是 GIS 数据管理的核心,各种图形或图像信息都以严密的逻辑结构存放在空间数据库中。

(4)空间查询与分析功能

空间查询与分析是 GIS 的核心,是 GIS 最重要的和最具有魅力的功能,也是 GIS 有别于其他信息系统的本质特征。它主要包括数据操作运算、数据查询检索与数据综合分析。数据查询检索即从数据文件、数据库或存储装置中查找和选取所需的数据,是为了满足各种可能的查询条件而进行的系统内部数据操作,如数据格式转换、矢量数据叠合、栅格数据叠加等操作,以及按一定模式关系进行的各种数据运算,包括算术运算、关系运算、逻辑运算、函数运算等。综合分析功能可以提高系统评价、管理和决策的能力,主要包括信息量测、属性分析、统计分析、二维模型分析、三维模型分析及多要素综合分析等。

(5)数据显示与输出功能

数据显示是中间处理过程和最终结果的可视化输出,通常以人机交互方式来选择显示的对象与形式。对于图形数据,根据要素的信息量和密集程度,可选择放大或缩小显示。GIS 不仅可以输出全要素地图,还可以根据用户需要,分层输出各种专题图、各类统计图、图表及数据等。

四、GIS 技术在交通工程中的应用

利用 GIS 软件的强大功能,能够对来自交通领域不同部门的各种统计数据和空间数据进行整理和分析,满足各种应用要求。规划人员运用 GIS 对交通流量、土地利用和人口数据进行处理分析,预测将来需要建设的道路等级,对道路工程建设和改造提供辅助决策,规划公交路线及公交站点的布设。工程技术人员利用 GIS 技术把地质、水文和人文数据结合起来,进行路线构造和设计。运用 GIS 开发组件进行二次开发,还能够快速建立适合交通规划技术人员和管理人员使用的各种具体的应用。

1. GIS 技术的应用

GIS 在交通工程中的应用主要在以下三个方面:一是交通规划和设计;二是国家、省、市等不同层次的交通行业管理部门的交通运输行政与业务管理和车辆运营;三是交通安全和控制。

1)在交通规划和设计中的应用

(1)交通运输系统规划

交通运输系统规划是对区域路网和城市运输系统的预测和优化研究,是 GIS 在交通工程中的主要应用之一。交通规划可分近期和远期规划。近期规划是根据各段道路的车辆通行情况、物流、人流空间分布现状的统计数据,结合工程建设项目的要求进行规划;远期规划是通过预测求出预测期各路段交通状况数据进行统计分析,结合社会经济、人口发展等状况进行道路

网系统的规划。

GIS 的数据采集与输入、数据编辑与更新、数据存储与管理功能,可以为交通运输规划建立区域空间数据库提供高效的技术方法;GIS 的空间查询及分析能力与交通规划专业模型结合,可以进行路网的规划、选址、分析与最佳路径选择;GIS 的数据显示与可视化输出功能为交通运输规划预测模型、规划模型提供了直观的表达方法。

目前,基于交通 GIS 的交通规划模型已经开发成功并进入应用阶段,软件包括了全部 GIS 软件功能。应用模型与 GIS 集成为一体,使交通规划手段更强大。

(2) 环境监控与评估

汽车排放废气,产生噪声,对环境造成污染,为了有效控制污染程度,对环境进行监控十分必要。利用传输线路将传感器与主控计算机相连,对传感器获得的数据分析处理,及时向交通管理部门汇报,便于其做出决策。

应用 GIS 能够更好地评估公路对环境的影响,可应用于公路选线和初步设计。加拿大已经成功地应用 GIS 完成了一条长 127km、4 车道的公路选线和初步设计工作,在该项目中,很好地解决了环境分析、选线定线等问题,还包括对野生动物、森林、水文、土壤、植被的保护和土地利用等环境影响的评价。

2) 在交通管理和车辆运营监测中的应用

(1) 道路设施管理

将路网实体数据和属性数据以分路段的方式与地理坐标关联起来,可以进行路面质量的管理和路面维修管理,对信号装置及桥梁的维护等也可进行管理。

美国印第安纳州交通部门采用 GIS 管理全州的 92 000 英里(约 148 059km)长的公路、上千座桥梁、铁路、航道和民航机场;加拿大阿尔伯塔省交通厅建立了全省公路设施维护系统;我国广东省于 1997 年 3 月完成了"广东省综合交通管理信息系统";交通部以四川和陕西两省作为试点,首先开发了省级(二级)和地区级(三级)公路设施管理数据库。

(2) 车辆运营管理

GIS 的运行路径优选功能,可以对运输路线进行优化;交通专题地图的统计分析功能,可以分析客、货流量变化情况,以便随时调整行车计划;此外,还可以帮助运输管理部门对特种货物(如长大件货物、危险货物或贵重货物)运输进行路线选择和监控。集团用户(包括公交、出租车,其他国家甚至包含更广)可通过 GIS 监控系统平台监控和调度所属车辆运营,可以充分利用车辆资源,提高车辆的运营效率,降低运营成本。

对驾驶人来说,GIS 可以在车辆运行中直观呈现出有关道路线路、停车设施、道路属性、购物及游览等的信息,并提示车辆的当前位置,帮助驾驶人搜索到达目的地的最短和最佳路径,方便驾驶人的操作和人们的出行。

3) 在交通安全和控制中的应用

(1) 事故的定位、预测和分析

将交通事故数据文件和 GIS 集成为一个整体,开发出事故定位系统,可以形象直观地报告事故发生地点、性质和原因,并对各点的事故发生频率进行比较,找出事故多发地段,结合现有道路条件进行事故预测。GIS 系统定义了路标层,它的作用在于便于分析学校、影院等所诱发的交通量。

国内外已运用 ArcGIS 等 GIS 工具软件开发出了预测、分析交通事故多发地带的交通 GIS

系统;美国内华达州研制出了基于 GIS 的交通线上紧急反应定位系统,可帮助有关部门处理紧急事件。

(2) 车辆控制与监控

车辆控制是指对车辆本身而言,驾驶人要能控制车辆。这方面的系统有行车安全报警系统、实时导航系统、自控和自动驾驶系统、防车辆碰撞系统等。监控是指对交警管理者而言,必须要能监视和控制运行中的车辆。这方面有一系列的自动监控设施与设备,适时监督记录车辆违法、事故和犯罪行为的信息,需要 GIS 采集、分析和管理,以便及时自动报警和处理。

2. 在交通工程中采用 GIS 技术的优点

在交通工程领域采用 GIS 技术和方法研究交通规划、交通运输及其相关的问题,与其他传统的方法相比,有诸多的优点。

(1) 快速灵活

在 GIS 中,各种分析、统计和处理都是通过计算机来实现的,与常规方法相比可以节省大量的时间,提高工作效率。另外,在 GIS 中,信息是以数字化的电子信息形式存储在计算机当中,而且这种信息是"活"的,既便于修改、更新,又便于重复使用,这一点对于工程技术人员来说是非常重要的。

(2) 客观定量

GIS 是一个由计算机软硬件组成的系统,各种分析、处理和计算都是由计算机完成的,人工干预的成分很少,其分析结果较为客观实际。其次,它是一个定量化的系统,而交通工程中的许多要素都是以数字形式存储的,这就使得定量化的研究成为可能。

(3) 分析模拟能力强

GIS 具有强大的空间数据处理能力和多种数据的综合能力,可以根据需要利用其基本要素产生有用的新的信息,并进行综合分析,为决策和管理提供服务。另外,它在相关模型支持下,根据需要和给定的数据与条件,可实现在网络和环境上的模拟功能,使得问题的研究更为形象和逼真。

(4) 输出成果多样

GIS 可以输出多样的成果,可以以地图、图表、文字等多种形式输出令人满意的分析结果;更为重要的是它可以在计算机网络上运行,各部门都可以从各自的计算机中得到所需的有关信息,取得为本部门服务的资料。

第二节　卫星导航系统及其在交通工程中的应用

一、卫星导航系统的发展概况

卫星导航系统(Global Navigation Satellite System,GNSS)是覆盖全球的用于空间定位的卫星系统,允许小巧的电子接收器确定自己所在的位置(经度、纬度和高度)。截至 2019 年,只有我国的北斗卫星导航系统 BDS、美国的全球定位系统 GPS 和俄罗斯的格洛纳斯系统 GLONASS 覆盖全球。欧盟的伽利略定位系统为在初期部署阶段的全球导航卫星系统,预计最早到2020年才能充分运作。包括法国、日本和印度在内的一些国家,都在发展区域导航系统。每个覆盖全球的系统通常都是由20~30颗卫星组成的卫星集群,以中地球轨道分布在几个轨道平面上。实际的系统各自不同,但使用的轨道倾斜都大于50°,轨道周期大约都是12h(高度大约为20 000km)。

海空导航、车辆运行、大地测量等都需要精密定位,为此人们建立了多种类型的传统无线电导航定位和惯性导航定位系统。无线电测向系统是最早的定位系统,雷达是在第二次世界大战中诞生与发展的,但它们通常的作用距离只有几十公里。其后出现的大范围定位导航服务系统包括至今还在应用的系统有罗兰-C(Loran-C)、欧米伽(Omega)、塔康(Tacan)。这些系统的主要缺点是:作用距离短;用户有限;定位精度低,定位误差一般为几百米,甚至几公里。惯性导航定位系统的缺点是积累误差大,需配合其他定位系统实时修正误差。传统的导航技术需要一场深刻的革命。

1957年,美国应用物理实验室的吉尔(Guier W. H.)教授与韦芬贝克(Weiffenback G. C.)教授对苏联发射的第一颗人造地球卫星进行观测,发现在卫星通过该大学上空一段时间内,所接收到的无线电信号的多普勒频移曲线与卫星的轨道有一一对应关系。这意味着固定于地面的接收站只要测得卫星通过其视界期间的多普勒频移曲线,就可确定卫星的轨道。若卫星运行轨道是已知的,那么根据接收站测得的多普勒频移曲线,便能确定接收站在地面的位置。卫星定位的创新思维与概念由此产生。美国海军立即介入,与约翰·霍普金斯大学应用物理实验室签订研究与发展卫星导航系统的合同,即子午仪(TRANSIT)计划。1958年12月开始研制,1964年1月正式投入使用的美国子午仪卫星导航系统,也称海军卫星导航系统(Navy Navigation Satellite System, NNSS),是世界上最早研制并最早投入使用的卫星导航系统。该系统不仅对定位导航技术,也对地球测绘技术的发展具有划时代的意义。

美国子午仪卫星导航系统的二维定位精度已经达到32m(均方误差),但它最多时只有6颗卫星,不能实现全球覆盖、连续导航服务。

1973年12月,美国国防部批准海陆空三军联合研制新型卫星导航系统——NAVSTAR GPS(Navigation by Satellite Timing and Ranging Global Positioning System,用卫星定时测距全球导航定位系统),通常简称为GPS或全球定位系统。GPS被美国列为重点空间计划之一,成为继阿波罗登月计划、航天飞机计划之后的第三项庞大空间计划。经过方案论证、工程研制、生产作业三个研制阶段,到1993年底,整个GPS工作卫星星座已全部建成。但实际上,GPS信号接收机产品早就面世,并在1991年春的海湾战争中,作为作战武器倍增器,发挥了巨大的作用。如图12-3所示为GPS的空间直观示意图。

除GPS外,其他导航与定位系统还有:格洛纳斯系统(Global Navigation Satellite System,简称GLONASS)、伽利略定位系统(Galileo Positioning System)、北斗卫星导航系统。

GLONASS是对应于GPS的类似系统,1976年由苏联海军提出,现由俄罗斯政府负责管理。从1982年12月12日开始,该系统的导航卫星不断得

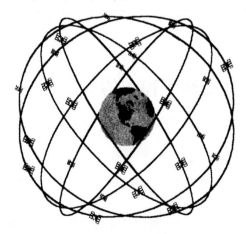

图12-3 GPS的空间直观示意图

到补充，1990—1991年组建成了覆盖全球的卫星导航系统，至1995年，该系统在卫星数目上基本上得到完善，但随着俄罗斯经济不断走低，系统因失修等原因陷入崩溃边缘。但2001年至2010年10月，俄罗斯政府已经补齐了该系统需要的24颗卫星。该系统定位精度约为10m，目前在轨卫星共有27颗。

伽利略定位系统有"欧洲版GPS"之称，是继GPS及GLONASS系统后第三个可供民用的定位系统。伽利略系统的第一颗试验卫星GIOVE-A于2005年12月28日发射，第一颗正式卫星于2011年8月21日发射。该系统计划发射30颗卫星，截至2016年5月，已有14颗卫星发射入轨。伽利略系统于2016年12月15日在布鲁塞尔举行激活仪式，提供早期服务。于2017年到2018年提供初步工作服务，最终于2019年具备完全工作能力。该系统的30颗卫星计划于2020年前发射完成，其中包含24颗工作卫星和6颗备用卫星。该系统的基本服务（低精度）是提供给所有用户免费使用的，高精度定位服务仅提供给付费用户使用。伽利略系统的目标是在水平和垂直方向提供精度1m以内的定位服务，并且在高纬度地区提供比其他系统更好的定位服务。

北斗卫星导航系统（Beidou Navigation Satellite System，简称北斗或BDS）是我国独立自主建设的卫星导航系统。第一代北斗系统（北斗一号）由3颗卫星提供区域定位服务。从2000年开始，该系统主要在我国境内提供导航服务。第二代北斗系统（北斗二号）是一个包含16颗卫星的全球卫星导航系统，系统包括6颗静止轨道卫星、6颗倾斜地球同步轨道卫星和4颗中地球轨道卫星。2011年11月，北斗二号开始在我国投入服务。2012年11月，开始在亚太地区为用户提供区域定位服务。2015年，我国开始第三代北斗系统（北斗三号）建设，空间段计划由30颗卫星组成，包括3颗静止轨道卫星、24颗中地球轨道卫星和3颗倾斜同步轨道卫星。第一颗三代卫星于2017年11月5日发射升空，至2020年7月31日，北斗三号已正式开通。2035年，我国将建成以北斗为核心的综合定位、导航、授时体系（Positioning, Navigation and Timing，PNT）。

二、GPS的构成与主要特点

1. GPS的构成

GPS全球定位系统主要包括三大组成部分，即空间星座部分、地面监控部分和用户设备部分。系统组成如图12-4所示。

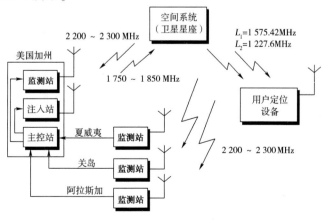

图12-4 GPS系统组成示意图

1) GPS 空间星座部分

如图 12-3 所示,GPS 系统星座由 24 颗卫星组成,工作卫星分布在 6 个轨道面内,每个轨道面内分布有 4 颗卫星。卫星轨道面相对地球赤道面的倾角为 55°,轨道平均高度为 20 183km,卫星运行周期为 11h58min。同时位于地平线以上的卫星数目随时间和地点而异,最少为 4 颗,最多为 11 颗。GPS 卫星的空间配置保证了在地球上任何地方、任何时刻均至少可以同时观测到 4 颗卫星。每颗卫星装有 2 台铷钟和 2 台铯钟(1 台工作、3 台备用),为 GPS 卫星提供高精度的时间标准。GPS 卫星的基本功能有:

(1)接收和存储由地面监控系统注入的导航信息,接收并执行监控系统的控制指令。

(2)通过卫星上的微处理机进行必要的数据处理。

(3)通过星载高精度原子钟提供精密的时间标准。

(4)向用户发送导航和定位信息。

(5)在地面监控系统的指令下,通过推进器调整卫星姿态并启用备用卫星。

2)地面监控系统(地面控制部分)

GPS 卫星的地面监控系统包括 4 个主控站、3 个注入站和 5 个监测站。出于战略考虑,它们全部位于美国本土。监测站的作用在于对 GPS 卫星进行连续的观测,采集数据和监测卫星的工作状况,并收集当地的气象资料,然后把所有观测资料传送到主控站以确定卫星的精密轨道。主控站除协调和管理整个地面监控系统工作外,其主要任务包括推算和编制各卫星的星历、卫星钟差和大气层修正参数,并把这些数据传送到注入站;提供 GPS 卫星系统时间标准;调整偏移轨道的卫星;启用备用卫星以代替失效的工作卫星。注入站有 3 个,其主要任务是在主控站的控制下,将主控站推算和编制的卫星星历、钟差、导航电文和其他控制指令注入相应卫星的存储系统。整个 GPS 地面监控部分,除主控站外均无人值守,各站之间用现代化的通信系统联系,各项工作高度自动化。

3)GPS 信号接收机(用户设备部分)

这是直接面向用户的部分。其主要任务是接收 GPS 卫星发射的信号,以获得必要的定位信息,并对数据处理、解算以完成定位工作。接收机因应用领域各异而品种繁多,包括军用品和民用品,有航空型、测量型、航海型、手持型、车载型、船载型、机载型、星载型、弹载型等。

2. GPS 的主要特点

GPS 全球定位系统同其他导航与定位系统相比,其主要特点如下:

(1)全球地面连续覆盖。由于 GPS 卫星的数目较多且分布合理,所以地球上任何地点均可连续同步观察到 4 颗以上卫星,从而保证了全球、全天候连续的实时定位和导航。

(2)功能多,精度高。GPS 可为各类用户连续地提供动态目标三维位置、三维速度和时间等信息。一般来说,其单点实时定位精度可达到 5~10m,静态相对定位精度可达0.1×10^{-6}~1×10^{-6},测速精度为 0.1m/s,而测时精度约为数十纳秒。随着 GPS 测量技术和数据处理技术的发展,其定位、测速和时间精度会有进一步的提高。

(3)实时定位速度快。利用 GPS,一次定位和测速任务可在 1s 至数秒内完成,这对快速移动的物体测速很有意义。

(4)抗干扰性能好,保密性强。GPS 使用数字通信中的扩频通信方式,采用特殊的伪随机码测距与通信技术,因而具有良好的抗干扰性和保密性。

三、GNSS 技术在交通工程中的应用

GNSS 可以从根本上解决人类在地球上的导航和定位问题,可以满足各种不同用户的需要。虽然最初 GNSS 卫星定位系统是为军事用途而设计,但其精密的全球定位、简便的观测、优异的实时性、丰富的功能、良好的抗干扰性能、极强的保密性等特点,使其获得了广泛的应用。近年来,对 GNSS 卫星的应用开发表明,利用 GNSS 信号可以进行海陆空导航、导弹制导、精密定位、工程测量、设备安装、大地测量、速度测量,等等。GNSS 的应用主要分为两种类型,一种为单机应用,即采用独立的接收机做单点静态或动态定位或单点高精度定位测量,另一种则以 GNSS 接收机配合中心控制站,辅以无线数据通信设备,实时进行数据交换,构成 GNSS 应用系统。

GNSS 技术在交通工程中的应用主要是与 GIS 技术相结合,进行车辆导航与车辆监控。GNSS 主要用于导航和监控定位。在我国,北斗系统广泛应用于重点运输过程监控、公路基础设施安全监控、港口高精度实时定位调度监控等领域。截至 2018 年 12 月,国内超过 600 万辆运营车辆、3 万辆邮政和快递车辆、36 个中心城市约 8 万辆公交车、3200 余座内河导航设施、2900 余座海上导航设施已应用北斗系统,建成了全球最大的运营车辆动态监管系统,有效提升了监控管理效率和道路运输安全水平。据统计,2011—2017 年,我国道路运输重特大事故发生起数和死亡失踪人数均下降了 50%。

1. GNSS 在车辆监控系统中的应用

GNSS 以其全球性、实时性、全天候、连续、快速、高精度的车辆动态定位功能,给各行各业带来一种全新的技术解决方案,应用于物流运输、公安民警、银行运钞、消防安全、医疗急救、车辆调度(含公交车与出租车等)等领域。但随着相关技术的发展,如传统 GIS 技术向 WebGIS 技术的发展,单机及 C/S 模式的软件系统向 B/S 模式的发展,数字移动通信技术的发展与普及等,对 GNSS 提出了新的技术要求。传统的单机定位模式越来越满足不了用户的需求,人们要求能够利用现代通信技术、网络技术及 WebGIS 技术来对各种移动设备进行跟踪和定位,于是就产生了网络模式车辆监控的技术。

GNSS 车辆监控系统原理如图 12-5 所示。

基于网络模式的车辆监控技术是多项技术的集成,即网络 GIS 技术、GNSS 技术与 GSM(Global System for Mobile Communication,全球移动通信系统)或者 GPRS(General Packet Radio Service,通用分组无线业务)、CDMA(Code-Division Multiple Access,码分多址)技术的集成。

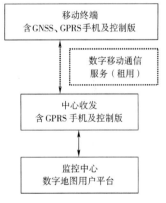

图 12-5　GNSS 车辆监控系统原理

其中,GSM 属于公共设施,无须再建,在实施过程中主要通过其来传输 GNSS 定位信息、车辆的报警信息和监控调度中心的控制信息。信息采用短消息的方式来传递,因其占用 GSM 的控制信道,故在传输定位信息的同时还可以传输语音。

2. GNSS 在车辆自导航系统中的应用

车辆自导航系统,是将卫星导航系统(GNSS)、移动数字通信(GSM/GPRS/CDMA)、地理信息系统(GIS)和互联网(Internet)等现代高新技术有机地结合在一起,构成一个在全球范围内对移动车辆提供连续的、实时的、全天候的、高精度的定位地理信息服务的应用系统,其目的

是按照人们的需要,把车辆顺利地引导到所要达到的目的地。它在智能交通系统(ITS)中起着关键的核心作用,目前对它的研究虽取得了很大的进步,但还存在许多需要进一步解决和完善的问题。

第三节　智能交通系统的发展及应用

一、ITS 的起源与发展概况

1. 智能交通系统的定义与主要研究范围
1)智能交通系统的定义

智能交通系统(Intelligent Transportation System,ITS,或称智能运输系统)目前尚无统一的定义。一方面是由于各国在研究智能交通系统时出发点不同,对其理解各异;另一方面是由于智能交通系统本身是一系列新兴的技术集成和服务形式,并且正处于快速发展的时期,其内涵和外延都处于不断发展和变化中。

美国交通部对智能交通系统的定义:智能交通系统包括广泛的以无线和有线通信为基础的信息、电子技术。当这些技术集成到运输系统基础设施和车内后,这些技术可以减缓交通拥堵,提高行车的安全性和增强美国的生产力。

欧洲智能交通系统定义:智能交通系统是信息和通信技术与交通基础设施、车辆和用户的集成。通过共享交通信息,智能交通系统使人们在交通出行中获得更高的安全性和产生更小的环境影响。同时,出行者、车辆和基础设施之间自由地信息交换,可以最大限度地利用交通网络的通行能力。

日本智能交通系统定义:智能交通系统提供了诸如交通事故、交通拥挤及环境污染等一系列交通问题的基本解决方案。在解决上述问题时,智能交通系统应用最先进的通信和控制技术,在人、路、车之间传递信息。在创造一个良好的交通环境的同时,智能交通系统可以减少交通事故和拥堵,节省能源和保护环境。从应用范围来看,智能交通系统不仅需要公路智能化,同时也需要铁路、航空、水运等其他交通方式的智能化。

《中国智能交通体系框架》研究报告给出了如下定义:在较完善的基础设施(包括道路、港口、机场和通信等)之上,将先进的信息技术、通信技术、控制技术、传感技术和系统综合技术有效地集成,并应用于地面运输系统,从而建立起大范围内发挥作用的、实时、准确、高效的运输系统。

综上所述,可以认为智能交通系统是道路交通运输领域内各种现代高科技技术应用组成的一个统称。凡是应用现代高新科学技术手段,以改善道路交通运输状况、缓解各种交通问题为目的而规划、建设的系统,都属于智能交通系统。智能交通系统的含义有狭义和广义之分:狭义的智能交通系统指交通运输系统的运营管理与生产组织的智能化;广义的智能交通系统指整个交通运输系统的规划、设计和运营管理的智能化。我们可以将这种覆盖交通运输的整个领域、涉及交通运输的各个环节、整合交通运输的全部相关系统、提供全方位多功能的综合服务的智能交通系统称为"广义的智能交通系统"。

2) 智能交通系统的主要研究范围

根据国内外的研究成果,目前智能交通系统的主要研究范围有:

先进的出行信息服务系统(Advanced Traveler Information Systems,ATIS):先进的出行信息服务系统是建立在完善的信息网络基础上的,利用交通信息采集设备以自动或人工方式获得各种交通信息,并通过传输设备传送到交通信息中心;交通信息中心得到这些信息后经过处理,实时向交通参与者提供道路交通信息、公共交通信息、换乘信息、停车信息、气象信息等;出行者可以根据这些信息确定自己的出行计划、方式和路径。

先进的交通管理系统(Advanced Traffic Management Systems,ATMS):先进的交通管理系统面向交通管理者,通过对交通运输系统中的交通状况、交通事故、天气状况、交通环境等进行实时的数据采集和分析,对交通进行管理和控制。

先进的公共交通系统(Advanced Public Transportation Systems,APTS):先进的公共交通系统主要用来收集公共交通实时运行情况,实施公共交通优先通行措施,并通过向公共交通经营者与使用者提供基础数据或公共交通信息,提高经营管理效率与公共交通的利用率。

先进的车辆控制系统(Advanced Vehicle Control Systems,AVCS):先进的车辆控制系统利用先进的传感、通信和自动控制技术,给驾驶人提供各种形式的驾驶安全保障措施。系统具有对障碍物的自动识别和报警、自动转向、保持行驶安全距离、自动避撞等功能,并且目前还在不断努力研究开发车辆全自动驾驶功能。

商用车运营系统(Commercial Vehicle Operation Systems,CVOS):商用车运营系统通过接收各种交通信息,对商用车辆进行合理调度,包括对驾驶人提供路况信息、道路构造物(桥梁、隧道)信息、限速、危险路段信息等辅助驾驶人驾驶车辆;特别是对危险品运输车辆,提供全程跟踪监控、危险情况自动报警、自动求救等服务。

电子收费系统(Electronic Tool Collection,ETC):电子收费系统是针对现行交通收费采用的人工收费、现金收费方式效率低下、容易出错、不易监管、对车流干扰大、安全性差等不足而提出,利用先进电子信息技术,以非现金、非手工方式,自动完成与交通相关的收费交易过程。电子收费系统通过与安装于车辆上的电子卡或电子标签进行通信,实现计算机自动收取道路通行费、运输费和停车费等,以减少使用现金带来的时间延误,提高道路通行能力和效率。同时,该系统自动统计的车辆数,可作为交通数据予以利用。

紧急事件管理与救援系统(Emergency Management Systems,EMS):紧急事件管理与救援系统主要利用多种技术手段对突发交通事件进行管理和救援,包括处理预案的生成、救援车辆的调度、现场处理与交通调度及事后恢复等。

2. 智能交通系统的开发背景

随着社会经济的不断发展,城市化的进程加快,汽车拥有量不断增加,造成交通出行需求激增,交通拥挤、事故频发、环境污染、能源紧张等问题已经成为世界各国共同面临的难题。

在美国,由于小汽车的普及,人们的出行更加依赖于私人小汽车。道路交通量的不断增加引起交通拥挤加剧,交通事故增加,由此造成的损失也在不断增加。美国得克萨斯州运输研究所研究了美国39个主要城市,估算美国每年因交通阻塞而造成的经济损失约为410亿美元,12个最大的城市每年的损失超过10亿美元;预计到2020年,因交通阻塞事故造成的经济损失每年将超过1 500亿美元。

在欧洲,由于交通环境的恶化,欧洲各国分别采取了相应的措施来改善交通状况。例如英国实施鼓励民间进行道路建设和经营的政策;法国采取了建设完善巴黎的环状线、改善公共交通等对策;德国则采取了强化高速道路网、推进综合运输网络建设与管理等措施。

在日本,交通拥挤日益严重。根据1994年东京都市圈交通拥挤对策研究报告,东京都处于严重拥挤的地点有219处,在东京高速道路拥挤严重的路段上,最严重时的拥挤时间长达17h,拥挤车队的排队长度长达9.87km。东京每年因交通拥挤造成的损失约为12.3兆日元。

我国交通量也呈持续快速增长态势。交通量的增长不仅给公路和城市道路造成极大的压力,同时交通安全形势也不容乐观。据统计,2006年,我国仅城市快速路上发生的交通事故就比2005年增加了103.6%。除此以外,交通拥挤、环境恶化、出行效率降低、能耗增加等也成为我国比较突出的交通问题。

上述交通问题在短时间内很难扭转,成为推动智能交通系统发展的动力。智能交通系统能够应用现代高新技术手段,建立起以信息共享、系统整合、综合服务为本质特征的服务体系。通过智能交通系统的建设和实践,能够实现缓解交通拥挤、减少交通事故、降低运输成本、提高运输效率及减小环境影响的目的,从而建立起安全、高效、舒适、集约、环保的现代综合交通运输体系。

20世纪80年代后期,我国开始了智能交通系统的基础性研究开发工作,包括优化道路交通管理、交通信息采集、驾驶人考试系统、车辆动态识别等;20世纪90年代,开始在大城市建设交通指挥控制中心。

我国的学者在20世纪90年代初开始关注国际上智能交通系统的发展。在1995—2001年间,我国的智能交通系统经历了争论、研讨、试验、试行与工程应用这样一个历程,在全国逐渐开展起来并获得快速发展。1995年,交通部公路科学研究所成立了智能交通系统工程研究中心,进行了智能交通系统发展战略、GPS定位与导航系统、基于GPS的车辆管理系统等项目的研究,投资1 300万元建立智能运输系统中心试验室,2001年又投资1 900万元进行了二期建设。为了统筹全国智能交通系统的开发与应用,1999年11月,国家批准在交通部公路科学研究所组建国家智能交通系统工程技术研究中心(National Intelligent Transport Systems Center of Engineering and Technology,ITSC)。该中心的任务是推进交通和运输领域智能交通系统的工程应用及产业化,协助国家制定智能交通系统领域的标准和规范,研究和开发新技术、新产品,并使之产业化。在科技部和交通部的领导与支持下,国家智能交通系统工程技术研究中心在1999—2001年开始了"中国国家智能交通系统体系框架的研究"和"国家智能交通系统标准体系研究"的课题研究,其主要研究成果《中国智能运输系统体系框架》已于2003年正式对外出版发行。此外,2000年2月,科技部会同国家计委、经贸委、公安部、铁道部、交通部、建设部、信息产业部等部委相关部门,在充分协商和酝酿的基础上,成立了发展中国智能交通系统的政府协调领导机构——全国智能交通系统协调指导小组及办公室,并成立了专家咨询委员会。全国智能交通系统协调领导小组及办公室的成立,进一步改善了我国交通运输科技多头管理、工作交叉等问题,对我国智能交通系统的建设起到了积极推动作用。

随着研究的不断深入,智能交通系统相关的学术交流活动也日益增多。1997年,我国召开了"97北京智能交通系统发展趋势国际学术研讨会"。1998年,国际标准化组织交通信息与控制技术委员会ISO/TC204中国委员会正式成立,该委员会的主要任务是积极推进中国智能交通系统建设的标准化。1999年,我国成功举办了"99国际智能交通技术研讨会暨展览会"。2000年7月,"第四届亚太地区智能交通年会暨技术产品展览会"在北京举行。2002年

9月,第二届北京国际智能交通系统展览会及技术研讨会在北京举行。2007年10月,第14届世界智能交通系统大会在北京召开,这是我国第一次承办世界智能交通系统大会,也说明了我国智能交通系统的研究工作得到了世界各国的广泛关注和认可。

二、ITS的体系框架与应用系统设计

1. ITS的体系框架

在工程学中,体系框架指定义一个系统结构组成的一系列文件。目前对系统体系框架还没有明确的定义,美国国家标准学会(American National Standards Institute,ANSI)对系统体系框架做出如下定义:

系统体系框架是系统的基本结构,它规定了一个系统的各部分组成及组成之间的关系和环境,同时还规定了设计和完善系统的一系列原则。

对于智能交通系统体系框架,它是一个智能运输系统的体系和规格说明,它决定系统如何构成,确定功能模块及允许模块间进行通信和协同的协议和接口。

1) 智能交通系统体系框架的产生与作用

智能交通系统作为新兴的技术应用领域,并没有现成的经验和发展模式以供模仿,各国在开展研究的过程中总是一边摸索一边总结经验。从国外发达国家和地区的智能交通系统发展过程来看,在研究和开发智能交通系统的初级阶段,开展体系框架的研究是必不可少的。智能交通系统体系框架明确了开发目标和研究范围,避免了重复研究和无计划开发应用,为研究工作提供了导向,有利于研究成果的共享和产业化。

智能交通系统体系框架是一个通用的框架,是框架作用范围内从事智能交通系统研究和应用工作的所有机构都应该遵循的体系架构。智能交通系统体系框架的主要作用如下:

(1)保证智能交通系统的研究和应用在统一框架下进行,规范研究范围,减少重复建设投资。

(2)为国家、地方上制定智能交通系统发展规划提供基本的原则。

(3)为设备制造商提供技术标准和开放的市场,确保设备的兼容性和可替换性。

(4)确保系统用户获得信息的兼容性和一致性,即任何终端用户通过不同媒介获得的信息的基本特征一致。

2) 智能交通体系框架的内容与构成

完整的智能交通系统体系框架的主体包含用户服务、逻辑框架和物理框架。

(1)用户服务。是指在智能交通系统体系框架中,能够提供给最终用户的服务或提供服务的能力。服务主体(服务提供商)是指服务的提供者,它与用户主体是服务、被服务的关系。系统功能是指为完成用户服务必须具有的处理能力。

(2)逻辑框架。是组织与描述复杂实体和相互关系的辅助工具,其重点是系统的功能性处理和信息流情况。逻辑框架通常用分层的数据流图、数据词典和处理说明等来描述。数据流图有四种基本组成:数据流(以箭头表示)、处理(以圆圈表示)、数据存储(以平行线段表示)和终端(以方框表示)。

图12-6是《中国智能交通系统体系框架》中确定的顶层逻辑框架图。根据用户服务需求确定智能交通系统体系框架的逻辑框架就是由图12-6开始,向下逐层分解为更细节的逻辑框架的过程。用户服务需求的确定情况,将直接决定逻辑框架中细节的重点和细节的具体内容。

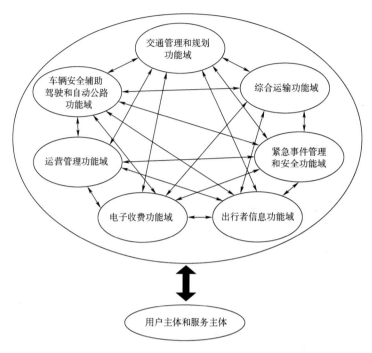

图 12-6 逻辑框架顶层结构

(3) 物理框架。是智能交通系统的逻辑框架的物理实现,它从功能上定义了系统的物理组成。根据各物理实体所要实现的功能将"数据流"转换为"框架流"。系统框架流及其对通信的要求将决定物理实体之间的接口,是制定有关标准和协议的基础。

物理框架与交通和运输管理的体制有关。开发智能交通系统的物理框架将确定不同的交通运输管理组织之间期望的通信联系和相互作用。

图 12-7、图 12-8 显示了《中国智能运输系统体系框架》中定义的顶层物理框架的两种不同的形式。形式一是根据我国交通系统的部门划分和终端而制定的,这种形式的优点是结构清晰,各部门分工明确。考虑到我国交通行业的发展现状,许多部门和管理单位已经建立了自己的管理和信息服务系统,为适应这种情况,又提出了顶层物理框架的形式二。这个物理框架的特点是体现了既有或规划中的交通管理和服务系统,同时突出了通信和 GIS 平台,形成了连接各个系统的公共信息平台。

根据逻辑框架确定物理框架的过程就是由图 12-7 或图 12-8 出发,向下逐层落实更细节的物理框架的过程。逻辑框架的确定情况,将直接决定物理框架中各子系统的细节和子系统间信息交换的细节。

2. ITS 的应用系统设计

应用系统在层次上对应于物理框架中的子系统,是为了满足市场和各类用户的实际需求,对系统模块进行重新组合而形成的市场中和现实中能够见到的智能交通系统物理系统。应用系统的概念类似于美国国家智能交通系统体系框架中的市场包(Market Package),在江苏省智能交通系统体系框架中被首次提出,《中国智能运输系统体系框架(第二版)》也加入了应用系统概念。

第十二章 新技术在交通工程中的应用

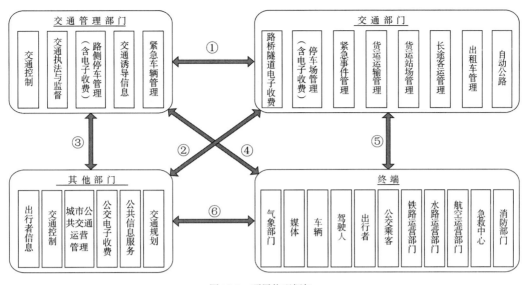

图 12-7 顶层物理框架一

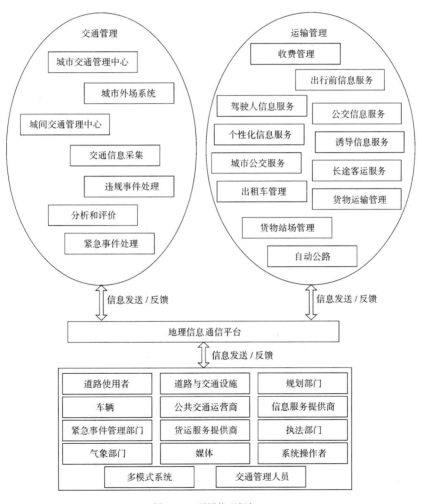

图 12-8 顶层物理框架二

在设计应用系统的过程中,以充分考虑现在的应用系统为基本设计原则,以用户需求为导向,以物理框架中的系统模块为基础。

应用系统设计结果可采用结构化列表形式加以展示,分为"应用系统类别""应用系统"及"对应模块"三个层次。此外,应用系统设计还需对每个应用系统做尽可能详细的分析,其分析内容主要包括:

(1)明确各个应用系统的建设主体。
(2)明确各个应用系统的实施层面,如国家层面、省级层面、地市级层面等。
(3)明确各个应用系统的建设情况,如建成、在建、已规划、建设程度等。
(4)明确各个应用系统建设所涉及的单位及相互关系。

以上分析可采用图、表等直观的形式加以表示。

三、ITS 的应用与发展前景

1. ITS 的应用

根据《中国智能运输系统体系框架》中所定义的服务领域,我国 ITS 的应用领域分为:交通管理与规划;电子收费;出行者信息服务;车辆安全和辅助驾驶;紧急事件和安全;运营管理;综合运输;自动公路。

对于上述应用领域,美国、日本、欧洲等国家和地区已经开展了相当多的研究工作,很多比较成熟的 ITS 已应用于日常的交通管理和信息服务工作,取得了很好的效果。我国交通管理部门及科研人员结合我国的交通实况开展了相关的研究和应用工作,也取得了不错的成绩,下面做简要介绍。

1)交通管理与规划

交通管理与规划应用领域主要针对交通管理部门和规划部门,提供交通管理和控制、紧急事件调度指挥、基础设施维护管理、交通执法、运输规划支持等服务。其中交通管理应用领域在我国比较普及,不少大、中城市的交通管理中心已经初步具备具有 ITS 特点的交通管理功能,在按照 ITS 的要求经过进一步完善后,可以看作是 ITS 在交通管理领域的具体应用。运输规划支持旨在向交通运输规划部门提供规划所需的交通数据服务,这一功能的实现主要依靠数据库系统完成,我国现有的交通管理系统数据库已基本能够实现这一功能。

2)电子收费

国外应用电子收费系统已有近 40 年的时间,许多国家和地区的电子收费系统已经局部联网,并逐步形成规模效益。2004 年 12 月,广东省宣布全省基本实现高速公路联网收费,当时已开通 78 条电子收费车道,到 2007 年初增至 150 多条,数量为全国之最。据 2007 年初统计,全国范围内已经有十几个省市相继开通了 200 多条电子收费车道。北京市于 2008 年底在城市内所有高速公路实现电子收费,其中有 87 个电子不停车收费专用通道,其余 1 206 条收费通道可人工刷卡和现金交费。

3)出行者信息服务

出行者信息服务是 ITS 最常见的应用领域,也是与出行者关系最密切的领域。我国北京、上海、广州等城市建立的城市交通信息综合服务系统或信息平台,都是出行者信息服务在城市交通中的具体应用。2003 年,江苏省在全国率先开始建立全省范围的公路路网调度指挥系统,除交通调度管理功能外,其最重要的功能就是为出行者提供信息服务。

4）车辆安全和辅助驾驶

车辆安全和辅助驾驶应用领域主要是利用各种先进的车载设备增强车辆行驶的安全性。该应用领域具体可分为视野扩展、车辆防撞、驾乘人员保护、车辆状况自检、车辆自动驾驶等。目前这一应用领域的研究工作主要还是集中在欧洲、美国、日本等地区和国家。但随着我国汽车市场的发展，各种先进的汽车安全技术也随之进入市场；同时，我国的汽车生产厂商、高校等研究机构也在不懈努力，不断缩小与发达国家的差距，同时研发符合我国特点的车辆安全和辅助驾驶技术和设备。

5）紧急事件和安全

紧急事件和安全应用领域主要是利用现代科技手段及时发现紧急事件，保障出行者生命、财产安全；加强紧急车辆的管理调度，缩短救援车辆到达事件现场的用时；强化危险品运输管理；加强出行弱势群体的保护等。目前我国这一应用领域的技术和设备大多处于试验阶段，对特种车辆与危险品运输车辆加装全球定位系统装置（GPS）已进入大范围推广和应用，可以实时监控车辆的运行状况；各省、市的路政车辆也开始安装全球定位系统，这一举措加强了交通管理部门对路政车辆的监控及紧急情况下对车辆的指挥调度能力。

6）运营管理

运营管理应用领域主要强调对公交规划的支持及对客、货运的监控管理。目前我国在这一应用领域的具体措施是对长途客运车辆、特殊物品运输车辆加装 GPS 定位系统，由运输车辆公司、交警部门或交通管理部门组建系统进行监控。这项工作已经在我国各大、中城市逐步开展。

7）综合运输

综合运输应用领域主要指利用相关技术手段为交通出行者或货运用户提供联运信息和联运服务。我国不少大、中城市建立的运输管理中心在设计之初已考虑了提供综合运输信息的功能，对相关的数据传输预留了接口。但从目前的使用情况来看，公路交通信息服务和管理受到重视，而铁路、航空、城市轨道交通等其他交通方式的信息服务功能不被重视。要改善这一情况，应根据智能交通系统的要求，从综合交通运输体系的高度理顺各方面关系，对现有系统和管理平台加以改造和完善。

8）自动公路

自动公路应用领域是利用通信系统、监控系统、光纤网络等基础设施，对车辆实行自动安全检测、发布相关信息及实施实时自动操作的运行平台。目前自动公路应用在全世界还处于探索和研发阶段，研究也主要集中在美国、德国、日本等国家。我国在这一领域的研究才刚刚开始，仅有少数高校研究部门在这一领域开始探索。

2. ITS 的发展前景

ITS 是随着人类科学技术的进步而不断发展起来的。同时实践也证明，ITS 是缓解现代交通问题的行之有效的手段。随着人类社会进入信息时代，ITS 将是现代化交通运输体系的发展方向。可以预见，ITS 发展将会有以下趋势：

1）服务功能日趋完善

随着 ITS 技术的发展和应用的普及，ITS 的服务领域将渗透到交通出行的方方面面，其服务功能也将日趋多元化和逐步完善。主要表现在提供信息服务的多元化、个性化和细化方面。多元化是指能提供的出行相关信息不断增多；个性化服务方式和个性化服务内容逐渐得到普及，多种服务手段和服务内容将可以根据出行者的个人喜好任意选择;信息服务内容的深度加强。

2)技术水平更高

随着各种新技术、新方法不断被引入 ITS,ITS 的技术含量不断提高,将更好地为出行者提供一个安全、高效的出行环境。例如在交通流信息采集方面,除原有的环形线圈检测器技术外,各种其他的先进检测仪器(超声波检测器、红外线检测器)也得到了逐步应用,GPS 定位系统、随车数据记录仪等也开始进入应用阶段;网络传输方面,宽带 IP(IP over ATM、IP over SDH、IP over WDM 等)、高速无线广域网及全光纤通信将是未来交通通信网络的发展趋势;数据处理方面,随着计算机硬件和软件技术的发展,系统处理、处置软件的智能化程度更高,处理速度更快,处理能力更强;信息发布方面,除常规的 CMS、交通信息广播等方式外,全数字广播、实时交通信息查询网站、手机、随车数据和导航终端、路侧多媒体查询系统等方法和设施也开始得到广泛的应用。

3)相关标准化建设更为具体、完善

在 ITS 的框架指导下,各地区的区域框架或规划也已制定完成或正在制定。此外,对于 ITS 技术层面,也大都制定了相应的指导手册和标准。这些框架的制定及技术标准的实施,使得系统的建设效率提高,软硬件的协作能力和互换能力增强,为系统的集成和联网工作带来巨大益处。

4)系统运营方式日趋多样化

开展多种方式的政府部门与私营机构合作运营 ITS。政府部门除继续担当交通的主要管理和运营者之外,还采取诸如与其他专业信息供应商共享信息、部门工作合同承包等多种途径和方式来运营系统,以使系统运营更加高效和经济。

此外,ITS 的区域整合速度将进一步加快;多出行方式相关的 ITS 整合速度也将进一步加快;交通信息的提供将更倾向于提高交通安全水平;智能化交通设施开始出现并将得到逐步发展。

【复习思考题与习题】

1. 简述 GIS 的定义、特征、基本构成与主要功能。
2. GIS 技术的发展状况及在交通工程领域的应用现状与前景如何?
3. 简述 GNSS 的基本概念、构成与主要特点。
4. GNSS 技术的发展状况及在交通工程领域中的应用有哪些方面?
5. 什么是智能交通系统?其起步、发展与主要应用范围如何?
6. 简述 ITS 体系框架的产生、内容构成与主要功能。
7. ITS 技术目前在哪些领域获得应用?应用效果与前景如何?

参 考 文 献

[1] 中华人民共和国道路交通安全法(2003年10月28日第10届全国人民代表大会常务委员会第5次会议通过,2004年5月5日起实行).
[2] 中华人民共和国环境保护部.环境空气质量标准:GB 3095—2012[S].北京:中国环境科学出版社,2012.
[3] 中华人民共和国交通运输部.道路交通信号灯设置与安装规范:GB 14886—2016[S].北京:中国标准出版社,2016.
[4] 中华人民共和国交通运输部.道路交通标志和标线 第2部分:道路交通标志:GB 5768.2—2022[S].北京:中国标准出版社,2022.
[5] 中华人民共和国住房和城乡建设部.城市综合交通体系规划标准:GB/T 51328—2018[S].北京:中国建筑工业出版社,2018.
[6] 中华人民共和国交通运输部.公路工程技术标准:JTG B01—2014[S].北京:人民交通出版社股份有限公司,2015.
[7] 中华人民共和国住房和城乡建设部.城市道路工程设计规范(2016年版):CJJ 37—2012[S].北京:中国建筑工业出版社,2016.
[8] 中华人民共和国交通运输部.公路路线设计规范:JTG D20—2017[S].北京:人民交通出版社股份有限公司,2017.
[9] 中国交通工程学会交通工程手册编委会.交通工程手册[M].北京:人民交通出版社,1997.
[10] 交通部公路研究所.公路通行能力研究报告("九五"国家科技攻关项目)[R].1999.
[11] 公安部交通管理局.中华人民共和国道路交通事故统计资料汇编[M].
[12] 任福田,刘小明,孙立山.交通工程学[M].3版.北京:人民交通出版社股份有限公司,2017.
[13] 李正宜.道路交通工程[M].重庆:重庆大学出版社,1991.
[14] 王炜,陈峻,过秀成.交通工程学[M].3版.南京:东南大学出版社,2019.
[15] 陈宽民,严宝杰.道路通行能力分析[M].北京:人民交通出版社,2011.
[16] 饭田恭敬.交通工程学[M].邵春福,等译.北京:人民交通出版社,1994.
[17] 约翰·布拉克.城市交通规划[M].蒋璜,等译.北京:人民交通出版社,1987.
[18] 鸠洛夫,休伯.交通流理论[M].蒋璜,等译.北京:人民交通出版社,1983.
[19] 全永燊.城市交通控制[M].北京:人民交通出版社,1987.
[20] 段里仁.道路交通自动控制[M].北京:公安大学出版社,1993.
[21] 李晓江,等.中国城市交通发展战略[M].北京:中国建筑工业出版社,1995.
[22] 广州市交通规划研究所.广州市交通需求管理研究最终报告[R].2000.
[23] 张阳.公路景观学[M].北京:中国建材工业出版社,2004.
[24] 洛伦茨.公路线形与环境设计[M].中村英夫,中村良夫,编译.尹家,赵恩堂,张文魁,等译.北京:人民交通出版社,1984.
[25] 麦克卢斯基.道路型式与城市景观[M].张仲一,卢绍曾,译.北京:中国建筑工业出版

社,1992.
- [26] 土木学会.道路景观设计[M].章俊华,陆伟,雷芸,译.北京:中国建筑工业出版社,2003.
- [27] 熊广忠.城市道路美学:城市道路景观与环境设计[M].北京:中国建筑工业出版社,1990.
- [28] 贡布里希.艺术与错觉[M].林夕,等译.杭州:浙江摄影出版社,1987.
- [29] 胡圣能.高速公路景观规划与设计技术研究[D].西安:长安大学,2011.
- [30] 交通部第一勘察设计院.实用公路美学[M].北京:人民交通出版社,1981.
- [31] 大塚胜美.公路线形设计[M].沈春华,译.北京:人民交通出版社,1981.
- [32] 赵晶夫.城市道路规划与美学[M].南京:江苏科学技术出版社,1994.
- [33] 张成才.GIS空间分析理论与方法[M].武汉:武汉大学出版社,2004.
- [34] 鲍远律.卫星定位、交通监控与数字地图[M].北京:国防工业出版社,2006.
- [35] 王英杰.交通GIS及其在ITS中的应用[M].北京:中国铁道出版社,2004.
- [36] 胡小平.导航技术基础[M].北京:国防工业出版社,2015.
- [37] 黄卫,陈里得.智能运输系统(ITS)概论[M].北京:人民交通出版社,1999.
- [38] 王笑京,齐彤岩,蔡华.智能交通系统体系框架原理与应用[M].北京:中国铁道出版社,2004.
- [39] 国家ITS工程技术研究中心.江苏省ITS体系框架[R].2003.
- [40] 全永燊,潘昭宇.建国60周年城市交通规划发展回顾与展望[J],城市交通,2009(05):1-7.
- [41] 马林.新中国城市交通规划的探索与发展[J],国际城市规划,2019(04):49-53.
- [42] 代涛,段娜,高惠蛟,等.浅析欧洲排放法规的发展[J],重型汽车,2017(1):37-38.
- [43] 张超,等.地理信息系统[M].北京:高等教育出版社,1995.
- [44] Federal Highway Administration. Traffic control devices handbook part Ⅳ signals[M]. 1983.
- [45] WILLIAN R MCSHAME, ROGER P ROCSS. Traffic Engineering[M]. 1990.
- [46] RICHARD R M, FORMAN R T T. Road ecology science and solutions[J]. Urban Forestry & Urban Greening, 2005, 3(3-4):209.
- [47] World Health Organization. WHO Air quality guidelines for particulate matter, ozone, nitrogen dioxide and sulfur dioxide[R/OL].[2006]. https://apps.who.int/iris/bitstream/handle/10665/69477/WHO_SDE_PHE_OEH_06.02_eng.pdf;jsessionid=294F88C3080FBB8D2FE2FABCA4AED6BB?sequence=1.